"十三五"国家重点图书出版规划项目

"一带一路"建设中
国际贸易和投资风险防控
法律实务丛书

the legal series on prevention and control of risks
in international trade and investment under the construction
of the Belt and Road

总主编 张晓君

本丛书系教育部哲学社会科学研究重大课题攻关项目（项目批准号：19JZD053）产出成果

西南政法大学东盟法治研究院系列成果

国际知识产权保护
风险防控法律实务

主 编 王淑君 袁 嘉

厦门大学出版社
XIAMEN UNIVERSITY PRESS
国家一级出版社
全国百佳图书出版单位

图书在版编目（CIP）数据

国际知识产权保护风险防控法律实务 / 王淑君，袁嘉主编. -- 厦门：厦门大学出版社，2023.1
（"一带一路"建设中国际贸易和投资风险防控法律实务丛书 / 张晓君总主编）
ISBN 978-7-5615-8715-7

Ⅰ．①国… Ⅱ．①王… ②袁… Ⅲ．①知识产权法学—研究—世界 Ⅳ．①D997.1

中国版本图书馆CIP数据核字(2022)第155781号

出 版 人 郑文礼
责任编辑 李 宁
出版发行 厦门大学出版社
社 址 厦门市软件园二期望海路 39 号
邮政编码 361008
总 机 0592-2181111 0592-2181406(传真)
营销中心 0592-2184458 0592-2181365
网 址 http://www.xmupress.com
邮 箱 xmup@xmupress.com
印 刷 厦门集大印刷有限公司

开本 720 mm×1 020 mm 1/16
印张 23.25
字数 342 千字
版次 2023 年 1 月第 1 版
印次 2023 年 1 月第 1 次印刷
定价 96.00 元

本书如有印装质量问题请直接寄承印厂调换

厦门大学出版社
微信二维码

厦门大学出版社
微博二维码

总　序

　　"一带一路"是新时代中国深化与世界各国全方位合作,努力实现全球共同发展的重要倡议。自 2013 年该倡议提出以来,"一带一路"从愿景转变为现实。国家主席习近平在 2019 年第二届"一带一路"国际合作高峰论坛发表的题为"齐心开创共建'一带一路'美好未来"的主旨演讲中强调,共建"一带一路"顺应了经济全球化的历史潮流,顺应了全球治理体系变革的时代要求,更顺应了世界人民追求幸福生活的愿望。共建"一带一路"为世界经济增长开辟了新空间,为国际贸易和投资搭建了新平台。在共建"一带一路"的机遇之路上,中国与"一带一路"沿线国家的贸易投资交往愈加密切,中国企业的贸易投资活动更加积极。但机遇与挑战并存,"一带一路"沿线国家和地区存在政治体制、经济制度、法律体系与文化背景等方面的差异,国际贸易和投资关系错综复杂。进入 2020 年,随着新冠肺炎疫情在世界范围内的广泛蔓延,西方大国基于国内政治的考量,掀起单边主义和霸权主义的波澜,意图逆转全球化趋势,将正常的国际经贸交往政治化,为技术、商品、人员和资本的顺畅流动设置重重障碍,这不可避免地会对"一带一路"倡议造成严重冲击,给中国与沿线国家的国际经贸关系的发展带来严峻挑战。在此背景下,预防与控制国际贸易和投资面临的法律风险,成为推动"一带一路"倡议行稳致远的重要保障。

　　本着这一问题意识,西南政法大学国际法学院、中国-东盟法律研究中心(东盟法治研究院)与深圳市前海国合法律研究院、泰和泰律师事务所等法律实务部门深入合作,结合教育部哲学社会科学研究重大课题攻关项目(项目批准号:19JZD053)"对'一带一路'沿线国家投资风险监测预警体系研究",对我国企业在国际贸易投资中所面临的风险防控问题展开研究。"'一带一路'建设中国际贸易和投资风险防控法律实务丛书"是深入合作开展系统研究结出的硕果，同时也是与国家安全学院开展跨学科研究的重要成果。丛书由具有较强科研能力的国际法学界和具有丰富国际贸易投资及争端解决经验的法律实务界人士联袂编著。

丛书围绕教育部哲学社会科学研究重大课题攻关项目（项目批准号：19JZD053），以"一带一路"国际贸易和投资中企业所面临的法律风险防控需求为导向，从国际网络贸易、跨境投资并购、国际知识产权保护、国际货物运输、国际税收、国际PPP、国际能源、商品进出口、国际信用证，以及国际投资争端解决、国际商事争端解决、涉外法律适用等实务性极强的领域出发，以丰富的实践案例和国际法律文书为基本内容，根据实务人员法律服务技能的实践性和涉外性的特征，详述知识内涵，深度剖析裁判要旨，总结实践经验，提炼学习要点，对企业可能面临的法律风险展开极具针对性、前瞻性的研究，提出具有专业性、建设性和可操作性的风险防控措施建议。

西南政法大学国际法学院和区域国别学院作为我国重要的国际法学研究和涉外法治人才教育培养基地，在服务"一带一路"建设的法治人才培养、学术研究和社会服务等方面具有强烈的责任担当，力图产出一批优秀学术成果，培养一批优秀法治人才。中国-东盟法律研究中心（东盟法治研究院）作为国家级涉外法治研究基地、最高人民法院民四庭东盟法律研究基地和重庆市新型智库，将以更大的担当和使命感，做好国际法治研究和涉外法治人才培养工作，为我国更高水平的对外开放和以法治方式共建"一带一路"做出应有的贡献。

张晓君

教授、博士生导师

西南政法大学国际法学院／区域国别学院院长、国际法学科负责人

中国-东盟法律研究中心主任

2022 年 5 月

编写说明

习近平总书记指出,创新是引领发展的第一动力,保护知识产权就是保护创新。知识产权保护工作关系国家对外开放大局与国家安全,只有严格保护知识产权,才能建设更高水平的开放型经济新体制,有效保护我国的自主知识产权,防范化解重大风险。当前,我国正处于实现中华民族伟大复兴的关键时期,创新驱动发展战略与知识产权强国战略正在深入实施。为充分发挥知识产权制度在推动构建国内国际新发展格局中的重要作用,增强国内相关主体的风险意识,提升海外知识产权纠纷应对能力,我们组织了西南政法大学、泰和泰律师事务所、重庆交通大学、广西警察学院等从事知识产权法教学科研的老师或实务专家编写了本书。本书旨在识别国际知识产权保护中的风险并提出相应的防控措施,体例安排上主要是在对基本问题与学习要点进行梳理后,通过案例分析与延伸阅读加深读者思考。

本书是西南政法大学中国-东盟法律研究中心、国际法学院组织编写的"'一带一路'建设中国际贸易和投资风险防控法律实务丛书"之一,也是教育部哲学社会科学研究重大课题攻关项目"'一带一路'投资风险监测预警体系"(项目批准号:19JZD053)的重要成果,亦是作者研究与合作的成果。本书由主编拟定大纲并统筹安排全书的写作。具体撰稿人及分工如下(以撰写章节先后为顺序):

第一章:王淑君(西南政法大学)、黄国赛(重庆交通大学);

第二章：袁嘉（泰和泰律师事务所）；

第三章：马知罕（西南政法大学）；

第四章：袁嘉（泰和泰律师事务所）；

第五章：袁嘉（泰和泰律师事务所）；

第六章：宋继瑛（西南政法大学）；

第七章：刘洋（广西警察学院）、张俊雅（惠州学院）。

由于时间和水平的限制，书中存在内容错误和疏漏之处是在所难免的，敬请各位读者惠予批评指正。

编　者

2022 年 1 月

目录

第一章

知识产权国际保护制度导论

第一节　知识产权国际保护制度产生的原因及背景

一、知识产权国际保护制度产生的原因

从一般意义上讲，知识产权国际保护制度是指以双边或多边国际条约为基本形式，以政府间国际组织为协调机构，通过对各国国内知识产权法律进行协调并使之形成相对统一的国际法律制度。[①] 本质上，知识产权的国际保护是在遵守相关国际条约的前提下，通过协调各主权国家之间知识产权制度的关系，以本国国内法的形式对他国知识产权进行的保护。知识产权国际保护制度的形成标志着知识产权立法进入一个新阶段。各国自发产生的知识产权制度，在国际公约和国际组织的协调下逐渐走向统一化、标准化，为知识产权全球一体化保护奠定了基础。

知识产权国际保护制度产生的主要推动力是国际经济贸易的发展。正是知识产权地域性与国际自由贸易的矛盾，以及各国知识产权制度差异化与经济全球化的冲突，催生并发展了知识产权国际保护制度。知识产权地域性意味着知识产权在空间上受到地域的限制，具有严格的领土性，仅在本国内有效。知识产权从早期依靠君主恩赐产生的封建特许权逐渐演变为法定产权，其地域性的

[①] 吴汉东、胡开忠、董炳和等：《知识产权基本问题研究》，中国人民大学出版社 2009 年版，第196 页。

特点始终得到了保留。与物权相比,知识产权是一种新兴权利,在国际社会的认可程度远不及物权,一国认定的知识产权很有可能在他国不被承认,共同承认的知识产权也往往在权利取得、行使、保护范围、保护方式上存在差别。基于国家主权原则的考量,各国均是按照自己国家的法律对具体知识产权进行确认和保护,因而相关权利也只能在该国范围内发生效力。但是,知识产权作为具有财产价值的非物质信息,其传播是不受地域限制的。19世纪中后期开始,国家间的商品贸易和文化技术交流日益频繁,垄断资本主义不仅向国外输出资本和商品,同时也将知识产品作为贸易输出的对象,有关知识产权交易的国际市场开始逐渐形成。由于知识产权的地域性,权利人想要在他国获得知识产权保护是极为困难的,这就使得原本在国内得到确认和保护的知识产权输出国外并进入他国的公共领域,财产价值难以得到实现,严重妨碍了国际贸易和国际文化技术交流的发展。知识产权地域性的限制与国际自由贸易的矛盾,产生对知识产权进行国际保护的现实需求。

另外,知识产权制度与各国经济社会的发展程度密切相关,这就导致不同国家的知识产权制度存在较大差异,为了尽可能地缩小差异,一些国家开始推动建立知识产权国际保护制度。事实上,知识产权制度是近代商品经济和科技革命的产物,至少在19世纪中期以前,世界范围内尚不存在任何现代意义上的知识产权法。至多在一些国家出现了对智力劳动赋予财产权的理念,但这种理念在法律范畴下仍然缺少确定性和前瞻性。[①] 各主权国家自身特定的政治、经济、科技、文化背景决定了世界范围内各国知识产权制度也存在较大差异。第二次工业革命之后,西方社会进入工业化时代,科技进步和生产力的发展使得知识产权无论在经济贸易领域还是综合国力方面都展现出巨大的价值。知识产品输出较多的国家开始寻求建立统一的知识产权保护标准。尤其是20世纪70年代以来,随着以互联网技术为基础的通信技术的飞速发展,世界服务业高

---

① [澳]布拉德·谢尔曼、[英]莱昂内尔·本特利:《现代知识产权法的演进——英国的历程(1760—1911)》,金海军译,北京大学出版社2012年版,第4页。

速发展且日益呈现出全球化的趋势，[①] 知识产权与国际贸易和投资之间的关系日益密切，知识产权保护全球一体化和区域一体化的呼声越来越高。伴随着贸易的发展和科技的进步，世界各国已经深刻认识到了在知识产权保护方面开展国际合作的重要性和必要性，为了降低知识产权保护困难对国际自由贸易的阻碍，知识产权国际保护制度因而得以建立。

二、知识产权国际保护制度产生的背景和发展历程

知识产权国际保护制度兴起于 19 世纪后期，至今仍然处于持续的发展中。知识产权国际保护制度产生的主要社会动因是科技进步和贸易发展。第二次工业革命让西方国家充分认识到知识产权所蕴含的巨大价值，形成了强烈的保护意愿；国际贸易和国际文化技术交流的发展产生了知识产权跨境保护的迫切需求。为此，英国、法国等欧洲发达国家开始积极探索和推动知识产权国际保护制度。1852 年，法国在版权领域开创了以其本国法律单方面保护外国知识产权的先河，其颁布专门法令声明作者复制权的涉外保护不受《法国民法典》中关于互惠原则的约束，即将版权的保护扩大至包括涉外作品在内的一切作品。之后法国又与 20 多个国家签订了版权保护的双边协定。1884 年英国颁布《国际版权法》，宣布在互惠条件下保护任何外国作品。英、法等国的这些举措虽然没有从根本上解决本国作品的域外保护问题，但也对唤起其他国家保护外国作品起到了积极的作用。其尝试了单方保护、互惠保护和双边条约保护三种保护方式，为后来知识产权国际保护制度的最终建立奠定了基础。

（一）巴黎联盟和伯尔尼联盟时期

1883 年签订的《保护工业产权巴黎公约》（以下简称《巴黎公约》）和 1886 年缔结的《保护文学艺术作品伯尔尼公约》（以下简称《伯尔尼公约》）是知识产权国际保护史上的第一个里程碑，标志着知识产权国际保护制度进入产生和形成阶段。自此一直到 1970 年世界知识产权组织（World Intellectual

---

① 王新奎：《世界贸易组织十周年：回顾与前瞻》，人民出版社 2005 年版，第 6 页。

Property Organization，简称 WIPO）成立，《巴黎公约》和《伯尔尼公约》经历了数个文本的修订，配合相继签订的另外 10 个国际条约，一个涵盖知识产权主要领域的知识产权国际保护法律体系初步形成。1883 年至 1970 年的这一时期也被称为巴黎联盟和伯尔尼联盟时期。《巴黎公约》产生的背景可以追溯至 1873 年奥匈帝国在维也纳举办的国际发明展览会。当时奥匈帝国政府邀请部分西方国家前来参展，但接到邀请的多数国家都不愿意参加，其原因就是担心本国的发明展出后得不到专利保护，反而可能被外国人拿去作为抢先专利申请的对象。[①] 这一事件引起了当局的重视，直接采取了两方面的举措：第一，奥地利通过一项特别法对所有参加展览的外国参展者的发明、商标和工业品外观设计提供暂时性保护；第二，同年在维也纳召开了关于进行"专利改革"的会议，会上提出了制定国际统一专利法的问题。作为此次会议的后续工作，1878 年和 1880 年又在巴黎召开了两次有关工业产权的国际性会议，最终采纳了一项草案公约。1883 年，以该草案公约为基础制定的《巴黎公约》得到了法国、比利时、意大利等 11 个与会国的认同和接受。[②]《伯尔尼公约》的产生是基于 19 世纪西欧各国版权国际保护的迫切现实需求。当时，西欧尤其是法国出现了大量脍炙人口的作品，流传于世界各地。由于这些作品在外国不受保护，盗版商将作品大量出版、复制后又廉价反销至法国及欧洲其他国家。这不仅严重冲击了法国的图书出版业，同时也给作者造成了重大的利益损失。[③] 1878 年，由雨果主持在巴黎召开了一次重要的文学大会，建立了一个国际文学艺术协会。1883 年该协会将一份经过多次讨论的国际公约草案交给瑞士政府。在此基础上，1886 年由英国、法国、比利时、瑞士等 10 个国家发起并缔结了《伯尔尼公约》，建立了伯尔尼联盟。

《巴黎公约》和《伯尔尼公约》生效后，分别设立了自己的执行机构，称为

---

① 郑成思主编：《知识产权保护实务全书》，中国言实出版社 1995 年版，第 103 页。
② 刘筠筠、熊英：《知识产权国际保护基本制度研究》，知识产权出版社 2011 年版，第 5 页。
③ 唐广良、董炳和：《知识产权的国际保护》，知识产权出版社 2007 年版，第 12 页。

国际局，公约由两个国际局各自管理。1893 年，两个国际局整合形成了保护知识产权联合国际局（United International Bureau for the Protection of Intellectual Property，简称 BIRPI），着力于各国政府之间全球性或区域性的多边协调，促使知识产权国际保护朝着整体化和全面化的方向发展。[①] 一方面，《巴黎公约》签订后，国际社会又先后缔结了《商标国际注册马德里协定》（以下简称《马德里协定》）、《专利合作条约》（Patent Cooperation Treaty，PCT）等保护工业产权的国际公约，并据此建立了统一的专利权、商标权国际保护体系及专利国际审查和商标注册制度。另一方面，《伯尔尼公约》签订之后，联合国教科文组织相继于1952年和1961年主持缔结了《世界版权公约》和《保护表演者、录音制品制作者和广播组织的国际公约》（以下简称《罗马公约》），逐步形成了著作权和邻接权的国际保护体系。经历了100 多年的发展，《巴黎公约》的缔约方总数已经达到了178 个，[②]《伯尔尼公约》的缔约方总数达到了 180 个，[③] 我国分别于 1985 年和 1992 年正式成为上述两个公约的成员。

（二）世界知识产权组织时期

为了更有效地在国际上保护知识产权，管理、监督执行各个公约，1967 年，BIRPI 提议建立世界知识产权组织。同年 7 月，51 个国家在斯德哥尔摩签订了《建立世界知识产权组织公约》（Convention Establishing the World Intellectunl Property Organization，以下简称《WIPO 公约》），并根据该公约成立了一个政府间的国际机构，即世界知识产权组织，取代 BIRPI 的职能。该公约于 1970 年 4 月 26 日正式生效，世界知识产权组织宣告成立。1974 年 12 月，世界知识产权组织成为联合国组织系统的第 15 个专门机构，有效地协调和促进了全世界范围内的知识产权保护。

---

① 张乃根：《国际贸易的知识产权法》，复旦大学出版社 2007 年版，第 54 页。

② https://wipolex.wipo.int/zh/treaties/ShowResults?start_year=ANY&end_year=ANY&search_what=C&code=ALL&treaty_id=2，下载日期：2022 年 1 月 16 日。

③ https://wipolex.wipo.int/zh/treaties/ShowResults?search_what=C&treaty_id=15，下载日期：2022 年 1 月 16 日。

WIPO 的建立意味着国际知识产权保护制度开始步入新的时期。在此之前，《巴黎公约》和《伯尔尼公约》的管理机构 BIRPI 主要依托于瑞典政府，WIPO 的建立取代了 BIRPI，使得对条约的管理职能独立出来，交由联合国的专门机构行使。这使 WIPO 在协调各国知识产权立法、处理知识产权事务等方面的职能得到了全世界的承认。在世界知识产权组织时期，WIPO 一直致力于通过签订与修订国际公约推动知识产权制度的完善，努力增加公约的成员国，在其帮助下知识产权立法一体化得到了快速发展。自 1967 年以来，国际社会在 WIPO 及其前身 BIRPI 的主持下，先后缔结和修订了 20 多个国际条约，其中有提供实质性权利保护的条约，如《专利法条约》《商标法条约》《世界知识产权组织版权条约》等；也有便于多国获得知识产权保护的条约，如《专利合作条约》、《商标国际注册马德里协定有关议定书》(以下简称《马德里议定书》)、《工业品外观设计国际注册海牙协定》等；还有建立国际分类的条约，如《商标注册用商品和服务国际分类尼斯协定》(以下简称《尼斯协定》)、《维也纳协定》等。《巴黎公约》和《伯尔尼公约》也在 WIPO 的主持下进行了数次修订，并且成员国的数量也得到了大幅度的提高，从 1967 年的 78 个和 60 个，增加到 2022 年的 178 个和 180 个，大大扩展了知识产权国际保护体系的范围。

世界知识产权组织的建立也为发展中国家争取知识产权利益提供了国际舞台。巴黎联盟和伯尔尼联盟时期参与知识产权国际保护的国家很少，一方面是因为发展中国家知识产权保护的意识薄弱，另一方面也是由于在经济和科技领域与发达国家存在较大差距，缺少知识产权方面的话语权。自 20 世纪 60 年代以来，发展中国家通过世界知识产权组织这一平台来争取知识产权利益的呼声越来越强烈，力图通过修改知识产权国际条约的有关规定，建立新的知识产权保护制度，促进本国经济、文化、科技的发展。WIPO 自身也注重向发展中国家提供技术-法律援助，先后通过专家委员会或有关国家政府，制定了《为发展中国家制定的突尼斯样板版权法》，修订了《发展中国家保护发明示范法》，连同 BIRPI 此前起草的《发展中国家商标、商号和不正当竞争行为示范法》《发展中国家外观设计示范法》等，改善和提高了发展中国家的相关立法水平，为知识产权国际保护制度的推行发挥了重要作用。

1994年，WIPO还成立了仲裁与调解中心，旨在为解决私人当事方之间的国际商业纠纷提供替代性争议解决（ADR）选择。该中心根据WIPO仲裁、快速仲裁、调解和专家裁决规则，解决私人之间有关知识产权的技术、娱乐和其他争议，为保护知识产权提供更多的可能。WIPO仲裁与调解中心总部设在瑞士日内瓦，并在新加坡设有办事处，其处理的争议涉及美国、中国、英国、法国、日本等多个不同的司法管辖区，能够有效地解决私人当事方国内或跨境知识产权与技术争议。

（三）世界贸易组织时期

尽管世界知识产权组织时期，国际知识产权保护制度发展迅速，保护体系不断完善，但其缺陷和不足也非常明显。世界知识产权组织管辖的国际条约众多，但多数公约都未制定行之有效的争端解决规则，WIPO自身也缺少高效统一的争端解决机制，这就使得一些公约的执行效果大打折扣。随着贸易中知识产权保护的重要性日益增强，世界各地在保护和实施这些权利方面的巨大差别成了国际经济关系紧张的一个根源。缺乏有效的争端解决机制使得国际条约想要构建相对统一的国际法律制度的目的难以实现，为增进秩序和可预测性及更加系统地解决纠纷，发达国家尝试通过主管国际货物贸易的关贸总协定（General Agreement on Tariffs and Trade，简称GATT）来解决知识产权保护问题。在1986年至1994年著名的乌拉圭回合贸易谈判之前，GATT极少涉及国际知识产权保护领域，其前七轮谈判绝大部分只涉及关税减让问题。[①] 乌拉圭回合谈判则将国际知识产权保护作为重要的谈判议题。一方面是因为知识产权国际保护体系本身的弱点，另一方面是由于国际贸易发展的需要。在发达国家的主导下，乌拉圭回合谈判通过了《与贸易有关的知识产权协定》（Agreement on Trade-Related Aspects of Intellectual Property

---

① 郑成思：《知识产权论》，法律出版社2003年版，第91~92页。

Rights，以下简称 TRIPs 协定），该协定于 1995 年 1 月 1 日生效。乌拉圭回合谈判的另一项重要成果是建立世界贸易组织（World Trade Organization，简称 WTO）。TRIPs 协定作为"一揽子协定"之一，由世界贸易组织管辖，是所有成员必须遵守和执行的协定。WTO 总理事会下设货物贸易理事会、服务贸易理事会和知识产权理事会，分别监督《建立世界贸易组织的马拉喀什协议》《货物贸易多边协定》《服务贸易总协定》和 TRIPs 协定的执行。知识产权理事会按照 TRIPs 协定规定的职责和总理事会制定的职责进行工作。其主要任务是：（1）监督 TRIPs 协定的实施，尤其是对成员履行本协定规定的义务进行监督；（2）就有关与贸易有关的知识产权问题为成员提供协商的机会；（3）成员指定的其他任务；（4）应请求就争端解决程序为成员提供援助；（5）与有关各方进行协商并向其求得必要的信息；（6）与 WIPO 进行协商并签订协议。[①]

世界贸易组织在新的知识产权国际保护制度中发挥了主导作用。TRIPs 协定将知识产权保护与国际贸易体制紧密结合，目的在于消除贸易壁垒，减少国际贸易中的扭曲与阻碍。基于此，世界贸易组织将货物贸易的原则和机制延伸到知识产权领域，如将最惠国待遇原则、透明度原则引入知识产权公约，将制度化的多边争端解决机制引入知识产权纠纷，取得了良好成效。另外，TRIPs 协定还构建了新的知识产权保护体系，将之前分散在各个独立条约中的知识产权类型集中到一起，将它们置于共同的国际规则之下，建立了体系化程度较高的知识产权国际保护制度，极大地缩小了世界各地在保护这些权利方法上的差距，并提高了知识产权的保护水平。

---

① 参见 TRIPs 协定第 68 条。

第二节　知识产权国际保护的基本原则

一、国民待遇原则

国民待遇原则是众多知识产权公约所确认的首要原则。其基本含义是指，在知识产权保护方面，任何缔约国（成员）对其他缔约国国民提供的待遇不得低于该缔约国对本国国民所提供的待遇。国民待遇原则又被称为平等原则或不得歧视原则，其目的是改变知识产权国际保护中"内外有别"的现象，实现缔约国对外国国民和本国国民知识产权一视同仁的保护。该原则是不同社会经济制度和不同发展水平的国家都能够接受的基本原则。这一原则既不要求各国法律的一致性，也没有要求适用外国法的规定，只是要求每个国家在自己的领土内独立适用本国的法律，不分外国人还是本国人。这种既不强求国内提高知识产权保护水平，又不干涉主权国家地域限制的做法，体现了条约尊重各国法律差异的现实主义原则，使越来越多的国家知识产权制度进入知识产权国际保护制度的协调范围。[①]

国民待遇原则是一项古老的针对外国人所设立的私法中的待遇制度，是国家主权原则在私法领域的延伸。[②]该原则在知识产权领域的运用最早是在《巴黎公约》之中，之后《伯尔尼公约》、《罗马公约》、《关于集成电路的知识产权条约》（以下简称《华盛顿条约》）及 TRIPs 协定等都规定了国民待遇原则。但是，由于各条约所针对的知识产权类型不同，不同条约对国民范围的认定也不相同。TRIPs 协定第 3 条规定，就有关的知识产权而言，其他成员的国民应理解为符合《巴黎公约》《伯尔尼公约》《罗马公约》《华盛顿条约》规定的保护资格标准的自然人或法人。在工业产权领域，《巴黎公约》第 2 条第 1 款和第 3

---

① 罗文正、古祖雪：《试析国际知识产权法的基本原则》，载《湖南社会科学》2002 年第 4 期。

② 余劲松主编：《国际经济法问题专论》，武汉大学出版社 2003 年版，第 334 页。

条规定，在不损害公约规定的特别权利的条件下，任何缔约国的国民，无论他们是否在公约某一缔约国内有住所或工商营业所，只要他们遵守对该国国民适用的条件和手续，就享有同该国国民一样的待遇；非缔约国的国民，如果在公约某一缔约国内有住所或真实、有效的工商营业所，也享有与公约缔约国国民同样的待遇。在著作权领域，《伯尔尼公约》实行的是"双国籍国民待遇原则"，即无论是作品的"国籍"还是作者的国籍，只要符合规定的，均可享受缔约国的国民待遇。其具体体现为：（1）凡是公约缔约国的国民（包括在缔约国内有惯常住所的作者）的作品，无论是否出版，各缔约国都应当给予其与本国作者作品一样的保护；（2）非公约缔约国国民的作品，只要首次在一个缔约国出版，或者在一个非缔约国和缔约国同时出版，即视为该缔约国的作品，各缔约国都应当给予其与本国作者作品一样的保护。在邻接权领域，《罗马公约》对表演者、录音制品制作者及广播组织享有国民待遇的条件作了规定。表演者获得国民待遇的情形有三种：（1）表演在另一缔约国进行；（2）表演已被录制在受公约保护的录音制品上；（3）表演虽未被录制成录音制品，但在受公约保护的广播节目中播放。录音制品制作者获得国民待遇的情形有三种：（1）录音制品制作者系另一缔约国国民（国民标准）；（2）录音制品首次录音是在另一缔约国制作的（录制标准）；（3）录音制品在另一缔约国首次发行（发行标准）。广播组织获得国民待遇的情形是：（1）广播组织的总部设在另一缔约国；（2）广播节目是由设在另一缔约国的发射台播放的。在集成电路布图设计的知识产权保护方面，《华盛顿条约》给予了下列人员国民待遇：（1）是任何其他缔约方国民或在任何其他缔约方的领土内有住所的自然人；（2）在任何其他缔约方的领土内为创作布图设计或生产集成电路而设有真实的和有效的住所的法人或自然人。尽管对国民范围的认定有所不同，国民待遇原则仍然是众多知识产权保护国际条约中最普遍的原则。

国民待遇原则在成员国之间执行时也并非没有例外，上述国际条约均允许缔约国对该原则的规定进行一定的保留。如在工业产权领域，《巴黎公约》允许各成员在有关司法和行政程序管辖权、指定送达地址以及代理人的指定等方面声明保留,不给予其他缔约国的国民以国民待遇,这一做法符合国际惯例,也有利于外国人的权益保护。TRIPs 协定中也有类似规定,其第 3 条第 2 款规定了各成员在司法程序和行政程序方面的例外,还包括在成员管辖范围内指定送达文件的地址或者委派代理人等,但这些例外应该是为执行法律和规章所必需的,不得与协定的其他内容相抵触。另外,TRIPs 协定第 5 条还明确规定了,国民待遇原则和最惠国待遇原则不适用于在世界知识产权组织主持下达成的有关知识产权的获得或维护的多边协定规定的程序,意味着基于这些多边协定所给予的国民待遇原则,可以不给予未参加这些多边协定的成员国国民。国民待遇原则的例外在我国国内法上亦有所体现,如《中华人民共和国专利法》规定,外国人、外国企业或外国其他组织在中国申请专利,应当委托国务院专利行政部门指定的专利代理机构办理。而中国的单位或个人在国内申请专利既可以委托任何一个专利代理机构办理,也可以自己直接申请专利。[①] 各国在知识产权保护上都很难给予其他国家的国民以无差别的国民待遇,这是因为每个国家的国内法都有很大的差异,特别是在司法与行政程序方面,应该允许各个国家根据本国情况作出不同的规定。[②]

二、最低保护标准原则

最低保护标准原则,是指各缔约国依据本国法对该条约缔约国国民的知识产权保护不能低于该条约规定的最低标准,这些标准包括权利保护对象、权利取得方式、权利内容及限制性、权利保护的期间等。[③] 最低保护标准原则是对国民待遇原则的重要补充。后者是为了实现缔约国对外国国民和本国国民知识产权一视同仁的保护,但不对成员国自身国内法保护标准作出评判和要求,前者

---

①　参见《中华人民共和国专利法》第 18 条和第 19 条。
②　杨巧主编:《知识产权法学》,中国政法大学出版社 2016 年版,第 455 页。
③　吴汉东、胡开忠、董炳和等:《知识产权基本问题研究》,中国人民大学出版社 2009 年版,第 200 页。

则是为了尽量减少各成员国国内法保护标准的差异。在知识产权国际保护制度建立之初，尽可能地吸纳更多的成员，让更多国家的知识产权法律制度进入知识产权法律制度国际协调的范畴，是条约发起者最迫切的现实需求。因此，各条约充分考虑了各国经济、文化发展的不平衡性，承认各国知识产权制度的差异，以尽可能地确保知识产权国际保护制度的广泛性和普遍性。但是知识产权国际保护制度仅仅具有普遍性是不够的，还必须做到有效性。长期容忍甚至允许各国放大在知识产权保护水平方面的差异，将可能造成缔约国之间权利义务的不平等，影响国际条约的有效实施。因此，为了避免因制度差异而给知识产权国际保护制度带来的体系上的影响，最低保护标准原则应运而生。最低保护标准原则与国民待遇原则在知识产权国际保护制度中既有区别，又相互统一。两者的区别在于国民待遇原则是对各条约缔约国知识产权立法自主权的尊重，而最低保护标准原则则是对这种立法自主权的限制。二者的统一性在于，接受知识产权保护的最低标准，正是各国行使知识产权立法自主权的表现。[①]

最低保护标准原则在《巴黎公约》《伯尔尼公约》和 TRIPs 协定等主要的知识产权国际公约中均有所体现。《巴黎公约》第 2 条第 1 款在明确国民待遇原则的同时，又强调各成员国国民所获得的各种利益，一切都不应损害本公约特别规定的权利。虽未明确最低保护标准原则，但这一规定也意味着成员国对工业产权的保护不能低于本公约特别规定所设定的最低要求。同样，《伯尔尼公约》中，坚持最低保护限度的理念在一些具体条款中已有明确体现。例如《伯尔尼公约》第 19 条、第 20 条规定，本公约不妨碍要求某一成员国法律可能提供的更广泛的保护，各成员国政府有权签订特别协议，以给予作者比本公约所规定的更多的权利。也就是说，《伯尔尼公约》允许缔约国超出公约规定的标准制定自己的著作权保护标准，但不能低于公约规定的最低限度。这类最低保护标准的条款约束力强，可以在成员国直接适用。TRIPs 协定则是更为详尽地

[①] 吴汉东、胡开忠、董炳和等：《知识产权基本问题研究》，中国人民大学出版社 2009 年版，第 200 页。

规定了各类知识产权的最低保护标准。TRIPs 协定第 1 条规定了缔约国必须履行的义务，即"各成员应使本协定的各项规定生效"，这些规定包括"有关知识产权的效力、范围及利用的标准""知识产权执法""知识产权的获得与维持及有关当事人之间的程序""争端的防止与解决"等。TRIPs 协定同样允许成员在不违反本协定的前提下，在其国内法中实施比 TRIPs 协定更广泛、更严格的保护。可以看出，实践 TRIPs 协定所规定的保护标准是各缔约国必须履行的义务。另外，TRIPs 协定第二部分明确规定了缔约国对版权及相关权利、商标、地理标志、工业设计、专利、集成电路布图设计、商业秘密等七类知识产权所应提供的最低保护标准。这些具体规定，有些是对原有公约的继承与发展，有些则是在对原有公约回避和否定的基础上增加的新规定。整体来看，TRIPs 协定所规定的最低保护标准，基本上顾及和参照了发达国家的要求和做法，拓展了保护范围，延长了保护期限，全面提升了知识产权的保护水平。

最低保护标准原则，是知识产权国际保护制度标准化、一体化发展趋势的体现，其目的是促使缔约国在知识产权保护水平方面形成统一标准。最低保护标准原则是条约对缔约方国内立法权的限制，其强制要求缔约国国内法必须根据条约作出改变，达到条约所规定的最低保护标准。这一原则的适用，不仅强化了各条约的约束力和执行效果，更改变了各国知识产权立法各自为政的局面，加速了各国知识产权制度朝向国际化、一体化发展的进程。目前，各国尤其是发展中国家仍在以相关知识产权国际保护条约所规定的最低保护标准为蓝本，修改和完善本国国内法，努力加入国际知识产权保护制度，以获得市场准入资格，融入国际贸易体系之中。

三、保护公共利益原则

对于"公共利益"这个耳熟能详的词汇，虽然理论界与实务界时常运用，但是很难对这种高度抽象性的概念作出科学界定，因为公共利益是"道德术语中所能有的最笼统的用语之一，是虚构团体的利益集合，因而它往往失去直观的现实意义"。[1] 除抽象性和模糊性外，公共利益还具有动态性和发展性，其具体含义随时代变迁而有所不同，因此只能"以变迁社会中的政治、经济、社会及文化等因素及事实作为考量依据"进行评价与判断。[2] 从字面上看，"公共利益"由"公共"和"利益"两部分内容构成。所谓"公共"，就是指公有、公用、公众之意。[3] 而"利益"可以与好处、价值、需求或愿望同义而语，是指"一定的客观需要对象在满足主体需要时，在需要主体之间分配过程中所形成的一定性质的社会关系形式"[4]。

作为一种价值准则，公共利益这一概念工具正是厘清知识产权外部界限的有效武器，在分配和行使知识产权这一私权时绝不能超越这一限制，否则将对社会公众造成严重损害。[5] 那么，公共利益何以成为限制私权的价值评判标准？德沃金认为，"我们必须区分多数人的权利和作为多数人的成员所享有的个人权利，当特定情形下，政府为了公共幸福和社会普遍利益，必须对个人权利进行剥夺或限制"[6]。英国学者约翰·贝尔也认为，之所以公共利益能够成为限制个人权利的正当性理由，主要缘于个人在共同体社会中的双重身份，既是共同体社会的成员又是私人个体，加入共同体社会必然要放弃一部分背离社会公共利益的个人利益。[7] 除此之外，有学者将原因归于资源的稀缺性、利益平衡的必要性及公平正义价值的取向性三个方面。[8] 具体来看：

---

① [英]边沁：《道德与立法原理导论》，时殷弘译，商务印书馆 2000 年版，第 58 页。

② 陈新民：《德国公法学基础理论》，山东人民出版社 2001 年版，第 205 页。

③ 该词出自《史记》卷一百二之《张释之冯唐列传第四十二》，曰为"法者，天子所与天下公共也。今法从此而更重之，是法不信于民也"。参见司马迁：《史记》，岳麓书社 2002 年版，第 582 页。

④ 王伟光：《利益论》，人民出版社 2001 年版，第 76 页。

⑤ [美]E.博登海默：《法理学——法哲学及其方法》，邓正来、姬敬武译，华夏出版社 1987 年版，第 297 页。有学者对公共利益的价值基础与价值原则进行了详细阐述，认为公共利益的价值基础体现为道德价值、理性价值和正义价值三种，而公共利益的价值原则包括公益优先原则和利益平衡原则。参见徐少祥：《什么是公共利益——西方法哲学中公共利益概念解析》，载《江淮论坛》2010 年第 2 期。

⑥ [美]罗纳德·德沃金：《认真对待权利》，信春鹰、吴玉章译，中国大百科全书出版社 1998 年版，第 255~256 页。

⑦ 刘连泰：《"公共利益"的解释困境及其突围》，载《文史哲》2006 年第 2 期。

⑧ 丁文：《权利限制论之疏解》，载《法商研究》2007 年第 2 期。

第一，资源的稀缺性。资源的稀缺性既是产权关系产生的必要前提，也预设了资源优化配置与充分利用的必要性。[①]资源稀缺性包括绝对稀缺与相对稀缺两种。[②]对于信息资源而言，"稀缺性主要表现为信息本身的无限性与开发利用的有限性之间的矛盾"[③]。因此，实现信息资源的优化配置，必须在设立私人产权的同时，保障社会公众对信息资源的接触与使用，兼顾个人利益与公共利益的衡平。

第二，利益的衡平性。资源的稀缺性及利益主体的不同境遇与追求决定了利益分化与利益冲突的客观性。[④]因此，一项良性的制度安排，必须设立行之有效的利益表达与利益平衡机制，确保私人财产权与社会公共利益的协调发展。法律的利益平衡功能，主要通过对权力及权利进行合理分配、为各种权力及权利的行使确定范围和边界及为各种权力及权利的运行设定科学的运行程序实现。[⑤]

第三，公平正义价值诉求。以公共利益矫正个人利益是公平正义的价值需求。如果个人利益超越了社会负担成本的必要限度，则会背离公平的正义分配理念。[⑥]罗尔斯认为，公平的正义观决定着制度的设立、评价及改造。[⑦]因此，"在每种社会秩序的构建中，适当权衡个人利益与公共利益都是有关正义的主要考虑之一，特别是关乎自由、平等和安全价值时，对个人利益进行某种程度的限制存在着一种公共利益关怀。依据正义要求，赋予人类的自由、平衡和安全应当在最大限度上与公共利益相一致"[⑧]。

---

①　黄少安：《产权经济学导论》，山东人民出版社 1995 年版，第 46 页。

②　经济学家马尔萨斯首先提出了绝对稀缺论，李嘉图随后又提出了相对稀缺论。具体内容可参见潘家华：《持续发展途径的经济学分析》，中国人民大学出版社 1997 年版，第 91~96 页。

③　赵云志：《正确认识信息资源的稀缺性》，载《情报理论与实践》2000 年第 3 期。

④　曾祥华：《立法过程中的利益平衡》，知识产权出版社 2011 年版，第 21 页。

⑤　刘旺洪：《国家与社会——现代法治的基本理论》，黑龙江人民出版社 2004 年版，第 97~99 页。

⑥　王淑君：《公共利益视角下高校专利问题研究》，知识产权出版社 2020 年版，第 85 页。

⑦　[美]约翰·罗尔斯：《正义论》，何怀宏、何包钢、廖申白译，中国社会科学出版社 1988 年版，第 10~11 页。

⑧　[美]E.博登海默：《法理学——法哲学及其方法》，邓正来、姬敬武译，华夏出版社 1987 年版，第 297 页。

知识产权制度不仅关乎权利所有人利益,更会影响全社会的广泛利益。既然市场本身无法实现信息产品的公正分配,那么知识产权制度在具体构建上必须全方位地促进人类价值的实现,尤其是在公共卫生及教育等领域。[①]因此,国际知识产权保护制度必须遵循保护公共利益原则。

保护公共利益原则,又称知识产权保护与公共利益保护平衡原则,是指知识产权的保护和权利行使,不得违反社会公共利益,应保持公共利益和权利人私益之间的平衡。知识产权的利益平衡是一个颇为庞大的话题,有学者认为,知识产权法是以利益平衡为基础的法,利益平衡构成了知识产权法的基石。[②]知识产权客体的可复制性与可共享性特征、知识产权的实现方式以及知识产权制度的宗旨等诸多因素决定了知识产品最终需要为社会公众广泛使用,增进社会福祉,实现公共利益。可以说,利益平衡是知识产权制度永远无法回避的话题。知识产权利益平衡原则包括权利人与社会公众之间的利益平衡,知识产权权利冲突中的利益平衡,发达国家与发展中国家之间的利益平衡。[③]知识产权国际保护制度中的利益平衡原则同样包含这三方面的内容。对知识产权予以保护和限制,以促进公共利益和知识产权人利益之间的平衡,符合国际知识产权法的目的和宗旨。

传统的国际条约,通常是通过权利限制的具体制度来体现保护公共利益原则。如《巴黎公约》第 5 条规定的强制许可制度,《伯尔尼公约》第 10 条规定的合理使用制度。TRIPs 协定题为"原则"的第 8 条,则是首次明确提出了保护公共利益原则。[④]这一规定包含两个层面的内容:一是对于违背公共利益的

---

① The Washington Declaration on Intellectual Property and the Public Interest, *American University International Law Review*, Vol. 28, 2012, pp. 19-21.

② 冯晓青:《知识产权法利益平衡理论》,中国政法大学出版社 2006 年版,第 23 页。

③ 陶鑫良、袁真富:《知识产权法总论》,知识产权出版社 2005 年版,第 18~19 页。

④ TRIPs 协定第 8 条规定:(1)在制定或修改其法律和规章时,各成员可采取必要措施来保护公共健康和营养,促进对其社会经济和技术发展至关重要部门的公共利益,只要这些措施符合本协定的规定;(2)只要符合本协定的规定,必要时可以采取适当措施来防止知识产权持有人滥用知识产权或采取不正当的限制贸易或严重影响国际技术转让的做法。

智力成果，成员可以不给予保护；二是为保证社会公众对知识产品的合理利用，成员可以对知识产权专有权利予以必要的限制。同时，TRIPs 协定在第六部分中还规定了针对发展中国家和最不发达国家的过渡性安排，允许最不发达国家成员根据本国的实际情况，在法律和规章的实施上进行灵活调整。这也体现了 TRIPs 协定促进发达国家与发展中国家利益平衡的目的。协定还倡导发达国家成员对不发达国家成员提供一定的帮助。要求发达国家成员鼓励其领土内的企业和组织，向最不发达国家成员转让技术，帮助这些成员打造一个良好可行的技术基础。之后的国际条约也基本都采取概括的方式规定了保护公共利益原则，如《世界知识产权组织版权条约》《世界知识产权组织表演与录音制品条约》《视听表演北京条约》均在序言中宣称，应当按《伯尔尼公约》所反映的维护公共利益原则，保持知识产权权利人与社会公众之间在教育、研究和获得信息等方面的利益平衡。

保护公共利益原则为各成员国限制知识产权提供了正当性基础。它允许成员国根据本国实际情况，在不违反条约规定的前提下，为保护公共利益，对知识产权专有权进行必要的限制。保护公共利益原则与国民待遇原则、最低保护标准原则并不矛盾。国民待遇原则旨在解决一国知识产权在他国如何获得保护的问题，最低保护标准原则侧重于统一知识产权在他国的保护标准。而保护公共利益原则则强调出于公共利益保护的目的，对知识产权的保护标准进行限制。也就是说，在缔约国适用最低保护标准进行知识产权立法时，可以根据相关国际公约规定的保护公共利益原则，对最低保护标准原则进行反限制。①

四、最惠国待遇原则

最惠国待遇原则是国际经贸条约中的一项传统基本原则，其目的在于避免缔约方彼此实施歧视待遇，创造平等、公平的贸易环境。在知识产权国际保护制度中，最惠国待遇原则由 TRIPs 协定首次确立。此前的知识产权保护国际条

---

① 吴汉东、胡开忠、董炳和等：《知识产权基本问题研究》，中国人民大学出版社 2009 年版，第 202 页。

约中并未涉及国际贸易中的最惠国待遇问题。TRIPs 协定第 4 条规定，在知识产权保护方面，一成员给任何其他成员国民的任何利益、优惠、特权或豁免，应立即无条件地给予所有其他成员的国民，即不应优待某一国家国民而歧视其他国家国民。TRIPs 协定将该原则从国际货物贸易领域移植到知识产权领域，使知识产权国际保护制度发生了重要变化。

最惠国待遇原则是包括 TRIPs 协定在内的所有世界贸易组织多边协定的共同基本原则，旨在保证贸易的公平竞争，从而构成整个国际贸易体制的基石。[①] 按照联合国国际法委员会的《关于最惠国条款的规定（草案）》，所谓最惠国待遇即给惠国给予受惠国或者与受惠国有确定关系的人或物的优惠，不低于该给惠国给予第三国或者与第三国有同样关系的人或物的待遇。TRIPs 协定也正是基于世界贸易组织体系本身良好的机制，将最惠国待遇原则移植到知识产权领域，以实现一国知识产权在其他成员国获得平等无歧视的保护。

根据 TRIPs 协定的规定，最惠国待遇原则是立即且无条件的。但毕竟在知识产权领域，该原则是由 TRIPs 协定新增加的原则，与以往的知识产权国际条约相比发生了重大变化。考虑到协定的可接受程度，TRIPs 协定还规定了四种不适用最惠待遇原则的情况：一是成员在加入 WTO 之前已经签订的司法协助或一般性质的法律实施的双边或多边国际协定所引申出的情况，而且这种情况并非专为保护知识产权所产生的优惠，可不适用于 WTO 的其他成员；二是《伯尔尼公约》1971 年文本或者《罗马公约》的选择性条款不按国民待遇而按互惠原则保护的情况；三是 TRIPs 协定尚未规定的有关表演者、录音制品制作者及广播电视组织的权利；四是《建立世界贸易组织的协议》生效之前已生效的有关知识产权保护的国际协议中已规定的情况，不过这些协议应当通知与贸易有关的知识产权理事会，并对其他缔约方的国民不构成武断或者不公正的歧视。在上述四种情况下，缔约方不必将给予任何其他缔约方国民的优惠、特权和豁免，给予所有其他缔约方的国民。

---

① 汤宗舜：《知识产权的国际保护》，人民法院出版社 1999 年版，第 177 页。

最惠国待遇原则与国民待遇原则、最低保护标准原则并不冲突。如果说国民待遇原则是为了解决"内外有别"的不平等待遇问题，那最惠国待遇原则便是通过给予其他缔约国与特定缔约国（受惠国）同等待遇，来解决"外外有别"的歧视性待遇问题。因此最惠国待遇原则是对国民待遇原则的重要补充。在最惠国待遇原则的要求下，给惠国需要将给予某特定国家的高出最低保护标准的更多的利益或者优惠给予其他缔约国，客观上提高了知识产权的保护标准。事实上，TRIPs 协定确定最惠国待遇原则，与 20 世纪下半叶一些知识产权保护双边国际条约中出现的一方给予另一方特殊优惠的情形有关。例如在 20 世纪八九十年代，美国多次利用其贸易优势与其他国家进行知识产权谈判，以提高其本国知识产权在他国的保护水平。韩国、中国等国家先后在与美国的双边协议中承诺对其相关领域的知识产权提供高标准保护，这些承诺不断引起欧盟国家、日本等其他贸易伙伴的同样要求。为了避免此类问题的发生，TRIPs 协定确立了最惠国待遇原则，其最终目的也是实现知识产权一体化、国际化的保护。同时，最惠国待遇原则允许缔约国在多边条约保护体系之外，通过双边协商的形式，确立在他国高于最低水平的知识产权保护标准。根据最惠国待遇原则，这种高水平保护应当惠及所有缔约国，事实上会在一定范围内提高知识产权国际保护的标准。不过这种保护标准的提高对于发展中国家而言需要警惕。对于经济技术相对落后的国家来说，高水平保护更多的是一种义务，不宜在双边协定中给予 WTO 成员国过高的保护标准。

上述四项基本原则中，除最惠国待遇原则外，其余三项原则在众多主要的知识产权国际保护条约中均有所涉及，唯独最惠国待遇原则系 TRIPs 协定所独有。TRIPs 协定与《货物贸易多边协定》、《服务贸易总协定》构成 WTO 制度框架中的三大主体制度。WTO 总理事会下设的知识产权理事会监督 TRIPs 协定的执行。尽管在知识产权国际保护方面，世界知识产权组织与世界贸易组织各有侧重，但不可否认的是世界贸易组织已经成了知识产权国际保护制度中最重要的国际组织之一。截至目前，WTO 共有 164 个成员，[①] 世界几大主要经济体都在其中。加之其有效的争端解决机制，TRIPs 协定在知识产权国际保护中的地位也日益显著。且 TRIPs 协定不是就某一具体知识产权保护所缔结的国际公约，它涉及著作权、商标权、专利权等知识产权的各个领域，因此无论在适用范围还是适用领域方面，最惠国待遇原则同国民待遇原则、最低保护标准原则及保护公共利益原则一样都具有普遍适用性。

除上述基本原则外，知识产权国际保护制度还有一些适用于某些特定知识产权领域的具体原则。著作权和邻接权领域，《伯尔尼公约》规定了自动保护原则，即受保护作品的作者享受和行使依据国民待遇原则获得的权利以及公约特别授予的权利，不需要履行任何手续。也就是说，作品一旦完成便在各缔约国都受到保护，不必履行诸如登记注册、交费、交存样书、加以特别标记等手续。《伯尔尼公约》还规定了独立保护原则，即各缔约国对同一作品所给予的版权保护是相互独立的，不受其他国家对作品的保护规定的影响。工业产权领域，《巴黎公约》规定了优先权原则，指享有国民待遇的缔约国的国民，在一个缔约国内第一次提出工业产权[②]申请后，在特定的期限（发明或实用新型专利12个月，商标或外观设计 6 个月）内，又就相同主题向其他缔约国提出申请的，该其他缔约国应当以第一个申请日作为本国申请日。《巴黎公约》还规定了专利、商标的独立性保护原则。除此之外，基于 WTO 的基本要求，TRIPs 协定还规定了要求成员及时公开相关法律、法规、裁判文书等的透明度原则。

[①]　参见 WTO 网站，https://www.wto.org/english/thewto_e/whatis_e/wto_dg_stat_e.htm，下载日期：2022 年 1 月 16 日。

[②]　优先权只适用于发明专利、实用新型、外观设计和商标（不包括服务商标），对于《巴黎公约》规定的其他工业产权，如商号、货源标记等则不适用。

第三节　知识产权国际保护现状

一、知识产权国际保护的主要途径

（一）单方保护

单方保护，是指一国通过其国内立法单方面宣布保护外国知识产权，而不要求任何互惠。1852 年，法国在版权领域开创了单方保护外国知识产权的先河。法国颁布专门法令声明，作者复制权的涉外保护不受《法国民法典》中关于互惠原则的约束，即将版权的保护扩大至一切作品，而不论作品出版地和作者的国籍。这一保护途径在当时对唤起其他国家保护外国作品方面起到了积极作用，并推动了最初知识产权国际保护制度的建立。但在现今知识经济背景下，知识产权的价值及全球贸易中知识产权贸易的收益在一国国民经济中占有不容忽视的地位。大多数国家基于本国利益考虑并未采取这种方式，法国在1964 年版权法中也取消了这一规定，而当年效仿法国采用单方保护的比利时等国则取消得更早。严格地说，在当今国际社会，此种保护途径已不再采用，至多在实践中被个别地区保留。

（二）互惠保护

互惠是利益或特权的相互或相应让与。知识产权的互惠保护，是指某国承认并保护依本国法确认的知识产权，则本国就承认并保护依该国法确认的知识产权。英国 1884 年颁布《国际版权法》，宣布在互惠条件下可以为任何外国作品提供保护。这种保护途径积极维护了本国知识产权权利人在国外的利益，并推动了知识产权国际保护的产生。这一保护途径也是某些国家在参加知识产权国际公约之前，乃至制定本国知识产权法之前，与其他国家开展知识产权保护的一种"没有办法的办法"。我国在参加《巴黎公约》之前，就曾分别与多国在商标保护上实行互惠原则，这正是该种互惠保护的体现。

（三）双边协定保护

双边协定保护，是指国与国之间以签订双边保护协定的方式，相互承认和保护对方的知识产权。随着世界各国日益复杂的国际交往，签订双边协定是各国在知识产权保护领域彼此合作的有效和便捷途径。在《巴黎公约》等重要国际公约签订之前，这是知识产权国际保护的主要方式。现今这种保护方式仍被广泛采用，其主要存在于那些未参加知识产权国际公约的国家之间及这些国家与公约成员国之间。1979年中美《双边贸易关系协定》、1992年中美达成的《关于保护知识产权的谅解备忘录》以及1995年中美通过往来信函就知识产权达成的协议都属于双边协定。由于双边协定对第三国没有拘束力，多数国家都倾向于缔结或参加国际条约保护知识产权。但双边协定保护仍在知识产权高标准保护中发挥优势，尤其是在"后TRIPs协定时代"，发达国家与发展中国家在知识产权议题上的分歧越来越大，多边谈判达成共识的成本也越来越高。许多西方发达国家开始重新重视双边或闭门式多边谈判，以推行超TRIPs协定的知识产权保护标准。

（四）缔结国际条约保护

缔结国际条约保护是现今知识产权国际保护的主要途径，并且日益呈现出不可替代性。多国之间通过政府间谈判，就知识产权在多国范围内的保护问题达成多边协议，这种保护途径可以在更大范围内解决知识产权保护问题，其保护的标准也相对较高。同时每一个条约会成立一个相应的国家间联盟，为其他国家的加入及该领域知识产权国际保护的发展提供支持。因而，从19世纪中晚期开始，产生了一系列知识产权国际保护条约。

从功能上讲，这些条约可以分为建立知识产权国际保护制度的条约和促进知识产权国际保护的条约。前者包括《巴黎公约》、《伯尔尼公约》、《制止商品来源虚假或欺骗性标记马德里协定》、《保护原产地名称及其国际注册里斯本协定》（以下简称《里斯本协定》）等，这些条约主要是规定各缔约国在知识产权保护方面应当遵守的共同标准和制度等；后者包括《专利合作条约》《商标国际注册马德里协定有关议定书》《尼斯协定》等。

从适用范围上讲，这些条约又可分为世界性公约和区域性公约。前者的适用范围没有区域限制，内容一般是立法性的，规定了各缔约国知识产权保护的最低标准，在知识产权国际保护体系中起主要作用，如《WIPO 公约》、TRIPs 协定等；后者则是根据区域国家自身要求发展而来的，协调区域内各国知识产权的保护，如 1977 年《班吉协定》（1999 年修订）、1979 年《欧洲专利公约》、1993 年《北美自由贸易区协定》、①2022 年《区域全面经济伙伴关系协定》等。

二、知识产权国际保护的主要组织

知识产权国际保护组织可分为两种类型：（1）政府间国际组织，其主要包括：世界知识产权组织（WIPO）、世界贸易组织（WTO）、联合国教科文组织（UNESCO）、国际植物新品种保护联盟（UPOV）、非洲知识产权组织（OAPI）、欧亚专利局（EAPO）、非洲地区工业产权组织（ARIPO）等。（2）非政府间国际组织，其主要包括：国际商标协会（INTA）、发明者协会国际联合会（IFIA）、国际反假冒联盟（IACC）、国际唱片业协会（IFPI）、国际作者作曲者协会联合会（CISAC）、音像制作者权利管理协会（EGEDA）等。知识产权国际保护呈现的是"两个中心、多种渠道"②的格局，其中占据"中心"地位，在知识产权国际保护领域发挥着最重要作用的是世界知识产权组织和世界贸易组织。

（一）世界知识产权组织

1. 世界知识产权组织成立的背景及过程

世界知识产权组织（WIPO）是根据 1967 年 7 月 14 日签订的《WIPO 公约》设立的。我国于 1980 年 3 月正式批准加入，成为该组织的成员国，这也是我国参加的第一个知识产权国际公约。世界知识产权组织的设立可以追溯到 19 世纪末。随着 1883 年《巴黎公约》的缔结和 1886 年《伯尔尼公约》的签订，

---

①　张玉敏主编：《知识产权法学》，法律出版社 2017 年第 3 版，第 473~475 页。

②　牛强：《审慎的反思与理性的建构——评〈知识产权国际保护制度研究〉总论部分》，载《电子知识产权》2008 年第 1 期。

国际上建立了巴黎联盟和伯尔尼联盟。这两个联盟又分别成立了自己的国际局或秘书处作为执行机构以负责各自组织和公约的日常管理。这两个公约最初由瑞士政府代为管理。1893 年两个联盟的执行机构合并成为 BIRPI，后 BIRPI 脱离瑞士政府而独立。1967 年 BIRPI 提议建立世界知识产权组织，同年 7 月召开了斯德哥尔摩会议，并通过了《WIPO 公约》，世界知识产权组织宣告成立。1970 年 4 月 26 日该公约生效，依据其中"过渡条款"规定，BIRPI 的全部职能由世界知识产权组织兼管。"过渡条款"还规定，一旦巴黎联盟和伯尔尼联盟成员国全部成为世界知识产权组织的成员国，BIRPI 将不复存在，其全部权利、义务及财产均应转归世界知识产权组织国际局（以下简称国际局）。1974 年 WIPO 正式成为联合国组织系统的第 15 个专门机构，是国际知识产权领域主导的专门机构。

2. 世界知识产权组织的宗旨

世界知识产权组织的主要宗旨有两个：（1）通过国家间合作，以及与其他国际组织的协作，促进国际范围内对知识产权的保护。这主要体现在：促进更多的国家参加现有条约；修订现有条约并鼓励缔结新的知识产权条约，提高国际知识产权保护水平；促进各国知识产权立法的国际化和现代化等方面。（2）保证各种知识产权公约所建立的联盟之间的行政合作，主要体现于世界知识产权组织将其所管理的 23 个国际条约的日常行政事务交由其国际局集中管理。

3. 世界知识产权组织的职能和 21 世纪战略目标

世界知识产权组织具有以下八项职能：（1）促进旨在便利全世界对知识产权的有效保护和协调各国在该领域内立法措施的发展；（2）执行巴黎联盟、与该联盟有联系的各专门联盟以及伯尔尼联盟的行政任务；（3）可以同意担任或参加任何其他旨在促进保护知识产权的国际协定的行政事务；（4）鼓励缔结旨在促进保护知识产权的国际协定；（5）对知识产权领域内请求法律技术援助的国家给予合作；（6）收集并传播有关保护知识产权的情报，从事并促进该领域内的研究，并公布这些研究成果；（7）维持有助于知识产权国际保护的服务机构，在适当情况下提供这方面的注册以及有关注册资料的公开；（8）采取一切其他适当的行动。①

进入 21 世纪，为了更适当、高效地应对新形势和新环境下知识产权国际保护面临的诸多挑战，世界知识产权组织制定了新的战略目标：（1）以兼顾各方利益的方式发展国际规范性框架；（2）提供全球最好的知识产权服务；（3）推广知识产权运用以促进发展；（4）协调和发展全球知识产权基本结构；（5）为全世界提供知识产权信息与分析参考源；（6）建立保护知识产权的国际合作；（7）处理与全球政策相关的知识产权问题；（8）在成员国和利益攸关者之间建立良好的交流平台；（9）为使世界知识产权组织更好地发展其项目，建立高效的行政和财政管理架构。②

4.世界知识产权组织机构及运作机制

世界知识产权组织由成员国大会（general assembly）、成员国会议（conference）、协调委员会（coordination committee）和国际局（international bureau）四个机构组成。

成员国大会是 WIPO 的最高决策机构，任命总干事、通过各联盟共同的两年开支预算、审议并批准总干事报告，并给予指示等一切合于公约的适当职权。各个成员国派代表一名，以本成员国的名义，在大会上行使一票制表决权。大会例会每第二历年举行一次，由总干事召集。大会特别会议应由总干事根据协调委员会或大会 1/4 成员国的请求召开。大会成员国半数应构成法定人数，大会应在世界知识产权组织总部举行，并应通过自己的议事规则。

成员国会议由全体成员国组成，讨论和通过知识产权领域内普遍关心的事项、制定法律–技术援助计划、会议的两年预算，通过公约的修订案。每个成员国派一名代表参加，在会议中有一票表决权。会议例会的召集、会期及地点与大会相同，特别会议应由总干事根据多数成员国的请求召集举行，成员国的 1/3

---

① 参见《WIPO 公约》第 4 条。

② 参见 WIPO 网站，http://www.wipo.int/about-wipo/en/，下载日期：2022 年 1 月 16 日。

构成法定人数。

协调委员会的主要职责是就一切有关行政财务问题提出意见、拟定大会的议程草案、提出总干事若干候选人名单。协调委员会由巴黎联盟和伯尔尼联盟执行委员会的成员构成,既是解答问题的咨询机构,也是成员国大会和成员国会议的执行机构。该委员会每年举行一次例会,由总干事召集,协调委员会中一名代表只能代表一个国家,按简单多数票作出决议。本组织成员国中不属于协调委员会成员的,派观察员参加协调委员会会议,有权参加辩论,但无表决权。协调委员会的半数构成法定人数。

国际局是世界知识产权组织及由其管理的国际条约成立的多个联盟的共同秘书处,担负着处理该组织及其管理的国际条约的日常事务的职能。其基本职能有:(1)为本组织及其管理机构和联盟的各种会议准备所需文件,如起草各项条款、报告及其他工作文件;(2)负责召集和主持各公约规定的会议及相关会议;(3)在会议团会期间,国际局必须保证将会议的决议、报告等送达有关各方,并在职权范围内保证其实施;(4)收集与知识产权有关的各种信息,应成员国请求予以传送,并将更多信息以英文、法文、西班牙文在国际局每月出版的《工业产权与版权》上刊登;(5)发起一些旨在促进成员国之间在知识产权领域进一步国际合作的项目;(6)对《专利合作条约》项下的专利登记、《马德里协定》项下的商标注册、《工业品外观设计国际注册海牙协定》项下的外观设计备案及《里斯本协定》项下的产地名称注册办理国际注册;(7)在国际范围内,为私人在商业活动中发生的与知识产权有关纠纷的解决提供仲裁与调解服务。

(二)世界贸易组织

1. 世界贸易组织产生的背景和过程

建立世界贸易组织的设想是在 1944 年 7 月举行的布雷顿森林会议上提出的,当时设想在成立世界银行和国际货币基金组织的同时,建立一个国际性贸易组织,从而使它们成为第二次世界大战后左右世界经济的"货币—金融—贸易"三位一体的机构。1947 年联合国贸易及就业会议签署的《哈瓦那宪章》同意成立国际贸易组织,后来由于美国的反对,国际贸易组织未能成立。同年,美国发起拟订了关贸总协定,作为推行贸易自由化的临时契约。20 世纪 70 年代以来,随着以互联网技术为基础的通信技术的飞速发展,世界服务业高速发展且日益呈现全球化的趋势。[①]同时由于发达国家将劳动和资源密集型产业向发展中国家转移,在跨国公司所垄断的"自由贸易"格局和全球化经营战略背景下,知识产权与国际贸易和投资之间的关系日益密切。[②]而关贸总协定只适用于商品货物贸易,世界各国亟须一个管辖范围更广、更具全球性的国际贸易管理组织。1986 年关贸总协定乌拉圭回合谈判启动后,欧共体和加拿大于 1990 年分别正式提出成立世贸组织的议案。1994 年 4 月 15 日在摩洛哥的马拉喀什市举行的关贸总协定乌拉圭回合部长会议决定成立世界贸易组织(WTO),以取代关贸总协定。与关贸总协定相比,世界贸易组织管辖的范围除传统的货物贸易外,还包括长期游离于关贸总协定外的知识产权、投资措施和服务贸易等领域。世界贸易组织具有独立的法人地位,在调解成员争端方面具有更高的权威性和有效性。

2. 世界贸易组织概况

到目前为止,世界贸易组织共有 164 个成员,中国于 2001 年 12 月 11 日成为该组织的正式成员。WTO 的目标是建立一个完整的,包括货物、服务、与贸易有关的投资及知识产权等内容的,更具活力、更持久的多边贸易体系。

世界贸易组织的组织机构主要有部长级会议、总理事会、总干事和秘书处、争端解决机构。部长级会议是世贸组织的最高决策权力机构,一般两年举行一次会议,讨论和决定涉及世贸组织职能的所有重要问题,并采取行动。部长级会议下设贸易政策评审机构、争端解决机构、各专门委员会及总理事会。其中各专门委员会处理特定的贸易及其他相关事宜,目前已设立贸易与发展委员会,国际收支限制委员会,预算、财务与行政委员会,贸易与环境委员会等十余

---

① 王新奎:《世界贸易组织十周年:回顾与前瞻》,人民出版社 2005 年版,第 6 页。
② 王新奎:《世界贸易组织与发展中国家》,上海远东出版社 1998 年版,第 11 页。

个专门委员会。总理事会是部长会议休会期间履行部长会议职能的常设机构。

世界贸易组织的宗旨是：提高生活水平，保证充分就业和大幅度、稳步提高实际收入和有效需求；扩大货物和服务的生产与贸易；坚持走可持续发展之路，各成员方应促进对世界资源的最优利用、保护和维护环境，并以符合不同经济发展水平下各成员需要的方式，加强采取各种相应的措施；积极努力确保发展中国家，尤其是最不发达国家在国际贸易增长中获得与其经济发展水平相适应的份额和利益。知识产权自身蕴含着巨大价值，不仅对一国的经济文化建设具有重要意义，也是国际贸易的重要内容，推动知识产权全球统一化、一体化保护，符合世界贸易组织的宗旨。

世贸组织的主要职能有：组织实施各项贸易协定；为各成员提供多边贸易谈判场所，并为多边谈判结果提供框架；解决成员间发生的贸易争端；对各成员的贸易政策与法规进行定期审议；协调与国际货币基金组织、世界银行的关系。其中最主要的争端解决职能在落实知识产权相关国际公约的要求、协调各成员知识产权制度等方面发挥了重要作用。世贸组织的基本原则，包括最惠国待遇和国民待遇在内的非歧视贸易原则等，也逐渐成了知识产权国际保护基本原则的重要内容。

3. 世界贸易组织与世界知识产权组织的分工与合作

世界知识产权组织和世界贸易组织在知识产权国际保护方面行使职能的范围各有侧重，WIPO偏重于知识产权立法和管理工作，而WTO则侧重于在国际贸易领域对知识产权国际保护的具体执行和运用WTO的争端解决机制解决国家间的知识产权争端。作为知识产权国际保护两个最为重要的国际组织，WTO和WIPO在TRIPs协定通过后制定了一系列政策，以加强两者之间在知识产权领域的协调与合作，其主要体现在就立法与协调方面提出咨询意见、彼此之间建立合作安排以及对发展中国家给予联合援助等。

作为知识产权保护的国际组织，WTO具有鲜明的特征：(1)保护范围限于与贸易有关的知识产权领域，WTO下属知识产权理事会负责监督的是TRIPs

协定的运用，其管理范围远不及 WIPO。（2）提供了有效的争端解决机制。WIPO 管理的《巴黎公约》和《伯尔尼公约》主要规定了知识产权国际保护的实体内容，较少涉及知识产权实施程序的规定，尤其是缺乏必要的执法措施和争端解决机制，以至于一些条约成为没有足够法律约束力的"软法"。① 而 TRIPs 协定第 64 条规定，就其产生的争端适用《关于争端解决的规则和程序的谅解备忘录》，这就为国家间的知识产权争端提供了一套司法解决以外的有效解决机制。②

第四节　"一带一路"背景下的知识产权国际保护

一、"一带一路"倡议的内涵与背景

　　"一带一路"是"丝绸之路经济带"和"21 世纪海上丝绸之路"的简称。2013 年 9 月和 10 月，国家主席习近平在出访中亚和东南亚国家期间，先后提出共同建设"丝绸之路经济带"和"21 世纪海上丝绸之路"。2015 年 3 月 28日，国家发展改革委员会、外交部、商务部联合发布了《推动共建丝绸之路经济带和 21 世纪海上丝绸之路的愿景与行动》。此倡议受到国际社会的广泛关注和欢迎，并于 2016 年 11 月写入第 71 届联合国大会决议。"一带一路"是在现有地区合作机制的基础上，推动沿线国家共商共建共享，实现优势互补、互利共赢的联动发展倡议。③2017 年 5 月在北京举行了由中国发起的"一带一路"国际高峰论坛，峰会主题为"加强国际合作，共建'一带一路'，实现共赢发展"。其进一步明确了"一带一路"倡议的最高目标，即在国际合作框架内，各方秉持

---

　　①　孙皓琛：《WTO 与 WIPO：TRIPS 协议框架中的冲突性因素与合作契机之探讨》，载《比较法研究》2002 年第 2 期。

　　②　张玉敏主编：《知识产权法学》，法律出版社 2017 年第 3 版，第 475~481 页。

　　③　参见 2015 年 3 月 28 日，习近平在博鳌亚洲论坛 2015 年年会开幕式上发表的主旨演讲；2017 年 9 月 3 日，习近平出席金砖国家工商论坛开幕式并发表主旨演讲；2018 年 4 月 10 日，习近平在博鳌亚洲论坛 2018 年年会开幕式上发表的主旨演讲；2018 年 8 月 27 日，习近平主持召开推进"一带一路"建设工作 5 周年座谈会。

共商、共建、共享原则，携手应对世界经济面临的挑战，开创发展新机遇，谋求发展新动力，拓展发展新空间，实现优势互补、互利共赢，不断朝着人类命运共同体方向迈进。[1]2018 年 8 月，习近平主席在北京主持召开推进"一带一路"建设工作 5 周年座谈会，提出"一带一路"建设要从谋篇布局的"大写意"转入精耕细作的"工笔画"，向高质量发展转变，造福沿线国家人民，推动构建人类命运共同体。2019 年 4 月 22 日，推进"一带一路"建设工作领导小组办公室发表《共建"一带一路"倡议：进展、贡献与展望》报告，报告指出共建"一带一路"倡议以共商共建共享为原则，以和平合作、开放包容、互学互鉴、互利共赢的丝绸之路精神为指引，以政策沟通、设施联通、贸易畅通、资金融通、民心相通为重点，已经从理念转化为行动，从愿景转化为现实，从倡议转化为全球广受欢迎的公共产品。[2] "一带一路"建设以五通为主要内容，其中贸易畅通是"一带一路"建设的重点内容。当今，国际贸易的核心要素已经逐渐从传统的生产要素转向知识产权领域。促进贸易畅通，实现区域经济一体化，知识产权制度必须随之跟进，与之保障，进而构建更加合理、公平的知识产权国际保护新秩序。[3]

受金融危机的影响，国际贸易格局发生了重大变化，"逆全球化"思潮涌现，发达国家与发展中国家的利益博弈更加激烈，知识产权几乎成为新的贸易壁垒。在这一大背景下，知识产权的国际保护机制也越发复杂。在国际立法层面，TRIPs 协定无疑是知识产权国际保护制度的里程碑，至今仍发挥着极为重要的作用，但其并未平息发达国家与发展中国家的利益纷争，反而像点燃了火药桶，使得发达国家与发展中国家在知识产权保护上的博弈更加激烈。在TRIPs 协定的谈判过程中，发达国家已经与发展中国家产生了重大分歧，许多发展中国家代表就曾强烈反对其中的一些条款。但是由于美国利用其国内法上

---

① 参见 2017 年 5 月 15 日，习近平在"一带一路"国际合作高峰论坛圆桌峰会上所致开幕辞。

② 参见《共建"一带一路"倡议：进展、贡献与展望》，https://www.yidaiyilu.gov.cn/zchj/qwfb/86697.htm，下载日期：2021 年 10 月 28 日。

③ 吴汉东：《"一带一路"战略下知识产权保护的中国选择》，载《人民论坛》2017 年第 3 期。

的"301 条款"施压，以取消坚持异议的发展中国家的"普惠待遇"为威胁，最终使协定得到通过。TRIPs 协定标志着知识产权法向全球化、一体化的方向迈出了一大步。但这种一体化的保护机制也加剧了各缔约国之间发展不平衡的问题。知识产权全球一体兼高标准保护使利益分配的天平倾向于发达国家，而广大发展中国家尤其是最不发达国家收益甚微，而且要负担公共利益受损失的惨重代价。发达国家与发展中国家间的发展水平差距被不断拉大。这种现实决定了 TRIPs 协定生效后，必然面临来自各方面的质疑和诸多分歧。对于全球多边体系所追求的效率和平等的价值准则，各国持不同的立场：发达国家通常站在知识产权人的立场要求给予严格、高标准的保护；包括"一带一路"绝大多数沿线国在内的发展中国家则更多地站在消费者及公共利益角度支持对知识产权人给予更多的限制。

21 世纪初是知识产权国际利益集团不断博弈，也是知识产权国际秩序分歧显化并不断发生变动的时期。由于 WTO 各成员经济发展水平和利益追求等方面的差异性和多样性，自多哈回合新一轮多边贸易谈判以来，国际贸易的多边谈判便陷入了停滞不前的状态，知识产权全球一体化高标准的保护态势遭遇了前所未有的阻碍。这种情况下，各种区域贸易协定纷纷涌现出来，数量呈急剧上升趋势。区域贸易协定作为最惠国原则的例外，对 WTO 的自由贸易和多边主义造成了较大的冲击。[①] 由于 TRIPs 协定谈判陷入僵局，各国纷纷转向区域合作。无论是发达国家还是发展中国家都期望在区域合作中解决 WTO、WIPO 无法解决的问题。以美国为代表的发达国家采取搁置多边谈判的策略，签署了数量众多的区域协议，范围几乎涵盖了所有与我国有密切贸易往来的国家和地区，试图通过这种体制的转换在全球国际经贸竞争中进一步扩大领先优势。发展中国家也不断尝试发挥自己的地缘政治优势，构建新的区域贸易和知识产权保护规则。国际知识产权秩序正处于重大变革的历史时期，这既给我国参与国

---

① 殷敏：《"一带一路"倡议下中国对俄投资的法律风险及应对》，载《国际商务研究》2018 年第 1 期。

际知识产权秩序的构建提出了挑战,也带来了良好的机遇。

在后 TRIPs 协定时代,知识产权区域造法运动活跃,知识产权保护呈现出多元化样态。首先,参与立法的主体趋于多元化,包括国家、单独关税区、国际组织及国际非政府组织等。其次,立法的价值取向也呈多元化趋势。例如,强调尊重国家自主管理知识产权,保护公共健康、生物多样性、基因资源及传统知识。再次,区域知识产权造法的方式也呈多样性,既有双边条约又有多边条约,既有自由贸易协定也有经济一体化协定、全面经济伙伴关系,同时还兼具软法性质的框架协定等灵活多样的合作机制。最后,区域造法的层级也不拘一格,如双边合作、区域合作、跨区域合作等。[①] 在共建"一带一路"框架下,各参与国和国际组织本着求同存异原则,就经济发展规划和政策进行充分交流,协商制定经济合作规划和措施。在此背景下,"一带一路"倡议作为我国扩大对外开放和"走出去"的重要平台,也为全球国际经贸合作提供了中国方案和智慧,其重要的法律保障便是构建知识产权法律与制度共同体,实现"一带一路"区域知识产权制度的一体化。

二、"一带一路"沿线各国知识产权保护存在的风险

(一)"一带一路"沿线各国的知识产权保护水平差异较大

"一带一路"倡议辐射范围广,所涉国家和地区众多。各国经济发展水平、科技创新能力参差不齐,各个国家的知识产权政策法规也不尽相同。在"一带一路"沿线国家中,有的国家知识产权保护意识较强,常常在他国产品进入本国市场的市场准入层面设置较多障碍,如新加坡、俄罗斯。而更多的国家由于经济的不发达以及制度的不健全再加上全球化理念的滞后,导致其国内知识产权保护水平较为低下。"一带一路"沿线各国、各地区之间除了经济发展水平、科技创新能力存在较大差异外,不同地域的历史文化、传统习俗及宗教信仰等也呈现多样性。知识产权在国际层面已经超越单纯的法律问题,逐步成为实现国

① 刘亚军、高云峰:《"一带一路"倡议下知识产权区域合作差异性探析》,载《大连理工大学学报》2018 年第 6 期。

家利益的工具。因此，仅仅将目光局限于知识产权法本部门法的范围内难以透彻、深入地了解"一带一路"沿线国际知识产权合作的本质。必须与法律背后的经济力量、政治安排、社会态势充分结合才能更准确地认识法律。[①]

"一带一路"沿线的各个国家都有各自不同的政治文化背景，彼此之间的法律合作十分艰难和复杂。沿线国家至少涉及三大法系、七大法源。除了传统的大陆法系和英美法系外，伊斯兰法系在"一带一路"沿线国家中的影响范围也非常广泛，伊朗、伊拉克、阿联酋、沙特阿拉伯、巴基斯坦等近20个国家都属于伊斯兰教法国家。除此之外，沿线国家中还有印度教法传统、佛教法传统、苏联法传统、东盟法圈、阿盟法圈、欧盟法圈、WTO法圈等七大谱系。[②]大陆法系根源于古代罗马法、日耳曼法的传统，将法律分为公法与私法，以成文法典为主，以法律注释、法典解读、逻辑推理、条文分析为职能，在发生纠纷时采用职权主义的方法。而英美法系奉行"遵循先例"的原则，法官和法院在法律运行中起着重要作用，在处理诉讼纠纷时，强调当事人主义，强调证据的重要性。这些对于法治起步较晚的"一带一路"沿线其他国家而言，都是不太容易适应的。伊斯兰法系，是宗教文化传统，以安拉为最高神，以穆罕默德为先知，因而其宪法制度、民商刑法制度，它所理解的犯罪，以及给予的刑罚，包括审判程序和证据制度都与世俗法律有着很大的区别。印度教、佛教法传统也与此相似。而东盟、阿盟、欧盟和WTO四大法圈是通过双边与多边的条约或协定构建起来的经济和政治共同体，因此其民主程序、平等互利、遵守规则、协作共赢的色彩比较浓厚，经过数十年的发展，开始演化出了一种诚实、互信、守约、平等、开放、共赢的文化传统。从一定意义上说，这四大法圈所发展起来的法律文化可能是人类走向法律文明与进步的方向，也是"一带一路"沿线国家间法律合作、消除文化差异所应该遵循的基本原则。[③]

---

① 何志鹏：《国际法哲学导论》，社会科学文献出版社2013年版，第17页。
② 何佳馨：《"一带一路"倡议与法律全球化之谱系分析及路径选择》，载《法学》2017年第6期。
③ 何佳馨：《"一带一路"倡议与法律全球化之谱系分析及路径选择》，载《法学》2017年第6期。

这些背景性因素对于区域知识产权合作的模式与走向会产生潜移默化的影响。比如东盟诸国中，新加坡等国家制定并实施了专利法、商标法和著作权法，但其中有的国家只保护发明专利，不保护实用新型专利，而外观设计专利则另行立法保护；菲律宾等国家则制定了综合知识产权法；还有一些国家将知识产权法纳入了民法典中。中东欧的 8 个国家（波兰、捷克、斯洛伐克、匈牙利、保加利亚、罗马尼亚、白俄罗斯、乌克兰）的知识产权制度已达到 TRIPs 协定的要求，其知识产权环境也与中国相当。还有一些经济发展水平相对落后的发展中国家，知识产权的立法现状和执法状况相对较差。尤其是西亚北非各国，尽管自独立后都开始了世俗化的经济现代化发展进程，但这些国家的商业文化环境仍深受反对西方文化及其现代化模式的伊斯兰文化影响。在商标和外观设计领域，阿联酋、沙特阿拉伯等海湾阿拉伯国家合作委员会（GCC）国家均不加入国际合作体系，其自身的实体商标法亦未推行，更没有统一的申请注册制度。在专利领域，虽然大多数国家均已加入《专利合作条约》，也都有专门的专利法和相应的管理机构，但由于长期以来这些国家国内经济和技术发展滞后、国内创新成果保护需求并不多，在专利代理、实质性审查方面缺乏足够的人才，在专利保护方面仍然与其他国家存在较大差距。

经济发展水平、科技创新能力、法律传统、宗教信仰、文化背景、社会态势等诸多因素的不同导致了"一带一路"沿线各国知识产权立法、司法和执法方面的巨大差异。在"一带一路"建设中，应当注重国家层面的交流和对话，在彼此尊重的前提下尽量缩小知识产权保护的差距。"一带一路"倡议下的知识产权区域一体化，不是强制推行，不是单向输入，而是共赢互利，所以各大法系和法源都希望扬长避短，彼此消除冲突与矛盾，希望有更多的法律平台，更多地通过双边和多边的协议和条约来完善知识产权的保护机制。

（二）区域性知识产权法律政策不稳定

"一带一路"背景下知识产权国际保护的另一个现状是区域性知识产权法律政策不稳定。这种现状由两方面原因所致：一是一些国家的政治社会不稳定；二是大国博弈可能导致法律和经济政策的不稳定。

"一带一路"沿线有很多国家的政治社会还相对不稳定，尤其是西亚和北非地区，地缘政治风险大，当地滋生的宗教激进主义甚至会危及世界各国的安全。"一带一路"范围内的西亚北非16国均处在当今世界最为动荡也是国际公认的投资风险最高的中东地区。军事政变、社会动乱导致政权频繁交替、专制独裁、司法体系与社会生活受传统伊斯兰教的影响、世俗政权不时受宗教合法性的挑战等导致中东地区局势长期动荡不安、复杂多变。宗教冲突、民族矛盾、大国的介入使得中东局势错综复杂，成为国际政治的火药桶。政治与社会的长期不稳定必然导致其知识产权法律政策和国际经贸合作的不确定性。这种不确定性使得各国之间的知识产权合作充满变数。

即使在一些政治相对稳定的国家，大国之间的政治博弈也可能导致当地法律和经济政策的不稳定性。以中亚为例，由于历史和地理位置的特殊性，中亚日益成为美国、俄罗斯、欧盟和中国等世界主要经济体的政治和经济利益交锋之地。"冷战"之后，美国的中亚政策主要是遏制、整合与塑造。[①] 但在我国提出"一带一路"倡议的同时，美国政府也开始重新审视其中亚政策，除了着重军事安全外更加认识到合作与联合的利益，开始着力鼓励和支持该地区的经济发展，制定以法律、文化建设为主题的中亚地区长久计划。事实上，美国多年来一直为中亚各国学生、政府官员、企业家等提供留学、培训机会，并准备长期继续，以期在将来把中亚建成符合美国期望的市场经济体系。俄罗斯对中亚地区的影响更是不言而喻，中亚五国及阿塞拜疆、格鲁吉亚等国都是苏联解体后陆续独立出来的，在政治、经济上与俄罗斯的联系颇为紧密。在中亚地区有着重要影响力的欧亚专利体系、欧亚经济联盟中，俄罗斯也占据了主导地位。欧盟自苏联解体以来也一直为东欧和中亚地区国家提供各类援助，力图在政治、经济上对各国产生影响，推动其向欧盟制度靠拢，其中的主要内容就包括知识产权保护和司法体系改革。美国、俄罗斯和欧盟都在以各自的方式加强自身在

---

① 曾向红：《遏制、整合与塑造：美国中亚政策的战略目标》，载《俄罗斯研究》2013年第5期。

"一带一路"沿线国家的影响力,它们之间在政治和经济上的博弈极有可能会对东道国的法律政策、经济政策产生重大影响,我国企业须及时了解相关各国的知识产权法律制度以及欧美国家和俄罗斯企业在这些国家的知识产权布局情况,提前做好防范措施,避免不必要的贸易摩擦和知识产权纠纷。[①]

另外,"一带一路"建设项目本身的知识产权保护难度大也是我们必须面对的现实。随着"一带一路"建设的不断推进,境外业务已经由工程承包、能源资源开发拓展到高铁、核电、电信、电网建设运营等领域。这些项目多是基础设施和工业类项目,投资周期长、运行维护不易。加之知识产权保护范围的扩大,各种知识产品的权利控制链已经从生产、经营延伸至销售的各阶段,企业"走出去"过程中若不能充分了解东道国知识产权政策法规,无疑加大了侵犯他人知识产权或自身知识产权被侵害的风险,也容易陷入侵权、维权的各种纠纷的风险之中。[②]

三、"一带一路"知识产权保护国际合作与协调

面对如此复杂的知识产权国际保护现状,我国要根据自身的知识产权战略,积极引导和参与国际合作与协调。一是要建立和加强国际协调机制,二是要推动落后国家和地区的相关改革,三是要充分发挥 WTO 及其他国际组织的作用。

(一)建立和加强国际协调机制

知识产权的国际协调机制包括软性协调机制和硬性协调机制两种。软性协调机制指的是知识产权的战略合作,就是通过国际会议、国际战略对话等方式进行沟通,在此基础上发表、签署合作倡议和协议。而这些倡议和协议的主要目的在于向外表达共同或相近的意向,通常没有强制约束力,但这些倡议为下一步具体措施的统一制定奠定了基调。硬性协调机制则指的是双边或多边国际条约。知识产权国际保护制度主要依靠双边和多边条约发挥作用,但由于"一带一路"域内知识产权国际保护现状的复杂性,为了最大限度地保护知识产权,

---

① 管育鹰主编:《"一带一路"沿线国家知识产权法律制度研究——中亚、中东欧、中东篇》,法律出版社 2017 年版,第 10 页。

② 吴汉东:《"一带一路"战略构想与知识产权保护》,载《法治社会》2016 年第 5 期。

推进知识产权国际保护的区域一体化，必须注重软性协调机制和硬性协调机制的结合。

1. 加强知识产权领域的战略合作

国际知识产权战略应在宏观上规划、指导、促进与特定新兴经济体国家之间的合作，发挥软性协调机制优势，在具有共同利益需求的知识产权规则建设方面形成合力。首先，通过国际战略合作的软性协调机制，能在一定程度上协调各国的知识产权保护立场，便于沿线国家形成共识，为寻求区域一体化保护提供制度基础。虽然这些软性协调机制不具有国际法上的法律约束力，但是它仍会产生一定的约束效果。各国会为了维护自身的国际形象而自觉遵守，对促进各国知识产权法的趋同有着重要意义。自"一带一路"倡议提出以来，我国积极开展国际对话与合作，已经取得了显著成效。比如，为策应我国"一带一路"倡议，2016年7月，国家知识产权局联合国家工商联行政管理局、国家版权局、商务部、北京市人民政府和世界知识产权组织，在北京举办了"一带一路"知识产权高级别会议，并通过了《加强"一带一路"国家知识产权领域合作的共同倡议》。在这次会议上，与会的50多个"一带一路"沿线国家和地区的知识产权机构负责人就知识产权的重要作用达成共识，共同表达了加强国际合作、完善国内立法的愿景。除要加强与"一带一路"沿线国家和地区的战略合作外，还应重视与重要的国际组织之间的合作，充分发挥国际组织在知识产权保护一体化中的作用。2017年5月，国家知识产权局与世界知识产权组织共同签署了《中华人民共和国政府和世界知识产权组织加强"一带一路"知识产权合作协议》，双方一致同意，就"一带一路"下的知识产权开展全方位的深入合作。基于这些倡议和协议，我国已经与多个沿线国家和地区的知识产权机构开展合作，初步形成了知识产权的国际战略合作常态化，为将来进一步落实知识产权规则的具体建设打下了基础。在共建"一带一路"框架下，各参与国和国际组织本着求同存异原则，就经济发展规划和政策进行充分交流，协商制定经济合作规划和措施。截至2019年3月底，中国政府已与125个国家和29

个国际组织签署 173 份合作文件。共建"一带一路"国家已由亚欧延伸至非洲、拉美、南太等区域。[①]

值得关注的是,《区域全面经济伙伴关系协定》（Regional Comprehensive Economic Partnership Agreement, 简称 RCEP）历经八年谈判, 已于 2022 年 1 月 1 日正式生效, 越南、泰国、老挝、柬埔寨、文莱、新加坡等东盟成员国以及中国、日本、新西兰、澳大利亚等国家开始正式实施该协定。RCEP 第十一章规定的知识产权保护内容共包含 83 个条款, 除此之外还包括过渡期安排、技术援助 2 个附件, 其是 RCEP 协定内容最多、篇幅最长的章节, 也是我国迄今已签署自由贸易协定所纳入的内容最全面的知识产权章节。RCEP 知识产权章节涵盖著作权、商标、地理标志、专利、外观设计、遗传资源、传统知识和民间文艺、反不正当竞争、知识产权执法、合作与磋商、透明度、过渡期与技术援助等广泛领域。它既包括传统知识产权主要议题, 也体现了知识产权保护发展的新趋势。过渡期和技术援助的相关规定, 旨在弥合不同成员的发展水平和能力差异, 帮助有关成员更好地履行协定义务。总的来看, RCEP 提供的知识产权保护程度不同于 TRIPs 协定等传统多边条约, RCEP 知识产权条款充分兼顾了各缔约方之间的不同经济发展水平及各自差异的国内法律制度, 更具利益平衡性与包容性, 是数字化和经济全球化时代对 TRIPs 协定的进一步更新, 有助于促进区域内的创新合作和可持续发展。正如 RCEP 第一节"总则和基本原则"的第 1 条所述: 本章旨在通过有效和充分的创造、运用、保护和实施知识产权权利来深化经济一体化和合作, 以减少对贸易和投资的扭曲和阻碍, 促进技术创新和技术转让及传播, 以利于社会和经济福利的方式推动技术知识的创造者和使用者的共同利益, 并且有助于权利与义务的平衡, 同时认识到:（1）缔约方间不同的经济发展水平和能力, 以及各国法律制度的差异;（2）促进创新和创造的需要;（3）维持知识产权权利持有人的权利, 知识产权使用者的合法权益, 以及公共利益之间适当平衡的需要;（4）便利信息、知识、内容、文化和艺术传播的

---

① 参见《共建"一带一路"倡议: 进展、贡献与展望》, https://www.yidaiyilu.gov.cn/zchj/qwfb/86697.htm, 下载日期: 2021 年 11 月 5 日。

重要性；以及（5）制定和维持透明的知识产权制度，并推动和维持充分和有效的知识产权权利的保护和实施，为权利持有人和使用者提供信心。[①]

具体而言，RCEP 知识产权条款虽然以 TRIPs 协定为基础，但存在超出 TRIPs 协定的部分内容。在知识产权范围上，RCEP 第 2 条、第 3 条规定，RCEP 知识产权的含义原则上与 TRIPs 协定一致，如不一致，在此类不一致的范围内应当以 RCEP 规定的范围为准。例如，在著作权和相关权利领域，RCEP 还包括录音制品的表演者和制作者获得广播报酬的权利、保护广播组织和载有加密节目的卫星信号、防止规避有效技术措施、保护权利管理电子信息等内容。[②] 又如，RCEP 首次在国际条约中规定可以制定适当的措施保护遗传资源、传统知识和民间文学艺术等尚未明确为传统范畴的知识产权。[③] 再如，在知识产权的实施上，RCEP 知识产权条款在 TRIPs 协定的基础上主要增加了司法程序规则与数字化时代的执法规则，包括知识产权侵权行为的严重性与可适用的救济措施及惩罚措施之间比例适当、知识产权民事诉讼中机密信息保护、知识产权海关保护在合理期限内作出侵权认定等，同时明确有关民事和刑事救济的实施程序应当在相同的范围内适用于数字环境中侵犯知识产权的行为。此外，基于 TRIPs 协定有关技术合作和国际合作的规定，RCEP 作了进一步细化，包括缔约方各自专利机关之间的信息共享与交流、在专利宽限期相关问题上的合作。根据最不发达国家或特定缔约方的过渡期和技术援助原则规定，RCEP 知识产权条款专门以附件形式规定柬埔寨、老挝、马来西亚、缅甸、菲律宾、泰国和越南的不同过渡期和给予柬埔寨、老挝、缅甸和越南的技术援助清单，充分体现了兼顾 RCEP 缔约方之间不同发展水平的特殊性。[④]

其次，加强国际战略合作有利于构建体现中国立场的知识产权理念和话语

[①]　参见《区域全面伙伴关系协定》第一节第 1 条，http://fta.mofcom.gov.cn，下载日期：2022 年 1 月 1 日。

[②]　参见《区域全面伙伴关系协定》第二节第 11 条、第 12 条、第 14 条、第 15 条。

[③]　参见《区域全面伙伴关系协定》第七节第 53 条。

[④]　参见《区域全面伙伴关系协定》第十节、第十一节、第十三节。张乃根：《与时俱进的 RCEP 知识产权条款及其比较》，载《武大国际法评论》2021 年第 2 期。

体系。福柯说"话语即权力",从知识产权国际保护制度的发展历程来看,其所言甚是。从巴黎联盟和伯尔尼联盟时期到世界贸易组织的 TRIPs 时期,国际知识产权的话语权一直掌握在西方发达国家手中,这些国家的利益主张几乎主导了整个知识产权国际保护制度的建立和发展。在后 TRIPs 时代,国际贸易格局发生了重大变化,知识产权国际保护格局也面临变革,我国应当抓住机遇,积极通过参与国际合作将中国声音传递出去,逐步形成体现中国立场的知识产权理念和话语体系,提升在国际知识产权保护中的话语权。2014 年 7 月,通过与世界知识产权组织协商,世界知识产权组织中国办事处在北京设立,为中国加强与世界知识产权组织的联系创造了条件。也正因此,中国近年来全面参与了世界知识产权组织关于专利、商标、地理标志、遗传资源、传统知识和民间文学艺术作品等知识产权的合作磋商。通过在磋商过程中提出中国方案,将中国声音传递出去,为后续的多边条约、双边条约的制定表明我国的立场基调。① 尤其是 RCEP 的生效实施,标志着全球人口最多、经贸规模最大、最具发展潜力的自由贸易区正式落地,充分体现了缔约各方共同维护多边主义和自由贸易、促进区域经济一体化的信心与决心,无疑将为区域乃至全球贸易投资增长、经济复苏和繁荣发展做出重要贡献。②

2. 注重发挥双边保护模式的优势

现有的国际知识产权保护条款虽然已经让知识产权变成了一种私权,也从制度上尽可能地防止了保护水平的倒退,但在充分研究、转化各条约规定的基础上,知识产权国内立法依然具有很大的灵活性。基于"一带一路"沿线各国知识产权保护水平差异大、政策不稳定的现状,要建立一个覆盖"一带一路"沿线所有国家的知识产权国际组织的困难是极大的。相比之下,通过签订双边条约完善知识产权的跨国保护则具有更强的可操作性。应充分发挥双边保护的优势,以点带面,逐步推动全区域、全领域的知识产权法律制度的趋同化发展。一

---

① 邱润根、邱琳:《论"一带一路"倡议下的知识产权保护机制问题》,载《陕西师范大学学报(哲学社会科学版)》2018 年第 5 期。

② http://fta.mofcom.gov.cn,下载日期:2022 年 1 月 1 日。

方面，通过签订双边条约能使签约国家更集中地处理知识产权问题，促进双方国家在知识产权制度上的协调和统一，避免未来可能产生的摩擦。另一方面，双边条约的签订可以形成良好的示范效应，通过展示与某个或多个国家的知识产权合作所形成的良好效果，带动一个区域内有相似国情的国家共同加入，形成良好的知识产权规则输入和输出的协调途径。另外，双边谈判有利于集中解决重点领域的知识产权问题。目前，"一带一路"倡议的项目主要集中在能源、交通、电信等领域，应当首先与中国重点贸易伙伴就这些重点贸易合作项目中的知识产权问题进行协调，通过重点领域带动整个知识产权保护体系。在双边或多边谈判中，要坚持"重点突出""协调差异"的知识产权国际保护方针，切实在国际经贸交往中维护国家利益。[1]

（二）推动落后国家和地区的相关改革

"一带一路"沿线国家在政治体制、社会风俗、宗教信仰、经济发展水平等方面差别较大。一些落后国家和地区的知识产权制度改革困难重重，国际合作进程也较缓慢。要实现"一带一路""共商、共建、共享"的理念，沿线国家和地区必须共同参与和努力。"一带一路"经贸密切合作使得区域内所有国家的联系日益紧密，这为推动这些相对落后国家的知识产权改革提供了更多可能。因此，必须鼓励知识产权落后的国家和地区开展符合其本国实际的知识产权制度改革。[2]

一是加强技术和人才方面的知识产权合作，为落后地区提供技术、设备、培训等方面的帮助。构建完善的知识产权保护体系需要专业的人员和设备。知识产权的管理、行政执法、司法保护均需要一定的技术支持和专业知识，而这也正是许多落后国家和地区所欠缺的。"一带一路"沿线的许多国家知识产权立法已初具规模甚至基本完善，但社会普遍缺乏足够的法律和规则意识，执法不严、司法透明度低、政策干预性强等问题使得法律无法真正发挥维护市场、保护创新

---

① 吴汉东：《"一带一路"战略构想与知识产权保护》，载《法治社会》2016年第5期。

② 唐全民：《"一带一路"背景下知识产权保护的国际合作、协调与展望》，载《学习与实践》2018年第6期。

的作用。由于缺少制度实现的基本条件，政府即使有知识产权保护意愿也难以在短时间内建立起行之有效的知识产权制度。因此，在"互利共赢"的基础上，可以通过技术和人才方面的知识产权合作，提升落后国家的知识产权保护水平。二是鼓励和支持相对落后国家积极参与知识产权国际事务的协调与合作，提高这些国家的知识产权保护意识。推动沿线知识产权发展水平较低的国家，特别是至今尚未加入 TRIPs 协定的国家，尽快融入国际知识产权保护体系，增强政策法律的稳定性。三是加强经贸合作。知识产权保护水平与一国的经济发展状况紧密相关，通过经贸往来可以带动区域内不同国家、地区之间的合作，尤其是推动那些落后国家和地区的基础设施建设和相关制度创新，增强这些国家和地区的经济发展内生动力。这不仅与"一带一路"倡议的基本理念相一致，也符合各国自身的经济发展与知识产权保护需求。各国之间经贸合作的飞速发展会促进相关国家知识产权保护水平的提升，而知识产权的繁荣和兴盛又会反过来成为一国经济增长的重要推动力。通过经贸合作可以推动各国知识产权制度建设上的合作，进而形成有利于各国通过知识产权保护促进国际贸易繁荣的新格局。

（三）充分发挥 WTO 及其他国际组织的作用

规则构建是"一带一路"建设顺利进行的保障，相对成熟的 WTO 规则体系可以为"一带一路"规则构建提供借鉴。"一带一路"倡议与 WTO 的宗旨是一致的。2017 年 5 月 16 日新华社播发的《"一带一路"国际合作高峰论坛圆桌峰会联合公报》强调："我们将努力促进以世界贸易组织为核心、普遍、以规则为基础、开放、非歧视、公平的多边贸易体制。"另外，《推动共建丝绸之路经济带和 21 世纪海上丝绸之路的愿景与行动》也指出："共建'一带一路'旨在促进经济要素有序自由流动、资源高效配置和市场深度融合，推动沿线各国实现经济政策协调，开展更大范围、更高水平、更深层次的区域合作，共同打造开放、包容、均衡、普惠的区域经济合作架构。""一带一路"所坚持的开放合作、和谐包容、市场运作、互利共赢，也正是包括 WTO 在内诸多国际组织的追求，符合国际社会的根本利益。"一带一路"沿线国家大多都是 WTO 成员，而中国更是 WTO 的核心成员。"一带一路"愿景与 WTO 宗旨交汇重合，为中国与沿线国家形成规则共识奠定了基础。

WTO 规则的实施效果为"一带一路"沿线国家加强政府间沟通，促进政治互信，共同制定推进区域合作的规划和措施，提供了良好示范和有效途径。TRIPs 协定本身高标准一体化的保护模式为"一带一路"区域知识产权制度的协调提供了良好的范本，通过世界贸易组织机制协调各方的知识产权制度既可以减少双边谈判的成本，也有利于促进各国知识产权制度的趋同，最大限度地保证知识产权制度的稳定性。

"一带一路"知识产权保护的国际合作还存在广泛的发展空间，除 WTO 之外，与 WIPO 及范围内其他国际组织的合作也非常重要。"一带一路"首届国际合作高峰论坛期间，我国和 WIPO 签订的《加强"一带一路"知识产权合作协议》是首个"一带一路"知识产权合作的文件，有力地促进了沿线国家和地区的合作，产生了较好的效果。"一带一路"倡议本身属于跨区域经济合作，其地理空间广阔，涵盖欧亚非大陆，涉及若干个主要的区域协定，包括东盟（ASEAN）、中欧自由贸易区协定（CEFTA）、独联体国家自由贸易区协定（TFTAC）、欧亚经济联盟（EAEU）、经济合作组织（ECO）、古阿姆集团（GUAM）、南亚自由贸易协定（SAFTA），以及数量庞大的双边协定。① 区域性知识产权制度一体化的实现应当充分发挥"一带一路"区域内各国际组织的作用，弱化发达国家之间、发达国家与发展中国家之间、部分国家与地区之间的矛盾，找到区域制度的最大公约数；充分利用区域内既有的国际合作基础，协调各国际组织及其成员国之间的关系，从而形成有力的区域性多边知识产权争端解决机制，以完善区域性知识产权保护体制，提升区域组织在国际贸易体制建构和改革中的话语权。②

①　刘亚军、高云峰：《"一带一路"倡议下知识产权区域合作差异性探析》，载《大连理工大学学报》2018 年第 6 期。

②　吴汉东：《"一带一路"战略构想与知识产权保护》，载《法治社会》2016 年第 5 期。

四、"一带一路"背景下的知识产权风险防控

"一带一路"倡议的实施已取得了显著成效，贸易往来不断扩大，知识产权的国际合作也不断深化。随着"一带一路"知识产权合作战略的推进，沿线国家开始注重在中国的知识产权布局。2016年，"一带一路"沿线国家在我国申请专利达3697件，同比增长18.2%；2017年，"一带一路"沿线国家在华申请专利4319件，较2016年增长16.8%。同时，我国企业"走出去"的意愿也日益强烈，对外合作步伐逐步加快。2016年我国在"一带一路"沿线国家（不含中国）申请专利达4834件，同比增长47.1%，专利申请目的地国家为18个，较2015年增加3个。2017年，我国在"一带一路"沿线国家（不含中国）专利申请公开量为5608件，同比增长16.0%。①然而"一带一路"沿线国家知识产权保护水平参差不齐，知识产权政策不稳定的现状依然没有改变。知识产权保护水平高的国家，立法完善、执法严格，我国企业"走出去"的过程中，如有未经严格知识产权检索而制造、销售的产品，会存在比较大的被诉侵权的风险。在知识产权保护水平相对较低的国家，我国企业虽然面临的侵权风险较小，但由于其本土企业的创新能力相对较弱，加之国家层面知识产权保护力度不足，产品很容易被模仿抄袭，使企业的经济活动受阻。因此，想要在"一带一路"沿线国家和地区开展业务，就应当及时了解这些国家和地区的法律制度和市场环境，提前预估风险并做好防控。

（一）国家层面搭建合作和信息交流平台

2015年12月，国务院发布《关于新形势下加快知识产权强国建设的若干意见》，明确提出"提升知识产权对外合作水平，推动构建更加公平合理的国际知识产权规则"。后TRIPs时代，国家虽然仍是最重要的国际社会行为体，但已经不是而且不能代表国际社会的全部了。越来越多的非国家行为主体正成为国际立法的积极参与者。合作主体的多元化表现为除国家外的政府间国际组

---

① 刘晓春、高志达：《"一带一路"倡议中的知识产权风险与防范》，载《中国对外贸易》2017年第5期。

织、国际非政府组织、私人团体甚至国内的公益组织都开始在国际谈判与合作中发挥越来越重要的作用。在国际知识产权合作中，多元主体的参与同样至关重要。通过搭建合作平台，促进多元化主体的信息沟通，能够帮助各方在充分了解谈判内容、协议后果的基础上，逐步达成一致。目前，我国积极与相关国家和区域建立正式及非正式的合作机制，还推动了若干经济贸易交流活动。这些正式及非正式的机制可以为多元主体的参与提供充分沟通的平台。

另外，加快"一带一路"倡议下知识产权信息交易平台的搭建也有重要的现实意义。"一带一路"沿线国家经济发展水平不均、社会习俗各异、国家保护主义程度不同等特点，为企业在东道国进行尽职调查增加了难度。有关知识产权的尽职调查专业性较强，尤其是专利方面，既需要熟悉当地有关专利运用方面的法律制度，又应当能够对相关技术在当地国家的专利申请情形作出恰当分析，并对侵权风险给出建议与评估。为了降低企业在尽职调查方面的成本，政府可以利用其获取信息的优势，主张透明度原则，要求东道国政府部门提供相关信息。早在 2007 年，国务院就颁布了《建立和完善知识产权交易市场的指导意见》，该意见明确指出了我国搭建知识产权交易市场的紧迫性。但十余年来，我国知识产权信息交易平台起步缓慢，在可操作层面上相比国外成熟的知识产权信息交易平台尚存在较大差距。通过协调政府相关部门的职能，搭建知识产权信息交流平台，不仅可以方便企业和投资者获取准确信息，还可以及时对市场的特殊风险进行预警，对相关问题作出提示和引导。[①]

（二）企业加强知识产权战略布局

目前，依然有不少企业缺乏海外知识产权布局方面的前瞻性，缺少自主知识产权的保护意识，对于海外市场商标抢注等情况预见性不足。企业在国内获得了一定的知名度以后，并未及时向海外市场申请商标、专利等知识产权保护，一旦面临商标等被抢注的情况，会导致自身品牌、技术被竞争对手利用，从而

---

① 徐红菊：《"一带一路"倡议下中国国际知识产权战略的制定》，载《法治现代化研究》2018 年第 4 期。

丧失竞争优势。[1]比如著名的联想商标由 "legend" 变更为 "lenovo" 事件，联想在 2001 年开始进军国际市场时，发现 "legend" 在全球范围内竟被 100 多家公司注册过商标，遍及各个行业。由于维权成本高昂，最终联想只能更换原本已有一定知名度的商标。有的企业虽然通过谈判 "赎回"、诉讼等手段夺回了商标，但是也付出了沉重的代价。比如海信商标被抢注案，海信集团的 "HiSense" 商标在德国被博世西门子公司抢先注册，指定商品为第 7、9、11 类，2002 年海信打入欧洲市场时，商标注册全面受阻，最终以 50 万欧元的价格 "赎回" 商标。近年来，类似的案例依然持续发生，小米手机在进军墨西哥市场时，发现自己的 "小米" 商标已被抢注，只能另外申请其他商标。2017 年，一名外籍商人将 120 多个中国玩具企业的厂名及商标以个人名义在智利工业产权局（INAPI）申请注册，最终在中国商标主管部门的支持下，绝大部分商标得以收回。在 "一带一路" 建设过程中，我国企业仍然可能面临商标被抢注的风险。在 "一带一路" 投资中，我国企业需要形成 "市场未动，商标先行" 的意识，重视知识产权的提前布局，降低自身知名商标被抢注的风险，保护企业的品牌和商誉。

（三）企业提高自主创新能力和知识产权意识

在很长一段时间里，不少中国企业不重视自主创新能力，缺少核心技术，而为了能在激烈的市场竞争中走捷径，直接仿制他人产品，以低廉的价格优势获取利润。随着改革开放的深入发展，知识产权强国战略的深入实施，这一现象有所好转。但实践中仍有大量企业由于自主创新能力低、知识产权意识不强而面临侵权诉讼的风险。有的企业虽然不是故意侵权，但是因为在知识产权布局方面投入的资金较少，不具备专业的知识产权团队，在商标检索以及专利技术调查方面等缺乏专业的判断，从而使企业的生产经营行为落入了他人的权利保护范围。当这些企业走向国际市场时，尤其是进入知识产权保护水平相对较高

---

[1] 刘晓春、高志达：《"一带一路" 倡议中的知识产权风险与防范》，载《中国对外贸易》2017 年第 5 期。

的国家和地区时，面对国外企业严密的知识产权布局，侵犯他人知识产权的风险就会更大，为此不仅要支付高额的赔偿金，还会面临退出当地市场的禁令，长远来看也会严重影响企业的国际声誉。

在"一带一路"沿线国家中，我国虽处于创新力较高的地位，但这并不意味着中国企业的产品在相关国家市场上就占有绝对优势。"一带一路"沿线国家也正在积极进行知识产权布局保护其自主创新成果。近年来，沿线 6 个区 64 个国家在华的专利申请整体呈现增长态势，积极布局集中在东南亚和西亚北非各国，其中新加坡、以色列、印度、俄罗斯和马来西亚在沿线国家中脱颖而出，成为 2011—2015 年在华专利申请的前五大专利国。医疗技术、计算机技术、电气设备及电能、有机精细化学、半导体、生物技术、基础材料化学、其他消费品、数字通信和土木工程技术领域成为"一带一路"沿线国家在华专利申请的前 10 位优势技术领域。[1]面对他国的优势技术领域，中国企业应当着力提升自身的独立研发能力，避免山寨和模仿，通过全面检索和评估防止侵害他人知识产权。另外，我国企业还需谨慎，防止在海外开展业务时与发达国家的同业竞争者发生知识产权纠纷。比如，尽管我国是世界最大的消费市场，欧、美、日、俄等申请国际专利很少不将中国作为指定国，但并不排除这些国家在"一带一路"沿线国家有专利，但在中国无专利的情况，这样，在中国生产销售这类产品就没有问题，但出口到中亚各国进行分销则可能会遭遇纠纷，商标方面也存在同样的问题。[2]

---

[1]　蔡中华：《"十二五"期间"一带一路"沿线国家在华专利申请的技术领域分析》，载《科技管理研究》2016 年第 23 期。

[2]　管育鹰主编：《"一带一路"沿线国家知识产权法律制度研究——中亚、中东欧、中东篇》，法律出版社 2017 年版，第 10 页。

第二章

商标国际保护

第一节　商标国际保护概述

商标法是调整商标注册、使用、管理、保护过程中各种法律关系的法律规范的总和。本章主要探讨的内容是商标国际注册、使用和维权过程中的风险防控与识别，必然无法避开对世界主要国家和组织关于商标的法律规定。因此，本节主要介绍世界商标立法历程和中国商标立法历程。

一、世界商标立法历程

（一）早期的商标立法

19 世纪下半叶是商标立法初步建立和完善的时期。虽然商标法归属民法，但法国最早在 1803 年是用刑法来规范商标使用，将假冒商标按私自伪造文件论，违者需服苦役。直到 1857 年法国才制定世界上第一部单行的成文商标法。

我国香港作为英国的殖民地，许多法律均来源于英国，但商标法是例外，它于 1873 年直接从欧陆国家引进了注册商标制度，比英国 1875 年的商标立法还要早两年。之所以会出现这种奇特的现象，主要还是因为适用普通法保护商标的英国在中国香港出现商标纠纷后，由于需要提交在以往的商业中使用的证据，在举证方面陷入十分被动的境地。为了便于权利确立，世界第一个依据注册确定商标归属的制度率先在中国香港建立。

1870 年美国制定第一部商标法，遗憾的是由于该法错误地将宪法中的"版权和专利条款"作为商标法的立法基础，后被判决违反宪法规定。之后，在1881 年，国会立足于宪法规定的"贸易条款"制定了新的商标法。

德国于 1874 年颁布了注册商标法，日本于 1884 年制定了第一部商标法，瑞士则于 1890 年制定了第一部商标法。

（二）20 世纪上半叶的商标立法

这段时期最重要的两部商标立法分别是英国和美国的商标法。1938 年 4月 13 日，英国出台了与以往不同的新的商标法。该法对英国的商标保护影响深远，中间历经修改，一直实施到 1994 年被按照欧共体要求修改的新商标法取代为止。

1946 年 7 月 5 日，美国通过《兰哈姆法》（Lanham Act）。该法整合了以往的司法实践，并有诸多突破，包括规定了服务商标的注册，其在世界商标立法史上首次以注册形式保护服务商标。该法历经修改，逐渐完善，目前仍然适用。

（三）20 世纪下半叶的商标立法

1964 年，实施了 100 多年的 1857 年法国商标法被废除。随后，法国出台了新法并正式以注册原则来明确权利归属。1991 年，依据欧共体商标一号指令，法国对 1964 年商标法进行了修改。1965 年，世界上第一部知识产权法典在法国被制定出来，商标法位列第七卷。

美国商标法在这段时间也发生了较大的调整，如 1988 年 11 月 16 日通过《商标修改法案》（TMRA）并于 1989 年 11 月 16 日生效。该法对《兰哈姆法》进行了多处重要修改，包括准许依据"意图使用"申请注册，根据意图使用申请赋予了全国范围内推定使用的效力，实际满足了现代企业先确权后使用的需求。1996 年，《联邦商标反淡化法》（FIDA）开始实施，该法明确了在联邦法院诉讼的制度。1999 年美国的《商标法修正案》（TMAA）生效，该法允许将淡化作为异议和撤销的诉因。1999 年，美国又通过《制止网上占地消费者保护法》（ACPA），确立了侵权域名的法定赔偿制度并允许对域名提起对物诉讼。

这段时间，各个地区的商标立法都有了长足的进展。首先表现为 1971 年统一的比荷卢商标局的建立。1992 年比荷卢修改的《比荷卢统一商标法》于 1996 年 1 月 1 日生效,该法明确将"联想的可能"作为侵权认定的标准。

1988 年 12 月 21 日,欧洲共同体通过了《协调成员国商标立法 1988 年 12 月 21 日欧洲共同体理事会第一号指令》,要求欧共体成员国最晚于 1992 年年底之前按指令要求完成国内商标立法的修改。1993 年 12 月 20 日,欧盟议会通过了《欧洲共同体商标条例》,1996 年正式开始运行,根据该条例注册的共同体商标可以同时在各国生效。

1993 年,南美洲的《卡塔赫纳协定》第 34 号决定,对驰名商标认定标准作了列举,这在全世界范围内属首次。

《北美自由贸易协定》(NAFTA)由美国、加拿大、西哥签订,协定的宗旨之一便是保护知识产权。

(四)21 世纪初的商标立法

进入 21 世纪之后,商标法修改的步伐并未停止。欧盟于 2005 年和 2007 年分别修订了《商标指令》和《共同体商标条例》,进一步的全面修改正在进行。美国于 2006 年又制定了《商标反淡化修正案》,明确了淡化的条件和对抗的范围。

(五)商标立法的国际协调

与各国商标法的制定和修改可以说同步进行的,还有一个商标法国际协调的过程。这一部分笔者将在第二节专门介绍。

二、中国商标立法历程

先秦时期,中国就有商标使用现象,但直到清末民初才有系统化的商标立法。新中国成立后,商标立法工作有序开展,立法进程逐渐加快则是在改革开放之后。《中华人民共和国商标法》(1982 年版)是改革开放初期制定的第一部民商事法律,目前已经经过了 4 次修订。在国内立法的同时,中国也加入了多个与商标有关的主要国际公约。

（一）清朝末年及民国时期的商标立法

1902 年 9 月 5 日，英国政府与清政府在上海签订《续议通商行船条约》，其中规定建立牌号注册局。1903 年清政府与美国和日本也签订了《通商行船续约》，美、日两国提出了与英国类似的要求。1904 年清政府在外国列强的压力下，颁布了《商标注册试办章程》。

1913 年，北洋政府将工商部改为农商部，管理商标法规的制定、修改及企业的商标备案工作。1923 年 5 月，农商部商标局颁布了《商标法》和《商标法施行细则》，以及各项公文程式。1923 年 9 月 15 日，农商部商标局编辑出版了第一本《商标公告》。

1927 年 12 月 1 日，国民政府在南京设立全国注册局，专业办理商标等注册事项。1928 年 12 月 21 日，国民政府把全国注册局中分管商标注册的业务工作划出，成立隶属工商部的商标局。1930 年，国民党政府公布了《商标法》及《商标法实施细则》，并于 1931 年 1 月 1 日起实行。

（二）新中国成立初期的商标立法

新中国成立以后，废除了之前的商标法，于 1950 年 8 月 28 日通过了第一个商标法规——《商标注册暂行条例》。该条例强调了对商标专用权的保护。

1963 年 3 月 30 日，《商标管理条例》通过并实行商标强制注册，将商标作为"代表商品一定质量的标志"，其立法宗旨也相应地修改为"加强商标的管理，促使企业保证和提高产品的质量"。

（三）改革开放初期的商标立法

1979 年，中国通过了《中华人民共和国刑法》，该法首次规定了假冒注册商标罪；1997 年，我国《刑法》修改，并设专章保护知识产权。

1980 年 3 月 3 日，中国递交《WIPO 公约》加入书并于同年 6 月 3 日生效，成为世界知识产权组织成员国。

1982 年 8 月 23 日中国通过的《中华人民共和国商标法》，是中国在知识产权领域的第一部法律。它综合了前两个条例的精神，反映了计划经济和商品经济的双重需要，目的是通过"加强商标管理，保护商标专用权""促使生产者保证商品质量和维护商标信誉，以保障消费者的利益，促进社会主义商品经济的发展"。

1986年4月12日，中国通过《中华人民共和国民法通则》，正式承认包括商标在内的知识产权是一种民事权利。

1989年10月4日，中国加入《马德里协定》，这是中国加入的第一个知识产权领域内的专门进行国际注册的条约，也体现了中国进一步开放的决心。

（四）市场经济初步建立时期的商标立法

在争取恢复关贸总协定缔约国地位的背景下，中国1993年2月22日通过《关于修改〈中华人民共和国商标法〉的决定》，对1982年《商标法》进行了第一次修改。这次修改明确了对服务商标的保护，确立了撤销注册不当商标制度。

1994年5月5日，中国向世界知识产权组织总干事递交了《尼斯协定》加入书并于同年8月9日生效，正式成为尼斯联盟成员国。

1995年，中国作为第四个国家加入《马德里议定书》，从而促使协定正式生效。

1995年7月5日，国务院公布《知识产权海关保护条例》，同年10月1日开始施行。2000年7月8日，我国修改《中华人民共和国海关法》，正式以法律的形式确立知识产权的海关保护制度。

在此期间，为了配合香港、澳门回归祖国的需要，我国还分别于1990年4月4日和1993年3月31日通过《香港特别行政区基本法》和《澳门特别行政区基本法》，这两部基本法分别于香港1997年7月1日回归祖国和澳门1999年12月20日回归祖国时生效。这两部法都明确保留了香港和澳门已存在的商标注册制度。按照基本法的规定，香港2003年4月4日开始实施新的商标条例，澳门1999年12月3日也颁布了包括商标在内的《工业产权法律制度》。

（五）全面建立市场经济时期的商标立法

中国于 2001 年 10 月 27 日修改了《商标法》,同年 12 月 1 日生效,这是对 1982 年《商标法》的第二次修改。同年 12 月 11 日,中国正式加入世界贸易组织,TRIPs 协定对中国生效。

为了配合新的《商标法》的施行,最高人民法院于 2002 年 1 月 9 日和 10 月 12 日先后发布了《关于审理商标案件有关管辖和法律适用范围问题的解释》《关于诉前停止侵犯注册商标专用权行为和保全证据适用法律问题的解释》《关于审理商标民事纠纷案件适用法律若干问题的解释》,分别于 2000 年 1 月 21 日、1 月 22 日和 10 月 16 日生效;国务院于 2002 年 8 月 3 日发布了《中华人民共和国商标法实施条例》,于 9 月 15 日生效;国家工商行政管理总局于 2002 年 9 月 17 日发布了《商标评审规则》,于 10 月 17 日生效。2003 年 12 月 2 日,国务院对《知识产权海关保护条例》作出修改,2004 年 4 月 6 日《对外贸易法》也进行了修改;后来最高人民法院又出台了《关于审理涉及知识产权权利冲突民事纠纷案件适用法律若干问题的解释》《关于审理涉及驰名商标保护的民事纠纷案件应用法律若干问题的解释》《关于审理商标授权确权行政案件若干问题的意见》。

2013 年 8 月 30 日,经过 12 年的酝酿,我国第三次修改商标法。新法于 2014 年 5 月 1 日生效。国务院于 2014 年 4 月 29 日颁布新的《商标法实施条例》。最高人民法院和国家工商总局分别发布了关于新旧法过渡的规定。同时,《商标评审规则》《驰名商标认定办法》也进行了相应的修改。

第三次修改的商标法明确了商标注册和使用需要遵循诚实信用的基本原则,厘清了在先使用与商标注册的关系,规定了商标审查时限,强化了商标保护。

第二节 商标国际保护主要公约

中国作为世界经济的积极参与者，知识产权的国际保护刻不容缓，中国与欧盟、美国等知识产权大国和地区贸易摩擦中的经验和教训使我们认识到加强知识产权国家保护的研究十分重要。本节介绍与商标国际保护相关的部分国际条约，主要包括公约的签订背景、主要内容和意义。

一、商标权保护的国际立法

商标法的国际协调进程，深刻地影响各国的商标立法的一体化进程，相关规定也是商标国际保护的重要条文内容，特别是在商标注册方面。当前，国际知识产权保护的途径主要有国际公约保护、双边条约保护以及互惠保护三种。在早期的知识产权保护中，主要是以专利权和著作权为主，商标权能否作为知识产权的对象是有过一番争论的。自19世纪以来，由于工业革命促进生产力和科技的进步，国家与国家、地区与地区之间的交通越来越顺畅，国内剩余的商品和资本急需对外转移从而促进了国际贸易的兴盛。国际贸易意味着商品可以流通到世界上的任何一个地方。附着在商品上的商标是一种无形财产，它的高度概括性和抽象性决定了它的保护依赖于公权力，商标不能像有形的商品一样直接被权利人所控制而不受他人侵害。在各国主权独立的时代，各国如何对待其他国家国民的商标权利就完全依赖各国的国内法和各国的政治、经济利益，商标的国际侵权难以维权。较早开展对外贸易的欧洲国家，充分认识到了商标所带来的利益，因而对商标的国际保护尤为在意。因此，从19世纪起，为了尊重各国国民的商标权以便更好地服务于本国的贸易利益，此时召开的一系列会议已经开始探讨如何保护知识产权、消除国际贸易中的不正当竞争、遵守国际商业道德。最早的保护工业产权的国际公约——《巴黎公约》于1883年3月20日签订，1884年7月7日生效。签订至今，《巴黎公约》共修订了7次。

我国于 1985 年加入《巴黎公约》。它是国际贸易中有关工业产权,包括商标权、专利权、商业秘密等知识产权的参照文本,依照其原则和条文,进而签署了一系列补充条约。

依据《巴黎公约》所签订的商标国际公约有以下几部:

《马德里协定》。该条约于 1891 年 4 月 14 日在西班牙马德里签订,1967 年 7 月 14 日在斯德哥尔摩修订,我国于 1989 年 5 月 25 日加入。

《制止商品来源虚假或欺骗性标记马德里协定》。该条约于 1891 年 4 月 14 日在西班牙马德里签订,1911 年 6 月 2 日在华盛顿、1925 年 11 月 6 日在海牙、1934 年 6 月 2 日在伦敦、1958 年 10 月 31 日在里斯本修订,1967 年 7 月 14 日在斯德哥尔摩签订附随议定书。协定由世界知识产权组织管理,并向所有参加《巴黎公约》的国家开放。

《尼斯协定》。该条约于 1957 年 6 月 15 日在法国尼斯签订,于 1961 年 4 月 8 日生效。我国于 1988 年 11 月开始使用国际商标注册商品分类法,在 1993 年 7 月 1 日实施商标法修正案后,也开始使用国际服务分类法。1994 年 8 月 9 日,我国加入该协定。

《里斯本协定》。该条约于 1958 年 10 月 31 日在葡萄牙的里斯本签订,1967 年 7 月 14 日在斯德哥尔摩修订,又于 1979 年 10 月 2 日修改。

《马德里议定书》。该议定书于 1989 年于马德里联盟会议上获得通过,于 1955 年 12 月生效,1996 年 4 月 1 日开始实施。该议定书是为了方便法语系以外的国家加入,也可以说法语不再是该条约唯一的官方语言,并且该议定书简化了申请程序。我国于 1989 年 10 月 4 日加入《马德里议定书》。

《商标法条约》。该条约于 1990 年 10 月 27 日在日内瓦签订,并于 1996 年 8 月 1 日生效。该条约对商标注册程序进行了原则性规定,主要包括主管机关不得要求申请人提供商业注册证明,申请人可以在一份申请书上申请多个类别的注册以及变更、转让,注册及续展注册的有效期统一为 10 年,不必就每一份申请提交一份代理人委托书,不得对签字要求进行公证、认证、证明、确认。

这一系列的规定极大地简化了商标申请人在各成员国之间进行申请注册和保护的手续。

除了以上几部公约外，还有1891年签订的《有关保护奥林匹克徽章之内罗毕条约》等几部事项更为具体的条约。

《巴黎公约》是以欧洲国家为主导所制定的工业产权保护条约。随着美国经济称霸全球，为了迎合自身需求，消除国际贸易阻碍，以美国为主导成立的世界贸易组织取代了原来的关贸总协定，并签订了TRIPs协定。该公约对我国的影响较大，一方面我国加入了WTO，应当接受其"一揽子"协议；另一方面，中美贸易的扩大化使得中国同美国的贸易摩擦增多，需要TRIPs协定相关条文进行争端解决。

除了对外开放的国际公约，《欧共体商标规则》则是区域性多边条约的典范。它是规定欧洲共同体单一商标注册即商标权取得的多边条约，并且具有超国家性质，旨在统一欧共体内部的商标标准，它在内部设立的内部市场协调局于1996年1月2日开始受理共同体商标申请。

以上就是有关商标权国际立法的概况。商标权国际保护体系并不是封闭的，它是一个不断更新、进步、包容并蓄的过程，通过对商标权国际立法的初探，把握国际商标保护制度的发展方向，对于我国商标的国际保护和竞争是十分有帮助的。

二、《巴黎公约》——商标权国际保护的框架

（一）《巴黎公约》的目的与特征

1. 工业产权的范围

《巴黎公约》对工业产权的含义与范围作了广义解释。《巴黎公约》第1条第2款将工业产权的范围规定为："工业产权的保护对象有专利、实用新型、工业品外观设计、商标、服务标记、厂商名称、货源标记或原产地名称，和制止不正当竞争。"

（1）专利

《巴黎公约》中的专利同我国《专利法》所规定的专利的客体不同，我国《专利法》认为专利包括发明、实用新型和外观设计，而《巴黎公约》中所指的专利仅包括发明专利。《巴黎公约》第1条第4款规定："专利应包括本联盟国家的法律所承认的各种工业专利，如输入专利、改进专利、增补专利和增补证书等。"另外，《巴黎公约》对专利保护提出了具体的要求，这些要求也成了各个成员国专利立法的基本指导标准。

（2）实用新型

《巴黎公约》虽然明文规定保护实用新型，将它作为工业产权的客体之一，但纵观整个公约的内容，作为《巴黎公约》核心的第1条至第12条，没有一条专门对实用新型相关重要问题作出规定。

（3）工业品外观设计

《巴黎公约》第5条之5规定："工业品外观设计在本联盟所有国家均应受到保护。"从这个规定来看，《巴黎公约》将工业品外观设计作为工业产权的客体之一，但只是要求公约的缔约国均应保护外观设计，至于如何保护、保护标准等重要问题，未有具体规定。

（4）商标

无论是在《巴黎公约》还是公约之前的双边条约，商标保护都是工业产权的重点内容。《巴黎公约》有许多条款专门针对商标保护的相关问题作了说明。但《巴黎公约》第1条第2款中所说的商标只是商品商标而不包括服务商标。因此，《巴黎公约》有关商标的一些具体规定，如公约第4条A小节第1款所规定的"已经在本联盟的一个国家正式提出专利、实用新型注册、外观设计注册或商标注册的申请的任何人，或其权利继承人，为了在其他国家提出申请，在以下规定的期间内应享有优先权"就只能适用于商品商标，不包括服务商标。[①]

---

① ［奥地利］博登浩森：《保护工业产权巴黎公约指南（附英文文本）》，汤宗舜、段瑞林译，中国人民大学出版社2003年版，第22页。

（5）服务标记

服务标记指的就是服务商标，在该公约中被单独列出，未融入商品商标之列，这从该《巴黎公约》第1条第2款中将商标与服务标记并列即可看出。针对服务标记，《巴黎公约》第6条之6规定："本联盟各国承诺保护服务标记，不应要求它们对该项标记的注册作出规定。"除此之外，未有具体说明。TRIPs协定则将有关商品商标的许多规定应用到了服务标记之上，我国商标法也采用了相同做法。

（6）厂商名称

《巴黎公约》第8条规定："厂商名称应在本联盟一切国家内受到保护，没有申请或注册的义务，也不论其是否为商标的一部分。"按照此规定，不论厂商名称是否属于商标的一部分，均不需要进行申请或注册即可获得保护，但如何保护没有进行说明。

（7）货源标记或原产地名称

货源标记或者原产地名称与我国商标法中所说的"地理标记"含义一致，它也是公约所保护的客体之一。但该公约没有将其规定为一种权利，而是将它作为制止不正当竞争的一种手段。

（8）制止不正当竞争

《巴黎公约》将制止不正当竞争作为工业产权的保护客体，这是来源于世界知识产权组织的前身保护知识产权联合国际局局长博登浩森的说法："因为在许多情况下，侵犯工业财产权利……同时也是不正当竞争的行为。"[①]事实上，这是对工业产权保护的兜底条款，对于新兴的可能侵犯工业产权但又尚未规定在之前七种客体之中的行为，可以适用制止不正当竞争来规制。

根据《巴黎公约》第1条第3款的规定，对工业产权应作最广义的理解，不仅应适用于工业和商业本身，也应适用于农业和采掘业，适用于一切制成品或

---

① ［奥地利］博登浩森：《保护工业产权巴黎公约指南（附英文文本）》，汤宗舜、段瑞林译，中国人民大学出版社2003年版，第12页。

天然产品,如酒类、谷物、烟叶、水果、牲畜、矿产品、矿泉水、啤酒、花卉和谷类的粉。这体现出了公约保护范围之广,达到了前所未有的高度。

尽管《巴黎公约》规定了八项工业产权的客体,但是各个缔约国没有义务全部进行保护,可以根据各国自身的经济发展状况、政治倾向以及其他因素而有所保留,"因为在海牙修订会议上对本公约增订工业产权的定义时,已经明确声明,各成员国并不因列举工业财产权利而有义务对所有列举的权利制定法律"。①

2.《巴黎公约》的目的及特性

《巴黎公约》的目的在于将缔约国组成一个工业产权保护同盟,并通过该同盟之间的合作加强工业产权的保护,对专利、实用新型、外观设计、商标、服务标记、厂商名称、货源标记或原产地名称以及不正当竞争进行制止。同时该公约规定了几项基本原则贯穿公约具体条款,缔约国在遵守公约的同时又可保持其国内法上的独立性,允许其国内立法多样化。如缔约国可以依据本身的实际需要立法禁止或者限制某类产品或制造方法专利,也可以对专利审查制或不审查制、商标的注册注意或者使用主义进行自由选择,并依照其国内立法的观念和程序制定有关工业产权保护的法律法规。此外,各个缔约国可以在不违反公约基本原则的前提下,就工业产权保护的不同观点另行签订双边条约。

《巴黎公约》是世界知识产权领域的第一个多边性条约,相比于其他世界性国际公约或者区域性公约,它的成员国最为广泛,并且对其他世界性和地区性工业产权工业影响深远。例如《专利合作条约》《专利国际分类协定》《马德里协定》及其议定书等都只是规定只对《巴黎公约》成员国开放。因此,巴黎国内公约是知识产权领域尤其是工业产权领域的一项基本公约,也可称为母公约,它的基本原则和内容在其他知识产权条约中均得到了体现,具有广泛的指导意义。

---

① [奥地利]博登浩森:《保护工业产权巴黎公约指南(附英文文本)》,汤宗舜、段瑞林译,中国人民大学出版社 2003 年版,第 12 页。

《巴黎公约》在性质上是一个实体性的条约，其核心条文是第1条至第12条，它们规定了工业产权领域各个缔约国应当遵守的共同原则、规则，工业产权的基本问题及其解释，对各个缔约国工业产权保护的最低标准。我国商标法的许多内容也来源于《巴黎公约》，以其为指导并结合我国国情作了改动。

（二）《巴黎公约》的基本原则

1. 国民待遇原则

《巴黎公约》第2条第1款规定："本联盟任何国家的国民，在保护工业产权方面，在本联盟所有其他国家内应享有各该国法律现在授予或今后可能授予各该国国民的各种利益，一切都不应损害本公约特别规定的权利，因此，他们应和各该国国民享有同样的保护，对侵犯他们的权利享有同样的法律上的救济手段，但是以他们遵守对各该国国民规定的条件和手续为限。"根据该公约的规定，公约的缔约国在其他成员国国民遵守其条件和手续时，应当享有和该国国民同等的待遇，在他们的工业产权遭受损害时给予同等保护。而且成员国国民在其他成员国工业产权的取得、行使和保护方面享有与该国国民同等的权利。国民待遇原则授予国民的利益包括：获得各种工业产权的权利，权利的范围和期限，对侵犯这些权利的法律上的救济手段，国家法律为保护这些权利所采用的各种制裁手段。

《巴黎公约》第2条第2款规定："但是，对于本联盟国家的国民不得规定在其要求保护的国家须有住所或营业所才能享有工业产权。"第3条规定："本联盟以外各国的国民，在本联盟一个国家的领土内设有住所或其真实和有效的工商业营业所的，应享有本联盟国家国民同样的待遇。"它们具体说明了国民待遇问题上"国民"的标准。除缔约国国民外，《巴黎公约》的国民待遇还给予在任何一个缔约国国内有住所或有真实有效的工商营业所的非缔约国国民。对于"住所"的理解，在法人层面是指法人实际的营业地（无论在何国注册）或者总部所在地；对于自然人而言，公约对住所的解释是不要求有严格法律意义的住所，实际上同《伯尔尼公约》中的惯常居所一样。

但是公约同时尊重了国民待遇的例外规则。《巴黎公约》第2条第3款规定："本联盟每一国家法律中关于司法和行政程序、管辖权以及指定送达地址或委派代理人的规定，工业产权法中可能有要求的，均明确地予以保留。"国民待遇的例外指的是程序上的例外，在实践中，外国申请人必须委派当地国家的一名代理人申请，并指定送达文件的地址，这样便于语言的沟通以及程序的进行。在管辖权方面，可以在原告住所地或营业地所在国家的法院控告其他国家的国民。除了这一例外，《巴黎公约》第2条第1款规定"一切都不应损害本公约特别规定的权利"，外国人除了能够享受国民待遇外，还能享受公约在最低保护标准中规定的权利，在"自动执行"条约规定的国家，其他缔约国国民可以直接要求行政机关或司法机关使用公约的最低保护标准；在不允许自动执行条约的国家，它们需要将这些最低标准以国内法立法的形式纳入本国知识产权法律体系中进行体现，以便其他缔约国国民进行有效的适用。

2. 工业产权属地主义与独立原则

工业产权中，专利权与商标权采取属地主义原则。它是指专利的发明人、实用新型、外观设计的设计人以及商标所有人若想在某一缔约国获得专利权或者商标权的保护，需要依照各国国内法向各国主管机关申请注册接受保护，但在他国取得的专利权和商标权尚未在本国申请注册的，却不能接受本国国内法保护。工业产权取得的属地主义根源于知识产权的地域性，它使申请人增加了程序上的烦琐，耗费了相当的财力、物力与时间，而且加重了各国行政机关的负担。因此，在当前的国际交往中，为了减少属地主义带来的麻烦与不便，一些国家相互之间缔结条约(已有专利商标多国注册超国家注册的国际性条约)，通过国际合作使得专利或商标一次注册就能同时享受多国保护的便捷。关于专利权与商标权的独立原则，依据《巴黎公约》第4条之2第1项的规定，"本联盟国家的国民向本联盟各国申请的专利，与在其他国家，不论是否本联盟的成员国，就同一发明所取得的专利是相互独立的"是指这些权利的取得、丧失、保护和撤销等事项依据各国规定进行，在异国取得、丧失、保护和撤销的专利权或商标权不影响在其他国家的效力,各受保护国之间相互独立,互不影响。而商标的申请和注册条件应当按照第 6 条之 1 第 1 项之规定:"商标的申请和注册条件,在本联盟各国由其本国法律决定。"而缔约国的国民在任一其他缔约国所进行的商标注册,其他国家不得以未在所属国申请、注册或延展而拒绝或者使其注册无效。另外,凡在任一缔约国注册的商标与其他缔约国,包括原属国注册的商标,应当视为相互独立。

3. 优先权原则

《巴黎公约》第 4 条第 A 小节第 1 款规定:"已经在本联盟的一个国家正式提出专利、实用新型、外观设计注册或商标注册的申请的任何人,或其权利继受人,为了在其他国家提出申请,在以下规定的期间内应享有优先权。"优先权原则在跨国专利或者商标申请注册方面意义重大。申请人在一国第一次提出专利或者商标申请后,出于国际贸易的保护等需要可能会继续向其他国家提出申请,但跨国申请通常会面临时间的推迟。在推迟的过程中,如果没有优先权的保护,其他竞争者可能会利用空档期抢先申请或注册,那么真正在先的发明人、使用人等就可能面临如发明新颖性的丧失、他人的在先申请或者注册直接影响申请人在其他国家的申请,遭受专利或者商标市场的国际壁垒以及期待经济利益的不可得损失。鉴于这种跨国申请或者注册时间差距的不可控性,公约规定如果一个申请人按照公约的要求在某一成员国首次正式提出了发明专利、实用新型、工业品外观设计或者商标注册的申请,他或他的权利继承者在规定的国际优先权期间向其他缔约国提出相同的申请,则该缔约国应当将申请者首次申请的日期作为申请日,而不是将实际申请日期作为该申请的申请日。

《巴黎公约》第 4 条第 B 小节规定:"因此,在上述期间届满前在本联盟的任何其他国家后来提出的任何申请,不应由于在这期间完成的任何行为,特别是另外一项申请的提出、发明的公布或利用、外观设计复制品的出手,或商标的使用而成为无效,而且这些行为不能产生任何第三人的权利或个人占有的任何权利。第三人在作为优先权基础的第一次申请的日期以前所取得的权利,依照本联盟每一国家的国内法予以保留。"该条明确了在优先权期间，他人的申请或者注册行为不能使得首次申请人权利有瑕疵。但是，如果第三人在首次申请日之前已经获得的权利也就是在先权利，就不受优先权的影响。在优先权期间申请人可以从容不迫地考量还想得到哪些国家的保护，并且决定是否向其提出申请，做好申请准备和资料提交工作。

《巴黎公约》所规定的优先权原则是有范围界定的，并不是所有的工业产权均可享受优先权待遇，它只适用于专利、实用新型、工业品外观设计和商标，并且根据《巴黎公约》规定，不同的工业产权所享有的优先权时间是不同的，发明专利和实用新型为 12 个月，工业品外观设计和商标为 6 个月，自首次正式提出申请的申请日计算。

在理解优先权时，应当明确它只是一个程序性的权利而非实体权利，它的价值在于对抗他人申请。这种对抗：一是指申请人可以对抗受理机关以在享有优先权期间他人的在先申请、申请专利的发明已被公开或者使用、外观设计的复制品已被出售、申请注册的商标已被他人使用等原因予以拒绝受理，使自己的申请得以顺利完成；二是第三人以在优先权期间提出申请或者使用而主张权利时，申请人能够以其享有优先权为由对抗第三人否定其权利诉求。

最后，专利优先权分为国内优先权和国际优先权。例如，我国《专利法》第 29 条第 2 款规定："申请人自发明或者实用新型在中国第一次提出专利申请之日起十二个月内，或者自外观设计在中国第一次提出专利申请之日起六个月内，又向国务院专利行政部门就相同主体提出专利申请的，可以享有优先权。"而我国商标法对于优先权则是与《巴黎公约》相一致，它规定商标注册人自其申请注册的商标在外国第一次提出商标注册申请之日起 6 个月内又就同一商品并以同一主体提出商标注册申请的，依照中外双边条约、协议或者国际公约，或者相互承认优先权的原则，享受优先权保护。在提出优先权保护时，应当出具书面说明，并且在 3 个月内提交第一次提出的商标注册申请文件的副本，以验明真伪并确定首次申请日。若不提出书面说明或者逾期提交的，视为未要求优先权。还有一种情形的商标也可在我国享有优先权，即在中国主办或者承认的国际展览会展出的商品上首次使用的，自该商品展出之日起 6 个月内，该商标的注册申请人可以享有优先权。

4. 宽限期

《巴黎公约》第 11 条规定："本联盟国家应按其本国法律对本联盟任何国家领土内举办的官方的或者经官方承认的国际展览会展出的商品中可以取得专利的发明、实用新型、工业品外观设计和商标，给予临时保护。"根据该条款的规定，在临时保护期内，第三人不得就展出的发明、实用新型、外观设计和商标进行注册申请；如果展出人在临时保护期内进行了注册申请，那么优先权的日期不是实际申请日期，而是以展出之日起计算。各个缔约国也可以根据具体需要，要求临时保护的展品所有人提交举办国际展览会的成员国的有关当局的书面证明，以验证公开展出的日期、展品种类和名称。但我国《专利法》对于临时保护没有明确的规定，只是在《专利法》第 24 条中提及："申请专利的发明创造在申请日以前六个月内，有下列情形之一的，不丧失新颖性：（一）在国家出现紧急状态或者非常情况时，为公共利益目的首次公开的；（二）在中国政府主办或者承认的国际展览会上首次展出的；（三）在规定的学术会议或者技术会议上首次发表的；（四）他人未经申请人同意而泄露其内容的。"尽管未明确说临时保护，但用不丧失新颖性的提法实际上也未有不同。对于商标的临时保护，直到 2001 年 10 月 27 日《商标法》第 2 次修订时才得到明确："商标在中国政府主办或承认的国际展览会展出的商品上首次使用的，自该商品展出之日起六个月内，该商标的注册申请人享有优先权。"

（三）《巴黎公约》中适用于商标的具体规则

早期的国际公约从不缺乏对商标的规定。因此，即使在《巴黎公约》体系中，商标也毫无疑问地被认为是一项重要的工业产权。《巴黎公约》在开篇首先规定了适用于该公约中所有工业产权保护的基本原则，但针对专利权、商标权等具体的工业产权，又有着详细的规则。

1. 尊重各国的商标立法

《巴黎公约》第 6 条第 1 款规定："商标的申请和注册条件,在本联盟各国由其本国法律决定。"这即通常所说的商标独立性原则。在该条款的作用下,各缔约国可以制定自己的商标立法,规定其商标注册的实质要件和形式要件,相同商标在不同国家进行申请后,其接受的保护也是按照各当事国的法律规定分别保护。另外,商标的独立性还体现在第 6 条第 2 款中："但本联盟任何国家对本联盟国家的国民提出的商标注册申请,不得以未在原属国申请、注册或续展为理由而予以拒绝,也不得使注册无效。"也就是说,缔约国不得以商标未在原属国提出注册申请或者尚未获得原属国注册就拒绝对其进行注册保护,而且,即使商标在原属国已经获得注册,但后期商标注册失效或者到期未续展,也不影响商标的国际注册和保护,其他缔约国不得以此为由终止保护。《巴黎公约》第 6 条第 3 款接着说明："在本联盟一个国家正式注册的商标,与在联盟其他国家注册的商标,包括在原属国注册的商标在内,应认为是相互独立的。"商标在各个缔约国的独立以及在指定缔约国与原属国之间的独立表明,各个缔约国只要按照本国国内法对商标国际注册的申请进行审查并且在审查通过的情况下给予本国法的保护即可,不受该商标在其他缔约国以及原属国发生效力瑕疵,如商标被撤销的影响。

尽管公约规定了商标的独立性,但该独立性不是绝对独立,公约也规定了商标独立性的例外条款。《巴黎公约》第 6 条之 5A 小节第 1 款规定："在原属国正规注册的每一件商标,除有本条规定的理由外,本联盟其他国家应与在原属国注册那样接受申请和给予保护。各该国家在确定注册前可以要求提供原属国主管机关发给的注册证书。该证书无须认证。"结合本条的规定,本联盟其他国家应该按照该商标在原属国所注册的"那样"[1] 接受注册和保护。[2] 因此

---

[1]　在博登浩森所著的《保护工业产权巴黎公约指南(附英文文本)》中,此处的"as is"被译为"原样"。

[2]　唐广良、董炳和:《知识产权国家保护》,知识产权出版社 2006 年版,第 49 页。

"只要一个商标在原属国已经正规注册，即使它在形式上，即在它所依据以构成的标记上不符合本国法律的要求，本联盟的其他各国也有义务接受并予以保护"。① 但一个商标如果并没有在原属国内注册，则不适用该条款。如果进行国际注册申请的商标在原属国与指定过的构成要素不完全一致，但商标核心显著性未改变，也不影响其独立性，其他缔约国不得以此为理由拒绝注册。《巴黎公约》第 6 条之 5B 规定了可以拒绝注册或使注册无效的三种情形：其一，在其要求保护的国家，商标具有侵犯第三人的既得权利的性质的；其二，商标缺乏显著特征，或者完全由商业中用以表示商品的种类、质量、数量、用途、价值、原产地或生产时间的符号或标记所组成，或者在要求给予保护的国家的现代语言中或在善意和公认的商务实践中已经成为惯用的；其三，商标违反道德或公共秩序，尤其是具有欺骗公众的性质。第三种情形应理解为不得仅仅因为商标不符合商标立法的规定，即认为该商标违反公共秩序，除非该规定本身同公共秩序有关。当然，在符合适用第 10 条之 2 的条件下，也可以适用。

2. 对驰名商标进行专门规定予以保护

《巴黎公约》在商标尤其是驰名商标的保护方面十分注重，并专门对其进行了规定。《巴黎公约》第 6 条之 2 规定了三点内容：

（1）本联盟各国承诺，如本国法律允许，应依职权，或依利害关系人的请求，对商标注册国或使用国主管机关认为在该国已经驰名，属于有权享受本公约利益的人所有，并且用于相同或类似商品的商标构成复制、仿制或翻译，易于产生混淆的商标，拒绝或撤销注册，并禁止使用。这些规定，在商标的主要部分构成对上述驰名商标的复制或仿制，易于产生混淆时，也应适用。

（2）自注册之日起至少 5 年的期间内，应允许提出撤销这种商标的请求。本联盟各国可以规定一个期间内，在这期间内必须提出禁止使用的请求。

（3）对于依恶意取得注册或使用的商标提出撤销注册或禁止使用的请求，

① ［奥地利］博登浩森：《保护工业产权巴黎公约指南（附英文文本）》，汤宗舜、段瑞林译，中国人民大学出版社 2003 年版，第 74 页。

不应规定时间限制。

该条对驰名商标的规定是比较原则的，对于驰名商标的认定、侵权要件等问题都未作解释，在以后的国际条约中才对其作了具体弥补。

3. 有关商标的禁止性规定

《巴黎公约》对于哪些符号不得作为商标进行使用的情形作了规定，各缔约国应当对此种标记予以拒绝注册和保护，也要禁止使用。《巴黎公约》第6条之3第1款第a项、第b项规定："（a）本联盟各国同意，对未经主管机关许可，而将本联盟国家的国徽、国旗和其他的国家徽记、各该国用以表明监督和保证的官方符号和检验印章以及从徽章学的观点来看的任何仿制用作商标或商标的组成部分，拒绝注册或使其注册无效，并采取适当措施禁止使用。（b）上述（a）项规定应同样适用于本联盟一个或一个以上国家参加的政府间国际组织的徽章、旗帜、其他徽记、缩写和名称，但已成为保证予以保护的现行国际协定的对象的徽章、旗帜、其他徽记、缩写和名称除外。"因为商标的价值在于区分商品和服务来源，防止消费者发生误解，而上述滥用标志的情形可能导致公众的混淆，从而作出违背真意的选择，该条款的立法目的在于保护国际贸易和国际市场中消费者的利益。但公约也规定了例外情形，并不完全禁止使用有关标记作为商标或其组成部分："本联盟任何国家无须适用上述（b）项规定，而损害本公约在该国生效前善意取得的权利的所有人。在上述（a）项所指的商标的使用或注册性上不会使公众理解为有关组织与这种徽章、旗帜、徽记、缩写和名称有联系时，或者如果这种使用或注册性质上大概不会使公众误解为使用人与该组织有联系时，本联盟国家无须适用该项规定。"

4. 商标转让的限制

在商标转让方面，许多国家对于商标的转让都有着严格的限制条件，当事人不能只凭借意思自治完成商标的转让，商标的转让应当保持商标和商品之间的连续性、一致性，同时还需要公权力商标主管机关的监督和同意。《巴黎公约》第6条之4规定："根据本联盟国家的法律，商标的转让只有在与其所属工农业或商誉同时移转主为有效时, 如该工农业或商誉坐落在该国的部分, 连同在该国制造或销售标有被转让商标的商品的专有权一起移予受让人, 即足以承认其转让为有效。" 这样一来, 《巴黎公约》事实上是以商标的联系理论为指导, 符合当时商标理论。

5. 对商标国际注册申请的代理人或代表人的行为予以规制

《巴黎公约》第 6 条之 7 规定: "(1) 如果本联盟一个国家的商标所有人的代理人或代表人, 未经该所有人授权而以自己的名义向本联盟一个或一个以上的国家申请该商标的注册, 该所有人有权反对所申请的注册或要求取消注册, 或者, 如该国法律允许, 该所有人可以要求将该项注册转让给自己, 除非该代理人或代表人证明其行为是正当的。(2) 商标所有人如未授权从使用, 以符合上述第(1)款的规定为条件, 有权反对其代理人或代表人使用其商标。" 这项条款就防止了代理人或者代表人在商标所有人信任且不知情的情形下将商标据为己有并在他国进行注册, 从而使得真正的商标所有人丧失对商标的使用和收益。

6. 使用商标的商品性质对商标注册的影响

《巴黎公约》第 7 条规定: "使用商标的商品性质决不应成为该商标注册的障碍。" 因为商标注册的审查是对商标本身的审查, 看它是否有显著性, 能否区分商品或服务的来源。商标尽管凝聚着商誉, 但商誉是一个中性词, 可以有良好的商誉也可以有不良的商誉, 因此商品的性质和商品的商誉都不是商标注册的阻碍, 对于商标注册不应参考商品或者服务本身, 不然有可能导致个别缔约国以商品或者服务不符合国内法规定而拒绝对商标注册, 形成商标国际贸易制度中的隐性壁垒。

7. 有关集体商标的问题

《巴黎公约》第 7 条之 2 规定: "(1) 如果社团的存在不违反其原属国的法律, 即使该社团没有工商业营业所, 本联盟各国也承诺受理申请, 并保护属于该社团的集体商标。(2) 各国应自行审定关于保护集体商标的特别条件, 如果商标违反公共利益,可以拒绝给予保护。(3)如果社团的存在不违反原属国的法律,不得以该社团在其要求保护的国家没有营业所,或不是根据该国的法律所组成为理由,拒绝对该社团的这些商标给予保护。"《巴黎公约》在19世纪末就能够明确集体商标的价值和功能,为以后各国的商标立法提供了借鉴之处,我国的集体商标规定对此也多有参照。

三、《马德里协定》及有关议定书——商标国际注册具体规则

(一)《马德里协定》

1.《马德里协定》概述

19世纪中后期,商标注册制度在各国逐渐兴起,但商标权的严格地域性使得商标所有人为了获得他国的保护不得不跨国再次申请、再次缴费,这对国际贸易来说无疑是一道现实的障碍。尽管1883年《巴黎公约》对于商标国际注册问题已经有了相当详尽的规定,为其奠定了基本原则和最低标准,但是商标国际注册最重要的程序性规定少之又少。到了19世纪末,商标国际注册手续的弊端日益凸显,许多国家都要求通过国际合作简化多国注册手续降低费用。1891年4月14日,由法国、比利时、瑞士等国发起在西班牙马德里签署《马德里协定》,并于1892年7月生效,此后经过6次修改,现在通行的版本为1979年协定修改文本。《马德里协定》是一项有关商标国际注册的极为重要的程序性多边条约并且只对《巴黎公约》成员国开放。截至目前,《马德里协定》已有109个成员国,中国于1989年10月4日加入该协定。

1988年,马德里联盟大会通过了《马德里协定实施细则》,对商标国际注册的具体细节进行了完善和规制,在马德里协定议定书通过之后,一个适用于协定和协议的《共同实施细则》取代了上述细则。现行有效的《共同实施细则》是2017年11月1日生效的细则。

2.《马德里协定》适用范围及国民待遇的适用

《马德里协定》第2条规定:"未参加本协定的国家的国民,在依本协定组

成的特别同盟领土内,符合保护工业产权巴黎公约第三条所规定的条件者,得与缔约国国民同样对待。"《马德里协定》的主体范围是针对《巴黎公约》成员国的国民。

而对于该条的理解应当建立在《马德里协定》第1条对于"原属国"范围的界定之一。原属国是《巴黎公约》和《马德里协定》对商标国际注册和保护的一个基础性概念,也是商标国际注册和保护国民待遇的主体范围。根据《巴黎条约》规定的国民待遇,它首先的对象是给予对方缔约国或者其他缔约国的,并不涉及外国国民个人。外国国民想要享受到国民待遇,需要其缔约国将国际条约转化为国内法的形式,外国国民方可适用。同时商标的原属国也要是《巴黎公约》成员国才能享受国民待遇。原属国是指根据《马德里协定》第1条第3款:"称为原属国的国家是:申请人置有真实有效的工商业营业所的特别同盟国家,如果他在特别同盟国家中没有这种营业所,则为其有住所的特别同盟国家;如果他在特别同盟境内没有住所,但系特别同盟国家的国民,则为他作为其国民的国家。"可见,只有申请人在其境内有真实有效的惯常住所或者具有缔约国国籍的申请人这两种情况可以认定属于缔约国。

确定了原属国后要明确何为"国民"。原属国是对商标核准了注册的一个缔约国,但并不意味着在该国被核准注册的所有商标所有人都能享受《巴黎公约》规定的国民待遇,只有属于《马德里协定》的缔约国国民才有资格享受国民待遇。根据《巴黎公约》和《马德里协定》的规定,缔约国国民是指:第一,具有某一缔约国国籍的人(包括法人);第二,根据《巴黎公约》第3条规定的非缔约国国民但其在缔约国境内有永久真实有效的住所(工商营业所)也视为缔约国国民。而客体的适用范围是商品商标和服务商标。

在确定了"原属国"和"国民"两个概念的范围后,结合相关的国民待遇条款,缔约国国内的商标所有人可以在节约时间和财力成本的情况下获得多国商标保护,在国际贸易时,便可自由在缔约国国内出口商标商品或者服务并且不必担心可能发生的贸易壁垒或者障碍。

3.国际注册的程序

在商标国际注册中，首要的主体就是申请当事人，它是指商标国际注册申请的自然人或法人。根据《马德里协定》及共同细则的规定，申请当事人包括以下几种：

第一，根据《马德里协定》第 1 条第 2 款的规定，"任何缔约国的国民，可以通过原属国的注册当局，向成立世界知识产权组织公约中的知识产权国际局提出商标注册申请，以在一切其他本协定参加国取得其已在所属国注册的用于商品或服务项目的标记的保护"以及《巴黎公约》第 3 条关于国民待遇的规定，缔约国的国民以及在缔约国有真实有效的长期居所（工商营业所）的并且在国际申请中填写其姓名的自然人或者法人为商标国际注册的申请当事人。

第二，在国际注册簿中以其姓名来登记国际注册的自然人或者法人，在被国家商标注册簿记录后，申请人就变成了持有人。

第三，在商标国际注册中，代理人也是一个关键的角色。申请人或持有人可以指定一名代理人在国际申请中代表申请人或持有人参加商标申请事项。在一些国家，法律明确规定需要指定本国的代理人进行商标跨国注册。

关于申请的文件，《马德里协定》第 3 条规定："每一个国际注册申请必须用细则所规定的格式提出；商标原属国的注册当局应证明这种申请中的具体项目与本国注册簿中的具体项目相符合，并说明商标在原属国的申请和注册的日期和号码及申请国际注册的日期。"同时结合《共同实施细则》第 9 条，申请书中应当列入申请人姓名、申请人的地址、代理人的姓名和地址、商标标识的复制件、标准字母标识的声明和优先权的声明。《马德里协定》第 3 条还将颜色作为商标的显著特点以及文字对所要求的颜色或颜色的组合的说明，对文字标识的描述，对非拉丁文的文字以及非阿拉伯数字和罗马数字的翻译，包括费用支付的项目。而商标国际注册的申请费用根据《马德里协定》第 8 条的规定，包含基本费、附加费和补加费三项。这些费用可以每 10 年分两期交纳。不缴纳申请费的，商标国际注册视为撤回或放弃。

在解决了申请书的填写和提交并缴纳相应费用后，原属国主管机关应当对申请书以及申请人的资格进行审查，以确认商标国际申请中的商标与申请人在国内已经获得的商标完全一致，并在接到国际注册申请的 2 个月内向知识产权国际局转交申请。申请书中应注明申请的日期、注册日期、注册号以及国际注册的申请日。

4. 商标国际注册的效力

第一，法律效力。《马德里协定》第 4 条规定："从根据第三条之三在国际局生效的注册日期开始，商标在每个有关缔约国的保护，应如同该商标直接在该国提出注册的一样，第三条所规定的商品和服务项目的说明，不得在决定商标保护范围方面约束缔约国。"直接提出并非直接注册，因为《马德里协定》规定，缔约国的有关机关根据本国相关规定进行审查后，有权声明对国际局发出的保护某商标的通知予以拒绝，从而不给该商标提供保护，声明应当将全部理由列出，并在本国法律规定的期限内或最迟在国际注册日后 1 年内通知国际局。

第二，空间效力。《马德里协定》采用的普遍性原则是指国际注册的效力自动延伸及于原属国以外的所有缔约国，但很多申请人并不想在所有缔约国使用该商标因而遭到许多缔约国的反对，但经过讨论又没有达成一致的修改意见，因此在 1957 年的尼斯会议上依然维持了普遍性原则，但在第 3 条之 2 增加了"领土限制"，它是说任何缔约国在书面通知了世界知识产权总干事后，通过国际注册所得到的保护，只有在商标所有人的明确要求下，才得以延伸至该国。该领土限制起到了广泛作用，国际注册仅在申请人明确要求时才受到有关国家的保护。

第三，时间效力。商标国际注册的有效期为 20 年，期限届满可以续展，续展期仍为 20 年且续展次数没有限制。续展应当是在有效期届满前 6 个月进行，届时国际局应当发出非正式通知，提醒商标所有人或其代理人确切的届满日期。期限届满前 6 个月未进行续展的，还给予 6 个月的宽限期。

（二）《马德里议定书》

1.《马德里议定书》概况

为了弥补《马德里协定》的不足之处，完善商标国际注册程序，改进商标国际注册制度吸引更多的国家加入《马德里协定》，扩大商标国际注册的地域范围，使马德里体系更加灵活，更能使用某些未能加入《马德里协定》的国家的国内立法。世界知识产权组织于 1989 年再次主持缔结了《马德里议定书》。另外，《马德里议定书》对实行区域性商标注册体系的政府间组织成员，如欧盟，也敞开大门允许其作为一个整体加入该协定中。该议定书的成员国可以是马德里联盟及其大会的成员国，也可以不是后者的成员国。《马德里协定》和《马德里议定书》构成了现在所说的"马德里体系"。该体系中的两个条约并行不悖、独立运转却得以共同操作，其《共同实施细则》于 1996 年生效。两条约的目标是为商标所有人简化行政程序，使其能在最短时间内以最低成本在所需国家里获得商标保护。中国分别于 1989 年和 1995 年加入《马德里协定》和《马德里议定书》。

2. 与《马德里协定》的关系

《马德里协定》与《马德里议定书》两者相辅相成，一脉相承，有很多相似之处，可以说有许多条款是一致的。从内容和基本精神上来看，《马德里议定书》是《马德里协定》的延续和发展，所采取的操作规范和技术也有着千丝万缕的关系。但两者又是相互独立运行的，从以下几个方面可以看出两者的关系：

（1）从两者的缔约国来看，可分别独立加入，互不影响。《马德里议定书》第 1 条规定："本议定书的参加国（以下称缔约国），即使未加入 1967 年于斯德哥尔摩修订并于 1979 年修改的《商标国际注册马德里协定》[以下称《马德里协定》（斯德哥尔摩）]，以及本议定书第十四条第一款第二项所指参加本议定书的组织（以下称缔约），与加入马德里协定（斯德哥尔摩）的国家均属于同一联盟的成员。在本议定书中，缔约方既指缔约国，亦指缔约组织。"也就是说，不论是否属于《马德里协定》的成员国，均不影响其加入《马德里议定书》，但是，两者的相关之处在于，无论是想加入《马德里协定》还是《马德里议定书》，首先它必须是《巴黎公约》的缔约国。另外，《马德里议定书》将成员国的范围扩大到了政府间国际组织，欧盟就是在这一宽松政策下以一个整体正式加入了《马德里议定书》。

《马德里议定书》第 14 条第 4 款规定："本议定书于递交 4 份批准书、接受书、同意书或加入书后生效，条件是至少一份书件由一马德里协定（斯德哥尔摩）成员国递交，并且至少另一份书件由一非马德里协定（斯德哥尔摩）成员国或由第一款第二项所指的一个组织递交。对于第一款所指的任何其他国家或组织，本议定书于总干事通知其批准、接受、同意或加入之日后三个月生效。"该条的目的在于宣布与《马德里协定》之间的关系。一份文件需由《马德里协定》缔约国交存，说明两个条约之间相互独立，《马德里协定》并不能干涉《马德里议定书》的运作。

（2）尽管两个条约相互独立，但《马德里议定书》也规定了对《马德里协定》的保护条款。《马德里议定书》第 9 条之 6 第 1 款规定："对于某项国际申请或国际注册，当原属局既是参加本议定书，又是参加马德里协定（斯德哥尔摩）的国家局时，本议定书的各项规定，对于同属本议定书和马德里协定（斯德哥尔摩）的任何其他国家内不产生效力。"也就是说，在商标原属国和商标指定保护国既是《马德里协定》缔约国，又是《马德里议定书》缔约国的情况下，该议定书的内容不生效力，依然适用《马德里协定》的规定。尽管该条款的目的在于保障《马德里协定》的继续生效，避免将其架空，但在实践上，有着不合理之处。对于已经加入《马德里协定》的缔约国来说，它们再次加入《马德里议定书》的目的就是希望终止《马德里协定》中的不完善条款，转而适用议定书中的改动之处，但根据上述条款的约定，其对既是协定又是议定书的缔约国依然适用协定，这其实无法达到再次加入的目的。这种保护实际上阻碍了《马德里议定书》作用的发挥，与议定书制定的目的相违背了。

（3）《马德里协定》与《马德里议定书》在补充和继承的基础之上，也有其不同点，它们之间的差别也是明显的。

其一，《马德里协定》第 1 条第 2 款规定的内容意在说明，只要按照本公约规定通过了商标的国际注册，即可在《马德里协定》中的所有缔约国内获得保护，但在申请商标的国际保护之前，商标应当在原属国已经获得了有效注册，而且国际注册的申请文件应当由原属国主管机关审查后递交国际局，不得僭越。到了《马德里议定书》时代，在议定书第 2 条第 1 款中作了改动："当一项商标注册申请已提交某缔约方局，或一个商标已经在某缔约方局注册簿注册时，该项申请的申请人或该项注册的注册人。可依照本议定书的规定通过在国际局的注册簿获准注册该商标，以取得其商标在缔约方领土内的保护……"在此，对于商标要申请国际注册，除保留原来的在原属国内获得注册这种情形外，还允许虽然尚未获得注册但是已经在一个缔约国的注册当局提出了注册申请这一宽限条件，申请人在申请国际注册时，不需要等到本国主管部门的核准注册后才进行，而是在正式提出国内申请之后就能进行国际申请，这在很大程度上为商标权人节约了时间成本，提升了整个商标国际注册的性能，减少了可能出现国际贸易中商标被他人注册的风险从而影响商业贸易的进展。但这不意味着《马德里议定书》中的保护效力是绝对的，它还依赖于指定国家主管机关对于申请的审核是否能够得以批准，各个缔约国依然有权利按照国内法的规定拒绝对申请国际注册的商标进行保护。

其二，《马德里议定书》删除了"领域限制"条款。《马德里协定》第 2 条之 2 规定："（一）任何缔约国可在任何时候书面通知本组织总干事，通过国际组织所得到的保护，只有在商标所有人明确要求时，才得以延伸至该国。（二）这种通知，在总干事通知其他缔约国后六个月发生效力。"按照该款规定，缔约国可以通知国际局，要求商标所有人想要得到在该国的商标保护，需要向国际局明确地提出具体要求，而且缔约国的通知还应该参考《马德里协定》第 3 条之 3 的形式要件的规定："（一）要求将国际注册所得到的保护延伸至一个利用第三条之二所规定的权利的国家时，必须在第三条（一）所提到的声明中明确提出。

（二）在国际注册以后所提出的关于领土延伸的任何要求，必须用细则所规定的格式，通过原属国的注册当局提出。国际局应立即将这种要求注册，不迟延地通知有关注册当局，并在国际局所出的定期刊物上公布。这种领土延伸自在国际注册簿上已经登记的日期开始生效，在有关的商标国际注册有效期届满时停止效力。"对于没有提出通知的国家，商标在国际局通过注册后，自然地在其国家领域内接受保护。但在实践中，这条规定如同鸡肋。申请人想要接受其他国家的保护，需要按照规定缴纳一定的申请费，因此考虑到经济成本，申请人往往不会在所有缔约国内均要求给予保护而是会指定国家。吸取实践的教训，在《马德里议定书》中，就删去了"领域限制"，其第3条之2中规定："通过国际注册取得的保护只有经过提出国际申请的人或国际注册的注册人的请求，才可延伸至某缔约方。然而，这种请求不得向其局为原属局的缔约方提出。"该条只剩下了领域效力的阐述，原属国之外的缔约国不必再向国际局递交通知声明，商标所有人在申请商标国际注册时必须指定具体的缔约国，这条改动是合理和明智的，节省了各个缔约国的新政开支和资源，简化了商标国际注册的程序。

其三，《马德里议定书》对于国际注册的法律效力问题规定得更加详细。事实上，《马德里协定》也对国际商标注册的效力有所规定，其第4条第1款规定："从根据第三条之三在国际局生效的注册日期开始，商标在每个有关缔约国的保护，应如同该商标直接在该国提出注册的一样。第三条所规定的商品或服务类别的说明，不得在决定商标保护范围方面约束缔约国。"《马德里议定书》在该条款的基础上，又增加了"如果没有根据第五条（1）和（2）将任何驳回通知寄到国际局或根据该条所通知的驳回于后被撤回的，自所述之日起，商标在有关缔约方的保护与该商标为缔约国所注册的保护应是相同的"，该内容将第2条关于"经由国际注册而取得的保护"以及第5条"有关缔约方对国际注册效力的拒绝与取消"联系起来，更加体系化也增强了条文之间的完整性。

其四，当商标所有人在一个或者多个缔约国国内进行商标注册后，又进行了国际注册并提出了在该几个缔约国的领土延伸的要求，那么应当以国际注册为准，取代国内注册。在这一点上，《马德里协定》和《马德里议定书》都有此规定，但议定书在协定的基础上进行了完善，在议定书第4条之3第1款中，对国际注册取代国内注册增加了三个条件："(ⅰ)根据第三条之三(一)或(二)通过国际注册取得的保护延伸到所述缔约方，(ⅱ)国家或地区注册所列的所有商品和服务同样就所述缔约方列在国际注册中，(ⅲ)上述延伸于国家或地区注册之日后生效。"

其五，在国际注册有效期方面，《马德里协定》规定国际注册的有效期为20年，续展次数不限，每次续展有效期也是20年。《马德里议定书》在吸收了《商标注册条约》的合理之处后，也将商标国际注册的有效期缩短为10年，续展次数不限，续展的有效期也为10年，这就在很大范围内统一了国际商标的保护时间与许多国家国内法对商标的保护期。

其六，《马德里协定》第5条规定的缔约国对国际注册效力拒绝的时间限制问题："想行使这种权利的各国注册当局，应在其本国法律规定的时间内，并最迟不晚于商标国际注册后或根据第三条之三所作的保护延伸的请求后一年之内，向国际局发出批驳通知，并随附所有理由的说明。"缔约国如果拒绝商标国际注册的保护请求，根据协定应当在一年内向国际局发出通知，而《马德里议定书》则延长了这一通知期限："尽管第(a)段有所规定，任何缔约方可以声明，对于根据议定书进行的国际注册，第(a)段规定的一年期限由十八个月代替。"因此，缔约国在符合条件的情况下，可以将一年的通知期限延长至18个月，甚至超过18个月。

其七，当商标所有人在原属国的注册商标因撤销、期限届满等原因被终止保护的情况下，《马德里协定》认为该商标的国际注册也应当受到牵连，相关给予保护的缔约国也终止对其商标进行保护，这对商标权人来说无疑是一个打击，其商标在海外的利益随时受到威胁。《马德里议定书》已经意识到这一不合理的规定，并作了改变。《马德里议定书》第9条之5规定："应原属局根据第六条(4)提出的请求，当一项国际注册就其中所列的全部或部分商品和服务被撤销时，曾为国际注册的注册人的人向其国际注册曾有效的领土所属的某缔约方局提交同一商标的注册申请时，该申请应作为在符合第三条（4）的国际注册之日或按照第三条之三（2）登记领土延伸之日提交的申请处理，并且如果该项国际注册曾享有优先权，此申请亦应享有同样的优先权，条件是（i）此申请于国家注册被撤销之日起三个月内提交，（ii）对于有关缔约方而言，申请中所列的商品和服务实际包括在国际注册的商品和服务表中，并且（iii）所述申请符合所适用法律的一切规定，包括费用的规定。"该规定实际上是说，商标在原属国的效力同其他缔约国之间的效力相互独立，商标不因其在原属国被撤销而导致其在其他缔约国的法律效力发生终止，这对于商标权人的利益来说无疑是一项强有力的保障，可以促使商标权人放心地进行国际注册和使用，其对商标的管理只符合指定保护的缔约国国内法即可。

其八，《马德里协定》指出，商标的国际注册只能使用法文，这对于英语系或者其他广泛使用英语作为通用语言的国家来说则是一种语言障碍，需要专门寻找专业人员进行翻译方可进行国际申请，为了方便英语系国家进行商标国际注册，同时也吸引更多国家参与马德里体系，《马德里议定书》修改了这一规定，商标的国际注册申请既可以使用法文也可以使用英文，这就给世界上大多数国家提供了便利。另外，两个条约的《共同细则》规定，在《马德里议定书》之下的缔约国主管机关可以收取高于《马德里协定》所规定的费用。

可以说，《马德里议定书》是在《马德里协定》的实践中吸取了其可取之处，又作了更加结合实际的改动，弥补了《马德里协定》的不足之处，使得整个马德里体系更加完善，资源配置更加合理，为商标所有人以及各个缔约国带来了程序上的便利，有力地维护了商标所有人的利益，促进了国际贸易中的商标安全和使用。

四、《商标注册条约》——马德里体系的缺陷弥补

（一）概述

《商标注册条约》是关于国际注册的国际协定，它是一个多边国际条约，于1973年6月12日在维也纳召开的工业产权外交会议上签订，1980年8月7日生效。《商标注册条约》缔约的目的是在更大范围内促进商标的国际注册并且用来弥补马德里体系的一些缺陷，将世界上的更多国家吸引到该商标国际注册体系中，促进商标注册的国际化和标准化。但它同《马德里协定》一样只是便于商标国际注册程序的简化，并没有突破商标注册效力的地域性，仍需要指定保护的国家主管机关进行认定方可享受保护，因此，该条约也只是程序性条约，它没有建立一部统一的商标法。

《商标注册条约》共四章，四十七条。其主要内容包括总则，第一章"实质条款"，第二章"行政规定"，第三章"修订与修改"，第四章"最后规定"。总则中明确规定，"国际注册"是指依照本条约经国际局核准登入商标国际注册簿的注册；"国际申请"是指申请国际注册；"申请人"是指提出国际申请的自然人或法人；"国际注册所有人"是指在对指定国全部或一部分和对所列商品、服务项目全部或一部分有效的商标注册中有其名称的自然人或法人；"商标"是指商标和服务商标，并且包括《巴黎公约》（斯德哥尔摩议定书，1967年）第7条之1中的集体商标以及证明商标。"国家商标"是指经有批准注册权的缔约国政府机关注册，在该国生效的商标；"国家商标"不应与"区域商标"混同；"区域商标"是指经国际局以外的有批准注册权的政府间机构注册，在不止一个国家生效的商标。"国际分类"是指按照《尼斯协定》所制定的分类。

（二）《商标注册条约》中商标国际注册所产生的效力

根据《商标注册条约》第11条的规定，按照该条约进行的商标国际注册经过公告和国际局的通知，在指定的国家，其商标所产生的效力同向该国商标主管机关提出的商标国家注册申请有同样的效力，没有差别待遇。国际注册和登

记，除另有规定外，国际注册和登记在每一指定同该商标获准在该国国家注册簿上注册有同等效力。国际注册的有效期为 10 年，在 10 年届满前 6 个月内可以续展注册使用，续展期仍然为 10 年，续展的次数没有限制。

但是指定国的主管机关在接到通知后的法定时间内经过审查，在注册公告 15 个月以内或者本国法规定的较早日期声明，依该国国内法可拒绝给予商标国家注册的相同理由并按相同的范围拒绝，在期限没有届满时可以发出拒绝保护的通知书，并附上全部理由。这些理由不得同本条约和施行细则，或对该国有约束力的《巴黎公约》最新规定有抵触，而且《巴黎公约》第 6 条也对依条约注册的商标适用，只是须将所属国注册换为国际注册。如果不予拒绝，或者没有在规定期间内提出拒绝，则该国际注册就在指定国与国家注册产生同等的效力。

五、《商标法条约》——商标注册协调机制的构建

（一）概述

《商标法条约》是一部以统一各国商标注册程序为主题的程序性条约，它是在世界知识产权组织的主持下于 1994 年 10 月 27 日在日内瓦签订的，并于 1996 年 8 月 1 日生效。它同之前的《巴黎公约》或者马德里体系不同，它所规制的是各国国内商标注册的程序，希望达成各个国内商标立法的统一，从而使各国的商标注册制度更加简便和协调。而《巴黎公约》和马德里体系是以统一商标国际注册为核心的国际条约。中国已经签署该条约但尚未正式加入。

《商标法条约》对商标注册程序进行了原则性规定，主要包括主管机关不得要求申请人提供商业注册证明，申请人可以在一份申请书上申请多个类别的注册以及变更、转让，注册及续展注册的有效期统一为 10 年，不必就每一份申请提交一份代理人委托书，不得对签字要求进行公证、认证、证明、确认。这一系列规定极大地简化了商标申请人在各成员国之间进行申请和保护的程序。条约全文共 25 条，对缔约国商标注册程序的要求集中在第 2 条至第 16 条。本条约还有一个实施细则，共 8 条。

（二）《商标法条约》针对的商标客体范围

《商标法条约》对于所要调整的商标范围规定在了第 2 条。其第 1 款所述的是商标的性质："[商标的性质]（a）本条约适用于由视觉标志构成的商标，但唯有接受立体商标注册的缔约方才有义务将本条约也适用于立体商标。（b）本条约不适用于全息商标和不含视觉标志的商标，尤其是音响商标和嗅觉商标。"这一款表明，商标的客体所包含的能够受本条约调整的要素是"由视觉符号构成的商标"，其他如声音、气味或者影射图等不适用该条约，各国可以自行规定这些商标的注册程序和要件。而对于立体商标，如果各国国内法承认这些商标可以注册使用，则本条约所规定的内容也必须用来调整其国内法对立体商标的规定，如果某些国家不承认立体商标，则无须遵照本条约的内容。

《商标法条约》所规定的商标的具体种类在第 2 条第 2 款中，"[商标的种类]（a）本条约应适用于商品或服务有关的标志（商品商标或服务商标）或与商品和服务两者有关的标志。（b）本条约不适用于集体商标、证明商标和保证商标"。据此，《商标法条约》所针对的客体是商品商标和服务商标以及与这两者有关的商标。另外，《商标法条约》第 16 条还特别要求，任何缔约方应注册服务商标，并将《巴黎公约》有关商标的规定适用于服务商标。对于集体商标、证明商标和保证商标，条约不予以规制，各国可自行立法。

（三）商标注册申请的程序性要求

《商标法条约》第 3 条对商标注册申请的基本事项作了具体规定，主要涉及申请书的内容、申请书的提交、申请费用、申请书使用的语言、签名要求、单一申请、实际使用、其他要求的禁止及证据的存留。

1. 申请书的内容

《商标法条约》第 3 条第 1 款规定了各缔约国可以要求商标注册申请书应当包含 17 项内容中的全部或者部分，内容有对注册的请求，申请人名称、地址、国籍、住所、工商业机构及其他有关情况的说明，法人的名称、性质、登记地等情况的说明，地理人名称、地址或法律可能要求的送达地址，优先权声明及证明。国际展览的临时保护的要求及证明,对商标标识的说明及商标标识的复制品、使用商标的商品或服务的名称及分类,意欲使用商标的声明,以及申请人的签名等。在申请文件中,申请人可以用实际使用声明和有关证明材料来代替关于意欲使用商标的声明或作为其附加部分。

2. 申请费

《商标法条约》规定:"任何缔约方均可要求向商标主管机关缴纳申请费。"这一规定同《巴黎公约》以及《马德里协定》一样,至于申请费的数额,由各个成员国自行拟定。

3. 提交申请

《商标法条约》第3条第2款规定,首先应当以书面形式提交,并且要符合《共同实施细则》的书写格式要求。在缔约国以传真方式向商标主管机关传递申请的,效力同纸质版申请一样。另外,任何缔约方均可要求申请书以商标主管机关接受的语言填写或以该机关接受的数种之一填写。

4. 实际使用

在申请人提交了意欲使用的声明的情况下,任何缔约方均可要求申请人在其法律规定的期限内提交本国法律所要求的有关实际使用的证明。

5. 禁止不合理要求

《商标法条约》规定除了第3条第1款至第4款以及第6款的要求外,任何缔约方不得对申请提出其他任何要求,被禁止的要求有:第一,提供任何商业登记簿的证明或摘录;第二,示明申请人正在进行工商业活动并提交相应证据;第三,示明申请人正在进行与申请中列出的商品和/或服务相应的一项活动并提供相应证据;第四,提交商标已在另一缔约方商标注册簿中注册或已在某一不属于本条约缔约方的《巴黎公约》缔约国商标注册簿中注册的证据,但申请人要求《巴黎公约》第6条之5所指的申请除外。

6. 代理人及送达地址

在各国的商标立法中,对于外国商标的注册通常会要求其指定代理人,对于代理人的要求,《商标法条约》第 4 条作了具体规定。第一种代理人是经准许从业的代理人。其第 4 条第 1 款规定:"任何缔约方均可要求为在商标主管机关办理任何手续之目的而指定的代理人须是该机关准许操业的代理人。"在申请人可以自行决定是否指定代理人参与商标申请注册及相关程序时,各缔约国仍可以对代理人的资质作出要求。第二种是强制代理。《商标法条约》第 4 条第 1 款对此规定:"任何缔约方均可要求在其领土内既无住所又无真实有效的工商营业所的任何人,为在商标主管机关办理任何手续之目的,必须有一位代理人作为其代表。"强制代理在许多国家是通行的,如我国《商标法》也规定:"外国人或者外国企业在中国申请商标注册和办理其他商标事宜的,应当委托国家认可的具有商标代理资格的组织代理。"另外,对于代理中产生的送达地址,《商标法条约》规定,如果缔约国没有上述对代理人的强制要求,则可要求那些在其境内既无住所又无真实有效的工商业营业场所的人在其境内设立送达地址。

在指定代理人时,必然要涉及代理证书的格式及其相关问题,委托人应当对代理人的权限予以说明。《商标法条约》第 4 条第 3 款规定,缔约方可以要求通过一份单独的"代理人权限书"来指定代理人。代理人在商标注册及相关事宜中的权限,通常由代理人权限书来确定。代理人权限书可以限制代理人从事某些行为。任何缔约国可以要求,对于代理人撤回申请或放弃注册的权利,应在代理人权限书中明示地表示出来。注册主管机关收到了一份自称为代理人的人所发来的文件但并未得到代理人权限书的情况下,任何缔约方可以要求在规定的时间内将代理人权限书送交注册机关,否则代理行为所为的申请文件不发生效力。如果代理人权限书按规定的格式以书面形式,或者按照缔约方允许的电话传真形式,并按规定的语言文字提交,注册机关不得拒绝承认其效力。代理人权限书所使用的语言,任何缔约方均可要求委托书以商标主管机关接受的语文填写或以接受的数种语言之一填写。而且,任何缔约方可以要求由代理人向注册当局传递的文件指明代理人的行为所依据的代理人权限书。

另外，根据《商标法条约》的规定，除了对代理人权限书、权限书的语言以及对代理人权限书的指明，缔约国不得再提出其他要求。

对于代理人相关的证据问题，《商标法条约》第 4 条规定：商标主管机关对第（2）款至第（5）款所指任何文函所载的任何证明的真实性产生合理怀疑时，任何缔约方均可要求代理人向商标主管机关提供证据。

六、TRIPs 协定

（一）TRIPs 协定诞生的背景

1993 年 12 月 15 日，历经将近 8 年的《关税与贸易总协定》磋商与会谈，最终在乌拉圭回合多边贸易谈判中通过了。TRIPs 协定是乌拉圭回合谈判的 21 个最后文件之一，并于 1994 年 4 月 15 日在摩洛哥的马拉喀什由 108 个国家的代表对《建立 WTO 协定》进行签字确认，这个协定中包括了 TRIPs 协定，1995 年 1 月 1 日起正式生效。该知识产权协定是新的世界贸易体制的重要组成部分，它与 WTO 管辖下的其他协议有着紧密的联系，并由世界贸易组织进行管理。中国是 GATT 原始缔约国之一，在 1971 年恢复联合国合法席位后，就开始恢复 GATT 缔约方谈判，由于当时复杂的国际环境以及中国国内特殊的政治经济国情，中国未能在 1995 年 WTO 运行前恢复在 GATT 中的合法席位。同时我国也参加了乌拉圭回合谈判的全过程并在最后文件进行了签署，因此当我国加入世贸组织后，知识产权协定以及其他最后文件在各自规定的过渡期届满时对我国生效。

TRIPs 协定是以《巴黎公约》《伯尔尼公约》等为基础的，它传承了这些国际条约中的合理精神和规则，并结合正处在世纪之交乃至更长时期的国际贸易中的知识产权保护中所产生的纠纷和问题，建立了一系列新的标准和制度。谈起 TRIPs 协定的成立背景，离不开其前身《关税与贸易总协定》。在 1947 年 GATT 最初签订时，知识产权保护在其中还是一个不起眼的环节，只在个别不重要的条款中简略地提到了，其目的在于保护国际贸易的通畅以及贸易自由化，并不是出于对知识产权本身的重视，因此也没有专门规定。到了 20 世纪 60 年代，国际贸易已经成了各个国家经济增长的重要组成部分，发展中国家也开始加入国际市场的竞争。由于历史因素，发达国家和发展中国家之间的政治经济发展水平是极为不均衡的，法律规定和体系也有着差距。知识产权保护在大多数发展中国家还处于起步甚至萌芽阶段，可以说，发展中国家对于知识产权在当时还并没有意识到可能产生的侵权问题，发达国家和发展中国家在贸易中的知识产权方面开始产生摩擦。20 世纪 70 年代，发达国家和发展中国家因知识产权而起的贸易摩擦主要集中在工业产权领域，尤其是商标问题。在这种情况下，美国和欧洲经济共同体在关贸总协定体系内共同提出了一个反假冒法草案。但发展中国家一致认为，关总协定没有资格处理知识产权问题，因此这一草案最终没有在发达国家和发展中国家达成协议。20 世纪 80 年代，发达国家和发展中国家的贸易摩擦开始扩大到了版权和邻接权领域。为了减少摩擦和矛盾，联合国的专门机构——世界知识产权组织多次召开会议打算讨论形成一个新的能够顺利实施的条约草案。最终在关系最低保护标准的问题上，发达国家常常坚持史高的保护标准以适应本国的经济利益保护，发展中国家无法适应更高的保护水准，否则可能对本国的知识产权和工业领域产生巨大冲击。由于世界知识产权组织的表决机制使发展中国家能利用其数量上的优势反对草案的通过，使得发达国家放弃了世界知识产权组织，转而在关贸总协定体系范围内寻求解决方法。因此，1986 年关贸总协定乌拉圭回合谈判一开始，在欧共体，以及日本、加拿大、澳大利亚等发达国家和地区的支持下，美国代表团就有关知识产权规范的谈判提出不应仅以世界知识产权组织管理的知识产权公约和《世界版权公约》为基础，而应当制定更加统一、高效的能够适应当前国际贸易趋势的知识产权保护条约。但发展中国家分成了两派：一种是强烈反对美国的知识产权主张；另一种以东南亚新兴的工业国家为代表的一部分发展中国家表示支持，它们希望能够借此制定出在国际上有效的知识产权最低保护标准和公平正义争端解决机制，防止发达国家以它们的知识产权保护不力为由采取单方面的制裁行为。由于发展中国家的立场不统一，在 1989 年 9 月埃斯特角发表的部长声明中将知识产权连同服务贸易和投资措施三个新议题加入谈判议程，并确定了与贸易有关的知识产权（包括冒牌货贸易问题）谈判的三项授权：一是为减少国际贸易的扭曲和障碍，考虑到充分有效的保护知识产权的必要，为保证实施知识产权措施和程序本身不对合法贸易造成障碍，谈判应旨在澄清关贸总协定的规则，并视具体情况制定新的规则和纪律；二是谈判应旨在拟定处理国际冒牌货贸易的多边规则、原则纪律的框架，同时应考虑总协定已承担的工作；三是谈判不应排斥世界知识产权组织和其他机构处理这些问题可能采取的其他辅助行为。在达成上述三项授权统一的基础上，乌拉圭回合的谈判才正式开始。当时参与谈判主要是欧美和日本的工商业代表，具体包括美国知识产权委员会的专家、日本经济团体联合会专家和欧洲经济共同体工业联合会专家，他们主要代表发达国家的知识产权权利人的利益对所讨论的问题发表意见。这些国家代表认为十分有必要制定以发达国家主张的标准为基础的最低保护标准，明确反对任何形式的歧视，还要求制定出能够保证知识产权条约实施和执法流程的详细细则，这些意见中的大部分最终反映在了知识产权协定中。在此后的两年多的时间内，各国代表、不同经济利益体之间展开了激烈的交锋，最终于 1991 年 12 月在日内瓦达成了《与贸易有关的知识产权（包括冒牌货贸易）协定（草案）》。该草案经各国审查后进行了文字修改并于 1994 年 4 月 15 日由各国代表在摩洛哥的马拉喀什召开的乌立圭回合谈判成员部长级会议上签署。该协定对于发达国家来说，极大地满足了它们长期以来对知识产权国际保护标准的诉求，使得它们在以后的国际贸易中能够更加顺利地获得知识产权带来的丰厚利益。对于发展中国家而言，由于其在经济和法律发展方面处于弱势地位并且依赖于发达国家的进出口贸易，因此该协定在很大程度上有着对发达国家要求的妥协。乌拉圭回合出口贸易，因谈判的最后文件采取的是"一揽子"方式，如果对其中一个文件不同意，整个谈判就无法继续。对于单个国家来说，对于该协定要么全部接受要么全部不接受，这意味着完全纳入或完全被排斥出世界贸易体系，不能将各个文件分开表决。但无论是发达国家还是发展中国家，它们对于加入世界贸易组织能够最大力度地拥有市场准入权和其他丰厚的利益，即使对单个文件有所不满，也不妨碍其决意加入，加之该协定是以美国等世界上主要经济大国为主导，它的影响力可以说前所未有，因此知识产权协定在世界贸易组织范围内达成了一致，并在以后的时间里，发挥着巨大的作用。

（二）TRIPs 协定成员国的普遍义务

1. 普遍义务范围

TRIPs 协定第 1 条第 2 款明确了成员国的义务范围："本协议所称的'知识产权'一词系指第二部分第 1 节至第 7 节所列举所有种类的知识产权财产。"普遍义务也就是指成员国对于何种知识产权应当遵守 TRIPs 协定的规定。成员国承担义务的范围包括版权和相关权利、商标、地理示志、工业品外观设计、专利、集成电路布图设计、未披露的信息。对于第二部分没有列举的实用新型、科学发现等，成员国不必承担义务。

2. 普遍义务的性质

根据 TRIPs 协定第 1 条第 1 款的规定，表演者获得国民待遇的情形有三种：（1）表演在另一缔约国进行；（2）表演已被录制在受公约保护的录音制品上；（3）表演虽未被录制成录音制品，但在受公约保护的广播节目中播放。录音制品制作者获得国民待遇的情形有三种：（1）录音制品制作者系另一缔约国国民（国民标准）；（2）录音制品首次录音是在另一缔约国制作的（录制标准）；（3）录音制品在另一缔约国首次发行（发行标准）。广播组织获得国民待遇的情形是：（1）广播组织的总部设在另一缔约国；（2）广播节目是由设在另一缔约国的发射台播放的。"各成员方应使本协议的规定生效。各成员方可以但不应受强制地在其本国法律中实行比本协议所要求的更加广泛的保护，只要这种保护不与协议条款相抵触。各成员方应在各自的法律体系及惯例范围内自由确定实施本协议各条款的适当方法。"首先，成员国所承担的义务是指 TRIPs 协定所规定的最低保护标准，各成员国应当遵守协定最低标准条款，将各个国家的知识产权保护水平予以提高，以达到世界范围内最低保护标准的统一。其次，成员国有权利进行国内知识产权立法，协定对这些立法予以尊重，但有学者认为这事实上构成了对多边国际体制的不尊重，甚至是对多边体制的威胁，实际上抹杀了多边体制对双边行为加以控制的可能性，因而使发达国家和发展中国家之间因知识产权保护水平的差距而可能发生的双边争端，即使在有了知识产权协定以后仍不可避免。

3. 过渡期

因为在 TRIPs 协定谈判过程中，发达国家凭借优势地位使得自己的主张得到了最大限度的体现。但现实地来看，发展中国家尤其是一些落后地域的国家在实施 TRIPs 协定规定的知识产权条款时仍然面临理论研究不足、执法不到位、法律理念落后等困难，这些困境是客观并且短时间内难以消除的。因此为了使发展中国家在全面履行 TRIPs 协定前能够做好准备而特别给予了它们一个特殊的时期——过渡期。过渡期安排规定在 TRIPs 协定第六部分中。根据规定：第一，任何成员国在协定生效后（1995 年 1 月 1 日起算）一年内没有义务立刻适用 TRIPs 协定的规定。第二，发展中国家在处于由中央计划经济向市场、私营企业经济转换进程中的和正在进行知识产权制度结构改革并在制定和实施知识产权法方面面临特殊困难的，可以再推迟 4 年适用 TRIPs 协定。第三，最不发达国家由于特殊需要和要求，其经济、财政和行政的压力，以及其对创造一个可行的技术基础的灵活性的需要，不应要求这些成员方 10 年内适用本协议。第四，由于 TRIPs 协定在产品专利保护方面有许多超前保护的内容，发展中国家在实施中有一定的困难。因此，如一个发展中国家成员根据 TRIPs 协定规定要将义务范围扩大到产品专利保护的技术领域，那么它在该技术领域适用 TRIPs 协定第二部分关于专利保护的规定可以再延迟 5 年，总共可延迟 10 年适用专利保护规定。但在国民待遇、最惠国待遇以及给予国民待遇和最惠国待遇的义务不适用于世界知识组织主持缔结的多边协定中有关获得和维持知识产权的程序方面，该延长规定不适用。第五，根据 TRIPs 协定的规定，过渡期内成员国应当做到：不得再增加或扩大各成员国国内立法与 TRIPs 协定之间的不一致，在 TRIPs 协定生效后，各国不得再制定低于协定最低保护标准的国内法，已经制定的国内法在将来应当逐步缩小差距；在过渡期内，发达国家成员应当向发展中国家成员以及最不发达国家成员提供技术和财务合作，包括发达国家缔约方应给境内的企业和机构提供奖励，以促进和鼓励对最不发达国家成员方转让技术，使其能够建立一个稳固可行的技术基础，协助不发达国家制定保护知识产权的立法和执法规则，帮助进行人员培训等。

（三）TRIPs 协定对于商标领域的具体规则

TRIPs 协定在第二部分第二节"商标"中作了对商标国际贸易保护的最低标准的规定，该规定在很大程度上延续了《巴黎公约》的具体内容，但也在总结实践的基础上作了一定的补充和修改。

1. 商标的定义

TRIPs 协定第 15 条第 1 款重申了商标的定义："任何能够将一个企业的商品和服务与另一企业的商品和服务区别开来的标志或标志组合，均应能够构成商标。此种标志，尤其是包含个人姓名的词、字母、数字、图形要素和色彩组合以及诸如此类的标志组合，应有资格注册为商标。若标志没有固有的能够区别有关商品及服务的特征，则各成员方可将其通过使用而得到的独特性作为或给予注册的依据。各成员方可要求标志在视觉上是可以感知的，以此作为注册的一项条件。"在此，商标应当满足两个条件：其一，能够区分商品或者服务的来源，即具有显著性；其二，商标不仅包括商品商标，还包括服务商标。

我国对于商标注册的构成要素规定在 2013 年 8 月 30 日进行第三次修正的《商标法》第 8 条中："任何能够将自然人、法人或者其他组织的商品与他人的商品区别开的标志，包括文字、图形、字母、数字、三维标志、颜色组合和声音等，以及上述要素的组合，均可以作为商标申请注册。"该条增加了"声音"要素作为商标注册的客体。

2. 商标的国际注册

TRIPs 协定第 15 条第 2 款和第 3 款规定了商标国际注册的相关问题。商标的注册必须具有显著性，该显著性既可以是本身具有区分商品或者服务来源的功能，也可以是本身虽然不具备显著性，但是在长期的使用中获得的显著性。例如某些以商品特征命名的商标，本身没有显著性，但在后期使用中使该特征具备了"第二含义"，这种商标也可以注册。另外，作为对《巴黎公约》的补充，TRIPs 协定允许成员将"标记视觉系统可感知"作为注册条件，各成员国可以据此拒绝对"气味商标""声音商标"进行注册。作为拒绝注册的其他理由，TRIPs 协定认可了《巴黎公约》第 6 条之 5 列举的三点理由：构成对第三方侵权、不具备显著性、违反道德或者公共秩序。

3. 商标是否使用不影响申请

根据 TRIPs 协定的规定，成员国可以将商标的使用作为注册的条件，但是，如果商标所有人没有使用商标，各个成员国不得因此禁止商标权人进行商标的申请。这考虑到了商标的国际优先权问题。在商标的国际注册中，有些国家不以商标使用为注册要件，商标所有人在一个国家进行商标注册申请，即使该国家拒绝对未使用的商标进行注册，但该申请的申请日可以作为商标所有人在其他国家享受优先权的日期，如果甚至禁止了其申请，那么商标所有人将无法确定申请日，对于商标注册的国际优先权来说是一种拖延和变相的破坏，不利于商标所有人的利益保护。但是根据 TRIPs 协定协议第 19 条的规定，"如果注册的保持要求以商标付诸使用为条件，则除非商标所有者提出了此类使用存在障碍的充分理由，否则注册只有在商标至少连续三年以上未予使用的情况下方可取消"。因此，成员国可以将商标使用作为维持注册的条件。

4. 商标注册的独立性

申请注册的商标标示的商品或服务的性质，在任何情况下均不得成为该商标获得注册的障碍。该问题同《巴黎公约》保持了一致，旨在防止某些成员国为了禁止国外商标注册而以商品或者服务不符合质量为由拒绝商标注册，从而导致隐形的商标国际注册的壁垒,有利于保护商标所有人的利益。

5. TRIPs 协定所规定的商标权的范围

根据 TRIPs 协定第 16 条的规定,"商标权的范围主要有两项。第一,已注册商标所有者应拥有阻止所有未经其许可的第三方在贸易中使用与已注册商标相同或相似的商品或服务的,其使用有可能招致混淆的相同或相似的标志。在对相同商品或服务使用相同标志的情况下,应推定存在混淆之可能。上述权利不应妨碍任何现行的优先权,也不应影响各成员方以使用为条件获得注册权的可能性"。也就是说,商标一经注册就享有专有权,可以占有、使用、收益和处分,类似于物权规则,并可以禁止他人在未经许可的情况下在国际贸易中使用与其注册商标相同或者近似的标识去标示相同或者类似的商品或者服务,以至于发生混淆。但商标权的使用不得损害他人的在先权利。第二,商标权的范围还包括对驰名商标的独特保护。TRIPs 协定相比于《巴黎公约》对驰名商标的保护,可以说进行了相当程度的扩展。首先,驰名商标的保护不再局限于商品商标,还可以适用于服务商标;其次,对于驰名商标采用"绝对保护"原则,即我们通常所说的"商标的跨类保护",不仅禁止在相同或者近似商品、服务上未经许可使用驰名商标,在不同商品、服务上也同样禁止。而且,TRIPs 协定对于驰名商标的认定也弥补了《巴黎公约》的不足:"在确定一个商标是否为知名商标时,各成员方应考虑到有关部分的公众对该商标的了解,包括由于该商标的推行而在有关成员方得到的了解。"这就使得驰名商标的认定在国际范围内有一个原则性指导,避免混乱和不公正。

6. 关于续展的规定

TRIPs 协定规定商标的每次续展期限均不得少于 7 年,而且续展没有次数的限制。商标在注册和续展时,具体期限也不得违反商标国内立法的相关程序性规定。当然,7 年只是最低期限,各国可以提高保护标准,我国商标法对于商标注册以及续展的期限同世界上大多数国家一样是 10 年。

7.取消商标注册的限制

在商标的使用上,《巴黎公约》只是作了原则性的规定,任何要求注册商标必须使用的成员国,只有某一注册商标经过适当的期间不使用,并且有关人员也不能证明其不使用有正当理由时,才可以取消该商标的注册。TRIPs协定在此基础上进行了补充。第一,将"适当的期间"明确为注册商标在至少连续3年不使用的情况下,可以被注销;第二,在正当的商标许可下,被许可人对商标的使用也可以成为维持注册所要求的使用;第三,如果因商标权人不能预见或者不能抗拒的原因导致商标不能连续使用,可以成为免于注销的理由;第四,商标在贸易当中的使用不得受一些特殊要求不正当的妨碍,比如与另一商标一起使用,以特殊形式使用,或以有害于该商标将一个企业的商品或服务与其他企业的商品或服务区分开来的方式使用等。

8.商标的许可和转让

商标的许可和转让也是商标国际贸易中的重要一环,也是商标自我价值实现的重要手段。TRIPs协定在此问题上,禁止商标的强制性许可,但在商标转让问题上,它更为考虑商标权人。TRIPs协定允许商标权人自由决定是否连同营业场所或商誉一同转让,这在《巴黎公约》之下是不允许分开的。这体现了TRIPs协定在商标财产理论的指导下,开始肯定商标的独立财产地位。

第三节 商标国际注册风险识别与防控

一、商标国际注册的必要性

(一)防止商标被他人抢注

商标权具有典型的地域性,同一商标要想在不同国家或者地区获得商标权需要逐一向这些国家或者地区的商标主管部门进行申请,待审查通过后方能享有商标权并在该地区得到保护。加之商标属于一种信息,可以跨空间同时被多人利用，如果商标所有人未能及时在想要获得保护的国家或者地区进行商标申请，则可能面临商标被他人抢注的情形。我国市场经济初期，由于知识产权意识薄弱，缺乏国际贸易常识，忽视商标国际注册的重要性，使得中国一些传统的经过长久努力才建立起来的驰名商标被外国人抢先注册，反而向我国厂商出售商标许可权，给我国的商业出口一度造成困境。例如，中国的自主品牌、在英国已经打开销路的"火炬牌"打火机因商标被抢先注册而被迫退出英国市场；上海"芭蕾牌"珍珠霜在国际上声誉远扬，但未及时在销售国注册，结果在印度尼西亚、新加坡以及中国香港等被外商抢先注册；上海"英雄牌"金笔深受日本消费者的欢迎，但其商标则被日本商人抢先在日本注册；四川长虹电子集团既没有自己出口"长虹"品牌的产品到南非，也没有授权任何国内贸易公司向这个市场出口，但该市场上有"长虹红太阳"彩电，而在印度尼西亚、泰国等地"长虹"商标则被另一家电器生产企业抢注。这些商标被抢注的案例，都是我国企业出口商品和服务，开展国际贸易过程中的惨痛教训。

（二）创建自主商标，培育品牌

在国际贸易中，要想在其他国家打开市场，扩宽销路，商标的知名度将是消费者认知的重要因素。消费者由于缺乏对其他国家商品品质的了解，通常的选择方式是通过广告传播，或者他人的口口相传。在这一过程中，商标扮演着重要的宣传和记忆角色，消费者可能无法详细讲述某一商品的特征，但是当看到商标这一商业符号时就可以唤醒他们对商品的印象。当商品经过其他国家消费者体验后，将会对其商誉进行评价，具有良好商誉的商品或者服务逐渐形成自己的销售市场，消费者在互相宣传的时候也是以商标为中心展开的。因此，在国外进行商标注册对于一国国内企业来说至关重要，商标一经注册，便可以帮助企业长期稳定地占领国际市场、拓展销路、帮助宣传、扩大销售量，最终在商标宣传和商品品质优良的双重作用下，为企业赢得良好信誉，进而成为名牌商标、驰名商标。商标及时进行注册还能够防止其他人利用企业商标侵犯企业的合法权益，如果不及时注册反被他国企业抢注，则可能使我国企业投入了大量资金进行商品或者服务的宣传而打下的商标市场基础反为他人作"嫁衣",自己的经济效益得不到维护。因此,中国企业要想在国际贸易中占据相应的国际市场,获得自己应得的利益,创造出属于自己的名牌商标是必由之路。

(三)便于诉讼

在国际贸易中,经常会发生知识产权尤其是商标权争端。在商标权使用产生纠纷时,双方起诉至法院,第一个环节就是对拥有商标权的举证。而商标注册制度本身就是一种公示公信的体系,商标在一国获得注册后,可防止他人侵犯企业在该国的商标权利。

二、商标国际注册的主要途径

(一)两种注册途径

商标国际注册的途径包含两个:一个是根据《马德里协定》或《马德里议定书》的规定,在马德里联盟成员国间进行的商标注册。另一个是根据《巴黎公约》向国外申请,直接或间接委托执行国家的商标代理人完成的商标注册,称作逐一国家注册或《巴黎公约》注册。

(二)两种途径的特点

1.逐一直接注册

逐一直接注册国外商标,有以下特点:(1)商标申请独立于原属国注册,操作灵活;(2)有专门的知识产权服务机构全程辅助,可随时与国外代理律师了解进展情况,出现后续问题能得到及时解决;(3)成本较高,相关费用包括国外官费、国外代理费、通信费、公证认证费、代理机构服务费,尤其是国外代理费用相对高昂;(4)程序繁复,代理组织须与不同的合作律师发函,并由其向各商标主管机关提出申请,缴纳不同的费用、使用不同的语言、提交不同的申请书和资料信息,有时还需花费时间办理文件公证/认证手续等;(5)后续维护申请的工作繁多,需要逐一与国外代理更新商标在各国的进展情况,对商标维护的要求非常高。

2. 马德里国际注册

通过马德里体系进行商标的国外注册，有以下特点：（1）手续简便，仅需一份申请，即可进行全球多个国家商标注册；（2）费用低廉：总费用一般均低于逐一国家注册费用，同时选定国家越多，所需费用越少；（3）申请过程短，因议定书、协定书国家都有审理期限的最低要求，可以确保商标在一定时间（12个月或18个月）内获得注册；（4）后续程序操作简便，后期指定、变更、续展等，操作更加简便，费用也更加低廉；（5）检索状态随时了解：可根据商标国际注册号，通过国际局的官方网站进行信息检索，随时掌握商标在各指定国的最新进展同时获得官方文件，便于了解商标的后续状态；（6）马德里国际注册申请必须基于国内的商标申请或注册且受制于"中心打击原则"；（7）马德里国际注册除了美国、日本等个别国家外，大多数马德里成员国都不会下发单独的注册证，一旦遇到商标侵权，没有单一国家的注册证会对企业维权造成一定的困难。

（三）两种途径的选择

马德里国际注册方式在价格上有绝对的优势，但是由于马德里国际注册存在遭受"中心打击"的风险，其效力将波及国际注册所有指定国家，即该商标的国际注册也会随之失去效力。虽然国际注册在遭遇中心打击后可转化为指定国的国内注册（仅限于与议定书有关的国家），但会额外增加注册的成本，基本商标转换为国内注册费用远高于逐一国家注册费用。

从中心打击原则可以看出，若要通过马德里注册方式办理申请，最好选择已经在原属国获得注册的商标作为提交的基础，这样可以大大降低因为基础商标被驳回、被异议而导致国际注册被撤销的风险。如果确实未拥有原属国注册商标，可以考虑在商标查询和显著性分析的基础上，以驳回风险较低的原属国商标申请作为基础进行马德里注册，从而控制风险，利用好马德里注册的价格优势。

从实践经验来说，对于国内有稳定的基础注册，或者经过查询后显示获准注册概率较高的商标来说，则尽可能地采用马德里注册的方式；相反，对于国内没有基础注册,或者经过查询后显示获准注册的阻碍较多的商标来说,选择逐一注册无疑是最好的选择。

三、商标国际注册马德里体系的基本流程

(一)申请

《马德里议定书》缔约国国民以及在缔约国内符合《巴黎公约》第 3 条标准的人(本联盟以外各国的国民,在本联盟一个国家的领土内设有住所或有真实和有效的工商业营业所的,应享有与本联盟国家国民同样的待遇),有权提交马德里国际申请。马德里体系是封闭的,不是所有人都可以提交马德里申请。任何缔约国的国民,依据所属国的商标注册或者商标注册申请,可以通过所属国的注册当局,向国际局提出商标国际注册申请,在其他缔约国取得保护。

这里提到了所属国的概念,所属国按照下列方式确定:(1)申请人置有真实有效的工商业营业所的特别同盟国家;(2)如果申请人在特别同盟国家中没有这种营业所,则为其有住所的特别同盟国家;(3)如果申请人在特别同盟境内没有住所,但系特别同盟国家的国民,则为申请人作为其国民的国家。

未来国际注册并不是在所有缔约国生效,而是在指定的领土延伸国生效,所以需要提前指定要生效的国家。当然在国际注册批准后,也可要求领土延伸。《马德里议定书》使用的工作语言一般可选择法语、英语或西班牙语。我国要求是英语或者法语。

(二)国际注册

经形式审查后,国际局应对该商标立即予以注册。如果国际局在所属国收到国际注册申请后 2 个月内收到申请时,所属国收到国际申请日为国际注册日。否则,以国际局收到的日期为国际注册日。

(三)审查与驳回

被指定缔约方主管局经过实质审查,认为该领土延伸申请违反了该被指定方的有关法律规定,必须在商标国际注册通知日起 12 个月或者 18 个月之内作

出不给予保护的驳回决定,以驳回的形式通知国际局,则该国际注册不在被指定成员法域内生效。被指定方只能以对于在通知驳回的局直接申请的商标所适用的理由,提出此类驳回,该驳回只对该指定方有效。

(四)生效

如果没有驳回,则自国际注册之日自动生效。在国际局生效的注册日期开始,如果被指定国在规定的期限内没有向国际局发出驳回通知,该商标将在该指定国自动得到保护。该保护如同该商标直接在该国提出注册申请一样。《马德里议定书》的商标国际注册的保护期为 10 年,可以续展。

(五)基础注册

如前所述凡申请商标国际注册的,必须以国家注册(或申请)为基础,若没有这个基础,申请人就不能申请商标国际注册。这种原属国的国家注册在《马德里协定》体系中一般称为"基础国家注册"。

自国际注册之日起 5 年内,如果在先注册的基础国家注册因这样或那样的原因在原属国没有得到注册,或者被驳回,或者失去全部或部分保护,那么该国际注册在有关的国家也同样全部或部分失去保护,这里的全部或部分失去保护是指在全部商品或部分商品上失去保护。如果国际注册时限满 5 年,国际注册与基础国家注册就相互独立,即如果基础国家注册发生了以上所说的情况,对国际注册则不会产生影响。

四、商标国际注册马德里体系的相关问题

(一)国际注册日的作用

国际局形式审查后,给予注册登记,并给予国际注册日。这就是所谓的国际注册日。国际局的注册意味着在其注册簿登记了国际注册商标的各个有关事项,如注册人的名字和地址、国际注册号、商标、商品或服务项目及其类别、被指定缔约方,等等。国际注册日是各指定延伸国商标审查的基准日、保护生效起算日。

（二）基础注册与国际注册

在来源国的基础注册申请，并不是马德里国际注册申请的一部分。基础注册在所属国进行，经过申请—所属国审查—核准注册，按照所属国程序正常进行，是与国际注册申请分离的注册过程（见图 2-1）。

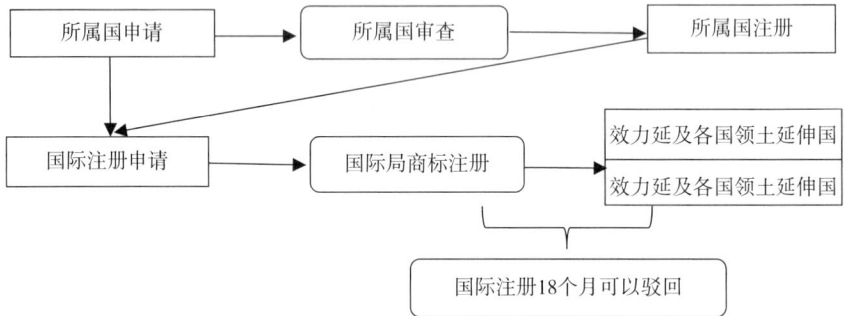

图 2-1

国际注册申请，必须以在先的基础注册或者以基础注册申请为基础，国际注册申请的内容与所属国申请相同或者小于所属国的范围。例如，基础申请指定使用商品为第 30 类的面包、饼干、蛋糕等，那么国际申请指定使用的商品也必须为面包、饼干、蛋糕等，或者更少。

国际注册申请和基础申请实际上是两个不同的申请，国际注册日和所属国注册申请日也是两个相互独立的概念。因此，依据《巴黎公约》，如果基础注册申请是该商标的首次申请，那么在基础注册申请日 6 个月内，提出国际注册申请的，可以要求优先权。如果要求优先权，那么各指定延伸国以优先权日为基准日审查申请。

例如，中国申请人于 2008 年 1 月 1 日向中国商标局提出一商标注册申请，中国商标局于当日收到并予以受理，则其在中国的注册申请日就是 2008 年 1 月 1 日。该申请人在 5 月 28 日提出国际注册，取得国际注册日为 2008 年 5 月 28 日，并主张优先权。然后指定法国、德国等国为领土延伸国，那么，该申请人在这些国家的优先权日是 2008 年 1 月 1 日。如果他人在 2008 年 4 月 28 日向法国或德国提出相同或近似的商标注册申请，就会被视为在后的商标申请而被驳回。

（三）中心打击与转换申请

"中心打击"是指在注册之日起 5 年期满前，如果基础申请、原注册或基础注册在指定的全部或部分商品或服务上被驳回、撤销、注销或者宣布无效，无论其是否全部转让也不能再要求国际注册给予保护。

如果马德里国际注册遭到中心打击，因基础注册 5 年内无效而全部失去效力，并不意味着注册人就没有机会再取得各指定领土延伸国的商标权，因为马德里国际注册可转换申请日为国际注册日的领土延伸国的国家注册申请。如果该国际注册申请要求优先权，那么就可以转化为一系列要求优先权的国家申请。

例如，某中国公司于 2008 年 1 月 1 日提交中国商标申请，在 2011 年 3 月 1 日被中国商标局核准注册。获得国际注册日为 2008 年 5 月 1 日，指定英、法、德、日、韩为领土延伸国，该申请可以要求中国申请的优先权。该国际注册后都未被驳回，取得英、法、德、日、韩的商标权保护。2011 年 11 月，基础商标在中国被人提出撤销，2012 年 5 月被撤销，此时，由于在国际注册日起 5 年内，基础注册被撤销，所以在英、法、德、日、韩的国际注册也失去效力。此时，该申请人可以提出转换申请要求，把原先的马德里国际注册申请转换为英、法、德、日、韩的国家注册申请，优先权日为 2008 年 1 月 1 日，启动在这五个国家的国家商标注册程序，由于申请日和优先权日得到保留，仍然有很大机会取得商标权。

（四）马德里国际注册在国内遇到的问题

1. 马德里国际注册的范围

目前中国企业产品出口目标国，集中在亚非拉地区，而亚非拉国家中，大多数不是马德里联盟的成员国，如老挝、柬埔寨、马来西亚、南非、安哥拉、刚果、巴西、阿根廷、委内瑞拉等国，国内客户无法利用马德里国际注册进入这些国家。

2. 商标代理机构积极性低

由于马德里注册官费确定明晰,各个事务所仅能通过降低代理费提高市场竞争优势,而国内代理机构的递交费用相对比较低廉,同时国际合作事务所因无法直接接触到申请业务,对马德里国际注册的推进积极性不高。

3. 主体资格的影响

按照目前实际操作的规定,中国本土的申请人(包括在中国登记成立的企业和具有中国国籍的个人)可以通过中国商标局办理马德里注册,中国台湾地区的申请人可以办理,但是登记在中国香港、澳门的企业和个人无法通过中国商标局办理马德里注册。另外,中国实际控股的 VIE 模式的互联网企业在开曼、英属维尔京群岛等国办理登记,成立离岸公司,根据中国商标局的要求,只有登记在中国大陆的企业才能通过中国商标局办理马德里注册,这就将上述离岸公司拒之门外。

4. 基础申请的影响

中国基础申请受理通知书下发迟缓,加之中国商标局对马德里注册新申请形式审查的拖延,导致在马德里注册新申请中主张中国优先权的时限非常紧迫,个别情况下甚至无法主张优先权。

第四节　商标使用风险识别与防控

一、商标使用的内涵

理论上,商标权的取得可以分为商标权注册主义和商标权使用主义。某一标志符合法定核准注册的条件,即便未投入使用也可以申请商标注册,从而取得商标权,这就是商标权注册主义。相反,商标权使用主义则要求标志被实际使用,方可申请注册。实践中,商标权注册主义被广泛适用,其优点在于通过公示制度明确和确立商标权的排他范围，使商标注册申请人获得可预期性。[①]但是，商标权注册主义也导致商标申请量剧增，滥用注册制度劫持竞争对手等问题。因此，各国商标法往往从制度上对商标权注册主义进行补充和完善。

商标的主要功能在于识别商品或服务的来源，该功能只能经过实际使用才能产生。就商标法而言，实际使用应当理解为"在商业中使用"，不是仅仅保留对商标的权利而使用。各国商标法纷纷对"在商业中使用"的范围进行了明确。我国《商标法》第 48 条明确规定："本法所称商标的使用，是指将商标用于商品、商品包装或者容器以及商品交易文书上，或者将商标用于广告宣传、展览以及其他商业活动中，用于识别商品来源的行为。"美国商标法确定的商标法意义上的使用包括以下情形，"以任何方式将商标标在商品上或其容器上，或与之有关的展示上，或粘贴在商品的标牌或标签上，或者，如果由于商品的性质的关系不能这样放置，则或标在与该商品或销售有关的资料上；标于在商业中销售和运输的商品上，以及用于服务上，在服务的推销或广告宣传中使用或展示商标，而且服务是在商业中提供的，或者服务是在一个以上的州或在美国和外国提供的，并且提供服务的人是从事与该项服务有关的商业的"。日本商标法对商标使用进行了更为详细的规定，包括以下情形，"（1）在商品或商品的包装上附以标志的行为；（2）在商品或商品的包装上附以标志而进行转让、交付，或为了转让、交付而展出或进口的行为；（3）当提供服务时，在供给被服务者利用的物品上（包括转让或租借的物品）附以标志的行为；（4）当提供服务时，用带有标志、供被服务者利用的物品提供服务的行为；（5）以提供服务为目的，将带有标志的、供提供服务中利用的物品（包括在提供服务时供被服务者利用的物品）进行展示的行为；（6）当提供服务时，在被服务者与该服务相关的物品上附以标志的行为；（7）展示或散发带有标志的、与商品或服务有关的广告、价目表或贸易文件的行为；在商品其他的物品上附以标志的，包括将商品或商品的包装、提供服务用的物品或与商标或服务相关的广告作为标志的形状的行为"。

---

① 李扬：《商标法基本原理》，法律出版社 2018 年版，第 20 页。

对于商标使用的确定至少具有两方面的作用：一方面，通过明确的商标使用情形，使商标侵权行为更有迹可循；另一方面，能够达到敦促权利人积极行使权利的作用。即权利人不能够凭借注册达到一劳永逸的效果，从而"躺在权利上睡觉"，不当的使用或者不使用，将使商标面临被撤销或者注销的风险。

二、商标使用的风险识别与防控

（一）因不使用而撤销

商标的使用对于商标权利的维持具有重要作用，无正当理由在一定期限内未使用的商标具有被撤销的风险。TRIPs 协定第 19 条第 1 款确定了"使用"可以作为维持注册的条件，并提出不使用的期限应至少连续 3 年。① 对于具体的不使用期限，各国商标法存在差异。我国《商标法》第 49 条第 2 款明确规定了因商标不使用而撤销的期限，即"注册商标成为其核定使用的商品的通用名称或者没有正当理由连续三年不使用的，任何单位或者个人可以向商标局申请撤销该注册商标"。无独有偶，美国的商标法亦明确了因不使用导致商标被视为已被"放弃"的三种情形，即"（1）商标已停止使用，有意不再重新使用；（2）有意不再重新使用可从当时情况推定出来；（3）连续三年无使用应为放弃的表面上真实的证据"。不同于美国、日本，欧盟将这一期限确定为 5 年，即"如果商标连续五年未在共同体内在注册的商品或服务上真正使用，又无不正当理由"其商标可以被撤销。

可见，商标的注册并不意味着权利人可以"高枕无忧"，为免商标被撤销，权利人还得积极使用商标。

（二）因通用化而撤销

商标通用化是指商标经过长期使用后不再指代商品或服务来源而意指具

---

① TRIPs 协定第 19 条第 1 款 如维持注册需要使用商标，则只有在至少连续三年不使用后方可注销注册，除非商标所有权人根据对商标使用存在的障碍说明正当理由。出现商标人意志以外的情况而构成对商标使用的障碍，例如对受商标保护的货物或服务实施进口限制或其他政府要求，此类情况应被视为不使用商标的正当理由。

体产品名称。也就是说，先前具有识别性的标志成为商品的通用名称。[①]商标通用化问题产生的原因在于商标所有人的不当使用或者对他人的不当使用怠于采取行动，致使商标丧失了原本具有的识别商品出处的功能。各国一般的处理方式是，撤销发生通用化的商标的注册。例如，索尼公司的随身听"WALKMAN"商标，被《杜登字典》收录为产品的通用名称，奥地利消费者均使用该词汇描述这种产品，导致该商标被撤销。同样，在中国，深圳市朗科科技股份有限公司拥有的"优盘"商标，也因成为 USB 闪存的通用名称而被撤销。我国《商标法》规定，注册商标成为其核定使用的商品的通用名称的，任何单位或者个人可以向商标局申请撤销该注册商标。

企业往往通过投入大量资金、人力、物力等各项资源，促使商标具有更高的知名度，但是知名度越高的商标被仿冒的风险以及通用化的风险也越高。因此，企业在宣传商标的同时还应当注意预防商标侵权和商标淡化。

（三）因不当使用而撤销

商标权利人具有规范使用商标的义务，擅自改变商标的图样、变更注册人信息可能导致商标被撤销。《巴黎公约》第 5 条 C（2）规定："商标所有人使用的商标，在形式上与其在本联盟国家之一所注册的商标形式只有一些要素不同，而并未改变其显著性的，不应导致注册无效，也不应减少对商标所给予的保护。"该条文允许对商标进行微调以适应市场的需要，但是不得改变注册商标的显著性。

我国《商标法》第 49 条第 1 款规定："商标注册人在使用注册商标的过程中，自行改变注册商标、注册人名义、地址或者其他注册事项的，由地方工商行政管理部门责令限期改正；期满不改正的，由商标局撤销其注册商标。"应当注意，此处的"改变"不能切断与原注册商标的联系，若改变成为完全不同的商标，则成为新的未注册商标。

---

① 曹阳：《商标实务指南与司法审查》，法律出版社 2019 年版，第 226 页。

（四）因管理不善而被注销

与专利、著作权不同，商标的保护可以是永久的。TRIPs 协定第 18 条规定"商标的首次注册及每次续展的期限均不得少于七年。商标的注册应可以无限续展"。该项条款确定了商标可以永续存在，这在极大程度上激发了商标权人投入、打造商标的热情，同时也要求商标权人积极管理和维护注册商标。各国对商标的续展期限和程序进行了规定，存在一定的差异。我国《商标法》第 40 条规定："注册商标有效期满，需要继续使用的，商标注册人应当在期满前十二个月内按照规定办理续展手续；在此期间未能办理的，可以给予六个月的宽展期。每次续展注册的有效期为十年，自该商标上一届有效期满次日起计算。期满未办理续展手续的，注销其注册商标。"商标系具有巨大价值且可永久存在的无形资产，若因管理不善而导致商标被注销，对于企业而言无疑是重大损失。因此，了解商标注册、延展等各项手续，掌握商标的有效期限，妥善管理各项商标，对于企业至关重要。

第五节　商标国际维权风险识别与防控

从维权针对的对象是商标还是行为，商标的国际维权可以分为两大类：其一，通过行政救济阻却或终止商标注册，以求防患于未然；其二，通过司法救济制止侵权行为，寻求损害赔偿。

一、阻却或终止商标注册

在全球化环境下，跨国商标抢注事件屡见不鲜。商标的地域性可能导致一个国家的注册商标或者驰名商标在另一国境内被注册，这将为企业国际化战略带来巨大挑战，防范商标侵权注册成为商标权利人维护商标权的重要部分。

（一）阻却商标注册

异议制度为阻却商标注册提供了路径。在先权利人、利害关系人等认为初步审定予以公告的商标不具有合法性的，可以在公告之日起一定期限内向商标注册机关提出不予注册的意见。商标注册机关根据审理结果，确定商标是否准予注册。异议制度有利于在先权利人、利害关系人主动维护权利，阻却侵权商标的注册。TRIPs 协定确定了商标注册中可以设置异议程序，并且异议程序应当遵循公平、公正原则。在商标异议程序的设置上各国存在不同，美国《商标法》规定，任何人确信一个商标在主注册簿上的注册会使其受到损害，可于该申请注册商标公告 30 日内向专利商标局提交异议书，并说明理由。日本《商标法》规定的期限为商标刊载公报发行之日起的 2 个月内。

我国《商标法》第 33 条规定对初步审定公告商标的异议期限为 3 个月。异议的理由可分为绝对理由和相对理由。所谓绝对理由，即不要求异议人为利害关系人，而是任何人均可以提出的异议理由，包括《商标法》第 10 条、第 11 条和第 12 条之规定。① 相对理由为只有在先权利人、利害关系人可以提出异议理由，包括《商标法》第 13 条第 2 款和第 3 款、第 15 条、第 16 条第 1 款、第 30 条、

---

① 《中华人民共和国商标法》第 10 条　下列标志不得作为商标使用：

（一）同中华人民共和国的国家名称、国旗、国徽、国歌、军旗、军徽、军歌、勋章等相同或者近似的，以及同中央国家机关的名称、标志、所在地特定地点的名称或者标志性建筑物的名称、图形相同的；

（二）同外国的国家名称、国旗、国徽、军旗等相同或者近似的，但经该国政府同意的除外；

（三）同政府间国际组织的名称、旗帜、徽记等相同或者近似的，但经该组织同意或者不易误导公众的除外；

（四）与表明实施控制、予以保证的官方标志、检验印记相同或者近似的，但经授权的除外；

（五）同"红十字"、"红新月"的名称、标志相同或者近似的；

（六）带有民族歧视性的；

（七）带有欺骗性，容易使公众对商品的质量等特点或者产地产生误认的；

（八）有害于社会主义道德风尚或者有其他不良影响的。

县级以上行政区划的地名或者公众知晓的外国地名，不得作为商标。但是，地名具有其他含义或者作为集体商标、证明商标组成部分的除外；已经注册的使用地名的商标继续有效。

第 11 条　下列标志不得作为商标注册：

（一）仅有本商品的通用名称、图形、型号的；

（二）仅直接表示商品的质量、主要原料、功能、用途、重量、数量及其他特点的；

（三）其他缺乏显著特征的。

前款所列标志经过使用取得显著特征，并便于识别的，可以作为商标注册。

第 12 条　以三维标志申请注册商标的，仅由商品自身的性质产生的形状、为获得技术效果而需有的商品形状或者使商品具有实质性价值的形状，不得注册。

第31条、第32条之规定。①

（二）终止商标注册

经过注册的商标受到法律的保护，可以通过撤销制度或者无效宣告制度终止侵权商标的保护状态。撤销制度在上一节中已经阐述，在此不再赘述。

商标的无效是指"商标在注册之初便不符合法律的要求，因而所有权利应当恢复到未产生的状态"。②无效理由可以分为相对理由与绝对理由，相对理由主要包括违反驰名商标保护的规定、抢注被代理人等的商标、损害他人未注册商标以及其他在先权利等。绝对理由包括不具备商标的合法性、显著性、非功能性，以及以欺骗手段或不正当手段取得注册的商标。

部分国家允许保留申请时缺乏显著性，但注册后取得显著性的商标，而非绝对拒绝事后补救。对于以在先权利或者注册商标为由要求宣告注册商标无效

---

① 《中华人民共和国商标法》第13条　为相关公众所熟知的商标，持有人认为其权利受到侵害时，可以依照本法规定请求驰名商标保护。

就相同或者类似商品申请注册的商标是复制、摹仿或者翻译他人未在中国注册的驰名商标，容易导致混淆的，不予注册并禁止使用。

就不相同或者不相类似商品申请注册的商标是复制、摹仿或者翻译他人已经在中国注册的驰名商标，误导公众，致使该驰名商标注册人的利益可能受到损害的，不予注册并禁止使用。

第15条　未经授权，代理人或者代表人以自己的名义将被代理人或者被代表人的商标进行注册，被代理人或者被代表人提出异议的，不予注册并禁止使用。

就同一种商品或者类似商品申请注册的商标与他人在先使用的未注册商标相同或者近似，申请人与该他人具有前款规定以外的合同、业务往来关系或者其他关系而明知该他人商标存在，该他人提出异议的，不予注册。

第16条　商标中有商品的地理标志，而该商品并非来源于该标志所标示的地区，误导公众的，不予注册并禁止使用；但是，已经善意取得注册的继续有效。

前款所称地理标志，是指标示某商品来源于某地区，该商品的特定质量、信誉或者其他特征，主要由该地区的自然因素或者人文因素所决定的标志。

第30条　申请注册的商标，凡不符合本法有关规定或者同他人在同一种商品或者类似商品上已经注册的或者初步审定的商标相同或者近似的，由商标局驳回申请，不予公告。

第31条　两个或者两个以上的商标注册申请人，在同一种商品或者类似商品上，以相同或者近似的商标申请注册的，初步审定并公告申请在先的商标；同一天申请的，初步审定并公告使用在先的商标，驳回其他人的申请，不予公告。

第32条　申请商标注册不得损害他人现有的在先权利，也不得以不正当手段抢先注册他人已经使用并有一定影响的商标。

② 黄晖：《商标法》，法律出版社2016年版，第108页。

的，我国采取了同美国相同的模式，即要求必须在商标注册之日起 5 年内提出，此为除斥期间，超过之后即不能再宣告无效。我国商标法还规定，对于恶意注册的，驰名商标权人不受 5 年的限制。以欧盟为代表的国家实行另一种模式，即在先权利或者商标原则上可以随时申请在后注册商标无效，除非权利人连续 5 年默许在后注册商标使用并怠于形式申请商标无效的权利。

宣告无效的商标，其注册商标专用权视为自始不存在。

二、制止侵权行为

（一）商标侵权的判断标准

商标的基本功能在于区分商品或者服务来源，使得消费者能够通过商标选择自己喜欢、信赖的商品或服务。商标的基本功能决定了商标法要以防止消费者混淆为中心，[①] 因此是否构成商标侵权的判断与混淆存在密切的联系。TRIPs 协定第 16 条第 1 款规定，"注册商标的所有权人享有专有权，以阻止所有第三方未经该所有权人同意在贸易过程中对与已注册商标的货物或服务的相同或类似货物或服务使用相同或类似标记，如此类使用会导致混淆的可能性。在对相同货物或服务使用相同标记的情况下，应推定存在混淆的可能性"。该条文明确了混淆可能性在商标侵权行为判断中的重要性。除混淆可能性外，各国立法中还普遍考量相似性，从而形成了三种主要的法例："以美国商标法为代表的混淆可能性吸收相似性的标准；以日本商标法为代表的混淆可能性内化于相似性的标准，以欧盟法为代表的以相似性为基础而以混淆可能性为限定条件的标准。"[②] 美国侵权诉讼一般采取两步分析法：第一步，原告必须证明商标的权属、有效性等问题；第二步，需要证明被告在商品或服务上使用商标的行为可能造成来源的混淆。造成混淆的因素包括商标的近似、商品的类似、商标的强度、消费者的注意力等多项因素。日本《商标法》第 37 条规定了商标侵权行为

[①] 王太平、邓宏光：《商标法》，北京大学出版社 2017 年版，第 111 页。

[②] 王太平：《商标法：原理与案例》，北京大学出版社 2015 年版，第 229 页。

的几种类型,就字面含义而言并未包含混淆的可能性。但是,在司法实践中,相似性转变为混淆可能性的相似性,混淆可能性内化于相似性中。欧盟《协调成员国商标立法欧洲共同体理事会第一号指令》第10条"直接规定了欧盟侵犯商标权的判断标准,是理解相似性和混淆可能性关系的直接依据"。①

(二)具体商标侵权行为

根据商标侵权的判断标准,各国立法对具体侵权行为进行了规定。日本《商标法》进行了较为详尽的例举,其第37条规定的商标侵权行为包括:"(1)在指定商品、指定服务上使用与注册商标近似的商标的行为,或者在与指定商品或者指定服务类似的商品或服务上使用注册商标或者与其近似的商标的行为;(2)在指定商品或者与指定商品或者指定服务类似的商品中,在商品包装上贴附注册商标或者与其近似的商标,为了转让、交付或者出口而持有该商品或者商品包装的行为;(3)在提供指定服务或者与指定服务或者指定商品类似的服务的过程中、在供接受服务者使用的物品上贴附注册商标或者与其近似的商标,为了使用这些物品提供该服务,而持有、进口该物品的行为;(4)在提供指定服务或者与指定服务或者指定商品类似的服务的过程中,在供接受服务者使用的物品上贴附注册商标或者与其近似的商标,为了让他人使用该物品、提供该服务而转让、交付或者为了转让、交付而持有或者进口该物品的行为;(5)为了在指定商品或者指定服务或者与其类似的商品或者服务上使用注册商标或者与其近似的商标,而持有表示注册商标或者与其近似的商标的物品的行为;(6)为了让他人在指定商品或者指定服务或者与其类似的商品或者服务上使用注册商标或者与其近似的商标,而转让、交付或者为了转让、交付而持有表示注册商标或者与其近似的商标的物品的行为;(7)为了在指定商品、指定服务或者与其类似的商品或者服务上使用或者让他人使用注册商标或者与其近似的商标,生产或者进口表示注册商标或者与其近似的商标的物品的行为;(8)以营业为目的生产、转让、交付或者进口仅用于生产表示注册商标或者与其近似

---

① 王太平:《商标侵权的判断标准:相似性与混淆可能性之关系》,载《法学研究》2014年第6期。

的商标的物品的行为。"我国《商标法》对于具体商标侵权行为的规定在第 57 条 ①，其 "兜底 + 例举" 的立法方式为商标侵权行为的判断提供了规范，也具有一定的灵活性。

三、跨国商标纠纷的司法管辖权与法律适用

商标权具有明显的地域性特征，在跨国纠纷中管辖权争议比例较高。缺乏统一、权威的管辖权认定规则，依赖国内法进行管辖权的确定带来管辖权的冲突问题。

管辖法院不同，可能意味着适用不同的法律规范，因此法院的选择尤为重要。我国《涉外民事关系法律适用法》第七章专章规定了涉及知识产权的涉外民事关系法律适用，包括第 48 条、第 49 条和第 50 条。其第 48 条规定，"知识产权的归属和内容，适用被请求保护地法律"。第 49 条规定，"当事人可以协议选择知识产权转让和许可使用适用的法律。当事人没有选择的，适用本法对合同的有关规定"。第 50 条规定，"知识产权的侵权责任，适用被请求保护地法律，当事人也可以在侵权行为发生后协议选择适用法院地法律"。

---

① 《中华人民共和国商标法》第 57 条　有下列行为之一的，均属侵犯注册商标专用权：

（一）未经商标注册人的许可，在同一种商品上使用与其注册商标相同的商标的；

（二）未经商标注册人的许可，在同一种商品上使用与其注册商标近似的商标，或者在类似商品上使用与其注册商标相同或者近似的商标，容易导致混淆的；

（三）销售侵犯注册商标专用权的商品的；

（四）伪造、擅自制造他人注册商标标识或者销售伪造、擅自制造的注册商标标识的；

（五）未经商标注册人同意，更换其注册商标并将该更换商标的商品又投入市场的；

（六）故意为侵犯他人商标专用权行为提供便利条件，帮助他人实施侵犯商标专用权行为的；

（七）给他人的注册商标专用权造成其他损害的。

第六节　涉外商标诉讼经典案例评述

一、案例分析

迈克尔·杰弗里·乔丹与国家工商行政管理总局商标评审委员会、乔丹体育股份有限公司商标争议行政纠纷

原告：迈克尔·杰弗里·乔丹（Michael Jeffrey Jordan）

被告：国家工商行政管理总局商标评审委员会（以下简称"商标评审委员会"）

案由：商标争议行政纠纷

一审第三人：乔丹体育股份有限公司（以下简称"乔丹体育"）

一审：北京市第一中级人民法院〔（2014）一中行（知）初字第 9161、9162、9163 号〕

二审：北京市高级人民法院〔（2015）高行（知）终字第 1909、1915、1925 号〕

再审：最高人民法院〔（2016）最高法行再 15、26、27 号〕

（一）基本案情

2004 年 7 月 4 日，乔丹体育申请注册第 4152827 号"乔丹"商标，核定使用范围为国际分类第 25 类的"服装、婴儿全套衣、游泳衣、鞋、足球鞋、帽、袜、手套、领带、皮带（服饰用）、防水服、舞衣、婚纱"商品，专用权期限自 2008 年 2 月 21 日至 2018 年 2 月 20 日。

2007 年 4 月 26 日，乔丹体育申请注册第 6020565 号"乔丹"商标和第 6020569 号"乔丹"商标，核定使用范围分别为国际分类第 32 类的"水（饮料）、无酒精饮料、豆类饮料、果汁、蔬菜汁（饮料）、乳清饮料、啤酒、可乐、植物饮

料、饮料制剂"商品和国际分类第28类的"体育活动器械、游泳池（娱乐用）、旱冰鞋、圣诞树装饰品（灯饰和糖果除外）"商品，专用权期限分别为2009年12月14日至2019年12月13日、2012年3月28日至2022年3月27日。

2012年10月31日，迈克尔·杰弗里·乔丹向商标评审委员会提出撤销乔丹体育的上述三项商标的申请。主要理由为：乔丹体育及其关联公司在明知或应知迈克尔·杰弗里·乔丹具有较高知名度的情况下，将包括"乔丹""QIAODAN"在内的大量与再审申请人相关的标志申请注册为商标，违反了我国《反不正当竞争法》第2条规定的诚实信用原则和第5条第3项之规定，同时损害了迈克尔·杰弗里·乔丹的在先权利，违反了2001年修正的《商标法》第10条第1款第8项、第31条、第41条第1款之规定。

2014年4月14日，商标评审委员会裁定维持争议商标。理由有三：其一，争议商标文字"乔丹"与"Michael Jordan"及其中文译名"迈克尔·乔丹"存在一定的区别；其二，"乔丹"为普通的英美姓氏，与迈克尔·杰弗里·乔丹之间并不存在当然的对应关系；其三，乔丹体育对上述商标已进行了长期而广泛的宣传使用，获得了较高的市场声誉。从双方使用的广泛性、持续性、唯一对应性等方面综合考虑，本案尚不能认定"乔丹"与迈克尔·杰弗里·乔丹之间的对应关系已强于乔丹体育。因此，争议商标的注册未损害迈克尔·杰弗里·乔丹的姓名权。

迈克尔·杰弗里·乔丹不服上述裁定，提起行政诉讼，请求法院判决撤销被诉裁定。

（二）裁判要旨

一审法院基本认可了商标评审委员会的理由，认为本案证据并不足以证明单独的"乔丹"字样明确指向迈克尔·杰弗里·乔丹，也不足以认定乔丹体育对涉案商标的注册和使用系不当利用迈克尔·杰弗里·乔丹的知名度或者侵犯了迈克尔·杰弗里·乔丹的姓名权。同时，乔丹体育对争议商标长达20年的投入、维护和使用,已经形成了消费者和市场的认知和稳定的竞争秩序。一审法院由此判决维持被诉裁定。

迈克尔·杰弗里·乔丹不服该判决,提起上诉。二审法院认为,争议商标的使用是否会造成相关公众的混淆误认,不属于《商标法》(2001)第10条第1款第8项和第41条第1款之调整范围。本案证据不足以证明争议商标系以欺骗手段或者其他不正当手段取得注册。由此判决驳回上诉,维持原判。

迈克尔·杰弗里·乔丹不服,向最高人民法院申请再审。最高人民法院认为,姓名权属于《商标法》(2001)第31条所规定的"在先权利"。自然人就特定名称主张姓名权保护的,该特定名称应当符合三项条件,包括"(1)该特定名称在我国具有一定的知名度、为相关公众所知悉;(2)相关公众使用该特定名称指代该自然人;(3)该特定名称已经与该自然人之间建立了稳定的对应关系"。最高人民法院经审理认为,迈克尔·杰弗里·乔丹对争议商标标志"乔丹"享有在先的姓名权。乔丹体育明知迈克尔·杰弗里·乔丹在我国具有知名度的情况下,仍然申请注册争议商标,容易导致相关公众误认为标记有争议商标的商品与迈克尔·杰弗里·乔丹存在代言、许可等特定联系,具有明显的主观恶意,损害了迈克尔·杰弗里·乔丹的在先姓名权。据此,最高人民法院判决撤销一审、二审判决,由商标评审委员会重新裁定。

(三)案件评析

本系列案件涉及注册商标的撤销,有以下几个问题值得关注:

1. 法律适用及时效问题

商标评审委员会在2014年4月14日作出裁定,早于2014年5月1日修订《商标法》的施行时间,因此,本案适用2001年修订的《商标法》。

根据2001年《商标法》第41条的规定,以在先权利为由请求撤销注册商标的,需在商标注册之日起 5 年内提出,而注册商标不受该时限限制。[①] 本案并未确定"乔丹"为驰名商标,因此应当适用 5 年的时效。案件中,迈克尔·杰弗里·乔丹向商标评审委员会撤销注册商标的时间,均在 5 年时效范围内,此为原告最终能够胜诉的基础。

还需注意的是,2013 年修订的《商标法》对商标的撤销和无效进行了区分,商标的撤销针对商标权利人使用不当的情形,侵犯在先权利的,在先权利人可以申请宣告该商标无效。

2. 商标法规定的在先权利的范围

2001 年修订的《商标法》第 31 条规定:"申请商标注册不得损害他人现有的在先权利,也不得以不正当手段抢先注册他人已经使用并有一定影响的商标。"该条文仅提出了在先权利这一概念并进行列举,其内涵和外延需要厘清。《巴黎公约》第 6 条之 5 规定,注册商标不得损害他人的既得利益,TRIPs 协定第 16 条规定,商标权利不得损害任何现有的优先权。从文义解释的角度看,两项国际公约并未对在先权利进行限定,应理解为包括商标权在内的任何在先权益。正如最高人民法院判决所言,在先权益,不仅包括《商标法》列举的特殊权益,也包括《民法通则》《侵权责任法》等法律规定的其他权益。除注册商标、驰名商标之外,其他在先权利还包括姓名权、肖像权、著作权、外观设计专利权、企业名称及字号、有一定影响的包装、装潢等。

3. 姓名权作为在先权利受到保护条件

姓名涵盖笔名、艺名、译名等多项内容,并且实践中重名现象甚多,因此不

[①] 2001 年修订的《中华人民共和国商标法》第 41 条　已经注册的商标,违反本法第十条、第十一条、第十二条规定的,或者是以欺骗手段或者其他不正当手段取得注册的,由商标局撤销该注册商标;其他单位或者个人可以请求商标评审委员会裁定撤销该注册商标。

已经注册的商标,违反本法第十三条、第十五条、第十六条、第三十一条规定的,自商标注册之日起五年内,商标所有人或者利害关系人可以请求商标评审委员会裁定撤销该注册商标。对恶意注册的,驰名商标所有人不受五年的时间限制。

除前两款规定的情形外,对已经注册的商标有争议的,可以自该商标经核准注册之日起五年内,向商标评审委员会申请裁定。

商标评审委员会收到裁定申请后,应当通知有关当事人,并限期提出答辩。

能简单地认为与在先姓名相同或相似即侵权。本案中，最高人民法院认为就特定名称主张保护时，应当具备三项条件："（1）该特定名称在我国具有一定的知名度、为相关公众所知悉；（2）相关公众使用该特定名称指代该自然人；（3）该特定名称已经与该自然人之间建立了稳定的对应关系。"① 值得注意的是，姓名权的保护并不要求姓名与特定自然人形成唯一的对应关系，而仅要求稳定的对应关系，更符合实际情况，具有可操作性和较强的指导意义。

二、相关典型案例

新百伦贸易（中国）有限公司与周乐伦侵害商标权纠纷

原告：周乐伦

被告：新百伦贸易（中国）有限公司（以下简称"新百伦公司"）、广州市盛世长运商贸连锁有限公司（以下简称"盛世公司"）

案由：侵害商标权纠纷

一审：广州市中级人民法院［（2013）穗中法知民初字第 574 号］

二审：广东省高级人民法院［（2015）粤高法民三终字第 444 号］

（一）基本案情

1996 年 8 月 21 日，潮阳市工商经济发展总公司鞋帽公司申请的"百伦"商标被核准注册（申请时间：1994 年 8 月 25 日），核定使用在第 25 类"服装、鞋、帽、袜"等商品上，注册有效期限自 1996 年 8 月 21 日至 2006 年 8 月 20 日，经续展注册有效期至 2016 年 8 月 20 日止。该商标于 1998 年 3 月 28 日经核准转让给周乐衡，后于 2004 年 4 月 21 日经核准转让给周乐伦。

2004 年 6 月 4 日，自然人周乐伦申请注册"新百伦"商标，该商标于 2008 年 1 月 7 日核准注册（申请时间：2004 年 6 月 4 日），核定使用在第 25 类"鞋（脚

---

① 最高人民法院（2016）最高法行再 15 号行政判决书、最高人民法院（2016）最高法行再 26 号行政判决书、最高人民法院（2016）最高法行再 15 号行政判决书。

上穿着物）、靴、拖鞋、T恤衫、服装、皮衣、袜、领带、皮带（服饰用）、运动衫"等商品上，注册有效期限自2008年1月7日至2018年1月6日止。

新百伦公司于2006年12月27日成立，其经营范围包括鞋、服装、包及其他运动相关产品及休闲衣着产品的进出口、批发、零售和佣金代理（拍卖除外）及售后服务等相关配套业务，企业类型为有限责任公司（台港澳法人独资）。新百伦公司的"NEW BALANCE INTERNATIONAL LIMITED"系新平衡公司"NEW BALANCE INC.（US）"的全资子公司。新平衡公司授权新百伦公司在中华人民共和国境内使用带有"New Balance"、"NB"和"N"商标、商品名称和标志来生产、包装，或安排生产和包装鞋子、衣服和配件。新百伦公司在官网、微博、"天猫"专卖店及"京东商城"专卖店、宣传手册、视频广告、销售小票等各项宣传和销售活动中均使用了"新百伦"字样。

2013年7月15日，周乐伦向广州市中级人民法院提起诉讼，称新百伦公司使用"新百伦"标识侵犯其"百伦"及"新百伦"注册商标专用权，请求法院判决新百伦公司、盛世公司停止侵权，并赔偿损失。

（二）裁判要旨

一审法院认为，周乐伦系"百伦""新百伦"注册商标的权利人，其享有的商标权应受到法律的保护。新百伦公司未经注册商标权人周乐伦的同意，擅自将"新百伦"用于标识和宣传其产品，属于商标性使用，构成对周乐伦"百伦"和"新百伦"注册商标的侵权。判决新百伦公司、盛世公司停止侵权，并分别赔偿周乐伦人民币9800万元、5000元。

新百伦公司不服一审判决，提起上诉。二审法院认为周乐伦系"百伦""新百伦"合法商标权人，且对两项商标进行了商标法意义上的商标性使用。新百伦公司没有提供证据证明其对"新百伦"标识享有在先权利，也不能证明其对涉案商标的利用属于合理使用。新百伦公司未经周乐伦许可，在相同商品上使用与周乐伦本案注册商标相同或者近似的标识，侵害了周乐伦本案注册商标专用权。判决新百伦公司赔偿周乐伦500万元人民币。

（三）案件评析

本案系商标侵权纠纷，有以下几个问题值得关注：

1. 周乐伦是否系恶意抢注商标

本案适用 2001 年修订的《商标法》第 31 条的规定，存在在先权利或者已经使用的并且具有一定影响的商标是构成抢注商标的前提。本案中，涉案"百伦""新百伦"注册商标的申请时间分别为 1994 年 8 月 25 日、2004 年 6 月 4 日。新百伦公司提供的上述证据仅证明了"新百伦公司"于 2003 年 11 月正式登陆中国市场的报道，不能证明新百伦公司及其关联公司进行了商标性使用，并具有一定影响，因此，新百伦公司应当承担举证不能的后果。

2. 新百伦公司对涉案商标是否进行了商标性使用

商标具有的识别商品或者服务来源的功能只有在实际使用中方能体现。换言之，如果特定商标并未在商业活动中投入使用，相关公众未曾见过该特定商标，自然不会将该商标与注册人及其商品或者服务的特定质量联系在一起，也不会产生混淆和误认。2002 年《商标法实施条例》第 3 条规定："商标法和本条例所称商标的使用，包括将商标用于商品、商品包装或者容器以及商品交易文书上，或者将商标用于广告宣传、展览以及其他商业活动中。"2013 年、2019 年《商标法》修订过程中对其进行了吸收，并添加了"用于识别商品来源的"这一限定。非在商业活动中使用，以及描述性使用和指示性使用不构成商标性使用。本案中，新百伦公司在线上线下的专卖店、官网、微博及各种宣传资料中使用"新百伦"商标的行为均属于商标性使用。

3. 新百伦公司能否以合理使用为由进行抗辩

本案中，新百伦公司行为系对企业名称以及对新平衡公司"新百伦"商标的合理使用进行抗辩。我国《商标法》并未明确提到"合理使用"一词，因此我国《商标法》是否存在合理使用，学界存在争议。第三次修订前，我国《商标法》并未涉及商标侵权的抗辩，2013 年修订的《商标法》填补了此项缺失。

2019 年修订的《商标法》第 59 条规定了被诉侵权人进行抗辩的法定理由。[①]本案中新百伦公司提到的两项抗辩理由不属于上述法定理由,也不属于说明性描述或者指示性使用,同时不符合企业名称的使用规范,超出了新平衡公司"新百伦"商标的核定使用范围,其抗辩理由不能成立。

阿迪达斯有限公司与晋江市纺织服装协会晋江、国家工商行政管理总局商标评审委员会商标异议复审行政纠纷

原告:晋江市纺织服装协会(以下简称"纺织协会")

被告:国家工商行政管理总局商标评审委员会(以下简称"商标评审委员会")

第三人:阿迪达斯有限公司

案由:商标异议复审行政纠纷

一审:北京市第一中级人民法院[(2010)一中知行初字第 1828 号]

二审:北京市高级人民法院[(2011)高行终字第 387 号]

再审:最高人民法院[(2012)知行字第 95 号]

(一)基本案情

2002 年 9 月 13 日,阿迪达斯－萨洛蒙股份公司(2006 年 5 月 11 日更名为阿迪达斯公司)向国家工商行政管理总局商标局(以下简称"商标局")提出第 3307038 号"三道杠"图形商标的注册申请,指定使用在第 25 类"裤子、游泳裤"商品上。商标局初步审定后,对此进行了公告。公告期内,纺织协会向商

---

① 《中华人民共和国商标法》第 59 条　注册商标中含有的本商品的通用名称、图形、型号,或者直接表示商品的质量、主要原料、功能、用途、重量、数量及其他特点,或者含有的地名,注册商标专用权人无权禁止他人正当使用。

三维标志注册商标中含有的商品自身的性质产生的形状、为获得技术效果而需的商品形状或者使商品具有实质性价值的形状,注册商标专用权人无权禁止他人正当使用。

商标注册人申请商标注册前,他人已经在同一种商品或者类似商品上先于商标注册人使用与注册商标相同或者近似并有一定影响的商标的,注册商标专用权人无权禁止该使用人在原使用范围内继续使用该商标,但可以要求其附加适当区别标识。

标局提出异议申请。经过审理，商标局认为被异议商标虽然包含指定商品的通用图形，但该商标在长期宣传使用中已具备使相关公众区分商品来源的特征，于 2008 年 4 月 21 日裁定被异议商标予以核准注册。

同年 5 月，纺织协会向商标评审委员会提出商标异议复审申请，并提出两项重要理由：一是被异议商标包含了指定使用商品的通用图形，不具有显著性；二是被异议商标不具备显著特征和识别功能，容易造成相关公众混淆。商标评审委员会认为，阿迪达斯公司通过长期赞助各项国际、国内运动赛事，并在产品上使用"三道杠"商标，已经在相关消费者中建立了牢固的对应关系，符合《商标法》第 11 条第 2 款的规定，具备了商标应有的显著性和识别性。裁定被异议商标核准注册。

纺织协会不服上述裁定，向北京市第一中级人民法院起诉。

（二）裁判要旨

一审法院认为，《商标法》第 11 条第 2 款中的"使用，是指标志通过贴附于商品上实际投入市场，或者通过广告宣传，在相关消费者中起到区分商品来源的作用"[①]。本案中，异议商标与阿迪达斯实际使用并宣传的商标存在区别。阿迪达斯公司在裤子上使用三道杠，系作为样式或装饰，或者涉及其他商标，不能等同于被异议商标的使用。阿迪达斯公司并未将被异议商标本身投入市场进行商标性使用，也未对被异议商标的图样进行广告宣传，不能证明被异议商标经过使用获得显著性。据此，一审法院判决撤销商标评审委员会作出的商评字（2010）第 05804 号裁定。

商标评审委员会、阿迪达斯公司不服一审判决，上诉至北京市高级人民法院。二审法院认为，首先，被异议商标标志本身缺乏显著特征，属于《商标法》第 11 条第 1 款规定的不得作为商标注册的标志。其次，阿迪达斯公司在指定使用商品上实际使用的并不是被异议商标标志，不能证明被异议商标属于《商标法》第 11 条第 2 款所规定的"经过使用取得显著特征，并便于识别的"可以作为商标注册的标志，二审法院判决维持原判。

---

① 北京市第一中级人民法院（2010）一中知行初字第 1828 号行政裁定书。

阿迪达斯公司不服二审判决，向最高人民法院申请再审。最高人民法院认为，申请注册的商标，应当具有显著特征，以便于识别。纺织协会提交的证据表明，早在2002年阿迪达斯公司向商标局申请注册被异议商标之前，中国企业已将"三条杠"或者与之近似的一条杠、两条杠等线条运用在运动服装上。该图形在是常见的服装装饰图形，不具有注册商标应有的显著性和识别作用，不能由任何一家企业所垄断。阿迪达斯公司不能证明该异议标志经使用而具有显著性，因此，最高人民法院裁定驳回阿迪达斯有限公司的再审申请。

（三）案件评析

1.涉案商标本身是否具有显著性

商标的显著性，又称显著特征、区别性、识别性，具体指该标志使用在具体的商品或服务时，标注该标志能够让消费者判定其来源。我国《商标法》第9条规定，"申请注册的商标，应当具有显著特征，便于识别"。第11条还规定，缺乏显著特征的不能作为商标注册。因此，商标具有显著性是注册的前提条件之一。显著性的判断需遵循三项原则：其一，结合相关公众认定原则，《最高人民法院关于审理商标民事纠纷案件适用法律若干问题的解释》第8条规定："商标法所称相关公众，是指与商标所标识的某类商品或者服务有关的消费者和与前述商品或者服务的营销有密切关系的其他经营者。"其二，整体认定原则。也就是说除非商标不具有任何显著性特征，否则应认为该商标在整体上具有显著性。其三，结合实际使用认定原则，即结合商标的实际使用情况，判断商标是否具有显著性。《巴黎公约》第6条之5C强调了判断商标是否应当受到保护时，应当考虑实际情况，特别是商标使用的时间长短。本案中，涉案三道竖杠商标系服装领域常用的标志，本身不具有显著性，但不排除通过使用获得显著性的可能。

2.涉案商标是否通过使用而获得显著性

商标的显著性是动态变化的，既可以通过使用而获得显著性，从而成为注册商标，又可能因为使用而丧失显著性从而被撤销。TRIPs协定第15条规定："如标记无固有的区别有关货物或服务的特征，则各成员可以由通过使用而获得的显著性作为注册的条件。"此条文明确了本身不具有显著性的商标可以通过使用获得显著性。我国现行《商标法》第 11 条第 2 款规定："前款所列标志经过使用取得显著特征，并便于识别的，可以作为商标注册。"

阿迪达斯并未举证证明其实际使用了涉案商标，也无法证明该涉案商标已通过使用获得显著性。涉案商标与阿迪达斯已经获准注册的商标非同一商标，不能因为以注册商标的知名度认定涉案商标具有了显著性。

拉菲罗斯柴尔德酒庄与上海保醇实业发展有限公司侵害商标权纠纷

原告：拉菲罗斯柴尔德酒庄

被告：上海保醇实业发展有限公司（以下简称"保醇公司"）、保正（上海）供应链管理股份有限公司（以下简称"保正公司"）

案由：侵害商标权纠纷

一审：上海知识产权法院（2015）沪知民初字第 518 号

（一）基本案情

拉菲罗斯柴尔德酒庄系"LAFITE"商标的权利人，该商标核定使用商品为第 33 类含酒精饮料（啤酒除外），经多次续展，该商标有效期至 2027 年 10 月 27 日。保正公司（原名上海保正国际物流有限公司）成立于 2009 年 12 月 9 日，经营范围包括海上、陆路、航空国际货运代理业务，区内仓储业务，普通货运，从事货物与技术的进出口业务等。保醇公司成立于 2011 年 3 月 25 日，经营范围包括预包装食品（含酒类）等的销售、电子商务、仓储、从事货物与技术的进出口业务等。保正公司与保醇公司系投资关系，且保正公司为保醇公司提供仓储、物流等服务。

2015 年 5 月，拉菲罗斯柴尔德酒庄发现保正公司、保醇公司进口和销售的葡萄酒带有"拉菲特庄"和"CHATEAUMORONLAFITTE"标识。此外，两公司还通过其官方网站以及其在"天猫"网站（TMALL.COM）开设的"保醇食品专营店"宣传、展示、销售带有上述标识的葡萄酒。拉菲罗斯柴尔德酒庄认为，"拉菲"系其注册商标"LAFITE"的音译，由于其在中国长期的宣传和使用，已经具有极高的知名度和影响力，已经与拉菲罗斯柴尔德酒庄以及拉菲罗斯柴尔德酒庄所生产的葡萄酒商品形成稳定的、唯一的对应关系，属于拉菲罗斯柴尔德酒庄的未注册驰名商标。保正公司、保醇公司的行为构成对"LAFITE"注册商标和"拉菲"未注册驰名商标的侵害。遂诉至法院，要求公司停止侵权，并赔偿损失。

（二）裁判要旨

上海知识产权法院经审理认为，根据《最高人民法院关于审理涉及驰名商标保护的民事纠纷案件应用法律若干问题的解释》第 5 条之规定[①]，认为拉菲罗斯柴尔德酒庄提供的证据足以证明，"拉菲"在中国境内被相关公众所广泛知晓，我国相关公众通常以"拉菲"指代拉菲罗斯柴尔德酒庄生产的葡萄酒，"拉菲"标识已经与原告的"LAFITE"商标之间形成了稳定的对应关系，可以被认定为未注册驰名商标。保醇公司明知拉菲罗斯柴尔德酒庄的"LAFITE"商标及该商标的对应中文名称"拉菲"，在翻译时未进行合理避让，将被诉侵权商品翻译为"拉菲特庄园干红葡萄酒"，主观恶意明显，其中的"拉菲特"与原告的未注册驰名商标"拉菲"构成近似。因此，被诉侵权商品酒瓶瓶贴背标上使用

[①] 《最高人民法院关于审理涉及驰名商标保护的民事纠纷案件应用法律若干问题的解释》第 5 条　当事人主张商标驰名的，应当根据案件具体情况，提供下列证据，证明被诉侵犯商标权或者不正当竞争行为发生时，其商标已属驰名：

（一）使用该商标的商品的市场份额、销售区域、利税等；

（二）该商标的持续使用时间；

（三）该商标的宣传或者促销活动的方式、持续时间、程度、资金投入和地域范围；

（四）该商标曾被作为驰名商标受保护的记录；

（五）该商标享有的市场声誉；

（六）证明该商标已属驰名的其他事实。

前款所涉及的商标使用的时间、范围、方式等，包括其核准注册前持续使用的情形。

对于商标使用时间长短、行业排名、市场调查报告、市场价值评估报告、是否曾被认定为著名商标等证据，人民法院应当结合认定商标驰名的其他证据，客观、全面地进行审查。

的"拉菲特"标识侵犯了拉菲罗斯柴尔德酒庄的未注册驰名商标"拉菲"的商标权利。

"LAFITE"系拉菲罗斯柴尔德酒庄在我国注册的商标,保醇公司、保正公司进口、销售的葡糖酒上贴附的"MORONLAFITTE"标志中包含的"LAFITTE",与原告的注册商标在读音、视觉效果等方面均存在较高的相似度,容易对商品的来源产生误认或者认为其来源与拉菲罗斯柴尔德酒庄的注册商标的商品有特定的联系,两者构成商标近似。因此,被诉侵权商品酒瓶瓶贴正标上使用的相关标识侵犯了拉菲罗斯柴尔德酒庄的"LAFITE"注册商标专用权。

(三)案件评析

1. 驰名商标的认定问题

顾名思义,驰名商标系相关公众熟知的商标。相比于普通商标,驰名商标人投入更多的时间、资金、人力进行打造,从而使商标具有很强的知名度。即便驰名商标并未注册往往也受到商标法的保护。《巴黎公约》第6条之2(1)明确在相同或类似商品领域的驰名商标保护。TRIPs协定第16条明确该条款同样适用于服务领域,提出"在确定商标是否驰名时,各成员应考虑相关部门公众对该商标的了解程度,包括在该成员中因促销该商标而获得的了解程度",并将不相类似的商品也纳入保护范围。

我国《商标法》第13条明确了对注册驰名商标和未注册驰名商标保护程度的区别,① 未注册驰名商标仅就相同或类似商品进行保护,而注册驰名商标可实现不相同或不类似商品进行保护。以侵犯驰名商标为由请求法院予以保护的,法院首先需要对驰名商标进行认定。我国《商标法》第14条规定了认定驰名

---

① 《中华人民共和国商标法》第13条 为相关公众所熟知的商标,持有人认为其权利受到侵害时,可以依照本法规定请求驰名商标保护。就相同或者类似商品申请注册的商标是复制、摹仿或者翻译他人未在中国注册的驰名商标,容易导致混淆的,不予注册并禁止使用。

商标应当考量商标的知名度、使用时间、宣传情况、受保护记录及其他因素。①

2. 赔偿范围的确定

关于商标侵权的赔偿，TRIPs 协定第 45 条进行了规定，"对于故意或有充分理由应知道自己从事侵权活动的侵权人，司法机关有权责令侵权人向权利持有人支付足以补偿其因知识产权侵权所受损害的赔偿。司法机关还有权责令侵权人向权利持有人支付有关费用，其中可包括有关的律师费用。在适当的情况下，各成员可授权司法机关责令其退还利润和／或支付法定的赔偿，即使侵权人并非故意或没有充分理由知道自己从事侵权活动"。可见，该条文采取的是填平原则。我国《商标法》第 63 条规定商标侵权赔偿范围按以下顺序确定：（1）权利人因被侵权所受到的实际损失。（2）侵权人因侵权所获得的利益。（3）参照该商标许可使用费的倍数合理。对恶意侵犯商标专用权，情节严重的，可以在按照上述方法确定数额的一倍以上五倍以下确定赔偿数额。（4）根据侵权行为的情节判决给予五百万元以下的赔偿。②

———————

① 《中华人民共和国商标法》第 14 条　驰名商标应当根据当事人的请求，作为处理涉及商标案件需要认定的事实进行认定。认定驰名商标应当考虑下列因素：

（一）相关公众对该商标的知晓程度；

（二）该商标使用的持续时间；

（三）该商标的任何宣传工作的持续时间、程度和地理范围；

（四）该商标作为驰名商标受保护的记录；

（五）该商标驰名的其他因素。

② 《中华人民共和国商标法》第 63 条　侵犯商标专用权的赔偿数额，按照权利人因被侵权所受到的实际损失确定；实际损失难以确定的，可以按照侵权人因侵权所获得的利益确定；权利人的损失或者侵权人获得的利益难以确定的，参照该商标许可使用费的倍数合理确定。对恶意侵犯商标专用权，情节严重的，可以在按照上述方法确定数额的一倍以上五倍以下确定赔偿数额。赔偿数额应当包括权利人为制止侵权行为所支付的合理开支。

人民法院为确定赔偿数额，在权利人已经尽力举证，而与侵权行为相关的账簿、资料主要由侵权人掌握的情况下，可以责令侵权人提供与侵权行为相关的账簿、资料；侵权人不提供或者提供虚假的账簿、资料的，人民法院可以参考权利人的主张和提供的证据判定赔偿数额。

权利人因被侵权所受到的实际损失、侵权人因侵权所获得的利益、注册商标许可使用费难以确定的，由人民法院根据侵权行为的情节判决给予五百万元以下的赔偿。

人民法院审理商标纠纷案件，应权利人请求，对属于假冒注册商标的商品，除特殊情况外，责令销毁；对主要用于制造假冒注册商标的商品的材料、工具，责令销毁，且不予补偿；或者在特殊情况下，责令禁止前述材料、工具进入商业渠道，且不予补偿。

假冒注册商标的商品不得在仅去除假冒注册商标后进入商业渠道。

本案适用 2013 年修订的《商标法》，根据其第 63 条的规定，参照商标许可使用费确定赔偿范围的，不超过其 3 倍；酌情确定的不超过 300 万元。本案的权利人因侵权所受到的实际损失、侵权人因此获得的利益、商标许可使用费均无法确定，故由人民法院酌情确定赔偿数额为 200 万元。

第三章

专利权国际保护

第一节　专利权国际保护概述

　　在本书的第一章中，我们提到知识产权的国际保护主要通过以下几种途径：（1）单方保护外国的知识产权；（2）互惠保护；（3）双边知识产权保护条约；（4）多边知识产权公约。[①]其中第（1）种途径，法国在 100 多年前曾经于版权领域实行过，在现代则非常少见。但这种方式，曾在唤起其他国家保护外国作品、进而缔结知识产权保护的国际公约方面，起过积极作用。在现代，虽然依然有个别学者在理论上探讨过单方面保护外国作品的意见。但这种意见在实践中只可能被极个别地区采纳。第（2）种途径属于一种特殊途径，可在相关国家参加知识产权国际公约前，甚至其国内制定知识产权法之前，通过互惠的方式与其他国家之间开展知识产权保护。这在当代也是比较少见的，并被看作一种"没有办法的办法"，是"不正常的"。当然，只是在把它作为涉外保护的主要途径时，才能说是不正常的。因为在现有的许多双边条约与多边公约中，仍旧看得见一些互惠原则的痕迹。第（3）种保护途径，从历史上看，曾是知识产权国际公约的起源。从当代看，在未参加知识产权国际公约的国家之间及这种国家与公约成员国之间，以及公约成员国之间，都仍旧被广泛采用着。而第（4）种途径，则是现代国际社会中最为重要的知识产权保护方式，也是我国重点采取的国际知识产权保护的方式。

　　[①]　郎贵梅：《知识产权国际保护对司法裁判提出的挑战及应对——涉国际贸易知识产权纠纷疑难问题研究》，载《法律适用》2019 年第 7 期。

　　具体到专利权来讲，作为知识产权的一种，对其保护也经历了从国内保护到国际保护这一过程。世界上最早的专利法是威尼斯共和国于 1474 年 3 月 19 日颁布的《专利法》，这部专利法已经具有了现代专利法的某些特点和因素，但是对于装置的专利，当时法律许可并不是保护装置的物权，而是保护其中的软件——技术方案的垄断使用权。随着时代的发展，专利法也有一些根本性变化。英国于 1624 年颁布的《垄断法》是现代意义上的专利法，这部垄断法是英国现代专利法的基础，而且对其他国家的专利法也有深远影响。此后，美国国会于 1790 年通过了第一部美国专利法，一些英联邦国家也实行了类似的专利制度。继英、美之后，法国也于 1791 年创建了专利制度，并将其规定在著名的《拿破仑法典》中，形成一个有别于英国专利法律体系的独立体系。法国《拿破仑法典》中规定了专利制度，也是成文法的代表作，对欧洲及一批法国殖民地国家产生影响。

　　专利权是一项排他权，是由申请被批准的国家所授予的在一定期限内实施该项发明的排他的权利。由此可见，国家通过赋予专利权人一定期限的垄断权，让专利权人的智力劳动成果得到一定回报；同时，通过对发明进行充分公开，让公众可通过一定途径知悉发明，这也能促进一国内部和国家间关于科学技术的交流，从而推动整个社会的进步。值得注意的是，专利权与传统的物权存在差异。例如，专利权人不能像所有权人一样通过支配某物获得完全的物权。一项专利被公开后，公众并不仅是从专利权人那里获得专利信息，还可以通过出版物或其他方式获得。同时，专利权人也不能随意转让，一项专利被许可后，被许可人不能像货物买卖那样随意把该专利转让给他人。专利权人必须借助国家权力实现个人对发明在特定时间和地域的控制，以此切实保护自己的权利。对某项发明是否授予专利权，以及如何保护专利权等问题，需要按照各国的法律规定。而为了让同一发明人的发明在多个国家获得保护，建立相应的国际协调制度变得十分重要。

　　专利保护的国际协调也是从实践需要发展而来的。1873 年，奥地利政府为举办国际展览会，邀请外国的新发明在会上展出，但出于对发明在奥地利得不到充分保护的考虑，许多外国发明人并不愿意参加。在这种情况下，奥地利通过了一项特别法律，为参加展览会的发明和工业品外观设计等提供特殊的临时保护，但保护时间限于 1873 年年底以前。同时，在举办国际展览会期间，奥地利政府决定在维也纳召开专利改革会议，讨论专利制度的一些基本原则，并建议各国就专利保护问题达成国际谅解。1883 年 3 月 20 日，在巴黎通过了《巴黎公约》，当时比利时、巴西、法国、危地马拉、意大利、荷兰、葡萄牙、萨尔瓦多、塞尔维亚、西班牙和瑞士等 11 国在该公约上签字。1884 年 6 月，上述国家在巴黎交换批准书，英国、突尼斯和厄瓜多尔也加入该公约。这样，《巴黎公约》最终于 1884 年 7 月 7 日生效，最初的成员国有 14 个国家。

《巴黎公约》的签订标志着现代意义上的专利国际保护的产生，是工业产权领域的一个里程碑事件。《巴黎公约》在 1883 年签订以后，经过了多次修订：1900 年（布鲁塞尔）、1911 年（华盛顿）、1925 年（海牙）、1934 年（伦敦）、1958 年（里斯本）、1967 年（斯德哥尔摩）、1980 年（日内瓦）。[①] 其中，1967 年斯德哥尔摩会议通过的修订文本是目前绝大多数国家都适用的版本。1967 年以后，世界知识产权组织曾多次召开外交会议，对进一步修改《巴黎公约》的实体规定展开讨论，如允许发展中国家在强制许可方面享有更多的灵活性等问题，但是，由于这些问题随后被纳入 WTO 框架下乌拉圭回合多边贸易谈判——与贸易有关的知识产权协议谈判中，这就导致世界知识产权组织未对此类问题继续进行讨论。

20 世纪 60 年代，欧洲各国的经济逐渐在"二战"后恢复过来；同时，始于20 世纪四五十年代的第三次技术革命方兴未艾，这次科技革命以电子技术、生物技术和新材料等为标志，为各国经济的发展注入了强大活力。例如自从 1956年晶体管的发明者之一威廉·肖克利把半导体技术带到美国硅谷，创立了这里

---

① 北大法宝：《保护工业产权巴黎公约（1980 修订）》，https://www.pkulaw.cn/fulltext_form.aspx？Db=eagn&Gid=d6fca3314ac0b09f71976e4ff12d5dfabdfb，下载日期：2022 年 1 月 16 日。

第一家半导体公司以后，硅谷便一直发挥着美国高科技产业领头人的作用。发明人保护其发明成果的重要方式之一就是申请专利。专利申请人为了在多个国家使其专利获得保护，必须在《巴黎公约》规定的优先权期间内向这些国家提交专利申请。由于各国专利法律制度的差异，申请人需要花费较长的时间来了解各国的做法，而根据《巴黎公约》，申请人所能获得的优先权期间为自其首次申请之日起最多 12 个月。因此，当申请人决定向其他国家申请专利时，可能优先权期限已过，再加上绝大多数国家的专利制度都实行先申请制，其在后专利申请就可能由于不具备新颖性或创造性而不能获得授权。在发达国家的推动下，为了简化就同一发明在多国获得专利保护的程序并节约专利申请的费用，1970 年 6 月 19 日在华盛顿缔结了《专利合作条约》。该条约在 1978 年 1 月生效，并自 1978 年 6 月 1 日起接受国际申请，当时《专利合作条约》的成员国总数为 18 个。中国于 1994 年 1 月 1 日加入该条约，中国国家知识产权局（时为中国专利局）同时成为该条约的受理局，并被指定为该条约的国际检索单位和国际初步审查单位。

随着国家间经济交往的不断深化，如何在跨境交往活动中对包括专利在内的知识产权进行国际保护显得愈发重要。为了应对这一新的形势，世界主要国家将知识产权保护的问题纳入乌拉圭回合多边贸易谈判。1993 年 12 月 15 日，历时近 8 年的乌拉圭回合多边贸易谈判，随着包含该谈判结果的最后协定的签署而宣告结束。1994 年 4 月 15 日，109 个国家的代表在摩洛哥签署了建立世界贸易组织的协议，该协议的附件包括 TRIPs 协定，并于 1995 年 1 月 1 日起生效。我国在加入世贸组织后，也正式成为 TRIPs 协定成员国。至此，以《巴黎公约》、TRIPs 协定等多边条约为主要内容的专利权国际保护体系已经形成。

第二节 专利权国际保护主要公约

目前，我国加入的涉及专利权国际保护的主要公约包括《巴黎公约》《专利合作条约》《与贸易有关的知识产权协议》。

一、《巴黎公约》

作为保护工业产权最重要的国际公约，截至 2021 年 11 月，已有 178 个国家参加了《巴黎公约》。[①] 我国于 1985 年 3 月 19 日加入该公约时，对公约第 28 条第 1 款给予了保留，该保留有关于国际法院管辖问题，即当两个或者两个以上联盟国家间对公约的解释或适用不能依谈判解决时，其中之一可以按照国际法院规约将争议提交该法院的规定。

《巴黎公约》适用于最广泛的工业产权，该公约共有 30 条，前 12 条是实质性条款，后 18 条是行政条款。本节仅对其中与专利保护有关的内容进行介绍。

（一）《巴黎公约》的基本原则

1. 国民待遇原则

依据《巴黎公约》规定的国民待遇原则，在保护专利权方面，每一个成员国必须把给予本国公民的保护同等地给予其他成员国公民。对于非成员国的国民，如果其在成员国内有住所或者真实、有效的工商营业所，也可以享有同成员国公民同样的待遇，得到同样的保护。可见，外国的专利申请人或专利权人具有与本国公民同样的权利与义务。

2. 优先权原则

《巴黎公约》中的优先权原则，是指已经在一个成员国正式提出了发明专利、实用新型专利、外观设计专利的申请人，在规定期限内享有在其他成员国

---

① 世界知识产权组织：《专利合作条约和巴黎公约成员国以及世界贸易组织成员》，https://www.wipo.int/pct/zh/paris_wto_pct.html#note6，下载日期：2022 年 1 月 16 日。

提出同样申请的优先权利。根据优先权原则，只要在规定的申请优先权期限届满之前，任何后来在公约其他成员国提出的申请，都不因在此期间内他人所做的任何行为，特别是另一项申请、发明的公布或非法利用、出售设计复制品等行为而失效。并且此类行为不能形成任何第三者的权利或任何个人占有的权利。但是，在作为优先权根据的初次申请日以前第三者所取得的权利，应按公约各成员国的国内立法加以保留。在专利领域，表现为不能在优先权期间内批准其他人同样的专利权申请。对于已在本国取得专利权，而后又需要在国外注册专利权的所有人而言，优先权原则扮演着至关重要的角色。如果没有优先权，就必须同时在国内外几个国家提出申请，否则，后提出的申请可能得不到保护。

值得注意的是，《巴黎公约》中的优先权仅适用于发明、实用新型、外观设计和商标，并不对公约所指的一切工业产权全部适用。此外，公约对优先权申请人的范围也有明确规定，即申请工业产权的人及其权利继承人。

申请优先权需要具备一定的前提条件：已在一个成员国内正式提出申请。所谓国内正式申请，就是指能够确定在该国提交申请日期的一切申请，与该申请的最终结果并无关系。只要申请符合任何成员国国内法或成员国之间签订的双边或多边条约规定，都属于正常国别的申请。申请优先权还有期限限制，发明专利和实用新型的优先权申请期限为第一次提出申请之日起的 12 个月内，提出申请的当天不计入期限之内。若期限的最后一天是被请求保护国家的法定节假日，或主管机关当天不办理申请，则该期限应顺延至其后的第一个工作日。

3. 专利独立原则

《巴黎公约》规定了专利独立原则，也就是说，当一个成员国的国民就一项发明在数个成员国或非成员国申请专利或获得专利权，上述数个专利申请或专利权之间是相互独立的，由各国依照其国内法进行保护并加以管理，这也是出于对成员国主权的尊重。专利独立原则，可以从三个层面进行解读。一是一个成员国（即使是专利申请人所在国）批准某一项专利，并不能决定其他成员国是否对同一项专利申请也予以批准。二是一个成员国（即使是专利申请人所在国）驳回了一项专利申请，并不妨碍其他成员国批准同一项专利申请。三是一个成员国（即使是专利权人所在国）撤销了一项专利或宣布无效，并不影响其他成员国就同一项已经批准的专利继续有效。

4. 强制许可原则

公约规定的强制许可原则，即若自专利申请日起满4年，或自专利批准之日起满3年，专利权人无正当理由而没有实施或没有充分实施时，根据第三人的请求，各成员国国家专利局可给予其实施该专利的强制许可，取得强制许可者应给予专利权人合理的报酬。如专利权人在第一次核准强制许可满两年后，仍不能实施或充分实施其取得的专利，为防止专利权的滥用，第三人可以提出撤销专利的程序。此外，《巴黎公约》还规定强制许可，不得专有，不得转让，但如果属于连同使用这种许可的那部分企业或牌号一起转让的情况，则强制许可的转让是被允许的。

（二）《巴黎公约》对专利权的保护

《巴黎公约》对专利权的保护主要体现在以下几个方面：

1. 发明人的署名权

在各种工业产权以至于全部知识产权中，只有商标权不涉及保护精神权利的问题。根据《巴黎公约》的规定，为了保护发明人的"精神权利"，发明人有权要求在专利证书上署名。在实践中，由于专利权人与发明人往往并不是同一个人，因此，发明人的署名权尤为重要，这也使得"知识产权中的精神权利不可转让"的原则得以实现。

2. 对驳回专利申请和撤销专利的限制

对驳回专利申请和撤销专利的限制体现在以下几个方面：（1）成员国不得以本国法律禁止或者限制出售某项专利制品或某项专利方法制成的产品为由，拒绝核准专利权或使该专利失效。（2）专利权所有人在本同盟任何成员国内制造的物品输入核准该项专利权的国家，不应导致该项专利权的撤销。（3）只有在颁布了强制许可证仍不足以制止专利权人滥用权利的情况下才可以宣布该专利无效。

3. 颁发强制许可证的权力及其限制条件

公约规定，成员国都应有权采取立法措施对于颁发强制许可证进行规定，以防止由于行使专利所赋予的独占权而可能产生的弊端，如不实施专利权。但是，除非颁发强制许可证还不足以防止上述滥用权利外，否则不应规定撤销专利权。此外，自颁发第一个强制许可证之日起 2 年内，各成员国不得进行吊销或撤销专利权的程序。

限制条件：自申请专利之日起 4 年内或自核准专利权之日起 3 年内（取其到期日期最晚者），不得以不实施或未充分实施专利权为理由而申请颁发强制许可证；此外，如果专利权所有人对其贻误能提出正当的理由，成员国主管单位则应拒绝颁发强制许可证。这种强制许可证，没有独占权，且不得转让，除非其与使用该许可证的企业或牌号一起转让。

（三）《巴黎公约》对专利权的限制

各国对专利权限制规定的内容不一致。但《巴黎公约》对各成员国都必须实行的权利限制作了基本规定，主要体现如下：暂时进入或通过某个成员国的领土（领水与领空）的其他成员国的交通工具上，如果使用了某项该国的专利技术所制的产品（仅指构成有关交通工具的不可分割的部件），则该国不能以侵犯专利权论处。

二、《专利合作条约》

《专利合作条约》（PCT）是继《巴黎公约》之后缔结的又一个重要的国际性专利条约。根据美国提出的"签订一个在专利申请案的接受和初步审理方面进行国际合作的条约"的建议，1970 年 5 月在华盛顿召开的《巴黎公约》成员国外交会议上，各成员国缔结了 PCT，旨在解决专利的"国际申请"问题。PCT 于 1978 年 6 月 1 日正式生效。1994 年 1 月 1 日，我国也正式成为该条约的成员国，中国国家知识产权局（时为中国专利局）成为 PCT 的受理局、指定局和选定局、国际检索单位及国际初审单位，中文成为该条约的正式工作语言。

PCT 由通则和 8 个章节，共 69 条构成，其程序分为第一章程序和第二章程序。

（一）第一章程序

第一章程序包括国际申请、国际检索、国际公布等三大内容。

1. 国际申请

国际申请是第一个步骤，作为缔约国国民或居民的申请人，首先向主管国家的国家专利局、地区性国家专利局或国际机构提出专利申请。申请人应使用一种指定的语言和统一的格式，并至少指定一个希望获得专利权的缔约国（指定国）。受理局在收到该国际申请后，按条约和细则规定的格式对该申请进行形式审查，经审查认为申请文件和手续完备，即确定国际申请日，从而该申请在各指定国产生正式的国内效力。

2. 国际检索

受理局在国际申请受理之日起 1 个月内，将申请文件副本送交由 PCT 联盟大会委托的检索单位，该检索单位按照统一标准进行检索，同时送交 WIPO 国际局。国际检索单位按"PCT 最低文献量"检索后，并在一定期限之内出具检索报告，分别送交 WIPO 国际局和申请人。检索报告的出具期限为在收到检索副本之日起 3 个月内或自国际申请日（或优先权日）起 9 个月内。申请人在收到检索报告后，可以自行决定撤回或维持国际申请，如确有必要，申请人还可以修改申请中的权利要求书。

3. 国际公布

国际公布是强制性的，所有缔约国必须对其承认和使用。自国际申请日（或优先权日）起满 18 个月后，WIPO 国际局将国际申请材料连同国际检索报告进行公布。各指定国参照其国内法，确定公布后的国际申请内容在各指定国内是否享有临时保护权。此外，WIPO 国际局在公布国际申请材料的同时，应将国际申请书和国际检索报告送交各指定国。如果申请人仅仅使用条约第一章，国际申请应在国际申请日（或优先权日）起满 20 个月后进入国内阶段。进入国内阶段后，申请人才需要办理有关手续，包括委托指定国的代理人、缴纳该国的费用、提出用该国语言的申请译本等。

（二）第二章程序

第二章程序是国际初步审查程序，由于该程序是选择性的，缔约国可以发表声明不使用该程序。国际初步审查单位由受理局确定。若申请人是承认第二章的缔约国国民或居民，申请人可以请求国际初步审查单位对其申请进行国际初步审查，并在承认第二章的指定国中选定使用国际初步审查结果的一个或多个国家。一旦请求符合规定的要求，国际初步审查单位就予以受理，将请求书原件送交 WIPO 国际局，并注明受理日期。国际局在收到该请求书后，应将选定情况通知各选定国的国家专利局。

在国际初步审查的过程中，申请人可以与国际初步审查单位保持沟通，并有权修改申请文件。国际初步审查单位根据条约和细则规定的统一标准，审查构成国际申请主题的发明，并在自国际申请日（或优先权日）起 28 个月内提出国际初步审查报告。该报告仅说明权利要求是否符合新颖性、创造性和工业实用性，不表明关于能否在选定国中获得专利权的观点，对选定国无约束力。

申请人在使用第二章程序时，国际申请自国际申请日（或优先权日）起满 30 个月，才进入国内阶段。PCT 联盟大会指定的现有国际检索单位包括：奥地利专利局、澳大利亚国家专利局、巴西国家工业产权局、加拿大知识产权局、智利国家工业产权局、中国国家知识产权局、埃及专利局、欧洲专利局、西班牙专利和商标局、芬兰专利和注册局、以色列专利局、印度专利局、日本特许厅、韩国知识产权局、菲律宾知识产权局、俄罗斯联邦知识产权局、瑞典专利注册局、新加坡知识产权局、土耳其专利局、乌克兰知识产权局、美国专利商标局。[1]PCT 联盟大会指定的国际检索单位也是国际初步审查单位。

PCT 着重简化了向多国申请和审批专利的手续,提高了专利申请工作的效率,为申请人提供了便利。但我们还应注意,专利的审批,并非"一次申请、一次审查、一次批准",要遵循各成员国国内法,也面临着国际和国内重复交费、重复审查等一系列问题。然而随着全球技术的发展,PCT 在专利制度国际化方面起的积极作用越来越明显,其地位也将日趋重要。

三、《与贸易有关的知识产权协定》

《与贸易有关的知识产权协定》(TRIPs 协定)是现今 WTO 多边贸易体制的重要组成部分,在乌拉圭回合达成后,目前仍发挥着至关重要的作用。TRIPs 协定的基础包括针对专利、工业品外观设计的《巴黎公约》和针对版权的《伯尔尼公约》。TRIPs 协定的主要目的在于在世界范围内达成基本一致的知识产权保护标准,形成共同的国际规范。TRIPs 协定扩大了知识产权公约的使用范围,把 WIPO 管理下的知识产权公约的适用范围扩大到 WTO 的成员。TRIPs 协定的基本原则包括:国民待遇、最惠国待遇和技术进步。

在专利方面,在 WIPO 管理下的知识产权公约的基础上,TRIPs 协定增加了相关规定:包括产品的专利权人有权禁止他人许诺销售其专利产品;专利侵权人的赔偿责任被加重,增强司法保护力度,为防止任何延误给专利权人造成不可弥补的损害或证据丢失,TRIPs 协定规定司法当局可以采取临时措施;对于专利评审委员会作出的关于发明、实用新型、外观设计等有关问题的复审决定,TRIPs 协定规定当事人可以就此决定向法院起诉。

此外,TRIPs 协定的第二部分第 5 节还规定了以下内容:包括可授予专利的客体、授予的权利、专利申请人的条件、授予专利的例外、未经权利人授权的其他使用、撤销或无效、保护期限和方法专利的举证责任倒置。

---

① WIPO, The PCT Applicant's Guide (Last updated 13 January 2022), https://www.wipo.int/pct/en/guide/index.html#,下载日期: 2022 年 1 月 16 日。

（一）可授予专利的客体

TRIPs 协定规定，对于技术领域的任何发明，无论是产品还是方法，只要它们满足一定条件，即具有新颖性、包含发明性步骤，并可供工业应用，均可授予专利。值得注意的是，成员国可对某些客体范围进行明确排除，如将违反公共秩序和道德的发明（包括保护人类、动物或植物的生命或健康或避免对环境造成严重损害所必需的），或者人类和动物的治疗方法，或者动植物以及其生产动植物的生物方法。但是，TRIPs 协定要求各成员应保护植物品种，可通过专利或一种有效的特殊制度或通过这两者的组合来展开保护。

（二）授予的权利

TRIPs 协定赋予专利权以下专有权：

1. 当专利的客体属于产品时，专有权可阻止任何第三方未经其同意而进行制造、使用、兜售，销售或为这些目的而进口该产品。

2. 当专利的客体属于工艺时，专有权可阻止任何第三方未经其同意而使用该工艺，或使用、兜售，销售或为这些目的而进口至少是以此工艺直接获得的产品。

3. 专利权人有权转让或以继承方式转移该专利并签订许可合同。

（三）专利申请人的条件

TRIPs 协定规定，成员国应对专利申请人作出如下要求：

1. 各成员国应要求专利申请人清楚和完整地公开其发明，并可要求专利申请人在申请之日或在要求优先权时，在申请的优先之日指出发明人所知的实施该发明的最好方式，以使本专业领域的技术人员更好地实施该项发明。

2. 各成员国可要求专利申请人提供其相应的国外申请与授予情况等方面的信息。

（四）授予权利的例外

各成员国可以对专利赋予的专有权规定有限且合理的例外，当然，在保证专利正常利用的情况下，这种例外不应损害专利所有人的合法利益，同时还应考虑到第三方的合法利益。

（五）强制使用许可

TRIPs 协定规定，如果一成员国的国内法允许在未经专利权人授予的情况下进行专利强制使用许可，包括政府或经政府授权的第三方的使用。那么，该成员国需要规定强制使用许可应遵循的要求，包括：个案考虑原则、在先合理努力原则、不超越原则、非专有性和非转让性原则、满足国内需求原则、情势还原原则、合理付酬原则、审查原则、开发第二专利的非用不可原则等。

（六）方法专利的举证责任倒置

TRIPs 协定规定，如某一专利的客体是获得某种产品的方法，在专利侵权案中，举证责任是由被告方承担，即被告方应证明其获得相同产品的方法不同于已获专利的方法，在没有相反证明的情况下，任何未经专利权人同意而生产的相同产品，应被视为是通过该已获专利方法所获得的。此外，TRIPs 协定第43 条中也对"执法"作了对应的规定。

第三节　专利权国际申请风险识别与防控

一、专利权国际申请概述

专利权国际申请指的是在一国完成的发明创造到另外一个国家或者多个国家申请专利权的行为。专利国际申请的作用和意义主要体现在以下几个方面：一是方便有效占据相关的国际市场，而防止被其他企业占领。众所周知，专利保护具有地域性特征，一项在我国被授予专利权的技术，其专利保护仅限于我国国内，专利权人也仅能在我国禁止他人在未经其许可的情况下利用该技术，但是无法阻止他人在中国境外实施该技术，或者依据其他国家的法律规定提交专利申请。一旦其他竞争对手在国外获得该技术的专利权，那么就直接排除了拥有该项专利的中国产品进入这些国家的市场；即使获得授权的专利权人与中国企业之间不存在竞争关系，为了将中国产品打入国际市场，中国企业也可能不得不向在国外的专利权人支付价格不菲的许可费。二是有助于通过国际技术转让充分实现技术的经济价值，通过国际技术转让回收研发成本。企业申请专利保护的一些技术可能与产品制造无关，也有可能是企业自身并未考虑开拓相关产品的国际市场，但是即使在此类情形下，专利国际申请也仍然具有重要的意义。在专利申请国获得专利授权之后，企业将更易于向专利申请国的企业进行国际技术转让并收取许可使用费。三是为国际技术贸易提供谈判筹码。我国企业长期以来由于缺乏自主创新的技术，在外国被授予专利权的发明创造为数甚少，因而在引进国外先进技术谈判时往往处于极端被动的地位。现在已经有不少企业开始意识到专利国际申请的重要性，在国外积极主动地申请专利，那么在引进国外先进技术时即可通过与对方之间的专利技术交叉许可降低许可成本，变被动为主动，实现优势互补。四是为国外发生的专利侵权诉讼提供防卫反击的有力武器。企业将产品出口海外市场时经常会遭遇专利侵权纠纷，一些发达国家的企业以专利侵权为由企图封杀我国企业具有市场竞争力的产品。在此情形下，若我国企业在国外获得了相关产品的专利权，不仅可以以此为基础与对方进行调解，而且在对方未经我方许可擅自使用我方专利技术的情形下，还可据此挟制或反击对方，以减少企业在国外专利侵权诉讼中可能遭受的损失。

目前，主要可以通过三种方式申请国际专利，即《巴黎公约》途径、PCT 途径、EPC 途径。申请人可以综合考虑各种途径的优劣，结合自身的实际情况，选择最适合的申请途径。

《巴黎公约》途径是专利国际申请中最早也最为传统的途径。根据《巴黎公约》的规定，一项发明若想获得多个国家的专利，申请人可以在优先权日起 6 个月或 12 个月内，分别向多个国家专利局提交申请。但这种途径，需要在各国提出申请手续，制作符合各国规定的申请文件，申请人需要花费比较多的时间、精力和费用。

PCT 奠定了各国在专利领域进行国际合作的基础，对专利申请的受理和审查标准作了国际性统一规定。与《巴黎公约》相比，根据 PCT，在条约成员国的范围内，某一国家的居民或者国民只要使用一种规定的语言在一个国家提交了国际专利申请，就产生分别向各成员国提交国家专利申请的效力，并取得各条约成员国承认的国际申请日。简单地说，即申请人自优先权日起 12 个月内直接向中国国家知识产权局提交一份用中文或英文撰写的申请，一旦确定了国际申请日，则该申请在 PCT 的所有成员国自国际申请日起具有正规国家申请的效力。申请人自优先权日起 30 个月内向欲取得专利的多个国家专利局提交申请的译文，并缴纳相应的费用即可。PCT 申请要经历国际阶段和国家阶段。申请的提出、国际检索和国际初步审查在国际阶段完成，是否授予专利权的工作在国家阶段完成，由被指定的各个国家局完成。如果申请人愿意，可以不通过某一国家或地区主管局，而直接向位于日内瓦的 WIPO 的 PCT 受理局提交国际专利申请。

专利申请人在欧洲地区有两种途径寻求专利保护。向各欧洲国家专利局递交申请，或通过欧洲专利局（EPO）申请欧洲专利。EPO 代表 EPC（European Patent Convention, 即《欧洲专利权授予公约》）的成员国授予专利权。EPC 于 1973 年 10 月 5 日在德国慕尼黑签订，也简称《慕尼黑公约》。该公约于 1977 年 10 月 7 日生效，最初的成员国有 16 个。[1]1978 年 6 月 1 日开始受理第一件欧洲专利申请。目前 EPC 体系成员国共有 38 个，包括所有 27 个欧盟成员国以及挪威、瑞士和土耳其等国。[2]EPC 对所有欧洲国家开放，一件欧洲专利申请可以指定一个或几个 EPC 成员国，该申请一旦被 EPO 授权，则在各指定国分别生效。

---

[1] EPO, European Patent Convention signed in Munich, https://www.epo.org/about-us/timeline.html#year19731977，下载日期：2022 年 1 月 17 日。

[2] EPO, The EPO at a glance, https://www.epo.org/about-us/at-a-glance.html，下载日期：2022 年 1 月 17 日。

以上三种途径中,与中国申请者密切相关的是《巴黎公约》途径和PCT途径,本书在后面的章节中也将着重对这两种途径进行讨论。

二、专利权国际申请风险识别

在进行专利权国际申请时,首先要面对的问题是针对在哪些国家申请专利这一问题作出决策。正确地选择国际申请的目标国家可以减少申请成本,提高申请效率,而错误选择则有可能使申请达不到既定目标,浪费人力物力财力,严重时甚至可能反过来危害申请人的利益。申请人应该根据自己申请专利的目的、目标市场、竞争对手等情况综合考虑,决定要在哪些国家进行专利申请。

在申请国家确定之后,则应该确定选择何种途径进行申请。正确地选择申请途径,有利于节约成本、提高效率,并获得更好的保护。

三、专利权国际申请的风险防控

(一)目标国家选择的风险防控

从商业上讲,对于一般企业申请者,申请专利最常用的做法是"三地申请":工艺来源地申请、销售地申请、竞争对手所在地申请。一是控制产品工艺来源国。有些专利产品在许多国家都有市场,但由于产品工艺的关系,就只有一个或少数几个国家能够制造。如想占领该产品市场,就只在该产品的工艺来源国申请专利即可。二是在销售地申请专利也是必要的。因为专利权人有禁止侵权者销售专利产品的权利。倘若想占领该产品市场,重点就放在控制主要市场国家,而不是生产制造国家。三是控制竞争对手所在国。因为竞争对手的生产制造及销售相当部分都是在本国,在竞争对手所在地申请专利,该地既可能是侵权产品生产地,又可能是侵权产品销售地,如果取得竞争对手所在地的专利,就能有效地控制竞争对手。

在选定申请国家时,除了商业上的考虑,同时应做好涉及目的国如下内容的评估工作:(1)了解目的国已参加的国际条约。企业应做好调查工作,至少要了解目的国是否已加入 WIPO、WTO 和 PCT,主要考虑能否取得相应的国民待遇,以及将来发生纠纷的国际协调等。(2)了解目的国的法律。尤其要了解目的国的专利法律制度,对目的国的专利法保护的客体、审查流程进行了解,主要是考虑发明创造在目的国授权的可能。(3)了解目的国的市场前景。向国外申请专利,主要的目的是保护产品和技术的出口,占领国际市场。只有当发明创造有较好的国际市场,有较大的竞争能力时,才有必要申请国外专利。(4)了解目的国的司法保护力度。首先对目的国的政治体制和司法制度进行了解,其次是确认目的国侵权信息的反馈渠道是否容易把握,主要是考虑是否容易发生侵权,一旦发生侵权能否取得赔偿。

(二)申请途径选择的风险防控

在选择申请途径时,第一需要考虑的是优先权的时间及目标国的数量。由于《巴黎公约》途径的优先权时间只有 12 个月,且对于每个目标国家需要单独进行申请,因此这种方式适合较少目标国和地区。而对于 PCT 途径来说,申请人可以在优先权日起 12 个月内以一种语言提交申请,而保留在多个指定国的申请权,申请人最后决定向外国提出申请的时间可以延长到优先权日起 30 个月,某些国家给予更长时间的宽限。因此,如果目标国较多或者申请者需要较长的决策时间,则 PCT 途径更为合适。需要注意的是,包括法国、比利时、希腊、荷兰在内的一些国家关闭了 PCT 国家通道,要进入这几个国家,要么通过《巴黎公约》途径,要么通过 PCT 途径进入欧洲专利局,然后选择在这些国家生效,而不能在国际公开后,直接进入这些国家的国家阶段。

第二需要考虑的是申请费用。一般情况下,《巴黎公约》途径的费用少,适合预算紧张的专利申请。由于《巴黎公约》途径直接进入国家,所以省去了进入国际局的程序,也就省去了 1 万多元人民币的国际局费用。但是,需要注意的是,PCT 申请在国际阶段需缴纳的部分费用,对发展中国家申请人提供一定的减免。例如对于作为自然人的中国申请人,可以享受 90% 的国际申请费用减免。另外,PCT 申请进入指定国的国家阶段后,一些成员国对 PCT 申请规定的缴纳费用比从该国国内直接申请低。

第三需要考虑的是申请专利的类型。需要注意的是，对于 PCT 途径而言，只有发明和实用新型才可以提出申请，外观设计专利不能通过 PCT 途径来进行国际申请。而《巴黎公约》途径则无此项限制，这也就意味着，中国申请者如果需要通过国际申请对外观设计专利进行保护，则应该优先选择《巴黎公约》途径。

第四需要考虑的是两种途径在申请程序上的重要区别。《巴黎公约》途径可以修改申请文本，多次进入同一国家，较为适合技术方案需要修改或补充的专利申请。而对于 PCT 途径，一般情况下只允许一次进入目标国家（特殊情况下，可以转化和分案成其他类型的专利申请），适合进入类型单一的专利申请。但 PCT 途径的优势在于，在申请过程中申请者会获得国际检索报告或者国际初步审查报告，从而使 PCT 途径适合后续程序需要利用到检索报告的专利申请。

第五需要考虑的是语言。在申请语言方面，PCT 途径具有明显的优势，其专利申请的语言可以是中文、英语、法语、德语、日语、俄语、西班牙语等，中国申请人提出国际专利申请可以使用中文和英文，这为中国的外资企业申请专利提供了方便。而《巴黎公约》途径在语言方面的要求更为苛刻一些，目前，通过《巴黎公约》途径，能够用英语文本进入的主要国家和地区包括美国、加拿大、澳大利亚、印度、新加坡、欧洲、南非。能够先用英语提交，然后提供本国语翻译的国家是日本。进入其余国家均需要使用其本国语言。

第四节　国际专利运营中的风险识别与防控

一、专利运营的概述

在知识经济时代，知识产权是企业的重要战略资本。而专利作为知识产权的重要组成部分，同样具有巨大的商业价值，能够提高企业市场竞争力。专利制度与市场经济相互作用，共同发展。随着经济全球化的日益加深，专利价值显著提高，专利技术的转让、许可及交易活动增多，逐渐形成了专利市场，专利走向商品化道路。而专利市场的发展导致旧有的专利许可、交易运营模式难以为继，亟须进行变革以满足市场的需求，专利运营便应运而生。专利运营，是将专利与现代企业相结合，将专利权与产业相联姻，把专利价值发挥到最大化，以此优化产业结构，提升企业的核心竞争力。[①]事实上，作为新兴产业的专利运营正推动着全球政治、经济、文化的变革，推动专利制度的发展与进步。

尽管我国的专利运营事业起步较晚，但近年来日益得到重视。2008 年，国务院印发《国家知识产权战略纲要》，确定了运用知识产权制度促进经济社会全面发展的重要国家战略，主要包括创造、运用、保护、管理四项环节，这极大地激发了我国企业运用专利的意识。2013 年 4 月 2 日，国家知识产权局出台的《关于实施专利导航试点工程的通知》，首次在国内正式提出专利运营概念，并把"培育专利运营业态发展"作为主要工作之一。2016 年 12 月 30 日，国务院发布的《"十三五"国家知识产权保护和运用规划》明确了知识产权工作是发展目标和主要任务，指出要"促进知识产权的高效运用"。2021 年 10 月 28 日，国务院发布的《"十四五"国家知识产权保护和运用规划》明确指出将"知识产权运用取得新成效"作为主要目标之一，"优化知识产权运营服务体系"，可见，专利运营已经成为我国未来专利事业的发展重点。[②]

---

① 郑超：《专利运营风险的法律控制》，东南大学 2017 年硕士论文。

② 中华人民共和国中央人民政府：《"十四五"国家知识产权保护和运用规划》，http://www.gov.cn/zhengce/content/2021-10/28/content_5647274.htm，下载日期：2022 年 1 月 17 日。

由于"专利运营"涉及诸多方面，具有复杂性，因此，学术界和实务界都还没有对"专利运营"的概念和内涵形成统一的认识。虽然对"专利运营"缺乏统一且明确的定义，但通常都会从专利运营的主体及专利运营的主要表现方式这两方面来理解。首先是专利运营的主体。一般来说，专利运营的主体应该是拥有专利权的主体。从理论和实践两个方面来说，专利权运营都是实现专利权价值的过程。由于运营主体享有对专利权的产权，可以通过运营活动兑现专利权价值，而由此所产生的收益当然，也仅能归属于专利权人。因此，只有专利权人才是法律上适格的专利权运营主体。在实践中，并非只能凭借自主研发、申请获得授权才能成为专利权人，其他主体可通过转让、出资入股或信托等交易行为取得专利权，成为继受专利权人。原始专利权人和继受专利权人都是适格的专利权运营主体，具有同等法律地位。但值得注意的是，专利运营活动与专利运营的服务活动是两个不同的概念。专利权运营离不开相关机构开展的价值评估、技术经纪、信息咨询等辅助服务活动，如专利代理机构、专利经纪公司、技术交易所、价值评估机构或律师事务所等，但这类服务机构并非专利权运营的主体，不能决定专利权运营，因此也并不直接享有专利权运营的收益。其次是专利运营的内容。实践中比较常见的专利权运营活动方式包括：实施转化、实施许可、转让、出资入股、质押、信托、证券化等。其根本目的都是通过商业化的运作，使运营主体所拥有的专利能发挥最大的经济价值。比较常见的专利运营主体包括生产型企业、非生产型的高校或科研机构、专业的专利资产运营公司以及作为专利权人代理人的专利池等。不同的专利运营主体的运营方式既有共同点，也有各自的特点。

就共同点来说，无论何种专利运营主体，何种运营方式，其具体运营活动通常都包括三个阶段：专利投资阶段、专利整合阶段以及专利盈利阶段。

首先，专利投资阶段。专利权是专利运营开展的前提条件，专利运营主体需要募集大量资本投入专利权获取的活动中，由此获得专利权以及专利权运营带来的收益。专利投资环节主要包括募集资本和资本投资两大步骤。其一，募集资本，即对运营者的投资，无论是自主研发还是向外收购专利权的专利运营主体，都需要由强大的经济实力，由此募集资本是重要步骤。在专利运营发展的过程中，通常会有大量投资者涌入，不仅包括大型的跨国企业、金融投资机构、天使投资人以及各类风险投资基金等社会资本，公共资本也逐渐参与进来。其二，资本投资，即运营主体的投资，在获得充裕经济资本支撑后，运营主体便开始自身的投资，以获得大量具有市场竞争力的专利权。然而，往往很难预测某项专利是否具有市场竞争力或潜力，需要专业人士方可确定，可见专利投资环节风险较大，且专业要求极强。

其次，专利整合阶段。该阶段主要针对专利权的优化，最大化地提升专利的价值。在该环节中，运营主体需要整合平台资源、人才资源以及专利资源。其一，整合平台资源。专利运营者通过自我定位，对于究竟应当走融资道路，或诉讼模式，抑或兼而有之应当定位清晰，整合运营平台。在这个环节中，最为关键的是平台业务的专业化、优质化。若定位不清，可能导致专利运营难以为继。其二，整合人才资源。专利运营具有专业性和综合性等特点，需要了解专利的优化组合、专利的价值等专业性问题，涉及法学、经济学、工学等领域，需要一个强大的运营团队作为人才保障，提出专业合理的意见。其三，整合专利资源。专利运营主体将持有专利集中起来，按照不同领域、紧密程度等分类方法，对持有专利进行分类组合，布局成一个严密的专利网，构建有针对性的专利池，形成强大的专利联盟。所谓专利池，是指两个或多个专利权人协议将其专利进行集中管理，对内达成互助联合、对外实现特定商业目的的组织。而专利池的构建是这一环节的重中之重。

最后，专利盈利阶段。专利盈利环节是实现专利运营价值的最后一环。运营主体采取多样的商业化手段，最大化地实现专利权的经济价值和社会价值。专利盈利的手段主要包括四种：专利许可、专利转让、专利融资和专利维权。其一，专利许可，是专利权人获取经济利益的最古老手段之一，即专利运营主体将自身所拥有的专利权许可他人在一定时空中使用，被许可人支付一定的许可费。从类型上看，专利许可类型有独占许可、排他许可、普通许可、分许可以及交叉许可等。其二，专利转让，即专利运营主体将其所拥有的专利权全部出让给受让人，一旦转让行为完成，专利运营主体则不再对该专利权享有任何权利。因此，专利运营主体往往是将对其价值不高的专利进行转让，节省专利维护费用，同时也获取一定的专利转让金。但是，传统的专利转让缺少公开透明的平台，采用私下交易模式，当下的专利拍卖成为专利转让的主流。其三，专利融资，是指专利运营主体将专利权投入金融市场，以获得一定现金流。专利融资运营的方式主要有专利质押和专利证券化两种。专利质押是一种间接融资方式，是指专利运营者以专利为质押物，获得金融机构的融资。专利证券化指发起人在对基础资产中风险与收益要素进行分离与重组后，通过一定的结构安排将专利出售给一个特设机构，并由该机构以专利的未来现金收益为支撑发行证券融资的过程。其四，专利维权，主要是指通过谈判、诉讼等方式，获得实施许可费或侵权赔偿费。专利维权是专利运营中最广为人知的方式，其中，专利诉讼是其获得经济利益的最重要来源。实践中，专利维权通常在运营主体预先锁定目标企业后，向其发出警告函，要求企业停止侵权行为。通常情况下，这些目标企业大都已将该专利产业化，并且在市场上占有一定的份额。而对于运营主体而言，诉讼不是目的，获得利益才是根本。

可见，专利运营活动具有以上共同点，但还需注意到，不同的运营主体有各自不同的特点，这也决定了他们具体的运营方式存在诸多不同，以下就对不同专利运营主体的运营方式作简要介绍。

（一）企业的专利权运营

企业成为专利权人的方式多种多样，如通过自主研发、接受专利权投资入股、购买专利权，或者收购拥有专利权的其他企业等。企业作为专利权人，可以理所应当地运营专利权，但作为实际使用专利权的生产型企业，其运营专利权的活动主要通过实施转化和实施许可两种方式实现专利价值。实施转化，是指企业通过使用专利技术或制造专利产品，再将此专利产品或包含专利技术的服务销售得以实现其价值。只有可能被实施转化的专利权才具有被实施许可或转让的商业价值,因此,实施转化是专利权价值兑现的基础,也是其他运营活动得以为继的前提。而实施转化的重要要素,是专利权在市场中具有一定的流通性,即可以被实施许可或转让的专利权被作为资产用于出资入股、质押、信托以及证券化。可见,不具备任何实施转化可能的专利权其实就只是一张证书而已,无法体现其市场价值。而以盈利为目标的企业不会将其研发资源耗费在不具备市场价值的研发项目上。只凭专利权人一己之力的实施转化并不能充分开发专利权的价值,因此,实施转化的主体并不仅限于作为专利权人,参与主体不断扩大,甚至扩大到跨国境、跨区域的参与主体。此种情况下,就需要另外一种专利运营的方式,即实施许可。实践中,即便是那些拥有专利权,且自己也实施转化专利的企业,也会向竞争对手发放实施许可,如华为公司 2015 年就向苹果公司许可专利 769 件,其中包括 GSM、UMTS 及 LTE 蜂窝标准在内的多件无线通信标准核心专利。[①]

当然,并不是每一家拥有专利权的企业都适于开展专利权运营。一般情况下,只有那些拥有一定数量专利权,并掌握相当多的核心技术的企业才有独立开展专利权运营的资格和意义。此外,企业的专利权运营活动必须服务于企业的整体发展战略,并不能以特定专利权的利益最大化为唯一追求目标,很多时候专利权也是一种技术储备,以期在未来的发展中成为与其他企业合作谈判的筹码。

(二)高校或科研机构的专利权运营及其特点

与企业的专利权运营不同,高校或科研机构不具备实施转化专利的能力和条件,其拥有的专利权往往由内设的专利权运营机构(技术转移办公室)或委托给专业的专利权运营机构运营。究其根本,需要一个专门的组织帮助高校或科研机构运营专利权的原因有两点:首先,高校或科研机构专利权覆盖的技术领域非常广,其创新成果取决于其科研人员的研究领域,而非特定的技术领域,

---

① 马碧玉:《典型专利权运营活动分析》,载《电子知识产权》2018 年第 2 期。

不易专注掌握某个技术领域的交易信息。其次，高校或科研机构运营专利权的动机比较单一，而专利权运营对专业知识的要求较高，高校或科研机构欠缺灵活采用实施许可、转让或出资入股等运营方式的专业能力。

以著名学府牛津大学为例，1987 年成立了牛津大学创新公司，该公司负责牛津大学知识产权的经营管理。创新公司分为技术转移部、专题咨询服务部、商业资讯部 3 个部门，技术转移部的主要职责包括知识产权、专利、许可、衍生公司、种子资金、天使投资人网络，专题咨询服务部主要负责相关咨询服务，商业资讯部主要从事技术转移和创新管理。在专利权运营模式中，创新公司首先寻找具有市场前景的研究成果，并成立研究小组，在市场营销、法律及其他相关人员的协助下，对研究成果进行市场分析与评估。对研究成果进行分析与评估后，与发明人共同制定临时保护措施，由创新公司全额出资申请专利保护，并明确双方的权利与义务。可见，创新公司具有清晰明确的专利权运营政策、合理的分工与责任划分制度、高效的内外部沟通机制、公平的专利权益分配制度，从而实现了创新过程的增值循环。此外，创新公司代表牛津大学运营的牛津创新社区也是其成功的一个因素。创新社区属于会员制机构，有助于连接学术界和商业界，为会员提供接触世界一流研究者的机会，成为会员取得牛津大学科研和技术成果的窗口。迄今为止，牛津大学创新公司已经取得了良好的业绩。相关年报数据显示，其 2019 年 8 月至 2020 年 7 月，营业额达 2490 万英镑，在此期间的业绩显示，其授权、风险投资收入和咨询服务收入的同比表现一致。[①]2020 年和 2021 年，其分拆和公司成立总数分别创下了 23 家和 31 家的新纪录，创新社区获得了 11.5 亿英镑的创纪录投资。[②]

牛津大学创新公司不仅向客户转移创新成果，还为客户提供创新成果商业化的培训；针对初创公司，还提供关于小微企业运营、财务管理、商业计划制订

---

① Oxford University Innovation, Oxford University Innovation Annual Review 2020, https://annual-review2020.innovation.ox.ac.uk/financial-report/，下载日期：2022 年 1 月 18 日。

② Oxford University Innovation, Oxford University Innovation Annual Review 2021, https://annual-review2021.innovation.ox.ac.uk/financial-report/，下载日期：2022 年 1 月 18 日。

和人力资源管理的培训。此外，创新公司经营的创新社区不仅构建了连接技术与产业的创新生态圈，还实现了盈利。

高校或科研机构主要以快速兑现专利权价值的方式进行运营，如实施许可、转让等方式，偶尔也会以出资入股的方式运营专利权。但是几乎不会用质押或证券化这些方式运营专利权，而每一项专利权运营的价值独立，互不影响。高校或科研机构进行专利运营主要包括以下优势：第一，高校或科研机构具有较强的整合资源能力，与其他企业相比，没有产业竞争压力，可以更为开放地构建创新合作平台，汇集各行各业的资源。第二，高校或科研机构在培训教育方面具有优质资源的优势，可以为围绕专利权运营提供后续的创新、创业服务，培育创新创业文化。第三，可以让技术从研究单位流向生产领域，实现技术扩散。第四，与企业相比，高校或科研机构的专利权运营可以直接惠及发明人及其所在的子部门，收益分配同样可以兼顾发明人、所在子部门，以及学校或科研机构三方利益，以此为发明人提供利益的最大化，激励其继续创新和专利权运营活动。

（三）专利资产运营公司的运营

如前所述，由于专利运营涉及商业、法律和技术等多个领域的专业知识，不是每个专利权人都适宜进行专利权运营的。企业的专利权运营主要以自己的企业战略为中心，且只有那些拥有一定量级专利权的企业才会专门考虑专利权运营业务；而高校和科研机构的专利权运营活动也仅服务于自身发展。实践中，绝大多数的专利权主体并不具备专利权运营能力。因此，这催生了专利资产运营公司，它们从不具备运营能力的专利权人手里收购专利权，并以此为资产展开运营。这些主要以购买方式获取专利权并利用实施许可或诉讼等方式实现专利权价值的机构就被称为 NPE（non-practicing entity，非专利实施实体）。其中，那些以聚集大规模专利组合通过许可、诉讼牟利的 NPE 也被业界称为"专利流氓"（patent troll）。

比较著名的例子是美国高智发明公司（以下简称"高智公司"）。高智公司创办于 2000 年，是目前全球最大的从事发明与发明投资的公司，也是专利权运营业绩最好的公司之一，但其受到颇多关注和争议。其原因主要是高智公司的运营模式是利用多家衍生公司、基金平台及空壳公司对手持的大量专利进行商业运营。高智公司专利权运营的核心是 3 个基金平台，分别是发明投资基金、全球好基金及发明科学基金。其中，发明投资基金负责从全世界的发明者、大学、研究机构、政府部门、各类公司以及专利经纪公司手中收购专利权，然后将其作商业化运营，实现专利权的潜在价值。

专利资产运营公司的运营优势主要包括以下几点：首先，专利资产运营公司可以通过采购等方式，汇聚形成一个大型的专利权库，增强专利权的聚合效力。其次，如此高度集中的专利权库能够降低专利实施许可的交易成本，便于交易的达成。最后，专业的专利权运营公司帮助不具备实施转化能力和运营能力的专利权人实现专利权的利益，客观上能够促进技术转移。

（四）专利池运营

从概念上看，专利池分为广义和狭义两种。狭义的专利池，是指两个以上的专利权人之间达成协议，以相互授予实施许可并向第三方授予实施许可的方式运营的一个专利权集合。从广义上看，只要存在交叉许可的两个专利权人之间的数个专利就可构成一个专利池。但专利池需要由一个相对独立、稳定的机构负责运营，对内可以提供交叉许可，进行专利分析与预警等服务，对外可以发放专利实施许可，并负责维护专利权，同时吸纳符合条件的其他专利权。

以专利池的方式运营专利权的意义和优点主要包括：第一，具有更强的竞争优势。单一核心专利很难垄断某一技术领域，而由若干核心专利组成的专利池，垄断性更强。第二，促进专利技术的推广应用，专利池有利于消除交叉许可的障碍，促进专利的广泛应用。第三，降低专利许可的交易成本。传统的专利交易需要向每一个专利权人寻求许可，这种方式费时费力；而专利池的构建有助于实现"一站式许可"，这在极大程度上降低了交易的成本。第四，减少专利纠纷，降低诉讼成本。第五，可以利用专利池避免各个专利权人单打独斗的局面,建立技术标准,形成技术壁垒,可以提高市场对抗能力,拓宽市场势力范围,有利于获得许可的企业参与国际竞争。

从专利池的运营方式上看,主要分为两种:一种是由专利池成员负责运营,或各成员协议组建的运营机构负责运营。另一种是由专利池成员与专门的实体负责运营机构签署专利授权协议,由该独立实体统一负责专利实施许可事务。上述两种运营方式,无论选择哪一种,运营机构都可视为专利权人的代理人,代表专利权人进行具体的专利权运营。专利池运营的优势在于可以提高专利权的整合效率,降低专利实施许可的交易成本。

目前运营得较为成功的实体是美国的 MPEGLA 专利管理公司。该专利管理公司涉猎 80 个国家的 12 个专利池许可项目,涵盖 13000 多项专利权,为诸多专利权许可人和被许可人提供服务。[①] 从公司定位来看,MPEGLA 为专利权人和被许可方搭建了一个可以提供"多对多"一站式授权服务的平台,通过整合专利权人的大量核心专利,让被许可方以相对低的交易成本获得专利权实施许可,同时也使专利权人创收,并最终促进技术的推广和创新扩散。

二、国际专利运营中的风险识别与防控

所谓国际专利运营,即在国际市场背景下进行专利运营的行为。对于国际专利运营而言,其所面对的风险主要包括专利转让的法律风险、专利实施许可的法律风险、专利交易的法律风险,以及专利价值变现的法律风险。

1. 专利转让的法律风险

在专利转让风险中,首先,应注意转让主体资格瑕疵问题。作为专利出让人,应是该专利的合法拥有者。然而,在实践中,不乏一些不具备民事主体资格的科研组织擅自以自身名义签订专利转让合同,或个人擅自转让职务发明创造,或出于技术开发合同约定不明确造成专利技术成果权属不清等情况,这些都极易引发专利转让合同的法律纠纷,在专利转让过程中存在法律风险。一旦

---

① 赖流滨、张运生:《高技术企业专利池中什么特征的专利更容易引起诉讼? ——基于 MPEGLA 的实证研究》,载《情报杂志》2019 年第 38 卷第 7 期。

存有主体资格瑕疵，已签署的专利转让合同将会产生不同于预期的法律后果。因此，专利受让人在签署专利转让协议时应抱有审慎态度，事先了解专利权授予国专利法的相关规定，严格审查转让人的主体资格，特别是在国际转让中，应确保专利转让主体适格。

其次，转让标的瑕疵也属于专利转让过程中的另一风险点。当已被授权的专利被转让时，转让人应保证该专利全面、有效，符合商定标准，为避免这一风险的发生，可让转让人提供相关技术资料，包括工艺流程、技术操作方案等书面的资料，确保在专利有效期内，在合同中约定能够保证其正常使用，达到约定的使用效果或目的，否则转让人应承担相应的法律责任。由于各国通常都会有关于宣告专利无效的规定，即在专利权有效期内，当由单位或个人认为专利权的授予不符合该国专利法规定时，可以请求相关部门宣告该专利无效。因此，在专利转让过程中，不仅应确保所转让的专利权在转让时处于一种合法状态，还应注意在专利转让后可能面临专利权被宣告无效的风险，这些风险都可能加剧受让人的经济损失。此外，众所周知，专利权具有地域性，如在美国有效的专利并不必然得到中国《专利法》的保护。因此，在专利权国际转让中，还存在着转让获得的专利权在本地区可能无效的风险。鉴于此，在专利转让时，应确保专利权在当地受到合法保护，熟悉当地的相关专利法规，明确在哪些情况下可能导致专利权瑕疵。鉴于此，在专利转让合同中，要求出让人作出相应承诺，避免专利转让后无效而导致的转让合同无效风险。

最后，关于转让申请权的限制。对于某些特定技术成果，发明人或设计人将其申请专利的权利进行转让，即专利申请权转让。受让人提出专利申请后，并不必然获得法律上的专利权利。根据不同国家的规定，应该注意的方面不同。以我国为例，应注意的有三点。其一，专利权人的范围。实践中，专利权人的范围通常是非职务发明创造的发明人或者设计人及其所在单位，委托研究开发的开发单位或个人，或按照协议取得专利申请权的单位或个人等。其二，专利申请权转让的时间界限。受让人需在让与人提出专利申请之后提出。其三，未取得专利权的法律风险。若专利申请未被批准获得专利权，这并不必然导致专利申请转让合同解除。

2. 专利实施许可的法律风险

在专利实施许可方面，首先应注意的风险点是许可合同效力及内容瑕疵问题。就许可合同效力及许可对象选择而言，不同国家的国内法都有自己的规定。以我国为例，专利实施许可合同的有效期以专利权的有效期间为准，即专利实施许可合同的有效期需在专利权的有效期间内。除例外情况，若专利权在实施许可合同有效期间被宣告无效，许可人将承担违约责任。此阶段的风险在于，对于被许可人而言，专利申请公开前后，专利实施许可合同的适用法律依据及权利义务存在差异。专利申请公开前，按照技术秘密履行实施许可合同；专利申请公开后，则按照专利实施许可合同定性履行。实践中，许多企业并未实施事前考察，对于专利实施许可合同的相对方所在地域、合同目的、实施效果等缺少预测及监督，这实际上降低了许可合同的实施效果。可见，若许可对象选择不当，未合理预测实施效果，则会加剧市场主体专利运营的风险。而在国际专利运营中，由于国家、文化、法律法规的不同，这种风险被进一步放大。

此外，若许可方式选择不当，也会产生法律风险。同样以我国为例，法律规定了三种许可方式：独占实施许可、排他实施许可和普通实施。若在实施许可合同中未明确约定许可方式，则会被视为普通实施许可模式。在订立专利实施许可合同时，若许可方式不同，各方的权利义务也存在差异。譬如，选择独占实施许可时，许可人应当避免与实施人的独占实施权利相冲突，减少专利实施过程中的纠纷；而对于被许可人而言，虽然独占许可和排他许可便于其在一定范围内占据技术与市场的优势地位，但需要与许可人明确其是否能进行再许可，以及利益如何分配等问题。此外，为共享技术成果，在交叉专利实施许可合同中，专利权人之间约定免费或仅以适当补偿的方式许可对方实施专利，这种许可方式在发达国家中极为普遍。我国此种类型的合同也逐渐增多，如若我国企业在充分利用交叉许可便利的同时，还能更好地防范专利侵权，便能够在一定程度上降低技术开发周期,规范企业专利运营风险。

3. 专利交易的法律风险

作为专利运营的主流途径之一,专利交易能够实现专利经济价值最大化。但由于专利交易存在主体特殊性、客体无形性、交易方式多样性等特征,这无形中增加了专利交易的风险。

首先是商业秘密泄露的风险。在专利交易过程中,一旦商业秘密被泄露,由于秘密性丧失,即便获得赔偿,也无法完全弥补商业秘密泄露带来的损失。通常来说,商业秘密泄露的风险主要潜藏于市场主体的内外部经营活动中,具体表现在以下三个方面:

其一,交易研发阶段的风险。技术开发阶段,市场主体对研发方案、相关资料、数据等信息的保护意识相对薄弱,主要表现为对掌控核心技术人员的管控不足,某些技术开发人员难免为一己私利,公开研发程序、理论支撑、核心数据等,或与竞争企业进行私下交易,导致技术成果流失。此外,技术人员的流动性也对商业秘密的保护构成极大威胁。

其二,专利申请过程中存在的风险。通过专利交易获取专利权,其代价是在申请过程中要公开技术秘密。若交易双方的专利保护意识欠缺,在专利申请前对技术信息未采取侵权防范的技术处理措施,很有可能被竞争对手套取关键信息,继而进行模仿或利用,导致在申请者获得专利权之前,市场上就出现同类产品,由此产生法律风险。特别是在国际专利运营中,由于涉及不同国家的不同申请制度,企业更应该在专利申请、专利交易时谨慎小心。

其三,商业合作中的风险。在开展对外商业合作时,企业为了获得更多的订单,或需求合作机会,通常会主动邀请其他单位或个人参观其生产线和工艺流程,但出于保密意识薄弱,未考虑到参观者中可能混杂工业间谍等情况,使得企业的商业秘密被泄露。此外,出于创业期或上升期的企业通常都需要风险投资,这就需要向潜在投资者提供商业计划书,其中往往涉及商业秘密,若未明确要求对方予以保密,则极易导致商业秘密的泄露。

其次，在专利交易中，企业也应该注意专利技术在进出口时的风险。一方面，市场主体在引进专利技术的过程中，一旦引进方真伪辨别、效力审查不力，可能导致权属争议的法律风险。实践中，由于国内某些企业迫切需要某项技术，但欠缺相关经验，而这一情况容易被国外企业利用，将明显存在技术瑕疵、需要技术更新换代的技术转让给国内企业，这样就会使国内企业遭受经济损失。在技术引进过程中侵权风险也极为普遍。引进方若未严格按照合同约定使用技术，超越授权范围或违背相应合同义务，可能会引起侵权纠纷。

另一方面，在专利交易中，企业还面临技术出口对技术项目筛选不当的风险。由于技术项目存在差异，在技术出口时对于贸易标准和技术标准的筛选不当，影响顺利出口。如在贸易标准方面，应严格审查出口技术是否符合中国的对外贸易规则；在技术标准方面，应保证出口技术符合国家政策标准。至于实验室技术，国家鼓励首先在国内开发，待其转变成产业化技术后再出口；若国内暂时不具备转化条件，则应在国家利益不受损害并取得专利有效保护的前提下方可出口。

4. 专利价值变现的法律风险

随着世界对知识产权的越发重视，以专利为代表的知识产权质押融资活动成为企业融资的新途径，而这同时也使得专利价值变现滋生了一系列的风险。

专利质押融资风险主要表现在以下两个方面：首先，专利权资产在质押期间的价值不稳定。专利权属于无形资产，相较于其他资产，专利权价值具有不稳定性，而且极有可能在质押过程中发生价值贬损的风险。究其缘由，引发价值贬损风险的因素主要有三个。一是由专利自身特性导致的专利权价值上下浮动。专利的运用涵盖不同的产业化阶段，如设计、制作、生产、改装等，而不同的专利技术的成熟度不同；哪怕是同一种专利，其处于不同产业化阶段的技术成熟度也存在差异。同时，专利价值还受专利实施方的技术实力的影响。对于专利质押而言，某些专利技术对环境等特殊条件的要求高，其产业化实施难度大、成本高，这也会引起专利权的价值波动。二是受价值规律及供求关系影响的价值浮动。若用于质押的专利供应不足或需求过剩，其专利价值会大幅增加。可见，一旦市场上相同或类似的产品的供求关系出现波动，也会影响专利技术的价值。三是因保护期限与诉讼纠纷引起的专利权价值浮动。专利的法定保护期限影响专利价值，法定保护年限增加，而专利价值则降低。用于质押的专利权容易牵涉恶意诉讼、质押纠纷等影响主体利益的情况，因此这类风险虽可预见，但往往难以避免。

其次，用于质押之专利变现难度大。专利权质押多为担保债务，若未能在债务到期时偿还，专利权则需要被处置变现。而作为无形财产的专利权，往往需要考虑其技术成熟度、市场潜力、实用性等诸多因素，因此其变现方式受限，金融机构会因此望而却步，这实际上加剧了专利质押融资的风险。当前，我国专利交易市场过窄、交易量不多，也缺乏规范专利质押融资等无形资产交易的相应法律规范，这同样加剧了变现的难度。

第五节　专利权国际维权风险识别与防控

一、专利权国际维权概述

专利国际维权指的是专利权的使用者或者享有者，其权利在国际上受到侵害时，通过诉讼、和解等手段以主动或者被动方式维护自己合法权利的行为。其内容包括两方面：权利人的专利权在其本国以外的区域受到侵害；企业被控在他国侵犯他人知识产权。专利国际维权的内涵不仅仅在于权利受到侵害时的主动和被动的方式去维护合法权益，也包括企业在整个经营活动中为了预防权利受损而采取的其他行为，如完善企业专利战略、建立专利情报分析系统、合理应对专利侵权指控等。本节主要讨论我国企业在国际上面对专利纠纷时应该如何维护自己的权益。

随着知识经济和经济全球化的加速发展，知识产权，尤其是专利权，逐渐成为世界各国及各国企业最重要乃至最主要的经营资源。同时，在利益的驱动下，知识产权已经成为国家与国家、企业与企业之间最重要的竞争武器和博弈工具。鉴于发达国家及其企业与发展中国家及其企业之间存在差异，特别是在综合国力、经济实力、科技水平差距、知识产权资源以及国际地位等方面呈现出严重的不对称性。不难发现，一方面，当今专利保护的国际标准往往更倾向于满足发达国家及其企业的需求；另一方面，大多数领域内的核心技术及其关键知识产权仍然掌握在跨国公司和外国企业手里。我国企业在总体上和诸多领域内，目前暂时仍然处于科学技术的低谷，为应对这种现状，我国企业在国际化运营中应当认真做好应对专利权纠纷的准备工作。

二、专利权国际维权风险识别

目前，我国面临的国际知识产权维权风险主要存在于如下几个方面：

（一）专利制度的国际化应用越来越高

近年来，专利制度的国际化应用是全球专利活动的一个显著特点。通过分析发现，专利制度的国际化应用主要表现在两个方面：一是通过《专利合作条约》的专利申请数量迅速增加。二是跨国专利交易、专利纠纷不断增多。

在全球一体化的时代背景下，各国越来越致力于通过技术领先来占领国际市场，登陆制高点。以专利为代表的知识产权，当然成为各国参与全球竞争、保持技术领先和占领国际市场的重要手段。作为新兴经济体的中国在这一点上还处于上升期，与国内的专利申请比较，在国外的专利申请相对较少。

（二）美国"337 条款"调查风险

美国"337 条款"是美国《1930 年关税法》第 337 条的简称，现被汇编在《美国法典》第 19 编 1337 节。"337 条款"的前身是《1922 年关税法》第 316 条，后经修改的《1930 年关税法》第 337 条而得名。经过不断修正和发展的美国"337 条款"，是美国重要的贸易保护手段之一。美国国内企业申请"337 调查"的门槛被大大降低，证明进口产品侵犯其知识产权变得更为容易。实践中，在美国对我国产品发起的"337调查"中，85%以上的案件涉及专利，其他则涉及商标、版权等。①

根据相关调查数据，中国是触发美国"337调查"最多的国家。涉案产品主要是电子信息产品，主要诉由通常为专利侵权。近三成涉华案件未将中国企业列为被告，而把中国列入原产地调查国，这对中方极为不利。

（三）海外会展禁令风险

由于国内企业的意识相对薄弱，中国国内企业在国外的专利申请相对较少，这事实上导致国内企业在海外经常被指控专利侵权。在"一带一路"倡议背景下，国内企业实力增强、羽毛渐丰，"走出去"的愿望日益强烈，不断拓展海外市场、亮相国际舞台，对专利权的重视程度逐渐增强。但由于不懂得专利战略的国际运用，我国企业在国际中常常遭遇尴尬。2016年，中国常州某独轮自平衡滑板车企业带着自家Trotter滑轮车参加在拉斯维加斯举办的美国国际消费者电子产品博览会(CES)。展会首日，美国联邦法警带着小拖车停在展位前并出具相关文件和取证材料，向参展人员表示警方接到投诉，该企业产品涉嫌侵权行为需接受警方搜查，当即以涉嫌侵犯别家专利权为由没收展台内的独轮平衡车样品、标语和宣传资料。

经查，美国硅谷Future Motion公司称其独轮滑板产品已申请了两项相关的国际和美联联邦专利。当听说有类似产品出现在CES上时，其向公司专利律师咨询后，通过美国司法程序获得临时禁令。这是第一次有公司试图在美国境内出售一款仿造产品，美国硅谷Future Motion公司一旦胜诉，除可以向该公司索赔，要求罚金、补偿法律费用外，还可以永久禁止败诉公司在美国市场销售侵权产品。受此事件影响，上述中国常州企业同类上百款类型产品在B2B网上的销售被强制下架，网上结算被中止，生产也被迫停止，企业几乎陷于瘫痪。

---

① 中华人民共和国商务部：《美国"337调查"详解》，http://ipr.mofcom.gov.cn/zhuanti/337/337_index.html，下载日期：2022年1月18日。

三、专利权国际维权风险的防控

为了规范上述风险,我国企业应该努力做到:

(一)熟悉相关国家的法律环境,增强法律意识,掌握主动权

在专业保护领域,欧美发达国家已经形成了成熟的法律和规则体系,构筑了坚固的技术性贸易壁垒,这些国家的企业也娴熟地运用专利维权等手段维护自身在国内外市场的经济利益。与国外企业相比,中国企业需要不断学习。因此,在进行海外投资和拓展之前,中国企业必须重视产品的专利权问题,提前考察相关地区的法律环境、政策方针等因素,熟悉这些国家和地区与专利有关的法律法规,关注当地的知识产权诉讼制度、法律程序。当在海外遭遇专利诉讼时,中国企业应冷静面对,借助法律途径积极应诉抗辩,维护自身的合法利益。

(二)应遵循专利评估先行、市场开拓随后的原则

通常情况下,外国企业一旦计划在中国生产投资或开办分厂或代理销售其产品,通常会提前2~3年向中国国家知识产权局提交相应的专利申请,这就是所谓的"技术出口,专利先行"。如此一来,其产品和技术投放中国市场之时,专利申请可能已经被授权,或也进入实质审查程序待审。在确保专利权后,才进行对外直接投资活动,这一策略将专利申请与海外投资战略完美结合。随着我国加入WTO,越来越多的跨国企业在通过PCT程序申请专利时把中国列为指定国。相应地,为有效开拓国际市场,我国企业也应该注意在国外申请有关的专利。此外,在选择上市新产品时,相关的政府机构或知识产权公司还须对其进行检索分析,评估专利风险之后,再决定后续进程。需要注意的是,哪怕是同一专利或同一产品,在不同的商业形态、不同产业参与者、不同地点,关于是否侵权的结论很可能不同。

(三)重视技术创新,拥有自主知识产权

企业引进技术的方式多种多样,大部分采用的是获取专利实施许可权的形式,并非通过购买所有权的形式。一些资金雄厚但研发能力不足的企业,鉴于

亟待进入市场，通常采取全盘引进的方式。但是，这种全盘引进有依赖性，限制技术创新与进步，甚至容易受到技术拥有者的牵制，在市场竞争中处于被动地位。所以，中国企业应该注重运用创新型专利引进战略。所谓创新型专利引进战略，是指在消化吸收所引进的专利技术的基础上改进创新，研发出技术更优，更具市场竞争力的产品和技术。在不断研发创新的过程中，还应变被动为主动，注意申请众多的外围专利，及时布置外围专利网，以期在同上游技术拥有者的竞争中获胜。

（四）积极应诉，防止自动败诉

专利侵权诉讼非常复杂，不经审理往往难以确定被控的行为究竟是否构成侵权。为破坏竞争者的商业优势，打压、驱逐商业竞争对手，实践中不乏采取威胁战略的国外企业，在明知未侵权的情况下提起专利侵权诉讼。在国际贸易市场上，中国企业经常因专利侵权被外方起诉，而外方往往采取模棱两可的办法，主张中方被告可能侵害其专利权。其实，关于侵权抗辩理由，国际上通用的多达30余种，而我国企业在遭遇专利侵权诉讼时常用的仅有8种，分别是不侵权抗辩、诉讼主体资格抗辩、依法免责抗辩（权利用尽、先用权、临时过境、科研目的）、专利无效抗辩、公知技术抗辩、经济合同抗辩、超过诉讼期限抗辩、禁止反悔原则抗辩，这些抗辩仅占全部抗辩理由的25%。因此，在作为专利侵权诉讼的被告时，国内企业应当积极应诉，而不是在外国企业稍稍加大攻势之后就认为自己的确侵犯其专利权而交出侵权赔偿费或专利使用费。在以往海外侵权诉讼中，中方积极应诉的情况下，最终胜诉并且赢得市场的案子也屡见不鲜。

第六节 涉外专利权诉讼经典案例评述

一、案例分析

通领科技集团诉莱伏顿公司专利侵权案

（一）基本案情

通领科技集团（以下简称"通领科技"）是我国一家专业生产漏电安全保护装置的中小民营公司，产品主要出口美国、加拿大等北美国家。该公司生产的 GFCI（漏电安全保护装置）等系列产品均已通过美国 UL 认证、ETL 认证和加拿大 CUL 认证，目前已获得美国发明专利 21 项，加拿大发明专利 4 项，国内各类专利 86 项。[1] 莱伏顿公司是美国的大型上市公司，全球 500 强之一，主要生产 GFCI，占全美约 60% 的市场份额。2004 年 1 月，通领科技在取得了美国律师事务所对其发明专利出示的不侵权意见书后，进入美国市场。因其 GFCI 产品质优价廉，迅速占领了美国较大的市场份额，引起了美国同行业莱伏顿公司的恐慌。2004 年 4 月至 7 月，莱伏顿公司分别在新墨西哥州、佛罗里达州和加利福尼亚州的联邦区法院起诉通领科技在美国的 4 家经销商，状告通领科技生产的 GFCI 产品侵犯了其第 6246558 号专利权。2005 年 3 月，又起诉通领科技的另一家客户。至此，通领科技的美国客户为避免纠纷，纷纷停止与通领科技的合作关系。通领科技为维护美国客户的合法权益，积极主动赴美，以制造商的身份加入诉讼程序，聘请美国著名的美瑞事务所律师为其代理律师，并要求承担被告全部诉讼费用和侵权担保。2004 年 10 月 6 日，通领科技正式作为被告应诉莱伏顿公司提起的专利侵权诉讼案。通领科技向法院提出最终审决之前，莱伏顿公司必须停止其利用同样案由向通领科技的其他美国客户起诉和将分布在其他 3 个联邦州法院的同类诉讼案都集中到新墨西哥州法院统一审理的

---

[1] 领通科技集团：《专利荣誉》，http://www.tollea.com/zh/aboutdetail.aspx?id=6，下载日期：2022 年 1 月 18 日。

请求，并获准。该案件经过漫长的审理，2006 年 5 月法院下达了马克曼命令，明确认定通领科技产品不侵权。2008 年 7 月 10 日，新墨西哥州联邦法院下达了最后判决书，认定通领科技制造并销往美国的 GFCI 产品没有包含莱伏顿公司的第 6246558 号专利，不存在侵权行为。至此，通领科技和其被告美国客户依法胜诉。

（二）案例评析

通领科技最终胜诉，带来的启示主要有以下几点：

一是海外公司提起诉讼非常有技巧。案例中，莱伏顿公司并未直接起诉通领科技，起诉的是通领科技在美国的客户，这种策略十分巧妙，可能破坏美国客户与通领科技的合作关系，从而限制通领科技在美国市场的发展。事实上，莱伏顿公司的这一举措也确实起到了一定的效果，通领科技受到莱伏顿公司的指控后，一些美国客户纷纷取消了与其的合作。

二是通领科技获胜的根本原因是拥有自主知识产权，且注重国际知识产权保护。通领科技虽然只是一家民营的中小企业，但具有较强的自主创新意识和国际知识产权保护意识。当时，通领科技共在美国申请专利 14 项，在加拿大申请专利 4 项。通领科技在其产品进入美国市场之前，非常慎重地请美国著名律师事务所对其产品进行研究分析，并出具不侵权意见书，这为通领科技最终胜诉发挥了重要作用，这对中国企业海外发展具有良好的借鉴意义。具有知识产权的企业在进军一个海外市场之前，一定要有国际知识产权保护意识，要以法律方法加强对自己的知识产权的全面保护。同时，还应学通领科技的做法，注重国际专利申请，请该国律师事务所对本专利进行研究分析，出具不侵权意见书，为日后维权奠定基础。

三是积极主动地应对知识产权纠纷，展现负责任的企业形象。作为一家民营的中小企业，通领科技规模不大，在资金实力、企业的知名度、影响力等各方面都不如莱伏顿公司。但是在莱伏顿公司起诉其美国客户之时，通领科技没有采取逃避的态度，而是以制造商的身份，积极主动地要求介入调查、加入诉讼程序，并聘请美国事务所律师为其代理律师，要求承担被告全部诉讼费用和侵权担保。通领科技的这一主动应诉行为，不仅帮助其掌控局势，避免了莱伏顿公司借此扩大态势，也为其赢得了负责任的声誉。通领科技积极主动的表现为我国其他企业应对海外知识产权纠纷树立了很好的榜样。

二、相关典型案例

中国钕铁硼企业应诉美国"337 调查"案

（一）基本案情

在烧结钕铁硼磁体领域，日本日立金属有着极高的行业地位，并手握一系列核心专利。2012 年 8 月 17 日，日本日立金属及其在美国的烧结钕铁硼磁体工厂——日立金属北卡罗来纳公司，向美国国际贸易委员会（ITC）申请对全球 29 家企业展开"337 调查"，其中包括 4 家中国钕铁硼企业。在申请中，日立金属声称上述企业侵犯了其 4 项美国专利。为维护自身合法权益，突破日立金属的专利封锁，烟台正海等 3 家中国公司立即向美国国际贸易委员会递交了回应文书进行答辩。经过 8 个多月的谈判，中国公司与日立金属签订了和解协议，以相对合理的价格获得了日立金属的专利许可。基于上述谈判结果，最终日立金属撤销了对中国公司的调查申请，终止了"337 调查"。

（二）案例评析

伴随着中美贸易摩擦的持续，"337 调查"已经被美国当地企业视作打击中国竞争者的"利器"。华为、大疆、中兴科技以及上述钕铁硼企业等技术型公司无一例外地都面对过一次甚至多次的"337 调查"。在上述案件中，中国钕铁硼企业面对行业内处于绝对强势地位的日立金属，积极应诉，最终以相对合理的条件取得和解，成功保住了美国市场，可以被看作是中国企业在"337 调查"应诉中所取得的较为积极的结果。总结中国钕铁硼企业在"337 调查"应诉中的经验，可以得到如下启示：

一是成立行业战略联盟。2013 年 7 月 11 日，多家中国磁性材料企业在沈阳召开了关于促进中国稀土永磁体发展的会议。在山西磁性材料联盟的赞助下，包括沈阳中北通磁性科技有限公司、宁波同创强磁性材料有限公司、宁波永磁产业有限公司、宁波科天磁业有限公司、杭州永磁集团有限公司、宁波华辉磁业有限公司、广东江门磁性新材料有限公司等在内的多家企业成立了"稀土永磁体技术创新战略联盟"，推动共同投资、协调共同研发、促进知识产权问题交流。行业联盟的成立，可以帮助企业更好地了解行业动态、了解行业专利布局，在遭遇类似美国"337调查"的对行业有重大影响的海外专利诉讼时，行业联盟的存在可以帮助相关企业统筹规划、形成合力、筹集资金、增强实力，以更好地应对相关专利纠纷。

二是积极应诉。沈阳中北通磁性科技有限公司董事长孙宝玉在2014年包头稀土产业论坛上透露，经过1年多的专利检索与分析，上述"稀土永磁体技术创新战略联盟"发现，日立金属所拥有的100多项美国专利存在瑕疵，存在被无效的风险。与此同时，中国钕铁硼的生产工艺与日立金属不同，存在主张不侵犯日本日立金属美国专利权的法律基础。由于日立金属在行业内所处的强势地位，还可以考虑从反垄断法的角度对日立金属进行攻击，他们聘请了国内一家具有丰富反垄断经验的著名律师事务所，对日立金属在中国市场的垄断行为展开调查，为后续的反垄断诉讼进行准备。上述工作使得中国的钕铁硼企业在与日立金属谈判过程中掌握了更多的筹码，令日立金属有所顾忌，最终以合理的条件与行业巨头达成了和解。

华为公司与康文森公司标准必要专利禁诉令纠纷案

（一）基本案情

华为技术公司及其中国关联公司于2018年1月25日向江苏省南京市中级人民法院（以下简称"南京中院"）提起三案诉讼，南京中院于当日受理并立案，案号分别是（2018）苏01民初232号、（2018）苏01民初233号、（2018）苏01民初234号。华为技术公司及其中国关联公司请求判令：（1）确认其在中国制造、销售、许诺销售移动终端产品的行为不侵害康文森公司享有的专利号为 ZL00819×××、ZL200580038×××、ZL200680014××× 的发明专利权。（2）请求就康文森公司所有以及有权作出许可的、声称并实际满足 2G、3G、4G 标准或技术规范且为华为技术公司及其中国关联公司所实际实施的全部中国必要专利，判令确认符合公平、合理、无歧视原则的对华为技术公司及其中国关联公司产品的许可条件，包括费率。

作为回应，康文森公司于 2018 年 4 月 20 日向杜塞尔多夫法院针对华为技术公司及其德国关联公司提起侵害标准必要专利权纠纷诉讼。涉案专利系专利号为 EP1797×××、EP1173×××、EP1878××× 的欧洲专利，其分别与本案所涉专利号为 ZL200580038×××、ZL00804×××、ZL200680014××× 的中国专利为同族专利。康文森公司请求杜塞尔多夫法院禁止华为技术公司及其德国关联公司销售、使用、进口或拥有相关移动终端产品，告知相关侵权行为和销售行为、赔偿侵权损害、销毁并召回侵权产品，承担诉讼费用。

2019 年 9 月 16 日，南京中院作出（2018）苏 01 民初 232、233、234 号判决：（1）对华为技术公司及其中国关联公司请求确认在中国制造、销售、许诺销售移动终端产品的行为不侵害康文森公司享有的专利号为 ZL00819×××、ZL200580038×××、ZL200680014××× 发明专利权的诉讼请求不予支持。（2）对华为技术公司及其中国关联公司与康文森公司所涉标准必要专利许可应按以下条件确定：①许可专利：康文森公司所有以及有权作出许可的、声称并实际满足 2G、3G、4G 标准或技术规范且为华为技术公司及其中国关联公司所实际实施的全部中国必要专利。②许可产品：华为技术公司及其中国关联公司的移动终端产品，即手机和有蜂窝通信功能的平板电脑。③许可行为：制造、销售、许诺销售、进口许可产品，以及在许可产品上使用许可专利。④许可费率：上述许可行为中，华为技术公司及其中国关联公司需要向康文森公司支付的费率为：单模 2G 或 3G 移动终端产品中，中国专利包即中国标准必要专利的许可费率为 0；单模 4G 移动终端产品中，中国专利包即中国标准必要专利的许可费率为 0.00225%；

多模 2G/3G/4G 移动终端产品中，中国专利包即中国标准必要专利的许可费率为 0.0018%。并且，华为技术公司及其中国关联公司仅需就含有 ZL200380102××× 专利技术方案的 4G 移动终端产品向康文森公司支付上述许可费率。康文森公司不服南京中院判决向中国最高人民法院提起上诉。最高人民法院于 2019 年 11 月 18 日受理并立案，案号分别是（2019）最高法知民终 732 号、（2019）最高法知民终 733 号、（2019）最高法知民终 734 号。

2020 年 8 月 27 日，杜塞尔多夫法院作出一审判决，认定华为技术公司及其德国关联公司侵害了康文森公司专利号为 EP1797××× 的欧洲专利，判令禁止华为技术公司及其德国关联公司提供、销售、使用或为上述目的进口或持有相关移动终端，禁止向客户提供或者交付带有 UMTS 标准功能的手机和平板电脑，提供相关侵权行为和销售行为信息，销毁并召回侵权产品，并承担诉讼费用。该判决可以在提供 240 万欧元担保后获得临时执行。该判决认定，康文森公司向华为技术公司提出的标准必要专利许可费率要约未违反公平、合理、无歧视（FRAND）原则。

在杜塞尔多夫法院作出裁决当日，华为技术公司向中国最高人民法院申请行为保全，请求责令被申请人康文森公司在上述三案终审判决作出之前不得申请执行德国杜塞尔多夫法院就康文森公司诉华为技术公司及其德国关联公司侵害标准必要专利权纠纷案件作出的停止侵权判决。华为技术公司主张，根据德国法律，康文森公司提交担保即可以申请执行一审判决。一旦康文森公司向杜塞尔多夫法院提交执行申请，华为技术公司及其德国关联公司将要么被迫退出德国市场，要么被迫接受康文森公司高达本三案原审判决确定的标准必要专利许可费率十数倍的要价，对华为技术公司及其德国关联公司将造成不可弥补的损害，并使本三案关于中国标准必要专利许可费率的终审判决难以执行，故有必要禁止康文森公司于中国最高人民法院终审判决作出之前申请执行杜塞尔多夫法院的停止侵权判决。中国工商银行股份有限公司深圳华为支行为华为技术公司的上述行为保全申请提供担保，出具了 0400000560-2020 年（保函）字 0841 号担保函，担保金额为人民币 1970 万元。

（二）案例评析

国际标准必要专利许可中,许可方和被许可方常常会就许可方开出的条件是否符合公平、合理、无歧视（FRAND）原则产生纠纷。在很多时候,纠纷双方会根据各自的市场、专利布局、不同国家法律规定等情况,在不同国家展开平行诉讼。而在国际标准必要专利的平行诉讼中,禁诉令常常成为双方的"武器"以期在国际平行诉讼中获得优势。由于禁诉令起源于普通法系,因而在过去常常是西方国家运用禁诉令来对抗中国公司。本案中,作为中国科技企业的代表,华为公司合理运用法律武器,在标准必要专利国际平行诉讼中维护了自己的权利。于此同时,中国最高人民法院也首次就标准必要专利诉讼中禁诉令相关问题作了裁决,提出了具有指导意义的禁诉令颁发标准,值得有关企业研究分析。具体而言,最高人民法院通过非完全列举的方式,考虑了如下五个方面的内容:

一是被申请人申请执行域外法院判决对中国诉讼的影响。最高人民法院认为如果被申请人的相关行为可能阻碍本案审理或者造成本案裁判难以执行的,可针对该行为采取禁止性保全措施。具体到本案,德国诉讼和中国诉讼中当事人基本相同;审理对象部分重合（德国法院的侵权判决建立在认定康文森公司许可费率复合 FRAND 原则的基础上）;从行为效果看,一旦康文森公司申请执行杜塞尔多夫法院的停止侵权判决并获得准许,将对中国案件的审理造成干扰,并很可能会使本中国案件的审理和判决失去意义。因此,最高人民法院认为被申请人申请执行域外法院判决对中国诉讼有着重大影响。

二是采取行为保全措施是否确属必要。在该问题上,最高人民法院采取的标准是不采取行为保全措施是否会使申请人的合法权益受到难以弥补的损害或者造成案件裁决难以执行等损害。具体到本案,最高人民法院认为华为技术公司及其德国关联公司将仅有两种选择:要么被迫退出德国市场,要么被迫接受康文森公司要价并与之达成和解。对于前者情形,华为技术公司及其德国关联公司因退出德国市场所遭受的市场损失和失去的商业机会将难以在事后通过金钱获得弥补。对于后者情形,华为技术公司及其德国关联公司慑于停止侵权判决的压力，不得不接受康文森公司高达南京中院确定的标准必要专利许可费率 18.3 倍的要价，并可能被迫放弃中国诉讼中获得法律救济的机会。无论在本案中如何认定中国费率，判决事实上都将难以获得执行。

三是不采取行为保全措施对申请人造成的损害是否超过采取行为保全措施对被申请人造成的损害。在该问题上，最高人民法院认为应权衡不采取行为保全措施对申请人造成的损害和采取行为保全措施对被申请人造成的损害，兼顾双方利益。而本案中，一旦康文森公司申请执行杜塞尔多夫法院的停止侵权判决并获得准许，如本院不采取相应的行为保全措施，则华为技术公司将遭受被迫退出德国市场或者被迫接受许可要价、放弃在中国法院的法律救济等难以弥补的损害。相反，如果本院采取行为保全措施，对康文森公司的损害仅仅是暂缓执行杜塞尔多夫法院的一审判决。杜塞尔多夫法院的判决并非终审判决，暂缓执行该判决并不影响康文森公司在德国的其他诉讼权益。同时，康文森公司系标准必要专利权利人，其在德国诉讼的核心利益是获得经济赔偿，暂缓执行杜塞尔多夫法院的停止侵权判决对于康文森公司造成的损害较为有限。

四是采取行为保全措施是否损害公共利益。最高人民法院认为本案中的行为保全（禁诉令）只影响当事人利益，不影响公共利益。

五是采取行为保全措施是否符合国际礼让原则。最高人民法院认为，考虑国际礼让因素时，可以考查案件受理时间先后、案件管辖适当与否、对域外法院审理和裁判的影响是否适度等因素。从受理时间看，南京中院受理本案的时间为 2018 年 1 月，杜塞尔多夫法院受理关联德国诉讼的时间为 2018 年 4 月，南京中院受理本案在先。禁止康文森公司在本案终审判决作出之前向杜塞尔多夫法院申请执行有关判决，既不影响德国诉讼的后续审理推进，也不会减损德国判决的法律效力，仅仅是暂缓了其判决执行，符合国际礼让原则。

通过对上述五个因素的综合考量，最高人民法院最终同意了华为技术公司的行为保全申请。通过对上述最高人民法院裁判要点的分析，可以帮助企业更好地把握禁诉令的要件，合理运用禁诉令保护自身权益。

第四章

著作权国际保护

第一节　著作权国际保护概述

一、著作权国际保护的概念

（一）著作权的概念

著作权是民事主体依法对作品及相关客体所享有的专有权利，这一表达是大陆法系国家常用的表达，对于与人身权利相关的权益更加注重；而版权是英美法系国家常用的表达，是为了阻止他人未经许可复制作品，损害作者经济权益而创设的权利。随着大陆法系与英美法系在历史进程中的不断融和、相互借鉴，还有这两大法系中的主要国家都陆续加入了《伯尔尼公约》，"著作权"与"版权"在其内涵上差异逐渐缩小。[①] 我国自清末从日本引进"著作权"这一概念后，在正式立法中一直沿用至今。现行《中华人民共和国著作权法》（以下简称《著作权法》）明确规定，著作权与版权为同义语。本章涉及相关表述时，使用"著作权"一词。

著作权有狭义和广义的区分。狭义的著作权仅指作者对于作品所享有的专有权利，而广义的著作权还包括邻接权，即作者之外的民事主体对作品之外的客体所享有的专有权利，包括表演者对其表演、录音录像制品制作者对其制作的录音录像制品、广播组织对其播出的节目信号和出版者对其设计的版式享有的专有权利。

[①]　王迁:《知识产权法教程》,中国人民大学出版社 2014 年版,第 19 页。

（二）著作权的国际化

著作权同其他知识产权一样，具有地域性。著作权的地域性是指依据一个国家或地区的法律所获得的著作权，仅在该国家或地区为有效。如果作者希望他的作品在其他国家或地区获得著作权保护，必须依据其他国家的法律取得著作权并获得保护。作者不得以在本国获得著作权为由，要求在另一个国家获得保护。与著作权的地域性相悖的是作品的利用却不受国界的限制。随着静电复印技术、数字技术及互联网技术的发展与普及，作品的跨国传播变得更加便捷，且作品的易复制性常常使得作者的基本权利，尤其是经济权利失去保护。但是各国之间经济发展的水平参差，立法与执法的差异较大，著作权人的利益可能受到极大的影响。在此背景下，著作权的国际保护的重要性愈加凸显。

（三）著作权的国际保护

在著作权保护的早期，各国通过对进入国内的外国作品给予本国国内法上的地位进行保护，如给予外国作品国民待遇、最惠国待遇，或根据礼让、互惠原则进行保护，在程序法上外国的作者也可以根据国内法的规定要求停止侵害、获得损害赔偿等方式进行权利救济。[1]

而现代的著作权的国际保护，是在早期各国国内法对外国作品进行保护的基础上，借助于保护著作权的国际公约以及国际法的基本原则，通过保护著作权的国际组织进行双边或多边的协作，在设立对著作权保护的最低标准的前提下，协调各国的国内法对著作权保护的标准。

目前，全球性的著作权及邻接权保护公约包括《伯尔尼公约》、TRIPs 协定、联合国教科文组织的《世界版权公约》、WIPO 的《世界知识产权组织版权条约》和《世界知识产权组织表演和录音制品条约》等。关于著作权保护的国际法规范一般有两个核心内容：一是规定国际著作权保护领域的基本原则，如"国民待遇原则"、"起源国待遇原则"[2]、"第三国待遇原则"[3] 等；二是为缔约国

---

① 参见我国《著作权法》第 2 条。

② 即给予外国作品以相当于作者所属的国家或作品首次出版的国家给予的著作权保护。

③ 即甲国给予乙国的作品以丙国作品享有的著作权。根据这一原则，所有的缔约国国民的作品都享有同等的著作权保护。

设定国际义务层面的著作权保护的最低标准,最大限度地减少各国(或地区)著作权保护法律的差异。

二、中国的著作权国际保护概况

在中国历史上,虽然有 1910 年颁布的《大清著作权律》及 1915 年、1928 年颁布的《著作权法》,但是都因为时代的原因未曾真正得以实施。我国著作权制度是从《书稿稿酬暂行规定》《图书期刊版权保护试行条例》《录音录像制品管理暂行规定》开始的。1986 年颁布的《民法通则》正式将著作权纳入了法律保护的范围。新中国第一部《著作权法》于 1990 年正式实施,标志着我国初步建立起了现代的著作权制度。此后,《著作权法》于 2001 年、2010 年、2020 年进行修订,以更加适应新时代环境下对于著作权保护所提出的新要求,且跟随时代的变化和新技术的出现,又先后颁布了《著作权集体管理条例》和《信息网络传播权保护条例》。

中国加入了《伯尔尼公约》《保护录音制品制作者防止未经授权复制其制品公约》;1980 年,中国加入了《巴黎公约》及《伯尔尼公约》的成员国合并成立的 WIPO;2003 年,中国申请加入了 WTO,由于 TRIPs 协定作为 WTO 的一揽子协议之一,因此中国也必须承担 TRIPs 协定中对著作权保护的相关义务。

加入著作权保护的国际公约及国际组织是衡量一国著作权保护水平的重要标志。现中国已经加入保护著作权的重要国际公约及国际组织,这与我国的国情基本相适应,特别是 TRIPs 协定确定的著作权相关义务已经在我国国内法中有所体现。我国总体的知识产权国际保护水平正朝着有利于建设创新型国家的方向发展,但是我们还需要联合其他发展中国家,将我们的长项纳入著作权的保护范围,如传统文化、民间文学艺术等。

第二节 著作权国际保护的主要公约

一、《伯尔尼公约》

（一）《伯尔尼公约》的制定

《伯尔尼公约》于1886年9月在瑞士的伯尔尼缔结，于1896年在巴黎补充完备，后1908年于柏林进行修订；1914年于伯尔尼进行增补，后又分别于1928年、1948年、1967年及1971年在罗马、布鲁塞尔、斯德哥尔摩和巴黎进行了修订，目前最新的文本是1971年的巴黎文本。目前，《伯尔尼公约》共有180个成员国，其中绝大部分已经批准了公约的巴黎文本。中国于1992年10月加入《伯尔尼公约》。

《伯尔尼公约》由正文和附件组成，内容涉及保护文学艺术作品的基本原则、作品的范围、保护的最低标准、保护期限、保护的限制与例外以及对发展中国家的特殊规定等。

《伯尔尼公约》是世界上第一个著作权的国际公约，参加该公约的国家组成了伯尔尼联盟，是世界上第一个著作权国际组织。《伯尔尼公约》也是著作权保护方面最重要、最基本的国际公约，其广泛的保护框架对欧洲和亚洲大陆法系国际的立法产生了深远的影响，公约确定的基本原则都在各国的相关立法中得到了体现。TRIPs协定也将其纳入范围，并且规定WTO成员即使不是《伯尔尼公约》的成员国也必须尊重《伯尔尼公约》的实质性条款。[①]

（二）《伯尔尼公约》的基本原则

《伯尔尼公约》第5条规定了版权保护的国民待遇原则、自动保护原则、独立保护原则及最低保护原则。

---

① TRIPs协定第9条："与《伯尔尼公约》的关系：1.各成员应遵守《伯尔尼公约》（1971）第一至二十一条及其附录的规定。"

1.国民待遇原则

国民待遇原则的本质是非歧视原则，目的是消除知识产权的地域性对著作权保护所带来的消极影响，是跨国作品获得持续保护的保障。《伯尔尼公约》第5条第1款规定："根据本公约得到保护的作品的作者，在除作品来源国以外的本联盟各成员国，就其作品享受各该国法律现今或今后将给予其国民的权利，以及本公约特别授予的权利。"

据此，受公约保护作品的作者享有的待遇包括两种：（1）公约的成员国已经或将要为其本国国民提供的著作权的保护；不仅是该成员国单行的著作权法的保护，还包括涉及著作权的民法、民事诉讼法、刑法、刑事诉讼法等。（2）公约特别授予的权利，即公约提出的最低保护的要求。①

在《伯尔尼公约》框架下，享有国民待遇的主体有两种标准：（1）作者的国籍标准。即作者是公约缔约国国民的，其作品无论是否发表，均应得到保护。对于具有双重或多重国籍的作者，若其中一个国籍为公约成员国，则可以享受国民待遇；若作者不具有公约成员国国籍但在成员国内具有居所地，也享受公约提供的保护。（2）作品的发表地标准。若作者非公约成员国国民，但其作品在公约成员国内首次发表，或在非公约成员国和成员国内同时发表，则该作品也受到公约的保护。值得注意的是，公约中所指的发表仅指作者同意的发表，且仅包含"出版"这一种形式，戏剧、音乐戏剧或电影作品的上演，音乐作品的演奏，文学作品的当众朗诵，文学或艺术作品的广播或转播，美术作品的展出及建筑作品的建造不是发表。另外，"同时发表"指的是在首次发表后30天内在两个或两个以上国家进行出版。②

综上所述，在《伯尔尼公约》框架下，只要作者具有某一缔约国的国籍，或者在某一缔约国内有住所或居所，或者其作品在某一缔约国首次出版，就可以在公约其他的所有缔约国内受到与这些国家本国国民同样的法律保护。

---

① 参见《伯尔尼公约》第5条。

② 参见《伯尔尼公约》第3条第4款。

2. 自动保护原则

《伯尔尼公约》第 5 条第 2 款规定受保护的作品的作者享受和行使根据国民待遇与公约规定享有的权利不需履行任何手续,也不管作品起源国是否存在有关保护的规定。

自动保护原则为作品的保护提供了非常便捷的方式。在此前提下,公约允许成员国作出"固定形式要件"的保留,[1] 即国内法可规定著作权仅保护通过某种形式固定的文学艺术作品,没有通过有形载体进行固定的作品将不受保护。

3. 独立保护原则

《伯尔尼公约》虽然规定了国民待遇原则和自动保护原则,但是根据公约规定,作者在各个成员国内获得的著作权保护是相互独立的,作品在其他成员国受到的保护,与其在起源国受到的保护无关。作品在某成员国内能获得何种程度的保护,完全取决于该成员国国内法以及公约的规定。因此《伯尔尼公约》并没有创立"国际版权"这一概念,[2]《伯尔尼公约》提供的保护不是一站式的,还需要作者需求各成员国对于作品的独立的保护。

独立保护原则的建立具有两方面的意义:一方面,它维护了各成员国国内法的独立性,吸引更多国家加入《伯尔尼公约》;另一方面,在作品起源国的保护水平较低的情况下,本原则对于作者权益的跨国保护具有更重大的意义。[3]

4. 最低保护原则

《伯尔尼公约》规定,作者除享有各国根据国民待遇原则得到的权利之外,还享有公约特别授予的权利。这一"公约特别授予的权利"就是一种最低保护的权利,即公约第 6 条至第 18 条列出的作者享有的最低限度的精神权利和经济权利,以及最低的权利保护期限和方法。最低保护提供的是一种"及格标准",不影响成员国在此基础上提供更高水平的保护。[4]

---

① 《伯尔尼公约》第 2 条第 2 款规定:"但本联盟各成员国法律有权规定仅保护表现于一定物质形式的文学艺术作品或其中之一种或数种。"

② 唐广良、董炳和:《知识产权的国际保护》,知识产权出版社 2002 年版,第 102 页。

③ 杨巧:《知识产权国际保护》,北京大学出版社 2017 年版,第 42 页。

④ 参见《伯尔尼公约》第 19 条、第 20 条。

（三）《伯尔尼公约》的适用范围

1. 文学艺术作品

《伯尔尼公约》中所称的"文学艺术作品"包括科学和文学艺术领域内的一切作品，不论其表现形式如何。公约以列举的方式说明了作品的具体表现方式或形式，包括书籍、小册子及其他著作，授课、演讲、布道及其他同类性质的作品，戏剧或音乐戏剧作品，舞蹈艺术作品及哑剧作品，配词或未配词的乐曲，电影作品或与电影摄影术类似的方法创作的作品，图画、油画、建筑、雕塑、雕刻及版画，摄影作品以及与摄影术类似非方法创作的作品，实用艺术作品，插图、地图，与地理、地形、建筑或科学有关的设计图、草图及造型作品。[①]

2. 演绎作品和汇编作品

演绎作品是指翻译作品、改编作品、改编乐曲以及某件文学或艺术作品的其他改变，对于此类作品，《伯尔尼公约》规定"应得到与原著同等的保护，而不损害原著作者的权利"。[②]

汇编作品是指文学或艺术作品的汇集本，诸如百科全书和选集，《伯尔尼公约》规定由于汇编作品"对其内容的选择和整理而成为智力创作品，应得到与此类作品同等的保护，而不损害作者对这种汇集本内各件作品的权利"。[③]

3. 交由成员国自行决定是否予以保护的作品

对于各成员国国内法安排差异较大的作品，《伯尔尼公约》没有作出统一的规定，而是交与各国通过其国内法对以下作品是否受到著作权保护进行规定：（1）立法、行政或司法性质的官方文件及这些文件的正式译本的保护；（2）政治演讲和诉讼过程中发表的言论部分或全部；（3）实用美术作品及工业设计和模型及此类作品、设计和模型的保护条件。

---

① 参见《伯尔尼公约》第 2 条第 1 款。

② 参见《伯尔尼公约》第 2 条第 3 款。

③ 参见《伯尔尼公约》第 2 条第 5 款。

4.《伯尔尼公约》不予保护的作品

《伯尔尼公约》第2条第8款规定：本公约所提供的保护不得适用于日常新闻或纯属报刊消息性质的社会新闻。因此，该类作品《伯尔尼公约》将其排除在保护范围之外。

（四）作者最低限度的权利

《伯尔尼公约》规定了作者应享有的最低限度的权利，包括最低限度的精神权利和最低限度的经济权利。

1.最低限度的精神权利

将精神权利纳入保护范围，是《伯尔尼公约》的基本立场。这一立场对版权保护体系的统一和完善做了巨大贡献。纳入公约保护的作者最低限度的精神权利包括：（1）署名权。即作者在其作品上以某种方式表明其为该作品的著作者的权利，在财产权利转让之后仍然存在。（2）保护作品完整权。作品的作者有权反对任何歪曲或割裂其作品或有损于其声誉的损害行为。[①]

2.最低限度的经济权利

根据《伯尔尼公约》的规定，作者享有的最低限度的经济权利包括以下几类：（1）翻译权。根据公约保护的文学艺术作品的作者，在对原著享有权利的保护期内，享有翻译和授权翻译其作品的专有权。但是，此权利受到公约规定的强制许可制度的限制。（2）复制权。作者享有以任何方式和采取任何形式复制其作品的专有权。（3）表演权。作者享有用各种手段和方式公开演奏和公演的权利，并许可他人进行表演或许可公开播送其作品的表演和演奏的权利。（4）广播权。许可以无线电广播其作品或以任何其他无线播送符号、声音或图像方法向公众发表其作品的权利。（5）朗诵权。公开朗诵其作品的权利。（6）改编权。授权对其作品进行改编、整理和其他改变的专有权。（7）制片、发行权。将作品改编或复制成电影以及发行经改编或复制的作品的权利。

---

① 参见《伯尔尼公约》第6条之2第1款。

（五）作品的保护期

在《伯尔尼公约》中，作品著作权保护的终止时间因作品类型的不同而存在差别。公约所规定的为最低保护的期限，各国可在公约的基础上提供更长时间的保护，[1] 但一般原则上不超过起源国的保护期限。[2]

1. 一般的作品保护期

对于一般作品，公约给予保护的期限为作者终生及其死后五十年。[3] 属于合著者共有的情况下，作品的保护期应从最后死亡的作者死亡之日起算五十年。[4]

2. 不具名或具笔名的作品的保护期

对于不具名作品和具笔名作品，公约给予的保护期为自其合法向公众发表之日起五十年。但如作者采用的笔名不致引起对其身份发生任何怀疑时，该保护期则为一般作品的期限。如不具名作品或具笔名作品的作者在上述期间内披露其身份，则适用一般作品规定的保护期限。如果有充分理由假定其作者已死去五十年，则成员国没有义务保护不具名作品或具笔名作品。[5]

3. 电影作品、摄影作品和实用艺术作品的保护期

对于电影作品，公约允许成员国在其国内法中规定，保护期限自作品在作者同意下公映后五十年届满，如自作品摄制完成后五十年内尚未公映，则自作品摄制完成后五十年届满。[6]

对于摄影作品及作为艺术品加以保护的实用美术作品，其保护期限不应少于自该作品完成时算起二十五年。[7]

---

① 参见《伯尔尼公约》第 6 条第 2 款。
② 参见《伯尔尼公约》第 7 条第 8 款。
③ 参见《伯尔尼公约》第 7 条第 1 款。
④ 参见《伯尔尼公约》第 7 条之 2。
⑤ 参见《伯尔尼公约》第 7 条第 3 款。
⑥ 参见《伯尔尼公约》第 7 条第 2 款。
⑦ 参见《伯尔尼公约》第 7 条第 4 款。

（六）对著作权的限制

《伯尔尼公约》对著作权的限制主要体现在对复制权的限制和发展中国家可对翻译权和复制权进行强制许可上。

1. 对复制权的限制

复制权是著作权中最为重要的经济权利之一，《伯尔尼公约》对复制权的限制涉及以下四个方面：（1）缔约国可以立法准许在某些特殊情况下复制有关作品，前提条件是，这种复制与作品的正常利用不相冲突，也不会导致作者的合法权益遭受不合理的损害。（2）缔约国可以立法准许从公众已经合法获得的作品中摘录原文，但摘录行为需要符合公平惯例，摘录范围不得超过摘录目的所允许的程度。（3）缔约国可以立法或根据与其他缔约国之间的协定，准许在合理目的下，以讲解的方式将文学艺术作品用于出版物、广播、录音或录像，以作为教学之用。但是这种利用需符合公平惯例，且需标明该作品的出处。如原作品上有作者署名，须标明作者姓名。（4）缔约国可以立法准许通过报刊及无线广播或有线广播，复制报纸杂志上关于政治、经济、宗教等时事性文章，以及同类性质的广播作品，除非该文章、作品中明确保留复制权与广播权。但复制或广播时须明确指出作品的出处。在公约的授权下，以上对于复制权的限制在各国内被广泛作为被控侵权方抗辩的依据，用于著作权侵权的诉讼中。

2. 发展中国家可对翻译权和复制权进行强制许可

出于对发展中国家经济发展水平和相关公共利益的考虑，《伯尔尼公约》于1971年修订时增加了仅适用于发展中国家的特殊优惠规定，[①] 发展中国家可以通过声明的方式享受这些优惠：（1）关于翻译权的强制许可。根据《伯尔尼公约》的规定，只要作品以印刷形式或类似的复制方式出版，则声明享有该优惠的国家，有权由主管当局发给许可证，以代替公约规定的翻译专有权。（2）关于复制权的强制许可。根据《伯尔尼公约》的规定，声明享有优惠的国家的主管当局有权发放许可证，以代替公约规定的复制专有权。

---

① 参见《伯尔尼公约》附件第 2 条、第 3 条。

根据《伯尔尼公约》的规定，发放强制许可须符合的条件包括许可只能出于教学或研究的需要，不得用于营利活动；应规定一定期限，期限届满后，才能强制许可；主管当局发放许可时，须履行一定的手续；许可必须是非独占性的，不可转让的；许可只能向本国国民发放；依据许可翻译或复制的作品，只能在本国国内销售，不得出口。[①]

二、《世界版权公约》

（一）《世界版权公约》的制定

因《伯尔尼公约》采用了欧洲国家的著作权保护模式，且具体内容上与美洲国家的实践有很大差异，因此在很长一段时间内，以美国为代表的美洲国家拒绝加入，并缔结了《美洲国家间版权公约》。如此对立的状态给著作权的国际保护带来了极大的影响。1947 年，联合国教科文组织发起制定了《世界版权公约》（Universal Copyright Convention），其成员国既有美洲国家，又有伯尔尼联盟成员国。《世界版权公约》于 1955 年 9 月 16 日正式生效，1971 年在巴黎做过修订。我国于 1992 年 9 月 1 日向联合国教科文组织递交了加入公约的文件，并于 1992 年 10 月 30 日起成为该公约的成员国。

《世界版权公约》由正文和附件两部分组成，正文共 21 条，前 7 条为实质性条款，后 14 条为组织管理性条款。公约的主要内容基本上被《伯尔尼公约》所覆盖，其保护标准要低于《伯尔尼公约》，但其更具灵活性。

（二）保护的作品范围

《世界版权公约》各缔约方承诺对文学、科学、艺术作品的作者及其他版权所有者的权利提供充分有效的保护。公约所称的"文学、科学、艺术作品"，包括文字、音乐、戏剧和电影作品，以及绘画、雕刻和雕塑，涵盖所有类型的作品。与《伯尔尼公约》相比，《世界版权公约》对保护客体的规定比较概括，其明确列举的文学、科学、艺术作品的表现方式较少，这样有利于一些保护范围较窄，

---

① 参见《伯尔尼公约》附件第 4 条。

且刚刚建立国内版权保护制度的国家加入公约。①

（三）基本原则

1. 国民待遇原则

《世界版权公约》第 2 条规定，任何缔约国国民出版的作品及在该国首先出版的作品，在其他各缔约国中，均享有其他缔约国给予其该国国民在该国首先出版之作品的同等保护，以及本公约特许的保护。任何缔约国国民未出版的作品，在其他各缔约国中，享有该其他缔约国给予其国民未出版之作品的同等保护，以及本公约特许的保护。为实施本公约，任何缔约国可依该国法律将定居该国的任何人视为该国国民。②

《世界版权公约》在国民待遇原则上兼顾作者国籍与作品国籍的规定，是对《伯尔尼公约》的沿用。而《世界版权公约》的规定较《伯尔尼公约》而言更加简单，范围也更宽泛，将非缔约国国民在缔约国有住所或无国籍人和流亡者在缔约国有惯常居所的情形都纳入其中。

2. 版权独立性原则

版权独立性原则是指享有国民待遇的作者在公约任何成员国所得到的版权保护不依赖其作品在来源国受到的保护，在符合公约最低要求的前提下，该作者的权利受到保护的水平、司法救济方式等均完全适用提供保护的那个成员国的法律。版权独立性原则在《世界版权公约》及《伯尔尼公约》中都有体现。

3. 非自动保护原则

因以美国为代表的美洲国家对于作品获得版权有登记等形式要件的要求，因此《世界版权公约》未沿用《伯尔尼公约》的自动保护原则，而是附一定条件的保护。具体而言，公约规定，任何缔约国依其国内法要求履行手续如缴送样本、注册登记、刊登启事、办理公证文件、偿付费用或在该国国内制作出版等作为版权保护的条件者，对于根据本公约加以保护并在该国领土以外首次出版而

---

① 叶建川、王鸿、姚兵兵：《知识产权国际保护》，知识产权出版社 2017 年版，第 167 页。

② 参见《世界版权公约》第 2 条。

其作者又非该国国民的一切作品，应视为符合上述要求，只要经作者或版权所有者授权出版的作品的所有名册，自首次出版之日起，标有©的符号，并注明版权所有者之姓名、首次出版年份等，其标注的方式和位置应使人注意到版权的要求。[①]

（四）最低保护标准

考虑到美洲国家的立场，公约未规定作者的精神权利，只规定了经济权利。公约确认的作者最低限度的经济权利包括：准许以任何方式复制、公开表演及广播等专有权利，作者翻译和授权他人翻译受公约保护的作品以及出版和授权他人出版上述作品译本的专有权利。受公约保护的各类作品均享有这些权利，无论这些作品是原著形式还是从原著演绎而来的任何形式。

根据公约的规定，作品的保护期限不得少于作者有生之年及其死后的二十五年。但是，如果任何缔约国在公约对该国生效之日，已将某些种类作品的保护期限规定为自该作品首次出版以后的某一段时间，则该缔约国有权保持其规定，并可将这些规定扩大应用于其他种类的作品。对所有这些种类的作品，其版权保护期限自首次出版之日起，不得少于二十五年。任何缔约国如在公约对该国生效之日尚未根据作者有生之年确定保护期限，则有权根据情况，从作品首次出版之日或从出版前的登记之日起计算版权保护期，只要根据情况从作品首次出版之日或出版前的登记之日算起，版权保护期限不少于二十五年。摄影作品或实用美术作品作为艺术品给予保护时，保护期限不得少于十年。[②]

（五）对著作权保护的例外

根据公约的规定，缔约国有权对文字作品的翻译权作出限制。缔约国可授予其国民用该国通用语文翻译文字作品并出版译文的许可。该许可只能是非专有的和不能转让的，根据该许可完成的译本只能在发放许可的缔约国境内出

---

① 参见《世界版权公约》第3条第1款。
② 参见《世界版权公约》第4条第2款、第3款。

版。同时,缔约国国内法应保证翻译权人能得到公平且符合国际标准的补偿,保证作品翻译的准确性。依据强制许可出版的译本复制品应刊印原著名称及作者姓名,如果作者已经完全停止其作品的复制发行,则不得进行强制许可。文字作品翻译权的强制许可需符合的条件包括:文字作品自首次出版起算 7 年后仍未以该国通用语文出版译本,或者以缔约国通用语文翻译的以前所有的版本均已售完;申请翻译许可的国民须证明他已向翻译权拥有者提出翻译作品和出版译本的要求,但未能得到授权,或经过相当的努力仍未能找到权利拥有者。[①]

三、TRIPs 协定

(一)制定背景

世界经济一体化进程的加速导致了发达国家与发展中国家之间产生严重的贸易摩擦,两者关于知识产权国际保护的标准存在很大的争议,发展中国家对于知识产权保护的漠视已经形成了一种非关税壁垒,损害了发达国家的利益。发达国家曾尝试通过 WIPO 来解决此问题,但 WIPO 所管辖的多边国际公约签约国家较少,约束力有限,且大多数的国际公约没有行之有效的争端解决机制。最终,发达国家在乌拉圭回合谈判中,争取到了 TRIPs 协定的制定。

TRIPs 协定于 1995 年 1 月 1 日生效,由序言及 7 个部分组成,共 73 条,TRIPs 协定第二部分第一节即"版权和相关权利",包含 6 个条款。TRIPs 协定的签订及生效使版权等知识产权问题通过国际贸易得以解决。

(二)最低保护标准

TRIPs 协定中除重申《伯尔尼公约》的实质性版权保护标准以外,还有其新增的最低版权保护标准,主要包括对计算机程序、数据汇编作品的保护以及为计算机程序和电影作品设定出租权。

1. 计算机程序的保护

根据 TRIPs 协定的规定,计算机程序,无论是源代码还是目标代码,均应

---

① 参见《世界版权公约》第 5 条之 3、4。

作为《伯尔尼公约》项下的文字作品加以保护。[①] 计算机程序作为一种特殊的作品，与传统意义上的文字作品截然不同，有的国家通过版权法对其进行保护，[②] 有的国家对有技术性的计算机程序给予专利保护，[③] 且计算机程序中与商业秘密有关的还被作为商业秘密进行保护。TRIPs 协定将计算机程序的保护纳入版权保护制度，一定程度上终结了各缔约方域内立法的分歧与冲突。

2. 数据汇编（数据库）作品的保护

《伯尔尼公约》中将汇编作品纳入保护范围，但无法直接包含新时代下基于电子数据产生的数据库，因此 TRIPs 协定对此"汇编作品"的概念作了扩充解释。TRIPs 协定规定，数据汇编或其他资料，无论采用机器可读形式还是其他形式，只要其内容的选取与编排构成智力创作，即应得到法律保护。但是，该保护不得延伸至数据或资料本身，不得损害存在于数据或资料本身的任何版权。[④]

3. 为计算机程序和电影作品设定出租权

根据 TRIPs 协定的规定，作品的作者及其合法继承人应享有专有权，向公众商业性出租计算机程序或者电影作品的原件或复制件。但是如果电影作品的出租不会导致对该作品的广泛复制，从而对作者及其合法继承人的专有复制权产生实质性的损害，缔约方可以允许电影作品的商业出租；如果计算机程序本身不是出租的主要标的，缔约方应当允许这种商业出租。出租权是为计算机程序和电影作品特别设定的，其他类型的作品的版权不包含出租权这一权能。

（三）关于"版权的相关权利"的保护规则

TRIPs 协定将邻接权称为"版权的相关权利"，包括表演者权、录音制品制作者权和广播组织权，并将这些权利纳入 TRIPs 协定的保护范围，给予一定程度的保护。

---

① 参见 TRIPs 协定第 10 条。
② 如美国于 1976 年、1980 年修订的版权法明确保护计算机程序。
③ 参见 1976 年的《欧洲专利公约》。
④ 参见 TRIPs 协定第 10 条。

1. 表演者权

TRIPs 协定规定,表演者应有可能防止未经其授权的固定其未曾固定的表演和复制该录制品。表演者还应有可能阻止未经其授权以无线广播方式播出和向大众传播其现场表演。[①] 从 TRIPs 协定的用语来看,TRIPs 协定认为法律只需使表演者有可能防止他人实施有关行为即可,不必授予表演者权利。[②]

2. 录音制品制作者权

TRIPs 协定规定,录音制品制作者应享有准许或禁止直接或间接复制其录音制品的权利。同时录音制品制作者还应享有出租权,但如果成员方在 1994 年 4 月 15 日前就已就录音制品的商业出租建立了给予权利人公平报酬的制度,该成员可继续保留此制度。[③] 同表演者权一样,录音制品的商业出租不能对权利持有人的复制专有权产生实质性的损害。

3. 广播组织权

TRIPs 协定规定,广播组织应有权禁止未经其授权录制、复制录制品、以无线广播方式转播以及将其电视广播向公众传播。如果成员方未授予广播组织这些权利,则 TRIPs 协定要求成员在遵守《伯尔尼公约》相关规定的前提下,给予对广播内容享有版权的人禁止上述未经授权的行为的可能性。[④]

此外,根据 TRIPs 协定的规定,对表演者、录音制品制作者权利提供法律保护的最低期限为:表演发生、录制发生或被广播之年末起 50 年。对广播组织权的最低法律保护期限为:广播发生之年末起 20 年。

(四)争端的防止和解决

作为与贸易紧紧相关的协议,TRIPs 协定为保证协议的执行力和约束力,打破了《伯尔尼公约》中将争议提交至国际法院的做法,建立了其自身的争端防止与解决机制。

---

① 参见 TRIPs 协定第 14 条第 1 款。
② 郑成思:《版权法》(修订本),中国人民大学出版社 1997 年版,第 341 页。
③ 参见 TRIPs 协定第 14 条第 4 款。
④ 参见 TRIPs 协定第 14 条第 3 款。

1. 争端的防止

TRIPs 协定第 63 条"透明度"的规定是防止争端的重要手段。首先，TRIPs 协定要求各成员国对其实施 TRIPs 协定的情况进行公开，包括施行的法律、法规以及普遍适用的司法终局裁决和行政裁定，以及双边或多边的协议。[①]且各成员国需将以上情况通知 TRIPs 协定理事会，以帮助理事会审查执行情况。[②]若一成员认为另一成员提供的上述信息可能影响其在 TRIPs 协定下的权利，则有权书面请求该成员提供某一特定的司法裁决、行政裁决或双边协定的足够详细的内容。[③]对上述信息的提供不得妨碍执法或违背公共利益或损害特定公私企业的合法商业利益。[④]

2. 争端的解决

TRIPs 协定规定，其项下产生的磋商和争端解决，适用《争端解决谅解》详述和实施的《1994 年关税与贸易总协定》。TRIPs 协定理事会应审查根据本协定提出的、属《1994 年关税与贸易总协定》第 23 条第 1 款第（2）项和第（3）项规定类型的起诉范围和模式，并将其建议提交部长级会议供批准。部长级会议关于批准此类建议或延长第 2 款中时限的任何决定只能经协商一致作出，且经批准的建议应对所有成员生效，无须进一步的正式接受程序。[⑤]

（五）TRIPs 协定对著作权国际保护的重要意义

TRIPs 协定是在《伯尔尼公约》以来奠定的著作权国际保护的强化，是对《伯尔尼公约》所确定的精神的重申。[⑥]除了对作者精神权利的保护外，其整体保护水平超过了《伯尔尼公约》，对版权国际保护的意义体现在如下几个方面：第一，TRIPs 协定确立了包括版权在缔约国国内法上的私权地位，将包括版权在内的知识产权的保护上升到人权高度；第二，首次将最惠国待遇原则引入知

---

① 参见 TRIPs 协定第 63 条第 1 款。
② 参见 TRIPs 协定第 63 条第 2 款。
③ 参见 TRIPs 协定第 63 条第 3 款。
④ 参见 TRIPs 协定第 63 条第 4 款。
⑤ 参见 TRIPs 协定第 64 条。
⑥ 参见 TRIPs 协定第 9 条。

识产权国际保护领域，使版权在其各缔约方得到相对统一的高水平保护；第三，TRIPs 协定对缔约国的知识产权执行措施提出了更高的要求，确保各缔约国国内的知识产权取得和维持程序公平合理，保障了 TRIPs 协定的有效实施；第四，TRIPs 协定将缔约国之间的知识产权争端纳入 WTO 的争端解决机制，强化了 TRIPs 协定的约束力和执行力。

四、邻接权的国际保护专项公约

（一）《罗马公约》

传媒业的迅速发展使得作品的传播价格更加低廉，也提出了以往未引起足够重视的邻接权保护问题，各国纷纷开始采取行动，扩张对作品的保护到对表演者、录音制品制作者和广播组织的权利上。为协调各国保护邻接权的步调，1961 年联合国劳工组织、教科文组织以及世界知识产权组织在罗马订立了《罗马公约》。《罗马公约》于 1964 年 5 月 18 日生效，共 34 条。第 1 条至第 15 条为实体性条款，第 16 条至第 34 条为行政性条款。《罗马公约》是邻接权国际保护领域的基础性多边公约，其中的许多内容已经成为邻接权保护的基本标准。

1.《罗马公约》的国民待遇原则

《罗马公约》中的国民待遇与其他公约中的国民待遇的含义大致相同，基本出发点是避免缔约方在本国国民与外国国民间实施歧视性的差别待遇。但由于邻接权涉及表演者、录音制品制作者和广播组织三种主体的权利，《罗马公约》首先明确缔约国"本国国民"的标准，然后设定其他缔约方国民可享受该"本国国民"的法律保护的条件。首先"本国国民"指的是其节目在该国境内表演、广播或首次录制的表演者；其录音制品在该国境内首次录制或首次发行的录音制品制作者；其广播节目从设在该国领土上的发射台发射，且其总部设在该国境内的广播组织。[①] 据此，其他缔约方的表演者、录音制品制作者和广播组织在一定条件下能够享受国民待遇：（1）对于表演者而言，需要其表演是在

---

① 参见《罗马公约》第 2 条。

另一缔约方进行的，或表演已被录制在受《罗马公约》第5条保护的录音制品上，或表演未被录制成录音制品但在受本公约第6条保护的广播节目中播放。①（2）对于录音制品制作者，其条件为：录音制品制作者是另一个缔约方的国民；或首次录音是在另一个缔约方完成的；或录音制品是在另一个缔约方首次发行的；或录音制品是在某一非缔约方首次发行的但在首次发行后30天内也在某一缔约方发行。②（3）对于广播组织而言，其条件为：该广播组织的总部设在另一缔约方；或广播节目是由设在另一缔约方的发射台播放的。③

《罗马公约》同时也体现了邻接权的最低保护标准，即某一缔约国不得依据其国内法给予国民的待遇而给予其他缔约国低于公约规定标准的待遇，这对于对邻接权保护较强的国家来说，避免其进入保护较弱的国家时其权益受到侵害。

2.《罗马公约》关于表演者的最低保护标准

公约在设定表演者保护规则时，没有使用"权利"一词，而是从反面禁止的角度，规定了三种表演者有权禁止的行为，即未经其同意，将其表演进行广播和向公众传播，但该表演本身就是广播演出或出自录音、录像者例外；未经其同意，录制他们未曾录制过的表演；未经其同意，复制他们表演的录音或录像。同时，公约将演员同意情况下广播的转播、录音或录像或对该录音或录像进行复制及使用的期限和条件的规定权留给各缔约国，由其国内法进行规定。但无论国内法如何规定，均不得使表演者丧失通过合同控制他们与广播组织之间的关系的能力。

对于数个表演者共同参与同一个表演的联合表演的情况，表演者可推举代表行使他们作为表演者的权利，而代表的推举及确定方法由各国国内法规定。④对于表演内容是杂耍、马戏等"非文学艺术作品"的表演者，其权利由各缔约国

---

① 参见《罗马公约》第4条。
② 参见《罗马公约》第5条。
③ 参见《罗马公约》第6条。
④ 参见《罗马公约》第8条。

通过其国内法将公约关于文学艺术作品的表演适当延伸适用。

3.《罗马公约》关于录音制品制作者的最低保护标准

公约规定,录音制品制作者享有授权或禁止他人直接或间接复制其录音制品的权利。[①]但是对于录音制品制作者而言,其保护并非自动取得,而是需根据缔约国国内法的规定取得。如果缔约国国内法规定录音制品制作者或与录音制品有关的表演者必须履行一定的手续才能得到法律的保护,那么只要录音制品符合下列条件,就应视为它已经完成履行国内法要求的所有手续:(1)在所有进入商业领域的已出版录音制品的复制品或其包装上含有规定的标记,该标记为 P 及随其后的首次出版年份构成。(2)该标记的放置,应使他人能够合理注意到权利要求。(3)如果复制品或其包装上为带有制作者或其被许可人的名称、商标或其他适当指示,从而不能确认制作者或其被许可人的,则前述标记应含有制作者权所有人的姓名;如果复制品或其包装不能确认主要表演者,该标记还应当包含在制作这些录音的国家内拥有表演者权的人的姓名。根据这个规定,只要具备上述条件,录音制品的制作者或相关的表演者即可要求缔约方对其进行保护,而无须再履行其国内法中关于形式条件的其他手续。

4.《罗马公约》关于广播组织的最低保护标准

根据公约的规定,广播组织应享有授权或禁止下列行为的权利:转播其广播;将其广播进行固定;复制未经其同意而固定的广播,以及如果该未经其同意的固定是根据第 15 条规定(关于邻接权的例外与限制)而制作,为了不同于该规定的目的而进行的复制;向公众传播其电视广播,如果传播发生在公众付入场费才能进入的地方。行使这项权利的条件由被请求保护的国家的国内法决定。[②]

5.《罗马公约》关于邻接权保护期限的最低标准

公约涉及的邻接权的保护期限至少为 20 年,分别按下列行为发生的年底起算:未经固定的表演按表演发生的时间起算;录音制品和录制于其中的表演

---

① 参见《罗马公约》第 10 条。

② 参见《罗马公约》第 13 条。

按录音制品的制作时间起算；广播按播出的时间起算。①

6.《罗马公约》关于邻接权保护的例外规定

根据公约的规定，缔约方国内可在私人使用、为报道当前发生的事件而少量使用、广播组织为了方便自己在广播中使用而短暂固定以及纯粹出于教学或科学研究目的的使用等情况下，不提供邻接权的保护。此外，除了私人使用和强制许可使用的情况外，缔约方还可以将其国内法中对文学艺术作品保护的限制，延伸适用于邻接权的保护。②

（二）《保护录音制品制作者防止未经许可复制其录音制品公约》

作为邻接权国际保护领域的基础性公约，《罗马公约》提供了表演者、录音制品制作者和广播组织的保护原则和标准。但是，相对于表演者和广播组织，《罗马公约》关于录音制品制作者的保护规则不够具体和详细。再加上只有《伯尔尼公约》或《世界版权公约》的缔约方才可以加入《罗马公约》，使得《罗马公约》对录音制品制作者权利的国际保护的有效性受到制约。而同时因数字技术的成熟使得复制技术获得飞速发展，针对录音制品的非法复制行为泛滥，严重阻碍了唱片业的正常发展，因此，世界知识产权组织于 1971 年 10 月 29 日在日内瓦主持缔结了《保护录音制品制作者防止未经许可复制其录音制品公约》（以下简称《唱片公约》）。

1.《唱片公约》的保护对象

根据《唱片公约》的规定，公约保护的对象是作为其他缔约方国民的录音制品制作者。公约没有直接提供"缔约方国民"的判断标准，但根据其他条款的推断，公约主要以制作者的国籍来区分是否为"缔约方国民"。如果录音制品制作者具有某个缔约方的国籍，则该制作者在其他缔约方可享受法律保护。③

---

① 参见《罗马公约》第 14 条。

② 参见《罗马公约》第 15 条。

③ 参见《唱片公约》第 2 条。

2.《唱片公约》保护的内容和方式

出于保护录音制品制作者的目的，公约要求缔约方制止未经制作者同意而制作复制品、进口此种复制品的行为。同时规定，这些行为的目的是向公众发行时，才应加以制止。公约没有同意固定保护录音制品制作者的具体方式，实施公约所采用的方式由缔约方国内法自行确定，但公约要求这些方式应包含下列的一种或几种：通过授予版权或其他专门权利的方式加以保护；或通过竞争法加以保护；或通过刑事制裁的方式加以保护。①

在录音制品制作者权利的取得是否为自动取得这个问题上，《唱片公约》采取了与《罗马公约》相同的路径，即此权利由各缔约国国内法进行规定，但是若需采取一定的手续，该手续需简化为在录音制品的复制品或包装上加以适当标注。

此外，根据《唱片公约》，录音制品的保护期限由国内法确定，但该期限不得短于 20 年。保护期限从录音制品中包含的声音首次被固定之年或录音制品首次出版之年年末起算。

3.《唱片公约》对录音制品保护的限制

公约规定，如果缔约方通过有关版权或其他专门权利的法律，或者以刑事制裁的方式保护录音制品制作者，则该国可以将其国内法中针对文学艺术作品保护的限制性规定，同样适用于录音制品保护。这种限制包括强制许可和其他限制。但缔约方颁发强制许可证须满足下列条件：仅为教学或科学研究目的而进行复制；复制许可证仅在颁发许可证当局所在地域内有效，复制品不得用于出口；缔约方当局对于依强制许可证进行的复制，应规定与复制的数量相对应的公平的报酬。

（三）《视听表演北京条约》

此前的国际公约中，将作品作了音频形式和视频形式的区别，但是仅对音频形式给予保护，在时代进步，视频传播越来越广泛的背景下，2012 年 6 月 20

---

① 参见《唱片公约》第 3 条。

日，世界知识产权组织在北京召开了音像表演外交会议，并于 2012 年 6 月 26 日签署了《视听表演北京条约》(以下简称《北京条约》)，赋予电影等作品的表演者依法享有许可或禁止他人使用其在表演作品时的形象、动作、声音等一系列表演活动的权利。条约由序言及 30 条正文组成。

1.《北京条约》的国民待遇原则

《北京条约》规定，在本条约所专门授予的专有权以及获得合理报酬的权利方面，每一缔约方均应将其给予本国国民的待遇给予其他缔约方的国民。[①] 缔约方应有权将其给予另一缔约方国民的保护限制在其本国国民在该另一缔约方享有的那些权利的范围和期限之内。

2.《北京条约》的精神权利

《北京条约》规定，表演者的精神权利包括：要求承认其系表演的表演者，除非因使用表演的方式而决定可省略不提其系表演者；反对任何对其表演进行的将有损其声誉的歪曲、篡改或其他修改，但同时应对视听录制品的特点予以适当考虑。上述精神权利不依赖于表演者的经济权利，甚至在这些财产转让之后，表演者仍应对于其现场表演或以视听录制品录制的表演有权。[②] 条约要求表演者的精神权利在其死亡后应继续保留，至少到其经济权利期满为止，并可由被要求提供保护的缔约方立法所授权的个人或机构行使。但条约给予缔约国一定保留的权利，即批准或加入本条约时其立法尚未规定在表演者死亡后保护上款所述全部权利的国家，则可规定其中部分权利在表演者死亡后不再保留。

3.《北京条约》的财产权利

条约授予表演者的经济权利呼应了 TRIPs 协定中关于版权的规定，还加入了在互联网时代下对表演者权利的特殊保护，主要包括：(1)表演者对其尚未录制的表演，有授权广播和向公众传播该表演的权利，除非该表演本身已属广

---

① 参见《北京条约》第 4 条。

② 参见《北京条约》第 5 条。

播表演。[①]（2）复制权：表演者应享有授权以任何方式或形式对其以视听录制品录制的表演直接或间接地进行复制的专有权。[②]（3）发行权：表演者应享有授权通过销售或其他所有权转让形式向公众提供其以视听录制品录制的表演的原件或复制品的专有权，对于已录制表演的原件或复制品经表演者授权被首次销售或其他所有权转让之后权利的用尽所依据的条件（如有此种条件），本条约的任何内容均不得影响缔约各方确定该条件的自由。[③]（4）出租权：表演者应享有授权按缔约各方国内法中的规定将其以视听录制品录制的表演的原件和复制品向公众进行商业性出租的专有权，即使该原件或复制品已由表演者发行或经表演者授权发行。除非商业性出租已导致此种录制品的广泛复制，从而严重损害表演者的专有复制权，否则缔约方被免除上述义务。[④]（5）提供已录制表演的权利：表演者应享有专有权，以授权通过有线或无线的方式向公众提供其以视听录制品录制的表演，使该表演可为公众中的成员在其个人选定的地点和时间获得。[⑤]（6）广播和向公众传播的权利：表演者应享有授权广播和向公众传播其以视听录制品录制的表演的专有权，缔约各方可以在向世界知识产权组织总干事交存的通知书中声明，他们将规定一项对于以视听录制品录制的表演直接或间接地用于广播或向公众传播获得合理报酬的权利，以代替授权的权利。缔约各方还可以声明，他们将在立法中对行使该项获得合理报酬的权利规定条件。此外，依《北京条约》给予表演者的保护期，应自表演录制之年年终算起，至少持续到50年期满为止。[⑥]

4. 表演者权利的转让

《北京条约》规定，缔约方可以在其国内法中规定，表演者一旦同意将其表演录制于视听录制品中，其经济权利归该视听录制品的制作者所有，或应由其

---

① 参见《北京条约》第6条。
② 参见《北京条约》第7条。
③ 参见《北京条约》第8条。
④ 参见《北京条约》第9条。
⑤ 参见《北京条约》第10条。
⑥ 参见《北京条约》第14条。

行使，或应向其转让，但表演者与视听录制品制作者之间按国内法的规定订立任何相反合同者除外。此种转让可以由国内法规定采用书面形式，并应由合同当事人双方或由经其正式授权的代表签字，但表演者有权依照本条约的规定因表演的任何使用而获得使用费或合理报酬。[①]

5. 表演者权利的限制与例外

根据《北京条约》的规定，缔约各方可以在其国内立法中，对给予表演者的保护规定与其国内立法给予文学和艺术作品的版权保护相同种类的限制或例外，但这种限制或例外仅限于某些不与表演的正常利用相抵触，也不致不合理地损害表演者合法利益的特殊情况。[②]

6. 关于技术措施和权利管理信息的义务

根据《北京条约》的规定，缔约各方应规定适当的法律保护和有效的法律补救办法，制止规避由表演者为行使本条约所规定的权利而使用并限制对其表演实施未经该有关表演者许可的或法律不允许的行为的有效技术措施。[③]

此外，缔约各方应规定适当和有效的法律补救办法，制止任何人明知，或就民事补救而言，有合理根据知道其行为会诱使、促成、便利或包庇对本条约所规定的任何权利的侵犯，而故意实施以未经许可去除或改变任何权利管理的电子信息，[④] 或未经许可发行、为发行目的进口、广播，向公众传播或提供明知未经许可而被去除或改变权利管理电子信息的表演或以视听录制品录制的表演的复制品的行为。

---

① 参见《北京条约》第 12 条。
② 参见《北京条约》第 13 条。
③ "表演者使用的技术措施"一语，与《世界知识产权组织表演和录音制品条约》的情况一样，应作广义的理解，亦指代表表演者实施行为的人，包括其代理人、被许可人或受让人，包括制作者、服务提供者和经适当许可使用表演进行传播或广播的人。
④ 本条中的用语"权利管理信息"系指识别表演者、表演者的表演或对表演拥有任何权利的所有人的信息，或有关使用表演的条款和条件的信息，以及代表此种信息的任何数字或代码，各该项信息均附于以视听录制品录制的表演上。

五、互联网背景下的著作权国际保护公约

（一）《世界知识产权组织版权条约》

为解决互联网络环境下著作权的国际保护问题，1996 年 12 月 20 日，世界知识产权组织在日内瓦主持召开了外交会议，并在会上缔结了《世界知识产权组织版权条约》（World Intellectual Property Organization Copyright Treaty，以下简称 WCT）。WCT 共 25 条，其中第 1 条至第 14 条为实体条款，第 15 条至第 25 条为行政管理条款。

1. WCT 的版权保护范围及与《伯尔尼公约》的关系

WCT 明确了版权保护延及表达，而不延及思想、过程、操作方法或数学概念本身。[①]

WCT 属于《伯尔尼公约》项下的专门协定，缔约方之间应当依照《伯尔尼公约》的规定承担相应的义务。WCT 不得与除《伯尔尼公约》以外的条约有任何关联，不得损害依任何其他条约的任何权利和义务。

WCT 与《伯尔尼公约》的关系明确了《伯尔尼公约》所规定的复制权及其所允许的例外，完全适用于数字环境，尤其是以数字形式使用作品的情况。不言而喻，在电子媒体中以数字形式存储受保护的作品，构成《伯尔尼公约》意义下的复制。缔约各方对于本条约所规定的保护应比照适用《伯尔尼公约》的规定。[②]

2. 关于发行权及其用尽

根据 WCT 的规定，文学和艺术作品的作者应享有授权通过销售或其他所有权转让形式向公众提供其作品原件和复制品的专有权。但是，对于在作品的原件或复制品经作者授权被首次销售或其他所有权转让之后上述权利用尽，此即发行权用尽。[③] 关于发行权用尽应当注意：一是发行权用尽只适用于经作者

---

① 参见 WCT 第 2 条。

② 参见 WCT 第 1 条、第 3 条。

③ 参见 WCT 第 6 条。

授权而首次出售或以其他方式转让的作品原件或特定复制件,未经授权而发售的,不适用发行权用尽;二是发行权用尽只意味着作者无权控制经其授权而首次出售的作品原件或复制件的后续处分,作者对于作者本身的权利,如复制权等,则不受权利用尽的影响。

3. 关于出租权

WCT 规定出租权的客体为计算机程序、电影作品和以录音制品体现的作品,上述作品的作者享有授权将其作品的原件或复制品[1]向公众进行商业性出租的专有权。但是,如果计算机程序本身并非出租主要对象或电影作品的商业性出租已导致对此种作品的广泛复制,从而严重地损害了复制专有权的,该出租权不适用。[2]

4. 关于"向公众传播权"

根据 WCT 的规定,文学和艺术作品的作者应享有专有权,以授权将其作品以有线或无线方式向公众传播,包括将其作品向公众提供,使公众中的成员在其个人选定的地点和时间可获得这些作品。[3]

5. 关于摄影作品的保护期限

对于摄影作品,《伯尔尼公约》第 7 条第(4)款规定其保护期限允许成员以国内法的形式进行规定,但是这一期限不得少于自作品完成时起算 25 年。[4]但是 WCT 不适用该规定,[5]因此,WCT 项下的摄影作品的保护期限与一般作品的保护期限相同。

6. 关于技术措施和权利管理信息的义务

WCT 规定,缔约各方应规定适当的法律保护和有效的法律补救办法,制止规避由作者为行使本条约所规定的权利而使用的、对就其作品进行未经该有关

---

① "复制品"专指可作为有形物品投放流通的固定的复制品。

② 参见 WCT 第 7 条。

③ 参见 WCT 第 8 条。

④ 参见《伯尔尼公约》第 7 条第 4 款。

⑤ 参见 WCT 第 9 条。

作者许可或未由法律准许的行为加以约束的有效技术措施。①

对于侵犯权利管理信息②的行为，缔约各方应规定适当和有效的法律补救办法，制止任何人明知，或就民事补救而言有合理根据知道其行为会诱使、促成、便利或包庇对本条约或《伯尔尼公约》所涵盖的任何权利的侵犯而故意从事未经许可去除或改变任何权利管理的电子信息或未经许可发行、为发行目的进口、广播或向公众传播明知已被未经许可去除或改变权利管理电子信息的作品或作品的复制品。③

7.关于权利的行使

根据 WCT 的规定，缔约各方承诺根据其法律制度采取必要的措施，以确保本条约的适用。缔约各方应确保依照其法律可以提供执法程序，以便能采取制止对本条约所涵盖权利的任何侵犯行为的有效行动，包括防止侵权的快速补救和为遏制进一步侵权的补救。④此规定是受 TRIPs 协定的影响而作的，其效果是提供了比《伯尔尼公约》更加具体和完善的版权保护。

（二）《世界知识产权组织表演和录音制品条约》

为强化数字技术和网络技术环境下表演者和录音制品制作者的保护，世界知识产权组织于 1996 年 12 月 20 日在日内瓦制定了《世界知识产权组织表演和录音制品条约》（WIPO Performances and Phonograms Treaty，以下简称WPPT）。该条约共 33 条，分为五章，即总则、表演者权利、录音制品制作者权利、一般性规定以及行政及最后条款。WPPT 与 WCT 合称"互联网知识产权条约"，但是不同的是，WPPT 与其他条约不存在任何关联。⑤

---

① 参见 WCT 第 11 条。

② "权利管理信息"系指识别作品、作品的作者、对作品拥有任何权利的所有人的信息，或有关作品使用的条款和条件的信息，和代表此种信息的任何数字或代码，各该项信息均附于作品的每件复制品上或在作品向公众进行传播时出现。

③ 参见 WCT 第 12 条。

④ 参见 WCT 第 13 条。

⑤ 参见 WPPT 第 1 条第 3 款。

1. WPPT 的保护对象及国民待遇

根据 WPPT 的规定,缔约各方应将依本条约规定的保护给予系其他缔约方的国民的表演者和录音制品制作者。[①] "其他缔约方的国民"应被理解为符合《罗马公约》规定的标准、有资格受到保护的表演者或录音制品制作者,如同本条约的全体缔约方均假设为该公约缔约国的情形。[②] 在 WPPT 所专门授予的专有权以及获得合理报酬的权利方面,每个缔约方均应将其给予该国国民的待遇给予前述的其他缔约方的国民。

2. 表演者的权利

WPPT 对于表演者权利的保护分为精神权利的保护和经济权利的保护。就精神权利而言,其不依赖于表演者的经济权利,甚至在这些权利转让之后,表演者仍应对其现场有声表演或以录音制品录制的表演有权要求承认其系表演的表演者,除非使用表演的方式决定可省略不提其系表演者;并有权反对任何对其表演进行将有损其名声的歪曲、篡改或其他修改。[③] 该精神权利的期限,在表演者死后应继续保留,至少到其经济权利期满为止,并应可由被要求提供保护的缔约方立法所授权的个人或机构行使。[④]

就经济权利而言,表演者应享有以下的专有权:

(1)对于其表演授权广播和向公众传播其尚未录制的表演,除非该表演本身已属广播表演录制其尚未录制的表演。[⑤]

(2)复制权:表演者应享有授权以任何方式或形式对其以录音制品录制的表演直接或间接地进行复制的专有权。[⑥]

(3)发行权:表演者应享有授权通过销售或其他所有权转让形式向公众提

---

① 参见 WPPT 第 3 条第 1 款。
② 参见 WPPT 第 3 条第 2 款。
③ 参见 WPPT 第 5 条第 1 款。
④ 参见 WPPT 第 5 条第 2 款。
⑤ 参见 WPPT 第 6 条。
⑥ 参见 WPPT 第 7 条。

供其以录音制品录制的表演的原件或复制品的专有权。①

（4）出租权：表演者应按缔约各方国内法中的规定享有授权将其以录音制品录制的表演的原件和复制品向公众进行商业性出租的专有权，即使该原件或复制品已由表演者发行或根据表演者的授权发行。②

（5）提供已录制表演的权利：表演者应享有专有权，以授权通过有线或无线的方式向公众提供其以录音制品录制的表演，使该表演可为公众中的成员在其个人选定的地点和时间获得。③

3. 录音制品制作者权利

WPPT 为录音制品制作者提供如下的权利保护：

（1）复制权：录音制品制作者应享有授权以任何方式或形式对其录音制品直接或间接地进行复制的专有权。④

（2）发行权：录音制品制作者应享有授权通过销售或其他所有权转让形式向公众提供其录音制品的原件或复制品的专有权。⑤

（3）出租权：录音制品制作者应享有授权对其录音制品的原件和复制品向公众进行商业性出租的专有权，即使该原件或复制品已由录音制品制作者发行或根据录音制品制作者的授权发行。⑥

（4）提供录音制品的权利：录音制品制作者应享有专有权，以授权通过有线或无线的方式向公众提供其录音制品，使该录音制品可为公众中的成员在其个人选定的地点和时间获得。⑦

4. 因广播和向公众传播获得报酬的权利

对于表演者与录音制品制作者，WPPT 为此二者设定了共同的因广播和向

---

① 参见 WPPT 第 8 条。
② 参见 WPPT 第 9 条。
③ 参见 WPPT 第 10 条。
④ 参见 WPPT 第 11 条。
⑤ 参见 WPPT 第 12 条。
⑥ 参见 WPPT 第 13 条。
⑦ 参见 WPPT 第 14 条。

公众传播获得报酬的权利,即对于将为商业目的发行的录音制品直接或间接地用于广播或用于对公众的任何传播,表演者和录音制品制作者应享有获得一次性合理报酬的权利。该一次性合理报酬,可由各缔约方在国内法中规定,应由表演者或由录音制品制作者或由二者向用户索取。缔约各方可制定国内立法,对表演者和录音制品制作者之间如未达成协议,表演者和录音制品制作者应如何分配该一次性合理报酬所依据的条件作出规定。①

5.保护的条件和期限

WPPT 规定,依本条约授予表演者的保护期,应自表演以录音制品录制之年年终算起,至少持续到 50 年期满为止;依本条约授予录音制品制作者的保护期,应自该录音制品发行之年年终算起,至少持续到 50 年期满为止;或如果录音制品自录制完成起 50 年内未被发行,则保护期应自录制完成之年年终起至少持续 50 年。②

6.限制与例外

根据 WPPT 的规定,缔约各方在其国内立法中,可在对表演者和录音制品制作者的保护方面规定与其国内立法中对文学和艺术作品的版权保护所规定的相同种类的限制或例外,当然这些限制或例外限于某些不与录音制品的正常利用相抵触,也不无理地损害表演者或录音制品制作者合法利益的特殊情况。③

7.关于技术措施、权利管理信息的义务

关于技术措施的义务,WPPT 规定缔约各方应规定适当的法律保护和有效的法律补救办法,制止规避由表演者或录音制品制作者为行使本条约所规定的权利而使用的、对就其表演或录音制品进行未经该有关表演者或录音制品制作者许可,或未由法律准许的行为加以约束的有效技术措施。④

关于权利管理信息的义务,WPPT 规定缔约各方应规定适当和有效的法

---

① 参见 WPPT 第 15 条。
② 参见 WPPT 第 17 条。
③ 参见 WPPT 第 16 条。
④ 参见 WPPT 第 18 条。

律补救办法，制止任何人明知，或就民事补救而言，有合理根据知道其行为会诱使、促成、便利或包庇对本条约所涵盖的任何权利的侵犯，而故意实施未经许可去除或改变任何权利管理的电子信息，或未经许可发行、为发行目的进口、广播，向公众传播或提供明知已被未经许可去除或改变权利管理电子信息的表演、录制的表演或录音制品的复制品的行为。[1]

第三节　著作权跨国取得风险识别与防控

一、著作权取得方式不同带来的法律风险

在著作权的国际公约中，多数都确立了著作权独立原则，如《伯尔尼公约》《世界版权公约》，这意味着著作权的保护是具有地域性的，每个国家都可以制定自己关于著作权的法律法规，且不受他国对著作权保护情况的影响。从著作权的取得方式上来看，有自动取得与登记取得两种形式，若混淆二者的不同，可能导致在著作权跨国取得上存在不能获得著作权保护的法律风险。

（一）著作权的自动取得

著作权的自动取得，是指著作权因作品创作完成、形成作品这一法律事实的出现而自然产生，不需要再履行其他任何手续，如审批、登记等。作者自作品创作完成后自动获得著作权。著作权自动取得，是目前世界上绝大多数国家实行的著作权取得方式，也是多数国际公约规定的著作权取得形式。国际公约中奠定著作权自动取得原则的是《伯尔尼公约》，其第3条规定，作者为本联盟任何成员国国民的，其作品无论是否发表，都应受到保护；第5条规定，享有和行使著作权不需要履行任何手续，也不论作品起源国是否存在保护。

目前，世界上大多数国家均采取著作权的自动取得原则。如我国《著作权法》第2条规定，中国公民、法人或者非法人组织的作品，不论是否发表，依照

---

[1]　参见 WPPT 第19条。

本法享有著作权。按照著作权自动取得原则，作者自作品创作完成就取得著作权，这一原则毫无例外地适用于本国作者，但对于外国人和无国籍人，还需考虑具体情况。我国《著作权法》第2条同时规定："外国人、无国籍人的作品根据其作者所属国或者经常居住地国同中国签订的协议或者共同参加的国际条约享有的著作权，受本法保护。外国人、无国籍人的作品首次在中国境内出版的，依照本法享有著作权。未与中国签订协议或者共同参加国际条约的国家的作者以及无国籍人的作品首次在中国参加的国际条约的成员国出版的，或者在成员国和非成员国同时出版的，受本法保护。"我国《著作权法实施条例》第8条规定："外国人、无国籍人的作品在中国境外首先出版后，30日内在中国境内出版的，视为该作品同时在中国境内出版。"

著作权自动取得制度有许多优点。由于实践中各种各样的文学艺术作品数量巨大，如果规定所有作品必须经过登记注册才能取得著作权，将浪费大量的人力、物力和财力，即使建立一个庞大的登记管理机构恐怕也不能胜任登记注册工作。同时，自动取得制度自作品创作完成即取得著作权，作者获得著作权的方式非常简便，可以避免登记取得中作品创作完成后注册登记之前作品的著作权失控的状况，有利于作者著作权的保护。但著作权自动取得原则也有一些弊端，比如，自动取得始于作品创作完成，如何理解作品创作完成、如何判断作品创作完成的时间以及如何举证等往往成为理论和实践中的难题，而登记取得制度中著作权取得的时间非常具体明了。

（二）著作权的登记取得

著作权的登记取得，又称注册取得，是指作品创作完成或者出版后还必须向有关登记管理机关办理登记注册才能取得著作权的一项制度。著作权的登记取得制度起源于英国，英国《安娜女王法》作为第一部版权法颁布后，明文提出了"登记"（或称"注册"）的要求。《安娜女王法》重点保护的是复制发行权，著作权登记制度的出现主要是为有效防止他人对作品的擅自复制。

目前世界上实行著作权登记取得的国家不多，主要是初期未加入《伯尔尼公约》的美洲国家。美国在加入《伯尔尼公约》之前，其国内法规定作品受到保护的条件需加注版权标注，并因此条件与《伯尔尼公约》的自动保护原则相悖，导致其迟迟未能加入《伯尔尼公约》。在加入《伯尔尼公约》后，美国于1989年颁布《伯尔尼公约实施法》，并通过修订版权法，放松对版权标注的要求。但修订后的《版权法》第401条第(d)款与第402条第(d)款明确规定，美国作者必须在提起侵权诉讼之前对其作品进行登记，否则就不能寻求司法救济。如果作品标注了版权，则一般情况下只要侵权者能够看到标注，法院就不会考虑被告"不知情"存在版权的抗辩理由。另外，《伯尔尼公约实施法》只对其生效后完成的作品适用，此前完成的作品如果没有版权标注则进入公共领域，得不到《版权法》保护，除非该缺陷可以依法弥补。①

需要明确的是，我国国家版权局从1995年开始实行《作品自愿登记试行办法》，按照该办法，著作权人可以自愿向国家版权局登记自己的著作权，并获得注册证书。但这种登记注册制度与著作权的取得没有任何关系，它仅仅是著作权人证明自己对某件作品享有著作权，作为权利归属的证据之一。但是我国对个别作品的规定是类似于登记取得的，如1991年国务院颁布的《计算机软件保护条例》规定，计算机软件的所有人应当向软件登记机关进行登记，登记不是获得著作权的条件，是提起软件著作权纠纷的行政处理和诉讼的前提。后来国务院通过行政法规明确规定外国人的计算机软件可以不进行登记，但又引起了国人的不满。1993年，最高人民法院通过下发通知的方式进行了变通，实际上废除了计算机软件登记的要求。2002年1月1日起实施的《计算机软件保护条例》已经没有软件登记的规定。

著作权的登记取得制度也有一些优点，比如实行登记取得可以明确、有效地证明著作权人的身份，减少著作权权属之争，有利于著作权纠纷的处理，有利于保护著作权人的合法权益。但这一制度的不足是，不能充分有效地保护已经创作完成但未及时登记的作品，而这些作品在《伯尔尼公约》中是受到保护的，

---

① 孙南申：《美国知识产权法律制度研究》，法律出版社2012年版，第58~59页。

尤其是实行自动取得制度的国家占大多数。因此，自动取得制度还是目前通行的著作权取得的最基本的方式。

二、著作权取得实质性要件不同带来的法律风险

作品经创作或登记可取得著作权，但是是否能够受到著作权的保护还取决于该作品是否具备著作权保护的条件；另外，在不被认为是作品的条件下，也不能得到著作权的保护。在产生著作权的客体上可能有所不同，也可能带来法律风险。

（一）著作权取得的标准不同

1. 独创性标准不同

独创性（originality）也称原创性或初创性，是指一个作品是作者独立创作产生的，是作者独立构思的产物，不是对已有作品的摹仿、抄袭。要求作品必须具有独创性，是各国著作权立法中通行的规则。但是对于这一规则，各国对于独创性的要求高低不一。

美国法院对于独创性的传统观点是"额头出汗原则"（sweat of the brow doctrine），即作者在其作品中展示了某种程度的技巧、劳动和判断。在著名的"电话簿案件"中，法官在判决中强调："应否授予人民为之耗费了劳动的书籍以版权，并不取决于人们所收集的材料是否属于公众权利的范围，也不取决于这些材料是否表现除了文字上的技巧或者无论思想还是语言方面的独创性，抑或是否超越了勤勉采集的范围。穿行于城镇大街小巷，并记录下居民姓名、职业、门牌号的人，也应对其所取得的材料享有版权。"[①]但是后来这一标准被后续的判例所推翻，认为"版权法中的独创性，意味着作品是由作者独立创作（而非复制其他作品）的，且至少有最低限度的创新……创新所要求到达的程度极低，即便是一丁点儿创新已足够。由于总能闪现出些许创新性的火花，大多数作品都很容易满足这个条件，不管这种创新有多么粗糙、微小或显著……但若只是

---

① 　Jeweler's Circular Publishing Co. v. Keystone Publishing Co., 281 F. 83 (2d Cir. 1922).

符合额头出汗条件,不具备这种'创新性的火花'"。[1]

英国版权法对独创性要求达到"技能与劳作"(skill and labour)的双重标准。其中"劳作"与美国"额头出汗"的要求一致,但是还需要具备"技能",即在作品中展示技能,因此美国判例中曾被判决构成作品的电话号码簿、商品目录等,虽然作者付出了劳作,但没有展示出技能,不符合"独创性"标准的要求,在英国法下是不能构成作品的。[2]

其他大陆法系国家对于独创性的要求更高,除"技巧与劳作"以外,还需要表现出创新性(creativity)。除主观对创新性的标准,还有客观性标准,如德国的"小硬币标准"。而按照客观标准,按照在英、美的版权体系下的标准可能构成作品的,在德国法下可能不能受到著作权的保护。

2. 固定形式要求不同

在不同国家的立法中对于是否要求作品"以固定形式表现"要求有所不同,世界上多数国家的立法对于"以固定形式表现"有要求,只有少数国家,如巴西、法国、德国和日本,在立法中不需要作品具备固定形式才给与其保护。

(二)著作权不予保护的情形不同

1. 著作权的客体有区别

《伯尔尼公约》在规定著作权的保护客体时意识到,对于某些作品,各成员国国内法对其对于著作权的客体在各国的不同,因此将某些客体是否受著作权保护交给各成员国国内法自行安排,包括立法、行政或司法性质的官方文件及这些文件的正式译本的保护,政治演讲和诉讼过程中发表的言论部分或全部,实用美术作品及工业设计和模型及此类作品、设计和模型的保护条件。

2. 对违禁作品的态度不同

在对于违禁作品是否应给予著作权保护的问题上,国际公约及世界各国的做法都在不断更新。目前,国际上形成的一种较为统一的基本认识是:至少应

---

[1]　Feist Publication, INC. v. Rural Telephone Service Co., 499 U.S. 340, 345~46 (1991).

[2]　徐妮娜:《著作权的国际私法问题研究》,中国社会科学出版社 2015 年版,第 14 页。

从防范意义上给予违禁作品作者以保护。例如德国《著作权法》认为："那些含有不道德内容的作品，只要刑法等公法禁止使用它们，在这些作品上就不产生各种积极权利，而至产生消极的著作权权利，即可以针对第三人的权利（比如针对剽窃行为有权请求法律保护）却仍然存在。"①

我国对于违禁作品的态度也经历了一个重大的转变。在2010年修订《著作权法》之前，我国《著作权法》第4条的规定是对违法作品的著作权不予保护，但是实践中通过司法解释实际对违法作品进行了保护。我国在WTO首次遭到知识产权方面的问题就是美国对于我国《著作权法》第4条对违法作品的态度，这也导致了我国在2010年修改《著作权法》时修改了第4条的规定。但是，各国仍然可以根据"公共秩序保留"这一原则，剥夺对某些作品的著作权保护，虽然这一原则在历史上极少被使用。

三、对著作权跨国取得风险的防控

从各国著作权制度的历史发展和具体规定看，著作权取得方式主要是自动取得和登记取得，但《世界版权公约》又规定了加注版权标记制度。依据《世界版权公约》第3条的规定，一切作品自首次出版之日起，均应加注©的符号，并注明版权所有者的姓名、首次出版年份等，其标注的方式和位置应使人注意到版权的要求。版权标记是英文版权copyright的缩写。由于在作品上加注版权标记是轻而易举的事情，虽然其要求与《伯尔尼公约》不符，但加注版权标记对于表明著作权人的权利还是有好处的，因此目前大多数《伯尔尼公约》成员国和《世界版权公约》成员国都遵从这一规定，我国也不例外。

使用著作权标记©的好处在于：首先，若他人在未经著作权人许可的情况下对作品进行了利用，则不得主张该使用是善意的或不知情的；其次，加注在电子形式作品上的版权标记可以被认定为是技术措施，若对电子形式的作品上的版权标记进行移除，可能构成对技术措施的破坏。

---

① ［德］M.雷炳德：《著作权法》，张恩民译，法律出版社2005年版，第44页。

第四节　著作权利用风险识别与防控

对于著作权的利用风险，需从正反两个方面予以识别与防控：正面即作为著作权人对于著作权的合理的使用，如著作权可以被利用的权项在转让中的不同规定，以及著作权的保护期限；反面即对著作权利用的限制，主要是合理使用和可以不经作者同意的付费使用。

一、著作权利用中存在的风险

（一）著作权内涵的不同导致法律冲突

如前所述，由于在我国及多数的大陆法系国家都认为著作权是包含精神权利和经济权利两个方面的，但是在以美国为代表的美洲国家中，很长一段时间中对其所称的版权一般认为是不包含精神权利的，或仅包含极其局限的精神权利（如局限于艺术作品），因此在著作权的利用中会出现冲突，从而导致风险。这在著作权转让这一问题上表现得尤为突出：如在英美国家，著作权是可以自由转让的，因为在英美法的体系中，著作权的主要内容即财产权利；在法国、意大利、奥地利等大陆法系国家，著作权被认为不能整体转让，因为其中的精神权利在立法中是不允许转让的；在德国、荷兰等大陆法系国家，作者的精神权利可以按照法律规定转让。各国规定，各不相同。

（二）保护期限不同

根据美国《版权法》的规定，1978年1月1日以后出版物作品，保护期为作者完成创作开始到作者死后70年。作品有多个创作人的，版权保护至最后一名创作人去世后70年为止。作品是匿名的或使用笔名的，保护期至出版后95年为止，或者创作之日起算120年为止。根据欧盟1993年《协调著作权和某些保护期的指令》，文学艺术作品的保护期为作者有生之年加死后70年，该保护期不受作品合法公之于众的具体时间的限制。

二、对著作权利用存在风险的防控

（一）合理使用

合理使用制度是指法律规定在特定情况下，他人可以不经著作权人同意，也不必向著作权人支付报酬而自由使用其作品的制度。合理使用的对象和范围，各国的著作权法的规定存在很大的差异。

关于合理使用的对象，不同国家法律规定或者判例存在差异，如美国最高法院在 Harper & Row v. National Enterprises 一案中指出，作品未发表的本质是否定被告合理使用抗辩的一个关键因素。一般而言，作者对其未发表作品进行首次公开展示的控制权比他人提出的合理使用要求更为重要。[①]而另一些国家区分了合理使用的不同方式，即在某些方式下对未发表的作品也可能构成合理使用。如日本《著作权法》第30条规定：仅为个人或家庭使用而复制有关作品，可不区分有关作品是否已经发表。

关于合理使用的范围，各国规定有很大的不同：德国《著作权法》第六节规定了临时复制行为，维护权利与公共安全，为残疾人、为宗教、学校或课堂教学目的使用的汇编物，学校广播电视节目，公开演说，报刊文章和广播电视评论，关于时事的新闻报道，引用，公开再现，为课堂教学与研究目的而进行的公共传播，为私人使用目的或者其他自己使用目的而进行的复制，以录音录像方式对作品进行复制的支付报酬义务，以扫描方式复制作品时的支付报酬义务等情况属于对著作权的限制。

我国《著作权法》第24条也规定了12种合理使用的情况：（1）为个人学习、研究或者欣赏，使用他人已经发表的作品；（2）为介绍、评论某一作品或者说明某一问题，在作品中适当引用他人已经发表的作品；（3）为报道新闻，在报纸、期刊、广播电台、电视台等媒体中不可避免地再现或者引用已经发表的作品；（4）报纸、期刊、广播电台、电视台等媒体刊登或者播放其他报纸、期刊、广

---

① Harper & Row v. National Enterprises, 471 U.S. 539 (1985).

播电台、电视台等媒体已经发表的关于政治、经济、宗教问题的时事性文章，但著作权人声明不许刊登、播放的除外；（5）报纸、期刊、广播电台、电视台等媒体刊登或者播放在公众集会上发表的讲话，但作者声明不许刊登、播放的除外；（6）为学校课堂教学或者科学研究，翻译、改编、汇编、播放或者少量复制已经发表的作品，供教学或者科研人员使用，但不得出版发行；（7）国家机关为执行公务在合理范围内使用已经发表的作品；（8）图书馆、档案馆、纪念馆、博物馆、美术馆、文化馆等为陈列或者保存版本的需要，复制本馆收藏的作品；（9）免费表演已经发表的作品，该表演未向公众收取费用，也未向表演者支付报酬，且不以营利为目的；（10）对设置或者陈列在公共场所的艺术作品进行临摹、绘画、摄影、录像；（11）将中国公民、法人或者非法人组织已经发表的以国家通用语言文字创作的作品翻译成少数民族语言文字作品在国内出版发行；（12）以阅读障碍者能够感知的无障碍方式向其提供已经发表的作品。

美国未列举具体的合理使用的情形，但是提供了四个考虑因素进行综合判断：（1）该使用的目的和特性，包括但不限于辨别该使用是出于商业性目的还是非营利性教育之目的；（2）被使用作品的性质；（3）被使用部分的篇幅和实质内容与作为一个整体的版权作品之间的关系；（4）该使用对作品潜在市场效益或者价值的影响。

（二）无须作者同意的付费使用

合理使用是完全免费地使用他人的作品，我国《著作权法》第25条规定，为实施义务教育和国家教育规划而编写出版教科书，可以不经著作权人许可，在教科书中汇编已经发表的作品片段或者短小的文字作品、音乐作品或者单幅的美术作品、摄影作品、图形作品，但应当按照规定向著作权人支付报酬，指明作者姓名或者名称、作品名称，并且不得侵犯著作权人依照本法享有的其他权利。该规定适用于对出版者、表演者、录音录像制作者、广播电台、电视台的权利的限制。德国《著作权法》在"对著作权的限制"中规定，为残疾人利用的目的而复制与发行作品的行为，为宗教、学校或课堂教学目的而汇编语言、音乐、美术等行为，应当适当向作者支付报酬。

第五节　著作权国际维权风险识别与防控

在著作权国际维权的风险识别中，以下问题较为突出：

一、跨国著作权案司法管辖的风险识别与防控

（一）跨国著作权案件司法管辖的风险识别

在国际著作权案件中，司法管辖权的确定经历了多重波折，从知识产权属性角度出发的专属管辖学说，到以公共政策保留、双重可诉、不方便法院等各种原因而拒绝管辖，或因多重起诉等原因产生的平行管辖等冲突，国际著作权案件的管辖终于随着海牙《选择法院协议公约》、WIPO《知识产权案件管辖区与判决的承认公约（草案）》等国际公约的规定以及欧洲马克思·普朗克国际私法与比较法研究所发布的《知识产权冲突法原则》等民间学术成果日趋完善。

（二）跨国著作权案件司法管辖风险的防控

总体来说，国际著作权案件的管辖中目前为大陆法系及英美法系各个国家普遍认可的管辖规则如下：

首先，非专属管辖应当服从于专属管辖。专属管辖是因知识产权的地域性而产生的。但著作权与专利、商标等工业产权的不同在于不需经当局的批准而自动产生，因此没有进行专属管辖的必要性，放弃对国际著作权案件的专属管辖已经成为各国的司法管辖区趋势的主流。但是，仍有国家保留对国际著作权案件的专属管辖权，应避免管辖权的积极冲突。

其次，应当尽量承认当事人协议选择管辖法院或仲裁机构的效力。无论是国际性著作权合同还是著作权侵权纠纷，只要当事人以书面协议共同制定了管辖法院或仲裁机构，都应尊重当事人的意思自治。如果一国法院经审查发现当事人事先指定了纠纷由其他法院或仲裁机构管辖，应裁定本院中止管辖此案。[1]

---

[1]　徐妮娜：《著作权的国际私法问题研究》，中国社会科学出版社 2015 年版，第 66 页。

最后，若既无专属管辖，又无当事人协议管辖的情况下，被告习惯居所地、著作权合同履行地、侵权行为地法院都可对案件行使管辖权，原则上应由首先受理案件的法院管辖，除非综合考虑判决的承认与执行、诉讼进行的方便等因素，由另一法院行使管辖更为符合诉讼效率原则。

我国在法律规定上是顺应国际趋势及国际公约的规定，并没有对涉外著作权案件作出专属管辖的规定；对于协议管辖，我国《最高人民法院关于适用〈中华人民共和国民事诉讼法〉的解释》（2020年）第531条第1款作出相关规定："涉外合同或者其他财产权益纠纷的当事人，可以书面协议选择被告住所地、合同履行地、合同签订地、原告住所地、标的物所在地、侵权行为地等与争议有实际联系地点的外国法院管辖。"

对于涉外著作权侵权纠纷，我国法院是否可以对境外当事人进行管辖，我国《民事诉讼法》第272条规定："因合同纠纷或者其他财产权益纠纷，对在中华人民共和国领域内没有住所的被告提起的诉讼，如果合同在中华人民共和国领域内签订或者履行，或者诉讼标的物在中华人民共和国领域内，或者被告在中华人民共和国领域内有可供扣押的财产，或者被告在中华人民共和国领域内设有代表机构，可以由合同签订地、合同履行地、诉讼标的物所在地、可供扣押财产所在地、侵权行为地或者代表机构住所地人民法院管辖。"在北影录音录像公司诉北京电影学院侵害著作权案，吴冠中诉上海朵云轩、香港永成古玩拍卖公司出售假冒其署名的美术作品纠纷案等一系列案件中，我国法院都管辖了侵犯外国或外法域著作权的案件。

二、对境外取得著作权确认的风险识别与防控

（一）对境外取得著作权确认存在的风险

外国人就其作品在中国享有版权的标准规定在我国《著作权法》第2条。《伯尔尼公约》第3条第1款明确规定：凡具有本公约成员国国民身份的作者，不论其作品是否已经出版，均必须给以版权保护。目前在我国受《著作权法》保护的

外国人作品的范围已经远远扩大了，除了与我国不在同一个双边或多边版权条约之中的国家的外国作品要求首先在中国境内出版或在中国参加的国际条约的成员国首次出版的才受中国《著作权法》保护外，几乎没有其他限制性的规定。

（二）对境外取得著作权确认风险的防控

国外许多国家都对作品有一个登记程序的要求，有的将登记规定为获得版权保护的必要前提条件（如西班牙1918年版权法），但大部分国家不是以登记作为获得版权的前提，只是将其视为证实版权实际归属的手段（如日本）或将其作为诉讼中维护该权利的前提（如美国）。由于两个基本的版权公约都没有要求把登记作为获得版权的前提条件，所以目前实行版权登记制度，又参加了《伯尔尼公约》或《世界版权公约》的国家，只能要求其本国国民以登记为取得版权的条件，对公约其他成员国不能做这样的要求。虽然登记与否不影响该作品是否受中国《著作权法》的保护，但对源于选择登记制国家的作品，审理中可以要求主张权利者出示作品登记证，便于法院审理中确认其版权。如果没有登记证，就应当提供其享有权利的其他证据，如有权机关的证明、美术、摄影作品的底稿、文字作品的原稿、影音制品的录制合同及履行合同的相关旁证（向表演者支付费用的凭证等）。

三、著作权客体不断发展带来的风险与防控

随着时代的进步，著作权客体的外延也不断向外扩展。电影作品、视听作品以及各类集成了多种作品的形式不断涌现，目前国际著作权维权领域内的国际公约对于新出现的形式没有及时更新，各国只能依靠内涵和表达特征在具体司法过程中进行自由裁量，因而可能导致维权中发生冲突和风险。

此外，各种侵权的方式也是不断翻新，导致侵权与否的界限十分模糊。特别是在网络发展的背景下，对于新的客体、新的侵权方式，如果不能提出灵活的诉讼策略，则可能导致在诉讼中承担败诉的风险。同样，这也是对司法人员专业技能和对新事物理解能力的考验。

第六节　涉外著作权诉讼经典案例评述

一、案例分析

美国教育考试服务中心与北京市海淀区私立新东方学校侵犯著作权及商标权纠纷案

原告：（美国）教育考试服务中心（Educational Testing Service，以下简称ETS）

被告：北京市海淀区私立新东方学校（以下简称"新东方学校"）

案由：侵犯著作权及商标权纠纷

一审法院：北京市第一中级人民法院[（2001）一中（知）初字第34号]

二审法院：北京市高级人民法院[（2003）高（民）终字第1392号]

（一）基本案情

ETS位于美国新泽西州，独立设计、创作完成了作为美国大学和研究生院录取标准的"研究生录取考试"（Graduate Record Examination，以下简称GRE）考试题，并于1983年至1999年就其开发的45套GRE考试题在美国版权局进行了著作权登记。

在北京市工商行政管理局已经就新东方学校擅自复制GRE试题的行为进行了稽查，且新东方学校也出具保证书承诺停止侵权行为之后，ETS又先后发现了《GRE逻辑全真题详解》图书的出版复制，新东方学校仍在出售"GRE系列教材"，并在其网站上进行宣传销售的行为。

（二）争议焦点

2001年1月，ETS向北京市第一中级人民法院提起诉讼，称新东方学校大量复制、出版和发行 ETS 享有著作权的 GRE 试题未经 ETS 的同意，非法获利巨大。新东方学校的行为侵犯了 ETS 拥有的著作权及商标权。请求法院判令新东方学校：（1）停止一切侵犯 ETS 著作权和商标权的行为；（2）销毁其所有的侵权资料和印制侵权资料的软片；（3）在全国媒体上向 ETS 公开赔礼道歉；（4）消除因侵权造成的影响；（5）赔偿 ETS 经济损失人民币 12936906.25 元；（6）承担 ETS 为制止其侵权行为而支付的合理费用 1418197.09 元。

新东方学校辩称：其采用 ETS 的 GRE 试题确实未能控制其复制，确有相关失误，但新东方学校的使用是因讲授相关课程，无法避免地会使用到 GRE 试题，属于在课堂教学中的合理使用，因此无须获得 ETS 的授权。

一审法院经审理查明，ETS 所开发的试题一般包含若干个"SECTION"，每个"SECTION"又包含若干考题。新东方学校的出版物将多套 GRE 试题整套地予以收录，但个别试题没有将原 GRE 试题的所有 SECTION 进行全部收录。在被控侵权出版物的封面上均醒目地标注了"GRE"字样，在听力磁带包装盒的封面、封底及磁带两侧标签上，均用相同大小、颜色的字体标明"GRE 听力磁带"。经审计，新东方学校的收入分为培训收入与资料收入，资料收入包括：1998 年为 3012702 元、1999 年为 4931191 元、2000 年为 6983357 元，其开设的 GRE 住宿班所收取的培训费中包括资料费。

一审法院认为，我国与美国均属《伯尔尼公约》的缔约国，根据公约，我国应当对美国国民的著作权进行保护。ETS 所开发的 GRE 试题，每一道试题均需付出创造性劳动，具有独创性，属于中国《著作权法》意义上的作品，其汇编而成的整套试题也应受到保护。新东方学校未经 ETS 许可，以商业经营为目的，擅自复制并公开销售 GRE 试题，侵犯了 ETS 的著作权，且其复制的数量远远超过了其主张的合理使用的正常范围，应当认为是出于商业经营之目的，承担相应的法律责任。新东方学校在其发行的 GRE 考试题出版物的封面上以醒目字体标明"GRE"字样，且商品类别与 ETS 注册的商品类别相同，新东方学校的行为侵犯了 ETS 的注册商标专用权。判决新东方学校停止侵犯著作权和注册商标专用权的行为、赔偿损失、消除影响和赔礼道歉，赔偿 ETS 经济损失人民币 390 万元，以及合理支出 41 万余元。

一审判决作出后，新东方学校上诉至北京市高级人民法院。北京市高级人民法院经审理认为，一审判决对新东方学校侵犯 ETS 著作权的认定正确，应予维持；对于侵犯商标权的认定和处理有不当，予以撤销。

（三）案件评析

本案对于著作权侵权方面有以下几个问题值得注意：

1. ETS 的 GRE 试题是不是受我国《著作权法》保护的作品

根据我国《著作权法》（2001 年）第 2 条第 2 款的规定，外国人、无国籍人的作品根据其作者所属国或者经常居住地国同中国签订的协议或者共同参加的国际条约享有的著作权，受本法保护。在本案中，我国与美国都是《伯尔尼公约》的缔约国，如 ETS 享有 GRE 试题的著作权，则我国应当给予其保护。

根据我国《著作权法实施条例》第 2 条的规定，《著作权法》所称作品，是指文学、艺术和科学领域内具有独创性并能以某种有形形式复制的智力成果。所以，独创性和可复制性是判断一个智力成果能够成为作品的最重要的条件。ETS 所开发的试题一般包含若干个 "SECTION"，每个 "SECTION" 又包含若干考题，每一道试题均需多人经历多个步骤并且付出创造性劳动才能完成，具有独创性，对试题进行的汇编也体现了选择和创造性，因此 ETS 的 GRE 试题具备独创性；可复制性的要求即可以通过有形的载体固定并且复制，作为印刷品的试题，其可复制性是非常明显的。

在确定了独创性和可复制性之后，还需要确定该作品是否受到著作权保护。我国《著作权法》（2001 年）不保护违法作品，另外法律、法规、时事新闻、通用数表等也不受著作权的保护。在本案中，ETS 的 GRE 试题不属于上述范围，因此，ETS 的 GRE 试题是受我国《著作权法》保护的作品。

此外，还有两个问题需注意：一是 ETS 的 GRE 试题虽然在美国进行了著作权登记，但是并不一定属于我国《著作权法》保护的作品，因此在成员国需具体保护时，还需要根据具体情况分析是否受其著作权法的保护，《伯尔尼公约》提供的也并非是一站式的保护。二是对于由政府组织的、面对不特定的社会公众的公共测试试题，带有政府的行政职能的作用，虽然也是构成作品的，但不应受到著作权法的保护。例如，在我国台湾地区"著作权法"即明确规定，"根据法律，政府命令所举行的各种考试的试题及备用试题，不得作为著作权所保护的标的"。

2. 新东方学校的行为是否构成侵犯 ETS 的著作权

判定是否构成著作权侵权应当从两个方面进行分析：一是新东方学校是否实施了侵犯 ETS 著作权的行为；二是新东方学校是否存在合理使用的抗辩理由。关于第一点新东方学校是否实施了侵犯 ETS 著作权的行为，在本案中是较为明显的，新东方学校进行了复制、发行等原属于 ETS 专有的经济权利，且 ETS 并未就 GRE 试题的著作权授权给新东方学校，因此新东方学校实施了侵犯 ETS 著作权的行为。

在本案中就新东方学校提出的合理使用的抗辩而言，合理使用指的是在特定的条件下，法律允许他人自由使用享有著作权的作品，而不必征得权利人的许可，不向其支付报酬的合法行为。我国《著作权法》（2001 年）第 22 条规定了合理使用作品的 12 种情形，其中第 6 项规定，"为学校课堂教学或者科学研究，翻译、改编、汇编、播放或者少量复制已经发表的作品，供教学或者科研人员使用，但不得出版发行"。在本案中，新东方学校复制 GRE 试题的数量及使用的范围均不符合教学目的的合理使用的规定，因此，新东方学校提出的抗辩理由不能成立，其行为侵犯了 ETS 的著作权。

二、相关典型案例

二十世纪福克斯电影公司与北京搜狐互联网信息服务有限公司侵犯著作权纠纷案

原告：二十世纪福克斯电影公司（Twentieth Century Fox Film Corporation，以下简称"福克斯公司"）

被告：北京搜狐互联网信息服务有限公司（以下简称"搜狐公司"）

案由：侵犯著作权

一审：北京市第一中级人民法院［（2006）一中民初字第 11927 号］

（一）争议焦点

原告福克斯公司诉称：原告是电影作品《儿女一箩筐》（CHEAPER BY THE DOZEN）和《末日浩劫》（THE DAY AFTER TOMORROW）的著作权人。被告系 www.sohu.com 网站的所有者。2004 年 10 月，原告发现被告未经原告许可在 www.sohu.com 网站上以包月收费的形式向其网络注册用户有偿提供包括原告上述电影作品在内的百余部美国电影作品的在线收看、下载等服务。根据《伯尔尼公约》和《中华人民共和国著作权法》的规定，原告对上述作品享有的著作权受到中国法律的保护，被告未经原告许可，以营利为目的，擅自将原告的电影作品通过信息网络向公众传播的行为侵犯了原告的著作权，给原告造成了重大经济损失。因此，原告请求人民法院判令被告：（1）立即停止侵犯原告著作权的行为；（2）在 www.sohu.com 网站首页的显著位置和《中国日报》上刊登致歉声明，向原告公开赔礼道歉、消除影响；（3）赔偿原告经济损失人民币 100 万元，并承担原告为制止侵权所支出的合理费用人民币 201000 元。

被告搜狐公司辩称：（1）原告没有提供合法有效的证据证明其是涉案电影的权利人；（2）被告通过合法授权的方式获得了涉案电影的信息网络传播权，对涉案电影的著作权情况进行了必要的审查，尽到了充分的注意义务，没有过错,不应承担侵权责任;(3)被告是从案外人北京金互动技术开发有限责任公司(以下简称"金互动公司")获得的涉案电影的授权,即使金互动公司没有获得原告的合法授权,原告要求被告就使用涉案电影的行为承担停止侵权、赔礼道歉和赔偿损失的责任也于法无据。综上,请求人民法院驳回原告的诉讼请求。

经法院查明,美国电影协会北京代表处出具的版权确认书能够证明《儿女一箩筐》和《末日浩劫》两部电影作品的著作权人为原告,被告在其经营的www.sohu.com 网站上提供了涉案两部电影的下载服务,且距两部影片在中国首映的时间仅有半年,被告对此未予否认。虽然被告提交了其与金互动公司签订的协议及补充协议,但被告在签订上述协议时应负有审查金互动公司是否享有涉案两部电影的信息网络传播权的义务,以确保授权的合法有效。而从被告提交的金互动公司向其出具的中文本授权书来看,该授权系域外形成的证据,但没有经过公证、认证,且没有原件,故对该证据本院不予采信。因此,被告主张其提供下载涉案两部电影服务得到了合法授权缺乏事实依据,本院不予支持。据此,被告未经原告许可擅自在其网站上提供下载涉案两部电影的服务,构成对原告享有的信息网络传播权的侵犯。因此,法院判决搜狐公司立即停止侵犯原告福克斯公司信息网络传播权的行为,赔偿原告福克斯公司经济损失(包括为制止侵权行为的合理支出)人民币 261000 元。一审判决后,双方均未上诉。

(二)案件评析

在本案件中,有以下几个问题值得注意:

1. 网络侵权的管辖权应如何确认

在网络环境下,侵权行为更具有隐蔽性,成本也更低。网络环境的著作权侵权中,侵权诉讼的管辖地也变得尤其重要。根据我国最高人民法院《关于审理涉及计算机网络著作权纠纷案件适用法律若干问题的解释》(2006 年)第 1条的规定,网络著作权侵权纠纷案件由侵权行为地或者被告住所地人民法院管辖。侵权行为地包括实施被诉侵权行为的网络服务器、计算机终端等设备所在地。对难以确定侵权行为地和被告住所地的,原告发现侵权内容的计算机终端等设备所在地可以视为侵权行为地。在实践中,因网络侵权行为的隐蔽性,认定实施被控侵权行为的网络服务器、计算机终端等设备所在地有一定难度,因此司法解释中的认定的顺序,首先应是实施被诉侵权行为的网络服务器、计算机终端等设备所在地;其次对于实在难以认定的,原告发现侵权内容的计算机终端等设备所在地也可以视为侵权行为的发生地。

2. 境外电影作品著作权人如何确认

本案中的涉案作品属于电影作品,电影作品的著作权及经济权利归属需根据法律规定进行确认。我国《著作权法》(2001年)第15条规定,电影作品和以类似摄制电影的方法创作的作品的著作权由制片者享有,而外国人、无国籍人的作品根据其作者所属国或者经常居住地国同中国签订的协议或者共同参加的国际条约享有的著作权,受中国法律的保护。我国和美国都参与的《伯尔尼公约》第14条之2第2款第(a)项规定:"确定电影作品版权的所有者,属于被要求基于保护的国家法律规定的范围。"第(b)项规定:"然而,在其法律承认参加电影作品制作的作者应属于版权所有者的本同盟成员国内,这些作者,如果应允参加此项工作,除非有相反或特别的规定,不能反对对电影作品的复制、发行、公开表演、演奏、向公众有线传播、广播、公开传播、配制字幕和配音。"也就是说,电影作品版权的所有者国家确认作者或制片者享有著作权后,被要求给予保护的成员国应给予相应的保护,但个人的著作权行使必须受到限制,个人权利的行使不得损害电影作品整体著作权的行使。在本案中,有证据证明原告为案涉作品的著作权人,因此,可以证明其拥有著作权,且当该著作权受到侵犯时,有权对自己的权利进行救济。

3. "避风港原则"是否可以适用

在侵犯信息网络传播权的纠纷中,"避风港原则"常常被引用。"避风港原则"是指在发生著作权侵权案件时,网络服务提供商只提供空间服务或链接服务,并不制作网页内容。如果网络服务提供商被告知侵权,则有删除或断开链接的义务,否则就被视为共同侵权。如果侵权内容既不在网络服务提供商的服务器上存储,又没有被告知哪些内容应该删除,则网络服务提供商不承担赔偿责任。但是,在本案中,被告搜狐公司的网站以包月收费的形式向网络注册用户提供"有偿服务",网络用户可以在线收看、下载原告的电影作品。因此,搜狐公司不仅仅是网络服务的提供者,其对内容进行选择,以分类方式提供收看、下载服务,已经构成了网络内容提供者,因此不能使用"避风港原则"。

保时捷股份有限公司与北京泰赫雅特汽车销售服务有限公司侵犯著作权纠纷案

原告:保时捷股份有限公司(Dr. Ing. h.c.F. Porsche Aktiengesellschaft,以下简称"保时捷公司")

被告:北京泰赫雅特汽车销售服务有限公司(以下简称"泰赫雅特公司")

案由:侵犯著作权纠纷

一审法院:北京市第二中级人民法院[(2007)二中民初字第01764号]

二审法院:北京市高级人民法院[(2008)高民终字第325号]

(一)基本案情

1999年,保时捷公司举办了其分部大楼的设计比赛,并同获胜者签订了协议取得其比赛作品的经济权利。2003年,根据该作品建设的保时捷中心在北京落成,2006年保时捷公司对该作品《保时捷建筑》取得了著作权登记证书。该著作权登记所附作品照片显示该建筑具有如下特征:(1)该建筑正面呈圆弧形,分为上下两个部分,上半部由长方形建筑材料对齐而成,下半部为玻璃外墙。(2)该建筑物入口部分及其上方由玻璃构成,位于建筑物正面中央位置;入口部分上方向建筑物内部缩进,延伸直至建筑物顶部;建筑物入口及其上方将建筑物正面分为左右两部分，左侧上方有"PORSCHE"字样，右侧上方有"百得利"字样。（3）该建筑物的后面和右侧面为工作区部分，呈长方形，其外墙由深色材料构成，该材料呈横向带状。（4）建筑物展厅部分为银灰色，工作区部分为深灰色。该建筑物内部具有如下特征：（1）展厅下方的弧形玻璃墙及天花板的玻璃部分，在展厅入口呈"T"形外观，提供从入口直达主销售区的通道指示；（2）展示内墙上部为铝制或金属装饰材料，灰色色调，成矩形整体排列，展厅内灰色色调金属圆柱为明柱，在内墙和弧形玻璃的衬托下，明显可见；（3）销售区的地板呈深灰色，该中性色调可突出所展示的汽车；（4）展厅中央的主接待柜台呈白色弧形，主接待柜台后的围挡中间为白色，两侧为对称的黑色，白色围挡上有"PORSCHE"字样及"盾牌图形"商标标识；（5）主接待台上方是二楼地面呈金属宽带状的外饰边，外饰边下方有空调出风口；（6）二楼位于展厅内后侧面，金属制楼梯为明设置，让出大面积空间，使展厅高大通透。

泰赫雅特公司于2005年6月21日成立，主要从事进口泰赫雅特汽车销售、汽车配件、一类小型车维修。2005年6月15日，泰赫雅特公司与中房建科公司签订了北京泰赫雅特中心工程设计咨询协议书，由中房建科公司为其进行北京泰赫雅特中心设计工作。2005年10月7日，泰赫雅特公司与名典仕嘉公司签订北京市建设工程施工合同，约定由名典仕嘉公司承包北京泰赫雅特中心的展厅室内装修工程。

（二）裁判要旨

经一审法院勘验，泰赫雅特公司位于北京市金港汽车公园的泰赫雅特中心建筑外观基本具备保时捷公司主张权利的北京保时捷中心建筑作品的特征（1）、（2）和（3）。其与北京保时捷中心的外部特征区别在于：建筑物整体下方有约1米高的高台；建筑物左侧弧形下方并非玻璃外墙，且该区域有较大空间，便于汽车停放，建筑物左右两侧均加有栏杆；建筑物的左侧面为工作区部分，与北京保时捷中心展厅与工作区相比呈反向布局；建筑物左侧上方有"泰赫雅特"字样，右侧上方有"TECHART"字样；建筑物展厅部分为灰黑色，工作区部分为银灰色。泰赫雅特中心建筑的展厅内部基本具备保时捷中心建筑作品的特征（1）至特征（6）。

一审法院认为，北京保时捷中心具有独特的外观和造型，富有美感，具有独创性，属于我国《著作权法》所保护的建筑作品，被告泰赫雅特公司的泰赫雅特中心建筑与原告保时捷公司的北京保时捷中心建筑的基本特征相同，虽然存在细微的差异，但仍属于与涉案建筑作品相近似的建筑。虽然泰赫雅特中心建筑系由案外人中房建科公司和名典仕嘉公司所设计和装修，但被告泰赫雅特公司作为该建筑的所有权人和实际使用人，应当就此承担相应的法律责任。因此，一审法院判决被告将其泰赫雅特中心予以改建，并赔偿原告保时捷公司经济损失人民币 15 万元。

一审判决下达后，泰赫雅特公司不服一审判决，向北京市高级人民法院提起上诉。经北京市高级人民法院二审后，认为一审判决认定事实基本清楚，适用法律正确，判决驳回上诉，维持原判。

（三）案件评析

本案涉及建筑作品的著作权，被最高人民法院评为 2008 年中国知识产权司法保护十大案件之一。纵观本案，有以下问题值得探讨并引起重视：

1. 建筑作品如何认定及其保护范围为何

1990 年我国《著作权法》并没有建筑作品的相关规定，1991 年《著作权法实施条例》中美术作品的定义中包含"建筑"二字。2001 年《著作权法》第一次修改，建筑作品首次出现，与原第 3 条美术作品相分离，成为单独的一类客体与美术作品并列。2002 年《著作权法实施条例》中美术作品定义不再包含"建筑"二字，在第 4 条第 9 款中对建筑作品单独作了定义。2012 年国家版权局公布的《著作权法》（修改草案）中对于建筑作品部分进行了修订，建筑作品进一步独立成为一类著作权客体种类不再与美术作品并列。建筑作品在创作完成的过程中会形成不同类型的作品，建筑作品的思想表达一般都会体现在这些作品中。建筑作品形成的过程可以分为三个阶段：一是草图阶段，草图是建筑作品的独创性表达最初形成阶段，对建筑作品的最终完成起到主导作用，负责草图设计的一般是业界资深人员，他们一般参加具体细化的建筑设计图；二是建筑设计方案阶段，这一阶段是将建筑设计具体化的形成平面图、立体图、剖面图等相关图纸；三是建筑施工阶段，以工程化的形式将建筑物表现出来，这时会产生各种建筑施工图纸。建筑设计图不仅包括能直接体现建筑设计的设计图还包括建筑施工图，只有相关技术人员通过一定的转化才能得到建设作品的外形设计等要素。对于第一类的建筑设计图来说，对设计者的美术等艺术修养要求极高。这些作品可以体现建筑物的整体或部分的表现，与绘画类作品的区别较小，目前多数国家也是利用绘画图形作品的保护方式对其进行保护。

因《著作权法》只保护作品的表达形式，不保护作品的思想内容，对于建筑作品的著作权保护，结合建筑作品的特点，应只限于建筑物的外观和造型，并不包含对建筑物内部的装潢特征和结构特征。因此，在本案中，法院支持了对外观部分构成相似的侵权，不包括内部特征。

2. 对侵犯建筑作品著作权的行为如何进行救济

根据我国《著作权法》的相关规定，侵犯著作权的，一般应承担停止侵害、赔礼道歉、消除影响和赔偿损失等民事法律责任。但是建筑作品又有其特殊性所在，其建设成本高，且涉及公共利益问题，若进行拆除或销毁将会造成巨大的社会财富的浪费。

从世界上其他国家的做法来看，存在两种处理方式：一种是对于已经建成的建筑物，在著作权法中规定一般著作权侵权纠纷中所采用的清除或者销毁违法复制品的救济方法不适用于已经建成的建筑物，如瑞士、奥地利；另一种是对于尚在施工阶段的建筑物，法院可以发出临时禁令，禁止侵权人进一步施工，如美国、德国。

因此，在本案中，法院针对尚在施工中的建筑物，裁判被告进行改建，既保护了原告的权益，又避免了拆除等措施会带来的社会财富的浪费问题，对于建筑作品的著作权侵权的救济问题有积极的探索意义。

Autodesk 股份有限公司与北京龙发建筑装饰工程有限公司侵犯计算机软件著作权纠纷案

原告：Autodesk 股份有限公司（以下简称"Autodesk 公司"）

被告：北京龙发建筑装饰工程有限公司（以下简称"龙发公司"）

案由：侵犯计算机软件著作权纠纷

一审法院：北京市第二中级人民法院 [（2003）二中（民）初字第 6227 号]

二审法院：北京市高级人民法院 [（2003）高（民）终字第 1310 号]

（一）基本案情

原告 Autodesk 公司是美利坚合众国的一家公司，是进行计算机软件三维建模、动画及渲染解决方案软件 3dsMax3.0、3dsMax4.0、3dsMax5.0，以及二维制图及详图和三维设计工具 AutoCAD14.0 和 AutoCAD2000 的著作权人。被告龙发公司是一家专业从事住宅及公用建筑装饰设计及施工的企业。2002年 4 月 23 口和 2003 年 10 月 11 日，北京市版权局执法人员对被告在北京的 9个经营网点使用计算机软件的版权状况进行检查，发现被告未经著作权人许可擅自安装并使用 3dsMax3.0 共 2 套，3dsMax4.0 共 10 套，3dsMax5.0 共 2 套，AutoCAD14.0 共 31 套和 AutoCAD2000 共 16 套。

（二）争议焦点

2003 年 6 月 17 日，原告向北京市第二中级人民法院申请对被告的另外 4 家经营网点进行诉前证据保全，发现被告未经著作权人许可擅自安装并使用 3dsMax4.0 共 7 套、3dsMax5.0 共 6 套、AutoCAD14.0 共 9 套和 AutoCAD2000 共 11 套。故请求法院依法判令被告：（1）立即停止侵权行为；（2）在《北京晚报》和《北京青年报》中缝以外非广告版面上向原告公开赔礼道歉；（3）赔偿原告经济损失 1737700 元；（4）赔偿原告诉讼合理支出 52250 元；（5）承担本案的全部诉讼费用。

被告龙发公司答辩称：被告的计算机中安装有可以替代涉案软件的软件。确有个别员工在计算机中私自安装了涉案软件。原告索赔数额过高，缺乏依据，请求法院依法判决。

一审法院经审理认为：原告是计算机软件 3dsMax3.0、3dsMax4.0、3dsMax5.0、AutoCAD14.0、AutoCAD2000 软件的著作权人。中华人民共和国和美利坚合众国同为《伯尔尼公约》的成员国，该公约确定了"国民待遇原则"。根据我国相关法律的规定，外国人的软件，依照其开发者所属国或者经常居住地国同中国签订的协议或者共同参加的国际条约享有的著作权，受我国法律的保护。因此，原告作为涉案五种计算机软件的著作权人，其著作权应当受到我国相关法律的保护。被告是一家专业从事住宅及公用建筑装饰设计及施工的企业，未经著作权人许可而擅自复制、安装涉案 5 种软件用于其经营并获取商业利益，属于商业性使用行为。被告的上述行为构成对于原告依法享有的计算机软件著作权的侵犯，依法应当承担相应的责任。

鉴于被告 2002 年 4 月 23 日因侵犯涉案软件著作权被北京市版权局给予行政处罚后仍继续侵权行为，其侵权主观故意明显，因此判决被告在一家公开发行的报纸上就其侵权行为向原告赔礼道歉。关于赔偿经济损失的数额问题，鉴于使用软件侵权复制品给计算机软件著作权人造成的损失相当于其正常许可使用、销售该软件的市场价格。因此，一审判决按照软件价格市场的一般规律确认价格赔偿原告 Autodesk 公司 149 万元。

一审判决作出后，龙发公司不服，向北京市高级人民法院提起上诉，二审过程中，龙发公司与 Autodesk 公司达成和解协议，撤回上诉。

（三）案件评析

纵观本案，有以下问题值得引起注意和探讨：

1. 员工的行为能否作为被告抗辩不侵权的理由

在本案中，原告公司是案涉作品的著作权人，且中美两国都是《伯尔尼公约》的成员国，因此其著作权受中国《著作权法》的保护。被告龙发公司抗辩称是个别员工私自在计算机中安装涉案软件，不是被告的行为。但是这种说法是不能成立的。因为员工因履行职务而产生的行为所产生的侵权后果，应当由企业承担法律责任。我国《民法通则》（1986 年）第 43 条规定："企业法人对它的法定代表人和其他工作人员的经营活动，承担民事责任。"最高人民法院《关于贯彻执行中华人民共和国民法通则若干问题的意见》第 58 条规定："企业法人的法定代表人和其他工作人员，以法人名义从事的经营活动，给他人造成经济损失的，企业法人应当承担民事责任。"在本案中，被告实施侵权的是在其经营场所内的计算机，是用于被告的经营活动的，即使是被告员工安装的，也是为实现被告利益的职务行为，应当由被告承担法律责任。

2. 对计算机软件著作权的侵权行为赔偿数额如何确定

我国《著作权法》（2001 年）第 48 条规定："侵犯著作权或者与著作权有关的权利的，侵权人应当按照权利人的实际损失给予赔偿；实际损失难以计算的，可以按照侵权人的违法所得给予赔偿。赔偿数额还应当包括权利人为制止侵权行为所支付的合理开支。权利人的实际损失或者侵权人的违法所得不能确定的，由人民法院根据侵权行为的情节，判决给予五十万元以下的赔偿。"从此条的规定来看，对于著作权侵权的赔偿是存在适用的顺序的：首先是确定权利人的损失，与我国目前侵权法的赔偿的弥补损失的作用及原则相符合；其次是在实际损失难以计算的前提下，可以按照侵权人的违法所得作为赔偿的依据；最后，在以上两者均难以确定的情况下，可由法院在 50 万元的范围内进行自由裁量。

就实际损失的计算方法而言，最高人民法院《关于审理著作权民事纠纷案件适用法律若干问题的解释》（2002 年）第 24 条规定，"权利人的实际损失，可以根据权利人因侵权所造成复制品发行减少量或者侵权复制品销售量与权利人发行该复制品单位利润乘积计算。发行减少量难以确定的，按照侵权复制品市场销售量确定"。第 25 条第 2 款规定："人民法院在确定赔偿数额时，应当考虑作品类型、合理使用费、侵权行为性质、后果等情节综合确定。"就本案中的软件作品而言,法院根据软件的市场价格确定了赔偿的标准。

3. 面对著作权侵权,行政救济与司法救济途径如何选择

在本案中,被告在诉讼之前还曾被北京市版权局进行查处并给予行政处罚,并且法院在判决时对其侵权的主观恶意进行了评判。我国的《著作权法》也规定了侵犯著作权的行政责任和刑事责任,著作权人可以在发现自身的权利受到侵害时向著作权行政管理部门进行投诉和举报以维护自身的合法权益。与法院的司法救济途径相比,行政救济具有快捷便利的特点。在查处程序上,行政救济的查处一般来说更加灵活,且在请求行政机关进行查处的过程中,其查处的过程及结果也可以作为诉讼的证据使用,极大地便利了掌握侵权证据不便的权利人。但是,行政救济一般需侵权行为较为明确,且不会对民事赔偿问题进行裁决。相较而言,司法救济途径有着严格的时限、程序以及证据要求,往往所需时间较长,但是其能够对较为复杂的被控侵权行为作出认定,对模糊的法律关系予以明确梳理,是权利保护最终极的手段。因此,权利人在面对著作权侵权时,应当根据案件的不同阶段及情形,合理选择不同的救济手段。

第五章

商业秘密国际保护

第一节　商业秘密国际保护概述

一、商业秘密的界定

商业秘密（trade secrets）的概念最早出现在英美法系中，随着社会经济和科学技术的发展，越来越多的国家开始立法保护商业秘密。从国际公约来看，TRIPs 协定中以"未披露的信息"（unclosed information）界定商业秘密，这是国际公约首次规定商业秘密并进行保护。TRIPs 协定第 39 条第 2 款确定商业秘密的构成要件主要是新颖性、价值性和秘密性。随后世界知识产权组织在《反不正当竞争示范法》第 6 条中又以"秘密信息"（secret information）定义商业秘密，虽然表面名称上有所差异，但该规定在实质上与 TRIPs 协定并无太大差别。尽管公约有所规定，但由于商业秘密包含的内容较多，其本身性质也比较复杂，并且不同国家处于不同的发展阶段，对商业秘密的定义仍然有所不同。到目前，商业秘密的概念尚未统一，但这一术语已在国际上得到广泛的认可，商业秘密的国际保护趋势日益显现。由于不同的国情和发展阶段，商业秘密的概念在不同国家始终有所不同。而经济全球化的到来，使得作为企业重要财产甚至是支柱或命脉的商业秘密在国际竞争中越来越重要，已经有不少国家开始意识到保护商业秘密的必要性，并建立起适合于自己国内情况的商业秘密法律保护制度。以下就一些代表性国家对于商业秘密的立法情况进行简要介绍。

（一）美国

美国作为英美法系国家，对商业秘密的规定非常有代表意义。作为判例法国家的美国，可以说最早由司法实践中统一起来的判例发展出有关于商业秘密的规定，并于 1939 年有了相关立法，对商业秘密的保护起到了重要作用。但因为不是美国立法机构制定的法律，并不是所有州都采用了该法，因此在一段时间内只有美国部分州法院通过有关立法规定保护商业秘密，而大多数州还是以判例法进行保护。直至 1996 年，美国真正意义上的联邦商业秘密法才真正产生。总地来说，美国商业秘密法律的主要组成是判例法与成文法。以下对美国历史上主要的成文法中对商业秘密概念的界定作简要介绍。

1. 1939 年《侵权行为法（第一次）重述》[Restatement (First) of Torts]

《侵权行为法（第一次）重述》（以下简称《侵权法重述》）由美国法学会编纂，是美国首次在成文法中确定商业秘密概念的法律。侵权法理论从美国流行起来，对美国各州司法实践具有重要影响，是商业秘密保护中较为经典的理论。其特点在于将商业秘密认定为一种权利，他人对该权利负有善意的义务，并不禁止他人通过正当手段获得，但使用不正当手段时就需要承担法律责任。《侵权法重述》第 757 条评论 b 规定了一个必备条件和一个除外条件，必备条件采用了非穷尽的列举方式对商业秘密进行了较为明确的定义，诸如化学品配方、涉及某种特殊材料的工艺（无论是制造、加工或储存材料）、某种机器或相关图纸，以及客户名单，其表现形式可以是配方，也可以是装置或信息。该规定明确认定商业秘密的核心在于其是否用于经营者的经营活动，并且相对于没有适用该信息的竞争者产生了更好的机会和优势。除外条件指出商业秘密不是商业行为中的单一或短暂事件等简单信息，并且来自日常经营活动，与商品的生产息息相关。

2. 1985 年《统一商业秘密法》(Uniform Trade Secrets Act)

美国于 1985 年全面修订了《统一商业秘密法》，其中第 1 条第 4 款界定了商业秘密，明确指出商业秘密是一种特定信息并规定了构成要件。首先该信息由于处于秘密状态而产生独立的经济价值，即他人在不使用不正当手段的前提下无法获得或使用该信息，而使得所有人因此获取了经济价值，不管是实际或潜在的价值。其次在要求所有人对于该信息进行了合理的保密努力，该努力只要符合具体形势即可。该法对于商业秘密存在形式的列举比《侵权法重述》多了样式、产品、程序、设计和技术。此处界定的商业秘密与《侵权法重述》存在差异，但具有合理性，《侵权法重述》要求商业秘密"连续用于业务经营"，《统一商业秘密法》则没有该项规定，并且表明只要能给所有人带来经济优势即可，甚至不要求是实际的价值，对商业秘密的保护范围有所扩大，对那些虽然拥有商业秘密但并没有实际投入使用的经营者予以保护。

3. 1995 年《反不正当竞争法（第三次）重述》(Restatement Third, Unfair Competition)

1995 年，美国法律学会颁布《反不正当竞争法（第三次）重述》（以下简称《反不正当竞争法重述》），在立法认识上从侵权法理论转向反不正当竞争理论，逐渐意识到通过侵权法理论保护商业秘密具有一定的局限性，而尝试将商业秘密纳入竞争法的保护范围。该理论认为保护商业秘密的核心在于避免不正当竞争，其立法目标是保护市场参与者的公平竞争。该法第 39 条对商业秘密进行了定义，主要从经营者的角度认识商业秘密，将其确认为可用于工商经营的信息，并要求该信息具有足够的价值和秘密性，表现为同不持有该信息的人比较而言会带来现实或潜在经济优势。可以看出，该法与《统一商业秘密法》对商业秘密的定义没有本质区别，继续巩固了对商业秘密保护范围的扩大定义，不要求该保密信息具有连续或长期的经济价值。

4. 1996 年《经济间谍法》(Economic Espionage Act of 1996)

由于前述三部法律都不是立法机构制定的，美国第一部联邦商业秘密法是美国总统于 1996 年签署的《经济间谍法》。该法规定的商业秘密的构成要件与《统一商业秘密法》大致相同，即由于不被他人知道而产生独立的经济价值，并且要求所有人对于该信息进行了合理的保密努力。但第 1839 条第 1 款第 3 项对商业秘密的存在形式有了更广泛的列举，如强调商业秘密并不存在特别的形式或某种类型，可以是有形物质，也可以是无形的，并且获得商业秘密的过程并不重要。

（二）欧盟

一直以来，欧盟对商业秘密的保护都是由各成员国自行制定法律，因此存在着不小的差异。但随着市场和信息通信技术的发展，为了提高各成员国间救济措施的一致性，欧盟开始颁布统一的条例和指令，以满足欧盟共同市场和创新政策的需要。2013 年欧盟委员会提交的《防止未公开专有技术和商业信息（商业秘密）被非法获取、使用和泄露的指令草案》对商业秘密的定义与 TRIPs 协定第 39 条第 2 款相同。而 2016 年颁布的《商业秘密保护指令》（以下简称《保护指令》）引入了欧盟统一的商业秘密定义，要求所有的成员国为商业秘密滥用受害人提供诉讼权利和获得赔偿的权利。该指令第 2 条第（1）款对商业秘密的构成要件规定如下：（1）信息具有秘密性，表现为不被所属领域的工作人员普遍知悉或容易获得；（2）该信息因保密而存在商业价值；（3）信息权利人为保护其秘密性而采取了合理措施的信息。商业秘密可包括技术信息（例如制作方法、配方或化学成分）或者商业信息（例如顾客名单、产品发布日期或者市场调研的结果）。该定义与 TRIPs 协定类似，即为秘密性、价值性和保密性三个条件。

（三）德国

德国立法中没有关于商业秘密的描述，只有《反不正当竞争法》存在可以视为商业秘密的有关规定，在其第 18 条"样品的利用"第 1 款规定了有关法律责任，如果行为人将商业经营活动的交易中获得的如图样、模型、截面图、配方之类的样本或技术信息擅自利用或泄露出去，并且该种利用或泄露具有竞争目的或恶意,则将被处罚 2 年以下监禁或罚金。可以看出,德国虽然没有明确定义对商业秘密进行保护,但其对商业经营活动的交易中获得的样本或技术信息加以保护在实质上十分类似于商业秘密的性质。

(四)日本

日本对于商业秘密的保护并不算早,其专门的商业秘密保护条款是在 1990 年修订《不正当竞争防止法》时才增设的,此前通常依据民法、商法和刑法来保护商业秘密,与我国的立法进程十分相似,但有关规定不尽相同。日本在 1993 年再次修订时进一步细化商业秘密的定义,该法第 2 条第 4 款规定了商业秘密的概念,该法认为商业秘密首先是不被公知的,其应当对所有者的经营活动有用处,并且被秘密管理,无论是生产方法、销售方法还是其他经营或技术情报。可以将其归纳为秘密性、有用性、管理性三个构成要件。

(五)中国

我国《反不正当竞争法》对商业秘密认定进行了细节上的修改,其第 9 条第 4 款规定商业秘密是"不为公众所知悉、具有商业价值并经权利人采取相应保密措施的技术信息、经营信息等商业信息"。可见,侵犯商业秘密的行为在我国法律上被视为不正当竞争行为进行规制。在法律修订前,商业秘密分为技术信息和经营信息两种,新法则取消了这两种分类的限制,提供了概括性的兜底规定,进一步扩大了商业秘密的保护范围。总地来说,我国现有对商业秘密的规定可以总结为具备秘密性、价值性并采取了保密措施才能依法进行保护。

二、商业秘密国际保护的现状

(一)国际条约的保护——以 TRIPs 协定为核心

TRIPs 协定是国际公约第一次对商业秘密进行规定,其第七节"未披露过的信息的保护"第 39 条规定在《巴黎公约》的基础上通过反不正当竞争对商业秘密采取有效保护,同时将商业秘密作为知识产权进行保护。关于商业秘密的法律属性一直是各国理论界和实务界的棘手问题,学者的观点也各有不同,其中有财产权说、人格权说、信息权说、企业权说和知识产权说等。[①]而 TRIPs 协定明确将商业秘密纳入知识产权框架，规定了相应的实体标准和事实制度。TRIPs 协定第 39 条第 3 款特别强调政府部门的商业秘密保护义务，规定了对成员提交给相关执法部门的药品或农业化学物质产品相关数据的保护。

TRIPs 协定第 41 条规定为了对作为本协议的成员国的知识产权的侵害采取有效的措施，各成员确认国内法律中应包含本协议规定的实施步骤。TRIPs 协定第 42 条、第 49 条和第 61 条分别规定了民事司法程序的公平和公正的程序、行政程序和刑事程序。TRIPs 协定第 44 条、第 45 条、第 46 条规定了保护知识产权的救济措施，包括禁令、赔偿、清除或销毁侵权货物等。TRIPs 协定第 51 条至第 60 条则规定了与边境措施相关的特殊要求。

（二）专门的商业秘密保护法和判例法保护——以美国为代表

美国最早是通过判例保护商业秘密，其早期主要存在保密关系论和财产论两种商业秘密保护理论。保密关系论的代表是美国最高法院大法官霍姆斯，其认为问题的关键在于当事人之间的保密关系和所负有的保密义务；财产论者则认为关键是商业秘密是否被滥用。美国早期立法主要受到了财产论的影响，从而形成了独特的商业秘密法律制度。[②]

《侵权法重述》明确界定了商业秘密的概念，列举了具体的侵权行为，并规制以不正当手段侵害商业秘密的行为。《统一商业秘密法》进一步确立了商业秘密的定义及其保护范围，规定了相应的民事救济措施，尽管其无直接的法律效力，然而，它帮助统一了有关商业秘密的立法，同时为美国树立了示范作用，并且逐渐以单一的救济方式取代了州法提供的选择性救济。[③]《反不正当竞争法重述》列举了四类应当承担责任的侵占他人商业秘密的行为，并规定了商业秘密披露的接受者的保密义务，违者的禁令措施及损害赔偿等。《经济间谍

---

① 付慧姝：《TRIPs 协议与商业秘密法律保护研究》，载《企业经济》2008 年第 1 期。
② 刘金波、朴勇植：《日、美商业秘密保护法律制度比较研究》，载《中国法学》1994 年第 3 期。
③ 黄武双：《美国商业秘密法的最新发展评析》，载《华东政法大学学报》2007 年第 6 期。

法》则主要规定了侵犯商业秘密涉及刑事责任的情形，以及境外实施的犯罪行为同样得以追溯。

而 2016 年颁布的《保护商业秘密法》（Defend Trade Secrets Act of 2016）通过统一的联邦制定法协调保护商业秘密的立法，修正了《经济间谍法》的立法内容，将窃取商业秘密行为的司法管辖权赋予联邦，并且明细了民事查封的适用；规定了具体的救济措施，其中包括颁发禁令、损害赔偿、诉讼时效等；增加了"不正当使用商业秘密"的含义，明确"不正当手段"包括哪些表现形式，如窃取、贿赂、虚假陈述、间谍活动等；同时也特别指出反向工程、独立推导等方式属于合法获取。该法还加入了民事诉讼程序以及向政府或法院披露商业秘密的免责条款。

（三）通过反不正当竞争法进行保护——以日本为代表

日本《不正当竞争防止法》将商业秘密纳入不正当竞争框架内予以保护，其第 2 条第 1 款对侵犯商业秘密的行为进行了详细的列举。简单来说，其同样将不正当手段获取商业秘密的行为作为首要规制行为，该不正当手段包括盗窃、欺诈和胁迫等。对于使用和披露商业秘密的行为，包括该商业秘密本就是行为人以不正当手段获取的，也包括行为人获取前或获取后发现是他人违法所得的商业秘密，但仍然予以使用或披露。对于行为人的主观状态，则包括故意和重大过失。既然是竞争法，自然会有针对经营者的条款。本法指出对于经营活动中的使用或披露行为，则需判断其是否具有不正当竞争等获取不当利益或损害其他经营者的目的。

（四）我国的相关规定

我国《反不正当竞争法》第 9 条第 1 款规定了经营者作为主体侵犯商业秘密的四种具体的不正当竞争行为；第 9 条第 2 款则为 2019 年新法新增的条款，将经营者以外的其他自然人、法人和非法人组织纳入侵权主体，扩大了侵权主体的规制范围；第 9 条第 3 款特别强调了第三人作为主体的侵权行为。同时，2021 年 1 月 1 日施行的《中华人民共和国民法典》第 123 条规定将商业秘密作为知识产权客体予以保护。可见，在我国的立法体系中，表现形式为主要通过限制不正当竞争行为来保护商业秘密，但实质上也认可商业秘密的知识产权属性。

三、商业秘密国际保护的发展趋势

随着经济全球化和技术信息的发展，包括商业秘密在内的知识产权成为国际贸易竞争的核心优势，但也更容易遭到侵权。也正因此，各国越来越重视商业秘密的保护，尤其是发达国家，通过系统的法律制度强有力地保护商业秘密，以增强企业的市场竞争力。就各国而言，因为不同的国情与发展差异，商业秘密保护的程度也各有不同，世界上仍有许多国家缺乏系统的商业秘密保护立法。为了保护对外贸易中的商业秘密，国际社会倾向于建立逐渐协调统一的商业秘密保护制度。亚太经合组织知识产权专家组就曾于 2014 年提议"知识产权专家组推动加强商业秘密的保护和执行"，并于 2015 年发布的《APEC 经济体的商业秘密保护》报告中强调商业秘密对 APEC 经济体的重要性。[1]

第二节 商业秘密跨国使用风险识别与防控

一、商业秘密认定的风险识别与防控

（一）商业秘密的认定

跨国使用商业秘密的首要风险是确认使用的该信息是否为商业秘密，即商业秘密的认定问题。通常方法是符合各国法律规定的商业秘密的构成要件即可认定为商业秘密。由前文可知，从各国的规定中可总结出商业秘密的构成要件有三要件也有四要件，三要件主要为秘密性、价值性、管理性，四要件则一般多了新颖性或实用性的要求。

---

① 郑友德、钱向阳：《论我国商业秘密保护专门法的制定》，载《电子知识产权》2018 年第 10 期。

1. 秘密性

秘密性存在绝对秘密性和相对秘密性两种标准，在商业秘密诉讼中可以根据具体情况灵活运用。美国《侵权法重述》第757条对认定秘密性提出了具体的方法，其中包括六大要素：一是相关行业内对秘密信息了解的范围和程度；二是雇员或其他涉及的相关人员对秘密信息的了解范围和程度；三是所有者对有关信息采取了怎样的措施进行保密；四是这些信息对所有人具有怎样的价值，以及如果被竞争者获取又可以产生多少价值；五是为了开发或产生该信息花费了多少成本，包括人力和财力；六是所有人之外的其他人是否能够较为轻易地获取有关信息，该难度与信息的秘密程度成正比。日本则表述为"非公知性"，指除了知悉信息的管理人外，尚未被他人掌握。日本案例中通常以是否公开出版和公开使用来判断商业秘密的"非公知性"。TRIPs协定第39条同样要求相对秘密性：关于整体或者每个部分的正确排列和组合，这些信息是通常涉及类似信息范围内的大多数人所不知道的，或无法轻易获取的。

我国《反不正当竞争法》将秘密性概括为"不为公众所知悉"，并在最高人民法院《关于审理不正当竞争民事案件应用法律若干问题的解释》（以下简称《不正当竞争司法解释》）中也通过列举的形式指出不具有秘密性的认定，其第9条第2款规定了六种具体属于已经被公众所知悉的情况，主要是：（1）该信息为其所属技术或者经济领域的人的一般常识或者行业惯例；（2）该信息仅涉及产品的尺寸、结构、材料、部件的简单组合等内容，进入市场后相关公众通过观察产品即可直接获得；（3）该信息已经在公开出版物或者其他媒体上公开披露；（4）该信息已通过公开的报告会、展览等方式公开；（5）该信息从其他公开渠道可以获得；（6）该信息无须付出一定的代价而容易获得。

2. 价值性

美国《侵权法重述》规定商业秘密应该为权利人带来现实的经营或竞争优势，《统一商业秘密法》则要求具有"实际或潜在的独立经济价值"，美国对商业秘密价值性的规定是较有代表性的，可以总结出商业秘密价值性主要包括竞争优势、经济价值和独立性要求。竞争优势表明权利人因该商业秘密而在竞争中处于强势地位,有学者认为这是价值性的最根本体现。

"经济价值"在各国的法律中都有所规定,指的是由于使用商业秘密而带来的直接或间接的经济利益以及竞争优势,一般在诉讼中也会用所有人的损失来衡量。不能简单地认为经济价值与原告为商业秘密花费的成本成正比,美国的一位法官曾说过一段经典论述,对于被告主张原告获得商业秘密未花费劳动,而是由于十分巧合的情况获取商业秘密就不值得保护的论断,其指出:商业秘密的非凡价值可以像钱包一样被扔到路边,但在很长一段时间里,普通观众都不知道。成百上千的路人经过这个钱包,直到关注者,而不是路人,发现了钱包的价值。①

美国《统一商业秘密法》和《经济间谍法》都提到商业秘密应"具有实际或潜在的独立经济价值",其中"独立"一词表明商业秘密的使用应是独立存在的,而非依附于其他信息或存在于劳动者的知识、技能和经验中。也可以理解为,若原告主张的商业秘密依附于其不享有权利的内容之中,且该商业秘密的比例或影响很小,就没有独立保护的必要。

3. 管理性

管理性在各国法律中有不同的表述,日本《不正当竞争防止法》规定商业秘密是经过"秘密管理",欧盟《保护指令》要求"信息权利人为保护其秘密性而采取了合理措施",我国《反不正当竞争法》则是"经权利人采取相应保密措施"。

商业秘密的保密措施既是一种法律行为,也是一种事实行为,可以分为组织措施、思想措施、工作措施和相关要求、约定等。首先,保密措施应是一种客观的外部行为,而非只是权利人的主观意图。其次,该保密措施不要求权利人采用万无一失的绝对保密措施,只要是相应的合理措施即可,如显示"秘密"字样、与雇员提前约定保密义务等。一般来说,具有正常理智的人能感受到权利

---

① 张玉瑞:《商业秘密法学》,中国法制出版社 1999 年版,第 165 页。

人的保密措施即可认定为采取了合理措施。

4. 实用性

日本《不正当竞争防止法》规定商业秘密是"对经营活动有用的技术"。判断商业秘密是否具有实用性的首要因素是其对权利人是不是客观有用的，其中包括创造性信息，指能给权利人直接带来经济利益或竞争优势；也包括否定性信息，即获得该商业秘密后能减少相关生产的成本。但日本法院的审判实践还表明，该商业秘密不能违反公序良俗，对于损害社会公共利益或企业丑闻等无经济价值的信息不得通过确认其为商业秘密而受到保护。①

商业秘密的实用性还表现为其应该是具体的方案或信息，并能说明详细内容、划定明确范围，即商业秘密是具体且明确的。要求具体性是为了平衡个人利益与社会利益，若权利人只形成了大概的原理或抽象的想法就以商业秘密进行保护，不利于他人进行创新，也限制了社会的发展。明确性则是商业秘密诉讼所必要的，否则法院无法进行判断，也就无法作出判决，即便勉强下达裁判也无法有效执行。

5. 新颖性

新颖性主要源自美国的规定，这一要素让人不可避免地联想到专利权，但专利法对新颖性的要求较高，商业秘密的新颖性不要求与专利的新颖性有可比性，商业秘密法一般要求特定发明创造达到最低限度的不相同就可以获得保护，即不要求商业秘密是可以申请专利的。美国学者考曼在其著作《不正当竞争、商标和垄断》中写道：与专利不同，商业秘密无须实质上具有新颖性或独特性；因此现有技术抗辩在商业秘密案件中不如在专利侵权案件中那么有效。商业秘密的创意无须多么复杂；即使一个创意本质上很简单，它仍然可能构成商业秘密，除非它是处于公有领域的公知知识。从美国的判例来看，商业秘密的新颖性与秘密性的判断具有紧密联系，美国巡回法院曾在判决中写道：商业秘密的客体必须是秘密……若某项技术或想法不够新颖、特别以及并非原创的，

---

① 陈爱华：《日本关于商业秘密构成要件的认定》，载《知识产权》2012 年第 12 期。

在行业中广为人知且十分普通，或者很容易获取，那么该项技术或想法缺乏必要的秘密性要素。从法律上讲，这不是商业秘密。[①]

二、侵犯商业秘密行为认定的风险识别与防控

侵犯商业秘密行为的认定是商业秘密跨国使用风险的核心环节，我国审判实践中一般采取"相同或实质性相似＋接触－合法来源"的原则判定被诉行为是否侵犯商业秘密，即原告需要证明其主张的商业秘密信息与被控侵权信息的内容相同或实质性相似，继而证明被告接触过原告的商业秘密，或存在接触的可能性，最后原告还应推翻被告合法获得被控侵权信息而不侵权的主张。[②]从各国立法来看，关于商业秘密侵权行为的规定一般包括三种行为类型，即不正当手段获取商业秘密的行为，非法使用或披露商业秘密的行为，第三人侵权行为。以下对各国的主要立法内容作简要介绍：

（一）不正当手段获取商业秘密

几乎所有的商业秘密法都以不正当手段获取商业秘密作为首要的侵权行为，各国的规定也十分相似。美国《统一商业秘密法》列举了几类不正当手段：盗窃、贿赂、虚假陈述、违反或诱使违反保密义务，或通过电子或其他手段进行间谍活动，《保护商业秘密法》则更加细化地规定了反向工程、独立推导或其他任何合法获取的方式，将其排除在不正当手段之外。《反不正当竞争法重述》第43节评论 c 总结了该种行为的特征，其写道：如果获取商业秘密的行为，其本身构成对商业秘密权利人的侵权或犯罪，那么有关获取一般被认为不正当。日本《不正当竞争防止法》有类似的描述，其将盗窃、欺诈、胁迫等行为认定为不正当获取行为。我国同样在《反不正当竞争法》中规定：以盗窃、贿赂、欺诈、胁迫、电子侵入或者其他不正当手段获取权利人的商业秘密，其创新点在于加入"电子侵入"方式，适应了当下互联网的快速发展。欧盟《保护指令》则有更详尽的规定：除了未经商业秘密权利人同意而接受、滥用或者复制商业秘密的

---

① 黄武双等：《美国商业秘密判例》，华东政法大学出版社 2011 年版，第 177 页。

② 孔祥俊主编：《商业秘密司法保护实务》，中国法制出版社 2012 年版，第 162 页。

行为,还包括任何被认定为有悖诚实商业惯例的行为。

（二）非法使用或披露商业秘密

认定非法使用或披露商业秘密的行为主要看该行为是否以损害为目的,或违反了相关保密的约定或义务。美国《保护商业秘密法》将其界定为未经明示或默示许可而披露或使用他人的商业秘密,包括:（1）在披露或使用时,知道或有理由知道该商业秘密的内容系以不正当手段获取;（2）在接触商业秘密者的角色发生实质性改变之前,知道或者有理由知道所接触的商业秘密系商业秘密,且商业秘密的内容系偶然或无意中获取。欧盟《保护指令》规定了在以下三种前提下使用或披露商业秘密属于非法的行为:（1）未经商业秘密所有人同意,以非法手段获得商业秘密;（2）违反保密协议中的保密义务;（3）违反合同约定或者未履行限制商业秘密使用的其他义务。日本同样规定了几种非法行为,概括来说,就是商业秘密本身是不正当获取而来的,仍然进行使用或披露,无论知道还是重大过失未能知道,也无论是获取前还是获取后都属于非法行为。我国的规定则相对简单,即非法披露或使用商业秘密,包括获取的商业秘密本身违法,也包括披露或使用行为违法或违反约定。

（三）第三人侵权

根据第三人的主观状态,第三人侵权行为可以分为恶意第三人侵权和善意第三人侵权。恶意第三人一般是指第三人明知或应知第二人获取商业秘密是不正当的或披露的行为本身是违法的,仍然从第二人处获取商业秘密。善意第三人则是其不知也没理由知道第二人属于非法获取或披露商业秘密,从而善意地从第二人处获得、使用该商业秘密。

美国《保护商业秘密法》有较详细的规定,核心在于知道或有理由知道他人不当获取或披露商业秘密,仍从对方那里获得该信息。日本的规定是:知道或者因疏忽大意不知道对方违法披露商业秘密,以及没有遵守有关法律规定的保密义务而披露商业秘密的行为;在获得该信息之后,知道或者因疏忽大意不知道对方是非法披露商业秘密,或者该商业秘密本身就是违法披露,而使用或者披露该商业秘密的行为。我国则分两种模式进行规定：一为教唆帮助行为；二为第三人明知或者应知行为人实施侵犯商业秘密的违法行为，仍获取、披露、使用或者允许他人使用该商业秘密。

三、保密协议和竞业禁止的风险识别与防控

保密协议与竞业禁止都是为保护企业商业秘密而签订的协议，其主要区别在于保密协议通常是基于法定义务或合同的附随义务，竞业禁止一般是用人单位与劳动者之间约定的义务。

（一）保密协议的主要内容与风险

保密协议是商业秘密权利人与知悉商业秘密的其他方为保护商业秘密，通过协议确定双方的权利与义务。在国外又称为秘密协议（secrecy agreement）、禁止披露协议（nondisclosure agreements）、保密披露协议（confidential disclosure agreement）。保密协议的主要内容有：保护商业秘密的主体、客体、保密时间、保密方式、保密范围、保密义务、违反保密义务的违约责任和争议解决等。在涉外保密协议中还应约定协议所适用的法律（亦称为"管辖法"），在实践中可能由于当事人都不愿意使用对方国家的法律，而约定适用第三国的规则或原则来管辖。[①] 协议的最后还应注意约定协议适用的语言及效力等条款。

保密协议可分为明示保密协议和默示保密协议两种。明示保密协议是基于合同自由原则，当事人依其自由意志而自愿签订保密合同，自行约定商业秘密的保护范围和具体的违约责任。也因此，实践中若发生纠纷，通常遵循明示的合同保护，首先依据有效保密合同中明确具体的约定追究对方的违约责任。默示保密协议往往通过当事人没有明确表示但实际同意保密的客观事实而推定作为当事人之间保护商业秘密的协议，在我国则存在因合同的附随义务而形成相

---

① 刘吉明：《保密协议对商业秘密的保护——以涉外合同或协议中的保密协议为例》，载《商品与质量》2012 年 5 月刊。

应的保密协议。

当然,并不是仅凭当事人的想法就可以任意签订保密合同,有效的保密合同首先应符合各国规定的合同成立及生效的法定要件,可能包括形式要件和实质要件,通常也不得违背公序良俗,不得损害公共利益。美国《合同法(第二次)重述》和日本《民法典》都有相关规定。此外,因合同的相对性理论,保密合同只对合同当事人具有约束力,即只有合同的当事人享有合同约定的权利,承担合同约定的保密义务和违约责任。任何第三方不得基于保密协议主张合同上的权利,也不承担相应的义务与责任。

(二)竞业禁止的主要内容与风险

竞业禁止是根据法律规定或合同约定,劳动者不得在该企业任职时同时于与该企业存在竞争的其他企业中兼职;或劳动者在离职后的一定时间内不得从事与原企业有竞争的业务,或就职于业务类型相同或近似的其他企业。竞业禁止纠纷实质上是劳动合同纠纷,因合同双方主要是用人单位与劳动者。但并不是所有劳动者都必须签订竞业禁止协议,因为竞业禁止不能破坏公平竞争,其一般只能用于与商业秘密相关的领域和业务。如果该企业或该工作不涉及商业秘密,或者劳动者根本没机会接触商业秘密,则不应约定竞业禁止义务。

通说认为,竞业禁止是有期限的,其长短根据商业秘密所在行业的竞争状况、单位或劳动者的具体情况而定。国外竞业禁止年限最长的有 5 年,我国一般是 3 年。大陆法系国家往往在商法典中规定经理人、代办商、董事等负有竞业禁止的义务,但各国对于一般劳动者是否负有以及如何承担竞业禁止义务的规定存在较大差异。德国一般认为,劳动者应向用人单位报告其接受的劳务情况,不得违背忠实义务收受贿赂或从事对用人单位不利的事情。[①] 日本则没有相关法律规定。

我国主要通过《公司法》《合伙企业法》《个人独资企业法》规定企业高级管理人员的竞业禁止义务,《劳动法》规定了劳动者任职期间的竞业禁止事项。

---

① 李仪、苟正金:《商业秘密保护法》,北京大学出版社 2017 年版,第 109~111 页。

法理上可以分为法定竞业禁止和约定竞业禁止。顾名思义,法定竞业禁止依据的是法律规定,其限制的对象是企业董事、经理等高级管理人员;约定竞业禁止则是依据双方的协议约定,其限制对象较为宽泛,可能接触商业秘密的劳动者都可以签订相关协议。法定竞业禁止义务主要看各国有没有相关规定,约定竞业禁止义务则要注意各国过往案件的审判情况以及不能违反相关限定性规定,如竞业禁止的适用范围、适用对象、适用期限等。

四、企业商业秘密泄露的风险识别与防控

企业的商业秘密在国际市场竞争中越来越重要,然而由于互联网、大数据、人工智能等新兴技术的发展,企业商业秘密的侵犯与泄露风险也与日俱增。企业应积极了解风险产生的原因并采取主动措施保护商业秘密,避免因商业秘密的泄露而遭受不必要的损失甚至陷入经营危机。

(一)风险产生的主要原因

1.缺乏保密意识

由于工作人员资料管理不善或疏忽大意而泄密的情况时有发生,这主要是因为工作人员的保密意识不够,或企业缺乏相应的保密培训以提高相关人员的保密意识;甚至有企业在接待外单位时因欠缺保密意识或对合作对象缺乏防范而造成商业秘密的泄露。80 年代初,一家日本企业到我国参观龙须草席(曾在莱比锡世界工艺品博览会上被誉为"中国独有的工艺品")的生产全过程,在了解了各个环节的细节后拍摄了照片,回到日本后,在 3 个月内制作了制作有关产品的机器。此后,日本开始自行生产并出售龙须草席,并在国际市场上逐渐取代我国,导致我国的出口生产厂家全部倒闭。[①]

2.人员流动

人员流动是我国企业商业秘密流失的最主要渠道,其中侵犯企业商业秘密的情况非常突出。有的员工将企业的商业秘密"据为己有",并披露给其任职的

---

① 张耕:《商业秘密法》,厦门大学出版社 2006 年版,第 172~173 页。

新企业；还有的员工依仗着该商业秘密自立门户，建立与原企业类似或存在竞争关系的业务。甚至有企业刻意聘请其他企业的涉密人员，企图通过最低的成本获得能带来显著经济利益的商业秘密。人员流动是社会进步的表现，但也使得企业与其员工之间的利益冲突愈发明显。一方面是企业花费了大量的时间精力和经济成本获得的商业秘密不可避免地透露给必要的涉密员工，以便更好地开展工作；另一方面是劳动者依法享有的劳动权和择业自由权，这是任何一个企业都会面对的风险。

3. 秘密文件被窃取

企业没有严格把控秘密文件的保管情况而被涉密以外的人员窃取；或者没有完善涉密人员的管理制度，使得涉密人员轻易复制、携带、转让秘密文件给他人，造成秘密文件的泄露。

4. 滥用他人商业秘密

除了避免自身商业秘密受到侵犯外，企业也要注意不能滥用他人商业秘密而陷入诉讼危机。否则除了承担败诉后的经济赔偿之外，还有可能导致企业自身商誉和信誉降低，导致原本的意向合作对象不愿继续合作或客户降低对企业的信任度等，影响企业未来的发展和经营情况。

（二）风险的防控手段

1. 充分认识商业秘密的性质和作用

应加强企业领导层对商业秘密保护的重要性的认识，并通过各种方式对企业员工进行保密宣传教育，让员工清楚地了解自身保护商业秘密的法定义务和约定义务，并且清楚窃取、泄露、非法转让商业秘密的法律后果。通过各种措施提高工作人员的保密意识，获得员工的积极配合与支持，将各项保密制度落实到涉密员工的自觉行动上。

2. 健全保密制度

企业应根据自身情况和需要建立适合的保密制度，建立健全企业商业秘密保护的有关机构和人员，通过保密工作机构在企业内部形成保密工作网络。比如建立商业秘密保护的权力机构、职能机构和监察机构等，明确各自的职能，分工配合，及时有效地开展保密工作。

3. 更新技术防御措施

在互联网和大数据时代，除了传统的物理保护措施（如建立文件保密库、严格执行文件的保管与销毁等）外，还应定期检查系统，根据技术的发展及时更新技术防御措施，迅速建立诸如特殊加密技术、身份认证、数据隔离技术等新型措施以防止网络黑客的攻击。

4. 妥善保管研发资料

当企业面临商业秘密纠纷时，无论是作为原告还是被告，维护自身权益的首要证明要求是该商业秘密确系自己合法所得。此时，整个研发过程的记录档案就能起到证明作用。因此，企业应妥善保管全过程的研发资料和相关记录，才能在有需要时进行有效证明，不至于在商业秘密纠纷中处于过分被动的状态。

5. 及时通过专利制度进行保护

商业秘密保护的某些对象与专利法的对象是重合的，只是商业秘密要求不为公众所知悉，而专利法要求更强的新颖性且申请专利的过程中需要依法公开。有的企业的技术信息可能达到了申请专利的要求，但因为不愿被其他经营者了解该技术信息而选择以商业秘密的方式进行保护。但当该商业秘密已经或将有被披露的风险时，企业应及时通过专利制度进行保护，避免保密信息被披露后失去新颖性。但需注意的是，专利保护具有地域性和时间性的限制，申请专利需要符合各国的法律条件。

6. 充分利用法律维护自身权益

企业在涉外经济活动中，不仅要了解我国的相关法律规定，更要了解涉及的他国法律和相关国际条约。要善于运用法律方面的人才，通过咨询服务等了解相关专业知识，如此才能在风险发生前进行有效防范，并在商业秘密受到侵犯后及时根据法律规定到有权机关进行维权。

第三节　商业秘密国际维权风险识别与防控

一、商业秘密国际维权的证据风险与防控

企业的商业秘密受到侵犯，通常是通过诉讼的方式进行维权，而作为民事诉讼，双方就必须根据相应的举证责任提供证据。相较于专利会经过审查登记，商业秘密并没有这项程序。商业秘密的泄露也往往是侵权人通过各种隐蔽的方式窃取的，这就导致维权过程中，原告取证较为困难。因此，对于商业秘密维权诉讼中的证据问题就要予以重视并及时收集。尤其是要了解不同国家法律对原告的举证责任的要求，从而在各个环节注意保留证据，及时固定，以便真的走到诉讼这一步时可以准备相应证据。例如我国司法实践中普遍使用的原则是"接触 + 相似 - 合法来源"，根据这一原则，原告需证明两项内容，即被告曾接触或可能接触过涉案商业秘密，并且原告诉称被告使用的信息与原告所有的商业秘密在实质上具有相似之处。当原告提出的证据能够证明上述事实之后，举证责任转移至被告，由被告证明涉案信息具有合法来源，否则被告应承担侵权责任。可见我国对原告负担的举证责任还是比较重的，尽管我国《反不正当竞争法》修改后，新增规定要求原告只需提供初步证据，证明其采取的保密措施情况，以及被侵犯的事实，但实践中法官将如何适用还有待进一步考察。

通常来说，在商业秘密的侵权诉讼中，法院首先认定的是双方主张的信息或资料是否构成商业秘密，这点已在前文有所论述，一般是由原告进行举证证明相关信息符合所在国的商业秘密的法定构成要件；根据"谁主张，谁举证"的原则，接下来是由原告证明被告有侵害其商业秘密的行为，为获得赔偿，原告还需证明其损失，以及被告的侵权行为与原告所受损失的因果关系。

（一）证明商业秘密的权属

在证明了涉诉信息属于商业秘密后最基本的问题就是该商业秘密是否为企

业所有,若无法证明商业秘密的权属,又谈何维权呢?商业秘密的取得可能是自主研发的结果,也可能是通过技术转让或授权而合法获得,原告需要向法院提供确切的证据证明相关信息的权属问题。因此,企业应注意保留相关文件资料,如果是企业自己经营过程中所得商业秘密,则要注意妥善保留开发阶段的项目计划书、阶段性报告书、与付出成本费用相关的发票等证据,还包括相关开发技术人员、涉密人员的信息。如果是通过转让交易或授权获得的商业秘密,除了书面转让合同或授权协议外,还可能需要原权利人作为证人协助证明商业秘密的存在及其权属。该转让合同可以根据性质区分为排他性转让和非排他性转让,或者仅仅是许可使用,若是排他性转让,企业就可自行提起诉讼;若是后两者,企业只能先请求原权利人采取维权手段,当原权利人拒绝采取维权措施时,企业才能以自己的名义提起诉讼。①

(二)证明该商业秘密受到侵犯

1. 存在侵权行为的证据

存在侵权行为的证据主要是通过证明被告的某项技术与原告的商业秘密存在实质性相似,且被告有接触到原告商业秘密的机会;也可以通过证明被告存在窃取行为、擅自复制行为进行证明。实践中多是由于企业员工离职跳槽去了其他与原告有竞争关系的企业或该员工自己创办了相关业务,此时企业应拿出该员工涉密的证据以及相关的劳动合同和保密协议等。

2. 行为人具有故意或过失的证据

在第三人侵犯企业商业秘密的情况下,原告需要证明侵权行为人具有故意或过失。通常表现为行为人窃取、使用、披露从他人处获得的商业秘密时,明知或应知该商业秘密不属于对方,而自行使用或披露商业秘密,侵害原权利人的合法权益。对此,企业可以通过证明在披露商业秘密前已经明确告知这是需要保密的信息,对方也承诺保密的有关证据,诸如书面协议、书面承诺等,如对方事后仍然未经许可擅自使用或披露,就可以证明其主观上为故意。

---

① 郑璇玉:《商业秘密的法律保护》,中国政法大学出版社 2009 年版,第 157~158 页。

3. 该行为造成了损害后果的证据

通常来说，原告获得的赔偿数额是以其所受到的损失为标准的。因此，侵权行为人给原告造成了怎样的损害后果对于原告获得多少补偿至关重要，该证据主要用来证明因侵权行为造成原告的损失情况、侵权行为涉及的范围、情节轻重等因素。实践中，原告很难证明自己遭受了多少损失，从我国的判决文书中也可以看出，多是法官根据案件情况酌情判定赔偿数额。因此企业除了考虑自己受到损失的证据外，还可以通过证明被告因此的获利情况予以证明，比如被告获得商业秘密后生产或销售产品的销售额、净利润等相较于没有获得该信息时所增加的幅度，或因此降低的成本。

4. 采取了保密措施的证据

前文有提到，许多国家规定的商业秘密法定构成要件中都要求权利人采取了保密措施。在商业秘密侵权诉讼中，如果适用的法律要求保密措施，原告需要重点证明其保密措施的实行情况。从实践来看，不同情况要求采取的保密措施差异很大，需要根据个案具体认定，包括企业是否有内部的保密制度、是否与涉密员工签订保密协议和竞业禁止协议、是否明确商业秘密的范围和相关文件资料的重要性、为保护商业秘密采取了哪些具体的物理措施、安保人员等。

我国《不正当竞争司法解释》规定了对保密措施的认定，其第 11 条第 3 款列举了六项具体措施外加一项兜底要求，该具体措施为：（1）限定涉密信息的知悉范围，只对必须知悉的相关人员告知其内容；（2）对于涉密信息载体采取加锁等防范措施；（3）在涉密信息的载体上标有保密标志；（4）对于涉密信息采用密码或者代码等；（5）签订保密协议；（6）对于涉密的机器、厂房、车间等场所限制来访者或者提出保密要求。最后的兜底要求则要求能确保信息秘密的其他合理措施。

企业应特别注意，保密措施不只是针对"外人"，对于内部员工也十分有必要，大多数侵害商业秘密的案件都是员工泄密导致的。对于员工保密制度，企业在招聘可能接触内部秘密的员工时，最好事先签订相关保密协议，在日常管理经营中注意建立内部保密制度,对于企业重要信息除了告知员工予以保密外,还要在文本上或储藏柜上贴有醒目的保密标志,这些都可以证明企业采取了相应的保密措施。

二、商业秘密合法披露的风险识别与防控

世界各国关于商业秘密侵权的规定基本都有两方面的内容:一是规定了具体的侵权行为;二是规定了不视为侵权的行为。对商业秘密的保护并不是绝对的,如果行为人符合法律规定的"合法披露"的行为,则可据此抗辩侵权之诉,也有利于个人利益与社会利益的平衡。

(一)公共利益

欧盟《保护指令》第5条规定了四类允许获取、使用和披露商业秘密的例外情形:(1)欧盟宪章规定的自由表达权;(2)披露不正当的行为或者不法行为等;(3)工人就合法行为依法向其代表进行披露;(4)为了保护欧盟或其成员国法律所承认的合法利益。其中第(1)类规定的宪章主要是指1950年《欧洲人权公约》第10条规定的"人人享有表达自由的权利"和2000年《欧盟基本权利宪章》第11条规定的"人人均有权享有表意自由",根据该条款,如果基于相应人权而获取、披露或使用商业秘密,则不应被认为是侵权行为。[①]

美国《反不正当竞争法重述》则规定出于非商业利用目的披露他人的商业秘密可能涉及自由表达权益,或者促进其他重要的公共利益。例如,可针对有关公共卫生、安全、犯罪、侵权行为或者其他重要公共实务的披露予以豁免。美国《保护商业秘密法》第7节规定了更明确具体的内容,在法定情况中,任一主体披露商业秘密的行为在联邦或州商业秘密法的规定下都不需要承担刑事或者民事责任,但披露方必须保密。一是其目的是披露或调查对一项不法行为的指控,或在任何法律行动或其他法律程序中,通过起诉状、其他法律文书或直接向联邦、州或地方官员或律师披露商业秘密;二是在针对雇主涉嫌非法报复的法

---

① 周克放:《欧盟商业秘密保护例外问题研究》,载《电子知识产权》2018年第7期。

律诉讼中,在法庭上或向律师披露。

此种类似的法律规定也被学者总结为"告密者保护条款",即为了某些合法的目的(主要指举报、揭发不法或不轨行为)而向第三方泄露商业秘密或保密信息的行为人不承担法律责任的规定。鉴于其出于公共利益的保护,通常也被称为"公共政策例外"。[①]

(二)自主研发或反向工程

商业秘密的某些信息类型是可以通过自己的付出或创造而产生的,因此若行为人在不知道他人保有相同商业秘密的情况下,以自身的创造获得商业秘密,由于行为人自己也付出了相应的成本,没有通过侵犯他人商业秘密的行为获得该信息,同时还采取了保密措施的情况下,则二者皆是值得被保护的。

反向工程是指通过技术手段对从公开渠道取得的产品进行拆卸、测绘、分析等而获得该产品的有关技术信息,主要适用于技术秘密不侵权抗辩。

欧盟《保护指令》第3条第1款规定,独立研发或创作获得的商业秘密是合法的。美国《反不正当竞争法重述》第43节规定:自主开发、分析公开渠道获得的产品或信息,不构成不正当获取手段。我国《不正当竞争司法解释》第12条同样将反向工作和自行研发列为不视为侵权的行为。

三、商业秘密诉讼程序的风险识别与防控

(一)地域管辖

从国际趋势来看,国际公约和各国国内法都倾向于将商业秘密纳入知识产权框架进行保护。通常来说,侵犯商业秘密属于侵权行为的一种,其地域管辖也就按照各国诉讼法或商业秘密保护法中的相关规定。一般来说,由于程序法或商业秘密保护法是国内法,因此只有对各国域内发生的侵犯商业秘密的行为才有管辖权,但关于商业秘密案件的地域管辖是否包括产品销售地法院一直存有争议。商业秘密侵权行为包括产品销售已是日本、美国的通常做法,美国

---

① 阮开欣:《美国商业秘密法中的告密人免责制度及启示》,载《西部法学评论》2017年第3期。

"337 调查"便是基于此行使对侵权产品的司法管辖权,以此规制域外的侵权行为。"337 调查"是美国联邦贸易委员会根据美国《1930 年关税法》第 337 条的规定,主要关注侵犯美国知识产权的产品,包括在国外使用有效的美国专利方法生产的产品,使其不得进入美国市场。即对于在美国进口、销售的产品,可以依据美国法律判断该产品在进口之前是否存在发生于外国的侵权行为。

我国关于商业秘密侵权行为的管辖法院一般适用《民事诉讼法》,该法第29 条规定:"因侵权行为提起的诉讼,由侵权行为地或者被告住所地人民法院管辖。"《最高人民法院关于适用〈中华人民共和国民事诉讼法〉的解释》第24 条规定:"民事诉讼法第二十九条规定的侵权行为地,包括侵权行为实施地、侵权结果发生地。"我国尚无域外适用的相关规定。

(二)保密审理

保密审理制度是在商业秘密诉讼程序中,为保障当事人在审理过程中披露的商业秘密不被任意使用或泄露。各国基本都有对商业秘密案件实行保密审理制度的做法。TRIPs 协定第 43 条第 1 款规定,司法机关有权在适当情况下命令另一方提供这一证据,但须遵守保护秘密信息的条款。美国《联邦民事规则》和《统一商业秘密法》都有规定法院在民事诉讼期间应对争议的商业秘密采取合理的保密措施,主要规定为:在质证程序中发布保密裁定,举行秘密听证会;密封诉讼记录,有关文件只能在法庭、当事人、律师范围内适用;宣判公开,但只公开判决结果,不公开判决内容;以及裁定未经法院事先许可任何诉讼有关人均不得披露争议的商业秘密等。德国也规定了类似限制,《联邦德国组织法》要求一般情况下案件审理应使用公开原则,但有三种情况不许公众旁听,并且言词辩论、听取证言、合议庭讨论均不公开:主要是涉及国家安全、危害公共道德、危害工商秘密的三类案件。有的国外法院还采取双方证据互不见面、交合议庭及聘请专家组审查等措施保护当事人的商业秘密,双方有权对判决结果决定是否上诉。[①]

---

① 倪才龙主编:《商业秘密保护法》,上海大学出版社 2005 年版,第 244 页。

我国的态度是申请不公开审理制,须由当事人主动申请,但最终决定权在于法院。《民事诉讼法》第137条规定:"涉及商业秘密的案件,当事人申请不公开审理的,可以不公开审理。"第71条规定了关于庭审证据的保密措施:"证据应当在法庭上出示,并由当事人互相质证。对涉及国家秘密、商业秘密和个人隐私的证据应当保密,需要在法庭出示的,不得在公开开庭时出示。"在此要强调的是,并不是商业秘密审理绝对不公开就是一件好事,有选择性地公开审理是有其合理之处的。比如商业秘密已被公众所知悉,或当事人诉请保护的信息并非商业秘密,此时便没有保密审理的必要。同时,公开审理有利于审判的公平公正,尤其是涉及公共利益的案件,需要法院根据具体情况判断是否公开审理。

(三)禁令救济(injunction relief)

禁令救济制度源于衡平法上的救济措施,指在商业秘密受到侵害或存在受侵害的危险时,有关权力机关采取措施保护商业秘密不被进一步侵犯的制度。美国《统一商业秘密法》第二章规定了暂时性的禁令救济,期限到商业秘密停止存在时。若使用人支付合理的使用费或出现其他不公平情况时可取消禁令。《保护商业秘密法》则作了更细致的规定:当出现不正当使用商业秘密时,法院在认为合理的情况下才可颁发禁令,且不可限制其他相关信息。同样地,在实施禁令失去公平性时可以改为支付合理的使用费,但收取使用费的时限应不长于此禁令原本可能禁止使用该项商业秘密时限。欧盟《保护指令》规定法院可以颁布以下禁令:(1)责令停止或禁止使用或者披露商业秘密;(2)禁止生产、提供、使用侵权产品或将其投放市场;(3)从市场上召回侵权产品、销毁或者从市场上撤回侵权产品。德国和日本则表现为停止请求权,均是通过限制不正当竞争行为予以救济。

我国《不正当竞争司法解释》第16条也规定了类似的禁令救济制度,由法院判决行为人停止侵害的民事责任,时间限定为商业秘密已为公众知悉时;但若禁令救济时限明显不合理的还可调整。

第四节　涉外商业秘密诉讼经典案例评述

一、案例分析

我国法院在涉外诉讼中对商业秘密的认定

审判法院：大连市中级人民法院

案号：（2005）大民外初字第6号

原告：日本国怡楠通商有限会社

被告：大连龙德商贸有限公司、大连科尔特商贸有限公司

（一）基本案情

2003年8月，日本国怡楠通商有限会社（以下简称"怡楠通商会社"）工作人员来我国大连与大连科尔特商贸有限公司（以下简称"科尔特公司"）经理朱某、公司出资人迟某等协商超微粒子喷雾器在中国总代理事宜，并将产品样机交给朱某；大连龙德商贸有限公司（以下简称"龙德公司"）出资人田某参与协商。2003年9月15日，怡楠通商会社作为申请人向专利行政主管部门提出超微粒子喷雾器专利申请，该申请预定于2005年3月15日公开。同年9月29日，该产品发明人日本新耕产业株式会社（以下简称"新耕产业会社"）、怡楠通商会社与科尔特公司在中国大连签订了《关于代理销售微粒子喷雾装置的合同》。该合同约定：新耕产业会社授予科尔特公司微粒子喷雾装置作为中国国内销售的总代理的权利；怡楠通商会社在新耕产业会社和科尔特公司之间，具有连接合同的签署、商品的管理及扩大在中国的销售的作用；科尔特公司决算银行名，应事先通知新耕产业会社，在取得新耕产业会社的同意后方可执行；科尔特公司如果没有按照别纸（附件）记载的第一次订货合同计划执行，新耕产业会社有权解除本合同。同时，该合同还约定，对本机器的构造及式样应严格保密。

2003 年 11 月，因科尔特公司未依约履行，该代理合同解除。怡楠通商会社曾向科尔特公司索还样机遭拒，后经协商，科尔特公司于同年 12 月 4 日返还样机。2004 年 4 月，怡楠通商会社、新耕产业会社与中国另一公司签订代理意向书。当月 12 日，参展日本厂家发现龙德公司有关"微粒子喷雾装置喷雾机"专利产品的宣传材料，依该宣传材料，该产品与怡楠通商会社产品作用原理、技术特征完全相同，甚至宣传材料中的插图与怡楠通商会社宣传品上的完全相同。怡楠通商会社经查询发现，龙德公司产品未取得专利；而科尔特公司与怡楠通商会社依代理销售合同合作期间印发的宣传材料中登记的公司地址、电话及传真号码均与大连龙德公司完全相同。据此，怡楠通商会社起诉科尔特公司违反保密条款，与龙德公司恶意串通，仿造原告产品，并假冒专利印发宣传品，构成共同侵权，属于不正当竞争行为，将对原告产品在中国市场销售构成侵害。

（二）争议焦点

1. 原告怡楠通商会社主张的技术信息是否属于商业秘密

原告怡楠通商会社主张，其产品技术秘密在于超微粒子喷雾器的构造和式样。

被告科尔特公司辩称，原告所诉产品系公开技术；合同签订后，原告在中国境内参加展览，展示了该样机，故该技术信息不属于商业秘密。

2. 原告怡楠通商会社是否为其主张的商业秘密的权利人

被告科尔特公司辩称，原告系代理合同的代理人，未取得相关知识产权和合同约定权利。

3. 被告科尔特公司是否取得商业秘密并将其披露给被告龙德公司

原告称，代理合同签订后，原告将样机交付被告科尔特公司，被告科尔特公司亦发布广告进行宣传。被告龙德公司产品未取得专利；而被告科尔特公司与原告怡楠通商会社依代理销售合同合作期间印发的宣传材料中登记的公司地址、电话及传真号码均与被告大连龙德公司完全相同。

被告科尔特公司辩称，原告提供的关于代理销售超微粒子喷雾装置的合同不能证实原告向其提供相应的技术秘密；且原告无证据证实被告龙德公司自被告科尔特公司处取得商业秘密的事实。

（三）裁判要旨

1. 原告怡楠通商会社不是技术秘密"超微粒子喷雾器的构造和式样"的权利人

辽宁省大连市中级人民法院认为，商业秘密的权利人应包括该商业秘密涉及的具体技术方案或商业信息的所有人或持有人，包括发明人、生产单位等，以及因其他合法事实取得该商业秘密的所有权或者使用权的组织或个人。本案中，原告怡楠通商会社在该合同签订、履行过程中，仅具有居间、辅助等作用，无独立的合同权利，其对相关技术秘密不享有权利。原告亦无证据可证实其因其他合法事实取得本案所涉商业秘密的所有权或使用权。被告科尔特公司有关原告怡楠通商会社无相关权利的反驳，证据充足，予以采纳。因原告无证据证实其权利存在，故诸如保密义务的违反、损失存在等涉及违约或构成侵权的事实是否存在，也无审查之必要。

2. 原告怡楠通商会社主张的专利"消毒方法及其消毒装置"不属于商业秘密

在庭审后，原告代理人于 2005 年 9 月 20 日通过传真递交法院《发明专利申请公布通知书》一份。经法院据此查明如下信息：申请号 cn200410063082.1 的发明名称为消毒方法及消毒装置；申请日为 2004 年 7 月 20 日；优先权日为 2003 年 9 月 15 日；申请人为怡楠通商有限公司；发明人为小野元嗣。

辽宁省大连市中级人民法院认为：该证据记载的发明项目虽与本案所涉技术秘密涉及技术领域相同，且已公布专利文件附图中的第一实施例消毒装置的喷洒枪结构的侧面图和新耕产业会社与科尔特公司联名发布的广告中记载的喷洒装置在外观上相似；但即使两技术方案相同或相似，在无其他事实辅助的情况下，亦不能认定两技术方案系同一技术秘密，例如源于同一权利人的同一技术方案或秘密，进而支持有利于原告的有关对本案所涉合同中技术秘密享有相应权利的主张。

（四）案件评析

1.商业秘密侵权纠纷的法律适用

在知识产权领域，对于侵权行为应如何适用法律的问题，学界通说认为，处理跨国诉讼纠纷应适用被请求保护国法律。在涉外案件中，如果当事人事先在协议中约定了适用的法律，则根据其约定选择法律。对于没有事先约定的，才考虑适用被请求保护国法律，而被请求保护国常常是法院地国。根据属人管辖权原则，原告也可以向被告的经常居住地有管辖权的法院起诉。[①]在本案中，原告作为一家外国公司，以侵犯商业秘密为由在中国起诉国内公司，并且侵权行为发生在中国，因此法院在审判案件中适用中国法律。

2.当事人提交证据的效力

本案中，原告提供的证据存在一些问题，诸如有部分图片未依我国诉讼法提供中文译文，且涉及除新耕产业会社以外的其他外国公司；提供的书面证人证言涉及的证人未到庭接受质询。由于这些证据存在瑕疵，依我国诉讼法是可以不予采纳的，但因当事人双方对相关内容和事实予以确认，对其真实性、关联性、合法性术提出质疑，法院予以采信。因此，诉讼中提交证据一定要注意诉讼法对证据的相关要求，以免做无用功。

3.关于诉讼中变更诉讼请求

变更诉讼请求，是指当事人要求对方承担民事责任的方式或者因法律关系的性质或者法律行为的效力发生变化而变更诉讼请求。本案中，原告在诉讼中变更诉讼请求，并于庭审后递交法院相应证据。但法院认为"原告逾期提供该证据，且无正当理由；对该证据不予审查，亦不影响本案公正审理；故该证据因不符合相关法律和司法解释中有关举证期限的要求，且不属于新证据，不予采纳"。

我国《民事诉讼法》第54条确定了当事人可以放弃、变更诉讼请求的权利，但《关于民事诉讼证据的若干规定》（2008年调整）第34条第3款对提出的

---

① 　叶建川、王鸿、姚兵兵：《知识产权国际保护》，知识产权出版社2017年版，第251页。

期限进行了限制：变更诉讼请求要在举证期限届满前提出。同时第35条也规定了例外情形：诉讼过程中，当事人主张的法律关系的性质或者民事行为的效力与人民法院根据案件事实作出的认定不一致的，不受本规定第34条规定的限制，人民法院应当告知当事人可以变更诉讼请求。当事人变更诉讼请求的，人民法院应当重新指定举证期限。因而，当事人需要注意的是，在诉讼过程中，应当严格按照法律规定的时限完成增加、变更诉讼请求。如果对方未按规定提出，应及时要求法院不予采信或者要求重新指定举证期，维护自己的合法权益。不过，2019年修订后的《关于民事诉讼证据的若干规定》取消了该项限制性规定。

4.类似信息构成商业秘密的认定

本案中原告在庭审后提交一份专利证明，企图通过论证该技术方案与涉案商业秘密相同或相似来获取相同的商业秘密保护。但即便存在相同或相似的技术信息，也不能就此直接判定其属于商业秘密。因为商业秘密的判定具有个案性质，即便该技术方案存在相似性，其获得与使用过程均存在差异，应该根据具体情况判定是否符合商业秘密的构成要件。

二、相关典型案例

美国法院对于商业交易中保密关系的认定

审判法院：美国联邦第一巡回上诉法院

原告、上诉人：博坦

被告、被上诉人：弥尔顿·布拉德利公司

（一）基本案情

博坦发明了一款名叫"胜利"的游戏，并联系了玩具生产商弥尔顿·布拉德利公司。根据弥尔顿·布拉德利的要求，玩具发明人应当事先签署公司出具的"披露记录"格式合同，公司才会继续与发明人了解产品想法。博坦作为发明人自愿签署了标准披露合同，该合同的主要内容为：提交产品是自愿的；弥尔顿·布拉德利评价有关游戏发明的想法与公司不存在任何关系；弥尔顿·布拉德利也没有义务必然接受披露的产品；发明人保留其对于披露产品的美国法规定的专利权；弥尔顿·布拉德利有权为了有效记录而复制发明人提供的所有资料。由于第一次评价博坦没能与弥尔顿·布拉德利签约。于是其修改游戏想法后再次联系弥尔顿·布拉德利，并签署了披露合同，然而仍然没能让弥尔顿·布拉德利接受这款游戏。近一年后，博坦发现弥尔顿·布拉德利销售的一款游戏"黑塔"与其披露的"胜利"游戏存在重要结构和设计的相似。

因此，博坦认为弥尔顿·布拉德利存在欺诈、违约行为，并存在侵占商业秘密的两次行为，遂向美国地区法院起诉，其中一次侵犯商业秘密的依据是普通法的侵权理论，另一次是《马萨诸塞州法律汇编注释版》第93章第42条。本案最后博坦将弥尔顿·布拉德利上诉到美国联邦第一巡回上诉法院，要求其承担侵权责任。[①]

（二）争议焦点

1. 商业秘密所有人的思想是否应得到保护

对于商业秘密所有人的思想，马萨诸塞州侵权法不会不加保护也不会完全保护，而是给予优先保护。马萨诸塞州对商业秘密的定义与美国其他州一样，采用的是《侵权法重述》中的定义。是否应保护其思想的核心在于当事人之间是否存在保密关系，如果原告能够证明其在具有保密关系的情况下将商业秘密披露给被告，那么被告违反二者之间的保密关系擅自使用或将其披露给他人，法院就会支持原告诉称被告侵占商业秘密的主张。

2. 当事人之间是否存在保密关系

保密关系主要产生于原被告之间的联系所形成的法律活动，或者是披露行

---

① United States Court of Appeals, First Circuit, Roger BURTEN d/b/a Rainy Day Games & Toys, et al., Plaintiffs, Appellants, v. MILTON BRADLEY COMPANY, Defendant, Appellee.No.84-1746.Argued March 6,1985, Decided May 30, 1985. 转引自黄武双:《美国商业秘密判例》，华东政法大学出版社 2011 年版，第 395~397 页。

为存在的具体情况发生的法律活动。地区法院认为，雇员雇主之间、采购商与供应商之间、可能的许可人与受许人之间会默示地形成典型的保密关系，因为这些人在接受秘密信息后需要承担相应的保密义务。同时也提到，若披露方属于自愿提供秘密信息，且没有附于限制使用的情况下，接受秘密信息的一方并不一定存在默示保密义务。这也是被告弥尔顿·布拉德利公司所持的观点。其辩称，标准披露合同表明发明人系自愿签署，其中约定了发明人只享有有关想法或产品的专利权利，从而放弃其他一切向被告主张责任或义务的权利，该合同明确否认了当事人之间产生的"任何关系"，因此并未建立保密关系。

（三）裁判要旨

1. 当事人之间存在保密关系

美国联邦第一巡回上诉法院认为，当事人之间是否存在保密关系的核心在于理清签署的披露合同中约定的法律关系。对于披露合同的约定，尽管存在原告放弃一切权利的声明，但毫无疑问的，该书面约定内容本身是笼统的，且并没有关于发明人放弃保密关系的明确声明。披露合同中关于弥尔顿·布拉德利可以复制材料的条款，应该理解为授权弥尔顿·布拉德利进行复制后仅作为自己的记录，可以从该条款的措辞中判断弥尔顿·布拉德利存在对游戏进行保密的默示承诺。故当事人之间存在默示的保密关系。

2. 弥尔顿·布拉德利应承担侵权责任

披露合同中约定的发明人放弃一切权利的声明的效力应只针对在弥尔顿·布拉德利对游戏进行评价的程序中，且对于合同权利的放弃不代表上诉人一并放弃了被侵权后的上诉权。根据马萨诸塞州法，合同当事人不能轻易地通过约定的方式排除侵权行为可能带来的法律责任。对于合同约定免除侵权责任有效的情形，只能是单纯的过失产生的责任，并且合同中的意思表示应该是明确的，而不是笼统或模糊的。由于本案并没有上述清晰的免除侵权责任的声明，因此披露合同并没有免除弥尔顿·布拉德利因侵权而应承担的责任。同时基于公共政策的考量，不应免除当事人因故意或重大过失而造成的侵权责任，巡回法院最终得出结论,弥尔顿·布拉德利由于违反保密关系,擅自使用上诉人提供的想法生产游戏,侵占了上诉人的商业秘密,应当承担侵权责任。

（四）案件评析

1.商业秘密默示保密关系的认定

作为最早立法保护商业秘密的国家之一,美国对于商业秘密的保护一直在国际前列,并且逐渐形成了自己独有的保护体系。从本案中可以看出,在美国,保密关系不仅有明示保密关系,还有默示保密关系,而我国是没有如此明确的区分的。明示保密关系指当事人之间明确约定了对披露的信息保密,对此,美国法院普遍认为在明确存在保密关系的情况下的披露可能产生保密关系。默示保密关系则是当事人虽然没有明确约定,但根据信息披露时当事人之间的法律关系,或者信息披露的具体情况,可以得出双方默认承担保密义务。在美国,即便可能存在默示保密关系,但如果披露方明确表示放弃此种关系下的保密关系,则对方无须承担保密义务,即事先或在披露时明确的弃权将使对方后续的披露行为具备合法性,披露方也就无权追究其侵权责任。因此,在与美国企业磋商或签约时,应注意对方披露的信息是否属于商业秘密,以及对方是否有过保密声明或弃权声明,避免由于对对方披露信息情况的疏忽而发生涉嫌侵权行为。

2.起诉时应注意区分违约之诉与侵权之诉

本案中,法院区分了合同违约之诉与侵权之诉,尽管地区法院的判决被撤销,但其部分判决陈词仍被巡回法院所认同,其中就包括对起诉内容的实体分析。地区法院指出,合同中约定了放弃合同权利义务的内容,但这并不代表同时放弃对于侵害商业秘密的侵权责任。因此,在选择起诉时,应该审慎考虑对被告的哪些行为起诉,其中涉及的是违反合同约定的行为,还是被告侵害了合同约定之外的权利而应承担的侵权责任,这将直接导致原告是否能在诉讼中获得最终胜利。

美国国际贸易委员会针对中国公司的"337 调查"案

审判法院：美国联邦巡回上诉法院

被调查方、上诉人：天瑞集团公司、天瑞集团铸造有限公司（以下统称"天瑞"）

调查方、被上诉人：美国国际贸易委员会（United States International Trade Commission，以下简称 USITC）

（一）基本案情

2008 年 8 月 14 日，天瑞进入"337 调查"案（337-TA-665）。

Amsted 工业公司（以下简称"Amsted"）主要生产经营的产品为铸钢火车车轮，其总部位于美国。正是源于生产铸钢火车，Amsted 拥有两项商业秘密并将其中一项工艺授权许可给中国的公司使用，其中包括大同爱碧玺铸造有限公司（以下简称"大同公司"）。2005 年，天瑞与 Amsted 进行了谈判，试图通过 Amsted 的许可获得掌握的技术信息。但是，双方并没有在许可条款上达成一致。大同公司有 9 名员工曾在 Amsted 的美国工厂或是大同公司里接受过有关技术信息的一些实务培训，并被告知该技术为机密，且其中 8 人签署了保密协议。后来，天瑞聘请了这几名员工。并且，天瑞通过一家中介公司向美国出口其通过这些技术生产的同类产品。

因此，Amsted 向 USITC 提出申诉，并请求 ITC 下达禁止令，对于天瑞侵犯其商业秘密的行为要求禁止天瑞基于侵权行为而制造的铸钢火车车轮进入美国市场。USITC 裁定支持了 Amsted 的主张，天瑞不服，向美国联邦巡回上诉法院提起诉讼。

（二）争议焦点

1. 被告侵犯商业秘密的行为的管辖权问题

原告 Amsted 诉称，涉案车轮的生产工艺开发地点在美国，应当以美国相关保护商业秘密的法律进行规制,而根据美国《1930 年关税法》的规定,进口涉案车轮涉嫌违反《1930 年关税法》第 337 条。

被告天瑞辩称,美国《1930 年关税法》第 337 条不具有域外效力。即使天瑞有侵犯 Amsted 的商业秘密的行为,该行为全部发生在中国,应由中国法院管辖,而不适用美国《1930 年关税法》第 337 条,国际贸易委员会不应受理此案。

2. Amsted 是否满足美国"337 调查"中要求的"国内产业"的要求

天瑞声称,申请人 Amsted 实际上并没有在美国使用其指控侵权的商业秘密,因此 Amsted 不满足美国《1930 年关税法》第 337 条(a)(1)(A)(i)中"受损害的国内产业"的要求。

(三)裁判要旨

USTC 的行政法官判定天瑞存在非法获取涉案商业秘密的行为,这些行为违反《1930 年关税法》第 337 条的规定,发布了对天瑞的铸钢火车车轮的有限禁止令。法官认为:天瑞进入美国销售的铸钢火车车轮是通过不正当的商业秘密窃取而制造的,对 Amsted 来说属于不正当竞争。其进一步指出,作为一项保密技术,是否实际在美国使用并不是问题的关键,只要相关获取商业秘密的行为侵害了原告在美国的产业的正常发展。但原告应当提供证据证明有足够多的国内产业会受到被告不公平竞争的损害。

美国联邦巡回上诉法院维持了国际贸易委员会的判决,并指出:用侵犯商业秘密的方法生产的产品实际上在美国销售,国际贸易委员会保留对进口到美国的产品展开"337 调查"的权利。尽管侵权行为发生在美国以外的国家,但"337 调查"的核心在于进口到美国的产品是否存在对国内产业的不正当竞争关系,而不是侵权行为的发生地是否在美国。考虑到天瑞产品在美国的市场份额,实际上在一定程度上损害了国内产业,并不真正需要权利人在国内产业实际使用该技术。因此天瑞的行为构成美国《1930 年关税案》第 337 条(a)(1)(A)所规定的情形。

（四）案件评析

1. "337 调查"发展情况

2001 年至 2017 年，国际贸易委员会受理的"337 调查"案件数量总体上呈现波动上升的态势，案件数量在 2011 年达到峰值之后略有下降，2016 年、2017 年连续两年又有所回升。这其中，涉及中国企业的调查数量以及在当年美国"337 调查"总量中的占比，同样呈现出波浪式变化。2017 年，涉及中国企业的"337 调查"达到 22 起，约占全年案件的 1/3，所占比例与 2016 年相近，但绝对数量创历史新高。[①]"337 调查"的特点是认定条件相对简单，在短期内采取非常严格的保护主义措施，且后果严重。如果中国公司进入美国的"337 调查"并被裁定适用诸如排除令或禁止令等的相关救济措施，该公司无法向美国出口产品，可能就此永远失去美国市场。因此对于跨国企业，尤其是出口产品到美国的企业尤其应该注意"337 调查"的相关规定和判决。

2. "337 调查"的域外效力

本案确立了"337 调查"的域外效力，即侵犯商业秘密的所有行为如果都发生在域外，只要该产品进口到美国并对美国的国内产业造成了损害，"337 调查"就有管辖权。可见，随着商业秘密的重要性愈发凸显，美国对本国企业商业秘密的保护也愈加强势。

---

① 冉瑞雪：《洞悉"337 调查"》，载《中国外汇》2018 年第 7 期。

第六章

其他知识产权的国际保护

第一节　集成电路风险识别与保护

一、集成电路知识产权

现代信息技术以计算机技术为基础。计算机技术又可分为软件技术和硬件技术，[1] 在硬件技术中，集成电路技术是最为重要的核心技术。[2] 集成电路是一种电子产品，是指将晶体管、电阻、电容等其他元器件及其相互的连线固化在一固体材料上，从而使其具备某种电子功能的成品或半成品。

从各国及国际公约关于集成电路知识产权保护制度来看，集成电路的知识产权保护，实质上是对其布图设计的保护。法律是通过保护集成电路布图设计（以下简称"布图设计"）达到保护集成电路的目的的。所谓布图设计，是指以任何方式固定或者编码的一系列相关图像，这些图像反映了用以构成集成电路产品的那些材料层之间的三维配置模式。[3] 按照《华盛顿条约》的解释，布图设计是指集成电路多个元件（其中至少有一个是有源元件）和其部分或全部集成电路互连的三维配置，或者是为了集成电路物制造而准备的这样的三维配置。[4]

---

[1]　郭禾：《半导体集成电路知识产权的法律保护》，载《中国人民大学学报》2004年第1期。

[2]　贾辰君：《浅谈集成电路的国际法律保护》，载《商品与质量》2012年S1期。

[3]　冯晔、冯晓青：《集成电路知识产权保护与我国的立法探析》，载《北京市政法管理干部学院学报》2001年第4期。

[4]　冯晔、冯晓青：《集成电路知识产权保护与我国的立法探析》，载《北京市政法管理干部学院学报》2001年第4期。

我国《集成电路布图设计保护条例》第2条第1项关于集成电路的含义,表述为是指半导体集成电路,即以半导体材料为基片,将至少有一个是有源元件的两个以上元件和部分或者全部互连线路集成在基片之中或者基片之上,以执行某种电子功能的中间产品或者最终产品。该条第2项对布图设计,是指集成电路中至少有一个是有源元件的两个以上元件和部分或者全部互连线路的三维配置,或者为制造集成电路而准备的上述三维配置。①

二、集成电路知识产权的特征

(一)布图设计具有无形性

布图设计实际上是图形化的集成电路中各元件的配置方式,这种配置方式本身是抽象的、无形的。② 它没有具体的形体,而是以一种信息状态存在于世,不像有形物体占据一定的空间。 但是当它附着于一定的载体时,可以通过有形载体为人所感知。③

(二)布图设计具有可复制性

当布图设计的载体为掩模版时,布图设计以图形方式存在于掩模版上。这时只要对全套掩模版加以翻拍,即可复制出全部的布图设计。当布图设计以磁带或磁盘为载体时,同样可以采用通常的磁盘或者磁带拷贝方法复制以布图设计为内容的编码,从而达到复制布图设计的目的。当布图设计被"固化"到集成电路芯片产品中时,布图设计复制的过程相对复杂些,但仍可将其复制。由此可知,无论布图设计以什么为载体,也无论布图设计以何种方式存在,总可以通过适当的方法和技术处理对布图设计加以复制。④

---

① 参见2001年3月28日国务院第36次常务会议通过,2001年4月19日公布的《集成电路布图设计保护条例》第2条。

② 郭禾:《集成电路与知识产权》,载《法学家》1993年第3期。

③ 参见集成电路与知识产权-法律快车知识产权法,http://www.lawtime.cn,下载日期:2018年12月17日。

④ 参见集成电路与知识产权-法律快车知识产权法,http://www.lawtime.cn,下载日期:2018年12月17日。

（三）布图设计的表现形式受限制

布图设计表现形式受多种因素的限制。首先，最重要的是布图设计的形状大小受电参数方面的限制。出于对耐压特性和功率参数的考量，布图设计者必须选择最佳的图形和尺寸。其次，现实的制造业水准尤其是特殊生产工艺的现有技术水平也影响布图设计的具体设计方案。布图设计者的设计思路如果太过超出现有生产工艺水平，则布图设计就无法实现。设计者不仅需要考虑集成电路的集成密度和关注交流特性，还需要考虑产品生产制造的工艺难度及其完成度。

（四）布图设计具有实用性

布图设计具有现实的工业实用性。首先，布图设计就是集成电路产品如集成电路芯片生产的基础，没有布图设计，何谈集成电路产品的生产。其次，布图设计本身又与特定的电子功能相联系，从某种意义上讲，布图设计是将电子线路转换为一种图形表现形式。故仅就布图设计本身而言，也应当认为其具备实用性。[①]

三、布图设计保护的风险

（一）侵权复制方法简单

一般而言，仿制者只要拥有相关的仪器设备，通过对布图设计集成产品解剖的方式，利用显微镜进行翻拍，对集成电路芯片作逐层腐蚀的翻拍和分析工作，就可能将该芯片布图设计者的思路和方案进行复制，这样的技术处理对于相关行业人士来说不具有难度。除了技术上的复制难度较低之外，更为重要的是经济成本考虑。通常翻拍和解剖的相关花费只有研发投资的 1%～10%。[②]

（二）侵权行为比较隐蔽

这是因为直接复制行为与集成电路行业中合法的反向工程在过程上相似，

---

① 郭禾：《集成电路与知识产权》，载《法学家》1993 年第 3 期。
② 李丹：《集成电路布图设计侵权认定研究》，河南大学 2012 年硕士论文。

二者都需要通过直接复制的方法获得集成电路的布图设计。① 从促进产业发展的角度出发，很多国家和地区都认同反向工程的合法性。之所以作出这样的设置，其目的在于鼓励社会成员设计出功能相似而集成度更高的集成电路产品，往往反向工程的产品还会具有速度更快、成本更低的优势。实践中复制者往往就利用两者之间的这些相同特性，因其专业性强，不易判断，往往以采用反向工程的借口企图混淆侵权复制，逃避侵权责任。

（三）侵权诉讼非常稀缺

目前虽然复制侵权是在集成电路行业内的普遍现象，关于布图设计的侵权诉讼在全世界却很少。我国在颁布《集成电路布图设计保护条例》的二十余年间，有关侵犯布图设计的案例就一直很少，直到 2017 年国家知识产权局才受理第一起布图设计方面的侵权纠纷案件。究其原因，这与布图设计涉及的专业领域艰深、侵权判定标准不明确以及鉴定程序复杂等有直接关系。

四、集成电路知识产权保护的风险防控

（一）国际条约保护

在保护布图设计的国际条约中，影响力最为重要的当数 1989 年在华盛顿缔结的《华盛顿条约》和世界贸易组织各成员国签署的 TRIPs 协定。作为专门关注集成电路保护的《华盛顿条约》所设计的权利体系为各国集成电路的知识产权保护奠定了基础，其中的大部分条款也为后来的 TRIPs 协定所吸收。与《华盛顿条约》相比，TRIPs 协定作了三点重大修改，即延长保护期，扩大保护范围，对侵权进行更加严格的限制。② 众所周知，TRIPs 协定集中反映了西方发达国家要求对集成电路加强保护的愿望，在规则层面很大程度上提高了国际社会集成电路知识产权的保护水平。TRIPs 协定在第二部分"集成电路布图设计"一节第 35 条，规定了对布图设计的保护问题，该协议阐明了有关保护布图设计的规定与集成电路知识产权条约的关系。自此以后，对布图设计给予高水

---

① 李丹：《集成电路布图设计侵权认定研究》，河南大学 2012 年硕士论文。
② 曹伟：《集成电路知识产权保护评析》，载《现代法学》2007 年第 2 期。

准保护,就是世界贸易组织各成员方的义务。[①] 不予保护或保护水准较低,都可能构成对 TRIPs 协定义务的违反。

(二)各国国内专门立法保护

作为一种新型的知识产权类型,布图设计的保护工作具有其特殊性。传统的专利法和版权法都无法涵盖和容纳布图设计的要求和特点。因此,各国开始探索对这种新型的产权进行更具针对性和专业性的保护。国际层面致力于通过专门的《华盛顿条约》和 TRIPs 协定进行调整保护,在此影响下,各国开始考虑在国内立法中专门创设一种新的集成电路布图设计保护方面的立法,就成了一种相对自然的考虑。同时还可以将专门立法与专利法保护和版权法保护相互结合起来,共同应对布图设计保护的需求,将在很大程度上满足各国国内集成电路保护的需求并缓解压力。这种做法和尝试已得到越来越多的国家和国际组织的认可,并不断有这方面的立法实践。

美国国会 1984 年通过了世界上第一部布图设计保护的专门法案《半导体芯片保护法》。紧随其后,日本于 1985 年也制定了《半导体集成电路的电路布局法》。欧洲共同体 1986 年通过指令要求其 12 个成员方都要专门制定对布图设计给予保护的法律,[②] 随之,欧洲多个国家就先后制定了关于布图设计知识产权保护的相应法律。各国的立法在名称上各有不同,在规则制定上也存在差别,但在立法的保护客体上,各国则大体一致,都认为其并非对给予保护,而是对集成电路布图设计的保护。[③] 我国从 20 世纪 60 年代就开始研制开发集成电路。1991 年国内有关部门开始着手准备组织集成电路专门立法的相关工作。2001 年国务院通过了我国关于集成电路保护的专门立法——《集成电路布图设计保护条例》。该条例的制定,填补了我国在布图设计保护领域的空白。制

---

① 冯晔、冯晓青:《集成电路知识产权保护与我国的立法探析》,载《辽宁公安司法管理干部学院学报》2002 年第 1 期。

② 高卢麟:《论集成电路布图设计知识产权保护的国际立法》,载《知识产权》1989 年第 3 期。

③ 冯晔、冯晓青:《集成电路知识产权保护与我国的立法探析》,载《辽宁公安司法管理干部学院学报》2002 年第 1 期。

定该条例的过程中注意采取将国际保护要求与我国国情相结合的立法态度,在规则的制定方面,既考虑了对布图设计者合法权益的保护,同时也兼顾了公众和其他使用人的利益。此外,为了指导和加强对布图设计相关的知识产权案件的审判工作,最高人民法院于 2001 年 10 月 30 日专门发布《关于开展涉及集成电路布图设计案件审判工作的通知》,对管辖案件和管辖法院作出相应的安排。[①] 整体而言,我国已经建立了对布图设计给予保护的初步的法律体系。由于我国的立法时间较晚,也因此较好地实现了我国立法与国际要求尤其是与 TRIPs 协定的一致性。

(三)法律上对布图设计专有权的限制

1. 反向工程。合法的反向工程需满足相应的条件。第一,行为的直接目的须是对他人的布图设计进行分析、评价、用于教学或是在他人设计的基础上进行新的创作。第二,反向工程的设计必须具有独创性。设计者需能提供相应的实验数据等证明材料。第三,原则上新的布图设计不能与原有的布图设计完全相同。

2. 合理使用。《集成电路布图设计保护条例》第 23 条规定了合理使用的问题。为个人目的或者单纯为评价、分析、研究、教学等目的而复制受保护的布图设计的情况,可以不经布图设计权利人的许可,不向其支付报酬。虽然这个过程中包含了对他人的布图设计的复制和使用,但该种复制和使用不涉及任何商业利用。

3. 权利穷竭。《集成电路布图设计保护条例》第 24 条是关于布图设计权利穷竭的规定。布图设计专有权人或者其他经授权人将布图设计或含有该布图设计的集成电路投放市场后,此后市场上发生的有关该布图设计的商业利用行为,无须再支付报酬给权利人,因此时其权利已告穷竭,消费者的利益和商品的正常流通不应受到布图设计权利人专有权的不当损害。

4. 强制许可。《集成电路布图设计保护条例》第 25 条、第 26 条是关于布图

---

① 曹伟:《集成电路知识产权保护评析》,载《现代法学》2007 年第 2 期。

设计强制许可的规定。在国家出现紧急状态或者非常情况时，或者为了公共利益的目的，或者经人民法院、不正当竞争行为监督检查部门依法认定布图设计权利人有不正当竞争行为而需要给予补救时，国务院知识产权行政部门可以给予使用其布图设计的非自愿许可。目前为止，我国在布图设计领域尚未出现强制许可的相关实践。

5. 无知侵权。《集成电路布图设计保护条例》第 33 条是关于无知侵权情形的相关规定。如果有人在不知情的情况下购买了含有非法复制的受保护集成电路产品，而将该产品进口、销售或从事其他商业利用，在其知晓该情况之前不认定为侵权。并且，该行为人在得到其中含有非法复制的布图设计的明确通知后，可以继续将现有的存货或者此前的订货投入商业利用，但应当向布图设计权利人支付合理的报酬。

第二节　植物新品种风险识别与防控

一、植物新品种的概念

"植物新品种"是一个法律意义上的概念，属于法学的范畴，关于植物新品种的概念，在不同国家有不同的表述。根据 1997 年国务院公布的《中华人民共和国植物新品种保护条例》的相关规定，植物新品种指的是经过人工培育的或者对发现的野生植物加以开发，具备新颖性、特异性、一致性和稳定性并有适当命名的植物品种。[①]随着农业、林业科技的飞速发展，优良的植物新品种不断出现。由于植物新品种具有重大的社会效益和经济效益，有利于促进国民经济的健康发展和社会稳定，因此，对植物新品种的保护显得极为重要。

---

① 参见 1997 年 3 月 20 日中华人民共和国国务院令第 213 号公布，根据 2013 年 1 月 31 日中华人民共和国国务院令第 635 号《国务院关于修改〈中华人民共和国植物新品种保护条例〉的决定》第一次修正，根据 2014 年 7 月 29 日中华人民共和国国务院令第 653 号《国务院关于修改部分行政法规的决定》第二次修正的《植物新品种保护条例》第 2 条。

二、植物新品种的特征

根据《国际植物新品种保护公约》(简称 UPOV 公约)1991 年文本的规定，作为植物新品种必须具备新颖性、特异性、一致性和稳定性特征。当某品种符合这些条件时才能被认定为是植物新品种，相关的育种者才能够被授予育种者权利。我国《植物新品种保护条例》对新品种的认定中，除了要求满足以上四个方面的特征要求外，还强调了新品种必须具备适当命名。另外，需要说明的是，国际社会关于植物新品种保护的 UPOV 公约存在多个文本，考虑到当时我国的国情，我国在 1998 年加入的是公约的 1978 年文本。

1. 新颖性

如果在提交育种者权利申请书时，相关品种的繁殖或收货材料尚且没有出于利用该品种的目的、没有超过一定时间阶段被育种者本人或经其同意出售或转让给他人，则该品种应被认为具有新颖性。时间限制为：(1)在提交申请书的缔约方领土上，距该提交日未超过 1 年；(2)在提交申请书的缔约方以外领土上，距该提交日未超过 4 年，或在树木和藤本的情况下未超过 6 年。[①]

2. 特异性

如果一个品种在申请书登记之时显然有别于已知的任何其他品种，[②]则这个品种应被认定为是特异的。特异性是指某植物新品种应与同植物其他群体在特征、特性上有所区别。UPOV 公约 1991 年文本对植物新品种特异性的要求和概述是"至少表现出一种特性以区别于任何其他植物群"。[③]

3. 一致性

一致性是指植物新品种除可预见的变异外，其相关特征或特性应保持一致。品种的一致性主要体现在经过繁殖后，子代的个体之间在该品种的主要性状上应保持一致。

---

① 参见《国际植物新品种保护公约》1991 年文本第 6 条。
② 参见《国际植物新品种保护公约》1991 年文本第 7 条。
③ 参见《国际植物新品种保护公约》1991 年文本第 1 条第 6 项。

4. 稳定性

稳定性指的是某植物品种在经过反复繁殖后，如果品种的有关特性保持不变，或者在特定繁殖周期的每个周期末尾其有关特性保持不变，[①] 即品种的特异性和一致性能够保持不变，则可以认定其具有稳定性。

5. 适当命名

对于申请植物新品种权的植物新品种来说，拥有适当的名称不但是必要的，而且是法定的，要按照一定的法律程序获得批准。该名称必须与相同或相近的植物品种中已知品种的名称相区别。符合条件的名称经登记注册后就成为该植物新品种的通用名称。[②]

三、育种权申请的核心内容

申请植物新品种权的相关要求也体现在上述各个方面情况的细致描述和证明上。首先，在申请时新品种要有适当的名称。其次，申请人要将新品种的来源交代清楚，结合系谱图，详细叙述并公开申请品种的亲本来源、选育办法、步骤等。最后，申请时还应该详细描述近似品种的特征特性，近似品种要与申请品种具有在形态学特征和植物学特性方面的相似性，要与申请品种有血缘关系，并已经为公众知悉和使用。除此之外，在申请时须叙述有关销售情况说明，对新品种的特异性、一致性、稳定性的详细说明，适合种植地区以及栽培要点的说明等，同时还要提供照片。[③]

四、植物新品种知识产权的风险

1. 植物新品种的发现和产生是天时、地利、人和综合作用的结果。这其中最为重要的就是研究者和育种人的研究和努力。这是一项长期的艰难的资金与技术的双重投入。前期巨大的投入才能够产生新的品种，但投入市场之后的情

---

① 参见《国际植物新品种保护公约》1991 年文本第 1 条第 6 项、第 9 条。

② 参见我国《植物新品种保护条例》第 18 条。

③ 何小唐：《如何申请植物新品种权》，载《中国花卉报》2003 年 8 月 28 日。

况难以把控。因为新品种出现后,其他人想要再繁殖培育这种新品种,则相对容易操作。如此一来,前期的投入和努力无法得到应有的市场回报,[①]这样不仅会侵害育种人的合法权益,还会挫伤他们育种的积极性。

2. 农业、林业科技成果的研制和开发具有很大的风险性,不但面临着市场风险,而且面临着更为严峻的自然灾害风险。一场自然灾害袭来,育种者多年的投入和努力就可能毁于一旦。因此对植物新品种予以法律保护才能使这种风险得到有效的平衡。

五、植物新品种知识产权的风险防控

(一)国际保护

1.《保护植物新品种国际公约》

植物新品种的国际保护始于 20 世纪 60 年代。1961 年,由法国、联邦德国、意大利、荷兰、比利时几个国家在巴黎签署了 UPOV 公约,此公约文本也被称为 UPOV 公约 1961 年文本。相关国家在公约基础上建立了国际植物新品种保护联盟,并不断吸纳其他国家和地区加入该联盟。UPOV 公约经过几次修改以后逐渐成了世界上最主要的植物新品种保护制度。现在,国际上使用最广泛的就是公约的 1978 年文本和 1991 年文本。

1978 年文本指出:本公约旨在承认和保护符合植物新品种条件的育种家及其继承者的权利。[②]这一宗旨在 1991 年文本中也有所体现。UPOV 公约希望各缔约方能够在国际层面对于植物新品种育种家的权利保护采用相对一致的保护原则,在具体的保护方式上要求各国通过授予专门保护权或专利权进行保护。[③]1991 年文本在保护方式上则没有对成员国提出具体要求,而是将这一问题交由成员国自己决定。成员国可以根据自己的国情和保护需要选择授予专利

---

① 张晓晶:《山东某公司侵犯植物新品种权被判赔偿 18 万元》,载《农产品市场周刊》2004 年第 25 期。

② 参见《国际植物新品种保护公约》1978 年文本第 1 条。

③ 参见《国际植物新品种保护公约》1978 年文本第 2 条第 1 项。

权、品种权或其他类型的权利来保护植物新品种。1991 年文本在保护水准上对各国提出要求，虽然公约不限制各国的保护方式，但是无论采取什么样的保护方式，在保护水准方面公约的要求是统一而明确的，那就是不能低于文本的要求。也就是说，文本规定的保护水准是国际层面新品种育种者权利的最低保护要求。公约这样的安排旨在提高国际上对育种者权益的保护水准。由于各国采取保护方式的差异和标准的不同所带来的各国法律间的冲突问题，公约不再给出安排，完全交由各国国内立法或司法实践解决。各国长期以来在适用 UPOV 公约过程中，对育种者权益的保护多是围绕着建立和完善品种权来进行的，这种品种权模式的主要内容包括把植物新品种作为授予权利的基础和审查的中心，规定适合植物新品种的条件、范围和审查要求，建立品种权制度并规定权利的应有内容以及对该权利的监督管理和保护机制等。

2. TRIPs 协定

TRIPs 协定对涉及植物新品种保护方面的规定主要在第 27 条予以体现，第 27 条第 3 款第（b）项规定如下："各成员可拒绝对下列内容授予专利权：（b）除微生物外的植物和动物，以及除非生物和微生物外的生产植物和动物的主要生物方法。但是，各成员应规定通过专利或一种有效的特殊制度或通过这两者的组合来保护植物品种。本项的规定应在《WTO 协定》生效之日起 4 年后进行审议。"[①] 该条规定表明在植物新品种保护领域各国可以采用专门法和专利法保护两种并行的保护方式。

该条的规定是在世界贸易组织法律框架下将植物新品种的保护纳入知识产权的保护范围。虽未对植物新品种保护中所涉及的具体问题给出详细规定，但是从贸易领域对国际知识产权保护的角度关注植物新品种问题已足以引起成员方的高度关注。不仅如此，基于 WTO 规则产生的成员国义务问题也随之而来。WTO 的众多成员方在植物新品种保护领域再也无法置身事外。如果涉及与贸易有关的知识产权保护领域，在该问题上如果没有采取相应的措施，制定合适

---

① 　参见 TRIPs 协定（2017 年 1 月 23 日修订）第 27 条第 3 项。

的规则,则可能构成对 TRIPs 协定义务的违反。

按照 TRIPs 协定的此项规定,区分生物方法和非生物方法,"可拒绝对下列内容授予专利权"的用语表明,既可以对本质上属于生物技术的植物和方法给予专利保护,也可以对其不给予专利保护。WTO 在国内法的制定上有以下几种选择方案:第一种,对于植物、生产植物的本质上属于生物技术的方法不给予专利法保护,但是对采用非生物技术和微生物技术的方法以及植物新品种则可以申请专利;第二种,对于植物、生产植物本质上属于生物技术的方法排除在可授予专利范围内,但应给予植物新品种以特殊的保护,此时这种特殊的保护主要是指植物新品种的专门的品种权;第三种,对于植物、生产植物本质上属于生物技术的方法排除在可授予专利范围内,但对于植物新品种可以同时授予专利权和特殊的品种权。[①] 各国可根据本国的具体情况选择最适合本国的植物新品种保护模式。

3. 其他公约对植物新品种的保护

1992 年在联合国环境与发展大会上开放签字的《生物多样性公约》(CBD)是迄今为止生物多样性保护与可持续发展方面最突出的成果,它将保护范围由有机物扩大到了所有生物,并具有法律上的约束力。该公约确认了各国对其自然资源拥有的主权权利及遗传资源的取得须经提供这种资源的缔约国事先知情同意的原则。2001 年 11 月,联合国粮食及农业组织在经历多年艰苦谈判的基础上通过了《粮食和农业植物遗传资源国际条约》(ITPGR),根据联合国粮农组织网站的官方说明,该条约的宗旨与《生物多样性公约》协调一致,为可持续农业和粮食安全保存和可持续地利用粮农植物遗传资源,以及公平合理地分享利用这些资源产生的利益。[②] 不仅如此,农民权利问题以及农民在农业育种和粮食生产以及对于农业植物新品种和生物多样性保护的贡献也得到了该公约的认可和确认。

---

① 范雅琦:《植物新品种知识产权保护研究》,河北大学 2008 年硕士论文。

② http://www.fao.org/plant-treaty/zh/,下载日期:2019 年 8 月 25 日。

（二）"孟山都"事件

美国孟山都（Monsanto）公司目前是全球第二大农业化工公司和头号生物工程公司。2000年4月6日，孟山都公司向全球包括中国在内的101个国家申请一项有关高产大豆及其栽培、检测的国际专利。目前，各国对这项专利正处于实际审查和授权阶段。该项专利申请源自对上海附近的一种野生大豆品种的检测和分析，孟山都从中发现了与控制大豆高产性状密切相关的基因标志。孟山都接着用这一野生大豆品种作为亲本，与栽培大豆品种杂交，培育出含有该标志的大豆。孟山都即据此申请专利，保护其发明的"高产大豆"，提出64项专利保护请求。长达90多页的英文专利申请书对专利权保护范围逐一说明，其中包括：与控制大豆高产性状的基因有密切关系的标志，所有含有这些标志的大豆（无论是野生大豆还是栽培大豆）及其后代，生产具有高产性状的栽培大豆的育种方法，以及凡被植入这些标志的转基因植物，其中包括大麦、燕麦、卷心菜、棉花、大蒜、高粱等。[1]

而鉴于世界各国对专利权在生物技术领域的授予标准不一，此项专利申请极有可能在美国、欧盟获得批准。专利申请通过意味着孟山都公司对所有的高产大豆品种均拥有垄断权，并允许孟山都对中国这一野生大豆遗传资源进行控制。若未经孟山都公司的首肯，中国的科研和育种专家将不得使用高产标志进行研究或育种，否则即侵犯了孟山都的排他性专利权；中国的有些大豆产品甚至因此无法出口，否则会招致巨额索赔甚至国际贸易制裁——尽管孟山都这项研究的关键材料来自中国的一个野生大豆品种。[2]如果不予采取适当的对策，类似的危机也极有可能落到中国的小麦、水稻或玉米身上。孟山都公司的这一"生命圈地运动"旋即引起了中国科学界的关注，2001年11月1日中科院召开新闻发布会，宣布将阻止来自国际上的基因抢注，启动中国水稻功能基因研究，

---

① 张小瑜：《植物新品种保护与国际农产品贸易》，载《农业展望》2009年第12期。

② 康志河、唐瑞勤、吴风兰：《企业品种保护及维权典型案例的启示》，载《麦类文摘（种业导报）》2007年第11期。

力争在 5 年内获得 50～100 个功能基因专利。然而,我们除了对孟山都公司的"海盗"行径大加谴责外,无疑还应从这个事件中汲取更多的教训。[①]

此外,随着孟山都公司在全球范围的扩张,引起了许多国家和地区农业生产者的愤慨。1998 年 8 月 9 日,印度社会发起了"孟山都退出印度"运动,以此来表达其对孟山都肆意掠夺印度种子和粮食的愤怒与不满。[②] 从 2003 年开始,孟山都开始在全球收取专利费用,引起广泛不满;2004 年后,阿根廷也陷入孟山都的专利陷阱中了。据悉,阿根廷境内近 95% 的大豆为转基因品种,大多数农户使用孟山都的转基因抗草甘磷大豆种子并将自己收获的转基因大豆种子用于播种。[③] 为了剥夺阿根廷农民的此项权利并收取"仿制费",孟山都公司与阿根廷展开了一场旷日持久的斗争。由于不满孟山都收取专利使用费和品种权使用费,2009 年,巴西种植业协会提起集体诉讼,要求认定不侵权,并请求返回以前的收费。孟山都事件给全球基因资源保护及各国立法提出了严峻挑战,因此,完善相关立法和制度是关键。

第三节　商号风险识别与防控

一、商号的概念

商号即企业字号,是经营主体特定化的标志之一,是区分不同经营主体的符号,它不仅与企业的人格相联系,也与企业的财产收益相关;也就是说,商号不仅是经营主体取得民事主体资格的必具条件之一,也是经营主体的一项可观的无形资产。因此商号的重要性不言而喻。商号最能反映商事主体的独具特征,能够表现同行业的不同经营者的最根本区别,因此,商号不等于企业名称,

---

① 郭锡昆:《植物新品种专利权保护的扩张及我国之应对——对"孟山都"事件的个案反思》,载《律师世界》2002 年第 8 期。

② 吴丽、陈楠:《"合法"掠夺农民的孟山都》,载《商务周刊》2008 年第 17 期。

③ 吴丽、陈楠:《"合法"掠夺农民的孟山都》,载《商务周刊》2008 年第 17 期。

它只能是企业名称的一部分,是其中的核心部分。①

二、商号权的概念和内容

所谓商号权,是指各类经营主体对其商号依法享有的专有权利,即经营主体对商号所拥有的商号设定权、使用权和转让权等权利。② 商号权的内容主要包括以下几个方面:(1)商号设定权。经营主体为自己的经营场所设定商号名称的权利。在法律许可的范围之内,商业经营主体对商号自主取名的权利不受侵犯。(2)商号专有权。商号作为一项重要的无形资产,为商号经营者所独有并自由使用。他人未经许可不能使用经营者的商号名称。(3)商号转让权。同样,作为经营者的一项重要资产,商号也可在经营者允许的情况下转让给他人使用。(4)商号许可使用权。对于资产,经营者除可以转让外,还可以在法律允许的范围内许可他人使用自己的商号。如以协议的方式进行许可和授权使用其商号。通常被许可使用特定商号的经营主体应按照许可的范围和条件进行使用。不过为了避免让公众产生误解,该许可使用应当经过主管部门的批准。③

三、商标权和商号权的区别

商标是指商品的生产者、经营者或服务的提供者为标明自己区别他人在自己的商品或者服务上使用的可视性标志。④ 商标权是指商标所有人对其注册商标所享有的专有权。即拥有依法支配其注册商标并禁止他人侵害的权利,包括商标注册人对其注册商标的排他使用权、收益权、处分权、续展权和禁止他人侵

---

①　参见 2019 年 7 月 3 日《国知局关于企业商号权与商标专用权产生权利冲突解决答复》,https://m.sohu.com/a/325768870_99900555,下载日期:2019 年 9 月 16 日。

②　陈晨薇:《浅析商标识别性在商标与商号权利冲突解决中的地位》,载《广西政法管理干部学院学报》2006 年第 6 期。

③　何华:《论商号权国际保护的现状及完善》,载《中国知识产权发展战略论坛论文集》(2005 年)。

④　王敏:《权利冲突下企业商标权与商号权的法律风险与防范》,载《法制与经济(中旬刊)》2008 年第 8 期。

害的权利。[1] 依据我国《商标法》第 3 条的规定，经商标局核准注册的商标为注册商标，包括商品商标、服务商标、集体商标和证明商标；商标注册人享有商标专用权，受法律保护。因此我国商标权主要是指商标所有人依法对其注册商标享有的专有权。[2]《巴黎公约》第 1 条确定商号属于工业产权，[3] 根据我国《民法典》第 1013 条的规定，法人、非法人组织享有名称权，有权依法决定、使用、变更、转让或者许可他人使用自己的名称。该条是在第四编"人格权"中的第三章"姓名权和名称权"之下的规定。由此可见，我国《民法典》中对于商号不是作为知识产权保护，而是作为企业的人格权进行保护的。从 2019 年国家知识产权局在相关问题的答复中的观点来看，国家知识产权局认为商标专用权和企业名称权分属不同的法律范畴。依据有关规定，商标专用权属于知识产权，企业名称权属于人格权，分由不同法律法规予以规制。[4] 然则，我国法律当中对商号权未作明确规定，实践当中大多认为商号权就是商事主体在经营、服务活动中用于区别其他商事主体的特定名称，商号权就是商事主体享有的对商号在商事交易中的权利。[5]

① 张智然：《由"金拱门"事件，谈谈企业的名称权、商标权和商号权》，http://blog.sina.com.cn/s/blog_41da70110102y61f.html，下载日期：2019 年 9 月 24 日。

② 参见 1982 年 8 月 23 日第五届全国人民代表大会常务委员会第二十四次会议通过，根据 1993 年 2 月 22 日第七届全国人民代表大会常务委员会第三十次会议《关于修改〈中华人民共和国商标法〉的决定》第一次修正，根据 2001 年 10 月 27 日第九届全国人民代表大会常务委员会第二十四次会议《关于修改〈中华人民共和国商标法〉的决定》第二次修正，根据 2013 年 8 月 30 日第十二届全国人民代表大会常务委员会第四次会议《关于修改〈中华人民共和国商标法〉的决定》第三次修正，根据 2019 年 4 月 23 日第十三届全国人民代表大会常务委员会第十次会议《关于修改〈中华人民共和国建筑法〉等八部法律的决定》第四次修正的《中华人民共和国商标法》第 3 条。

③ 参见 1883 年 3 月 20 日签署、1900 年 12 月 14 日在布鲁塞尔、1911 年 6 月 2 日在华盛顿、1925 年 11 月 6 日在海牙、1934 年 6 月 2 日在伦敦、1958 年 10 月 31 日在里斯本、1967 年 7 月 14 日在斯德哥尔摩修订并于 1979 年 10 月 2 日修订、1980 年 2 月在日内瓦修订的《巴黎公约》第 1 条。

④ 参见 2019 年 7 月 3 日《国知局关于企业商号权与商标专用权产生权利冲突解决答复》，https://m.sohu.com/a/325768870_99900555，下载日期：2019 年 9 月 16 日。

⑤ 王敏：《权利冲突下企业商标权与商号权的法律风险与防范》，载《法制与经济（中旬刊）》2008 年第 8 期。

四、商号权面临的风险

如前所属，商标的主要功能在于能够把产品或服务与产品生产者和服务提供者联系起来，由此消费者基于对产品生产者和服务提供者的好感而对产品和服务加以青睐。这里具有重要意义的就是企业的商誉。良好的商誉就是重要的无形资产，在消费者和经营者之间建立起桥梁。商号作为企业名称的核心内容部分，更是直接与产品生产者和服务提供者密切相关，甚至在商业实践中，商号直接就指向具体的经营者。商号的价值更是与经营者的商誉密不可分。因此在实践中，经常出现以别人的在先商号作为自己商标内容的情形，或以别人的在先商标作为自己商号名称的情形。究其原因，就是在先的商号或是商标具有了一定的知名度或美誉度，因此具备了相当程度的商业市场价值，这种市场价值很直观地体现为一定程度的竞争优势。在后的商标或商号希望借助于在先商号或商标背后的市场优势和良好商誉而获利。

对于在先的商号来说，自己的商业信誉来自努力经营，被在后的商标或者商号"搭便车"（free ride）的风险是明显存在的，带来的结果和影响涉及多个层面。首先，在后的商标或商号如此作为，会在市场上尤其在消费者当中产生混淆。不明就里的情况下，消费者可能将侵权者的产品或服务当作是在先商号经营者的产品和服务而购买，直接影响在先商号的商业利益和市场份额。其次，在先经营者的产品或服务的美誉度有可能被侵权者的产品或服务抹杀，劣质产品以虚假印象推向市场，那么侵权产品或劣质服务的购买者不仅可能遭受经济和其他方面的损失，同时也有可能降低对在先商号的市场评价，其美誉度由此降低，商誉由此受到影响。最后，在先商号权人为了维护其合法权益，可能不得不选择诉讼维权的方式。而在商标和商号相关权利冲突的情况下，由于规制方式和所属范畴的不同，诉讼风险难以预料。

五、商号权的国际保护

随着国际社会的不断发展，不同国家间的民商事交往越来越频繁。人们对于商号的关注也逐渐地跨出一国的界限，而越来越多地体现出一定程度的涉外性和国际性。商号的使用范围越来越广，在不断将自己的商业触角伸向世界各地之时，也出现越来越多因商号的使用而产生纠纷和侵权的现象。因此，在国际层面关注和加强对于商号的保护成了各国之间关注的议题。国际社会对于商号的国际保护工作是随着其他知识产权领域的国际保护议题的出现而出现的。从 19 世纪末期开始，有关的国家和国际组织就对此作了大量的工作。①

1.《WIPO 公约》

在 1967 年签订的《WIPO 公约》中对知识产权下的定义，就将商号权作为知识产权的一种。② 不仅如此，对于一般公约中都存在的保留问题，《WIPO 公约》的态度也很明确，该公约不允许成员国对公约及其内容作出保留。③ 因此，该公约中对于知识产权定义的规定包括其所含项目的权利适用于所有公约成员国。商号的知识产权属性在公约中得到确立。

2.《巴黎公约》

《巴黎公约》第 1 条"工业产权的范围"中，明确规定将"商号"作为其保护的对象。④ 对商号的保护规定集中体现在该公约的第 8 条、第 9 条和第 10 条当中。根据相关规定，商号在《巴黎公约》所有成员国内受到保护。程序上没有要求，公约对于商号的态度即不需要商事主体对其提出申请或注册。对于和商标的关系问题，公约的态度也很明确，商号是自成一体的公约保护对象，不管商号是作为商标的一部分出现，还是与商标没有任何关系，都不影响商号获

---

① 何华：《论商号权国际保护的现状及完善》，载《中国知识产权发展战略论坛论文集》（2005年）。

② 保护工业产权巴黎同盟的国际局与保护文学艺术作品伯尔尼同盟的国际局的 51 个国家于 1967 年 7 月 1 日在斯德尔摩会议将两国际机构合并，签订了《WIPO 公约》，该公约于 1970 年 4 月 26 日正式生效。根据公约成立的政府间国际机构，定名为世界知识产权组织。《WIPO 公约》第 2 条定义中第 VIII 项"知识产权"包括有关下列项目的权利：商标服务标记、商号名称和牌号。

③ 参见《WIPO 公约》第 16 条。

④ 参见《巴黎公约》第 1 条。

得公约的保护。此种规定有效地扩大了对商号权人的保护，尽可能地从规则层面排除基于商标保护所带来的对于商号保护的重叠或干扰。《巴黎公约》主要关注的是工业产权的保护，因此对于国际进出口贸易中的商号保护十分关注。在保护机制上，公约设计了海关扣押制度。公约规定："一切非法标有商标或厂商名称的商品，在进口到该项商标或厂商名称有权受到法律保护的本联盟国家时，应予以扣押。"① 对于侵权产品的扣押，可以是在进口时给予扣押；如果一个国家不允许在进口时予以扣押，则也可以是在进口以后，进口国给予扣押；还可以在粘贴非法标记的国家即侵权行为地进行扣押。不仅如此，公约还规定，如果一个国家不允许在进口时进行扣押，那么应该考虑在进口以后进行扣押，或是干脆禁止该批侵权产品进口。② 值得注意的是，公约中对于此类侵权产品的扣押只针对进出口贸易环节，不针对国境产品。公约对此的表述为"各机关对于过境商品没有执行扣押的义务"。③ 在执行扣押之外，公约对于商号权的保护设定了反不正当竞争的保护机制。《巴黎公约》第10条中强调公约成员国家有义务对各国国民保证给予制止不正当竞争的有效保护。所有违反诚实做法的商业竞争行为都构成不正当竞争行为，包括但不限于采取一切可能导致对经营者的营业所产生混淆的行为以及损害竞争者营业所信用性质的虚伪说法等。④

3. TRIPs 协定

世界贸易组织是世界上最有影响力的经济组织，在国际货物贸易、服务贸易和知识产权以及投资等领域都发挥着重要作用。TRIPs 协定作为 WTO 一揽子贸易协定的一部分，将与贸易有关的知识产权问题纳入世界贸易组织的调整范围。TRIPs 协定将知识产权界定为"私权"。⑤ 在其关于知识财产的范

---

① 参见《巴黎公约》第9条。
② 参见《巴黎公约》第9条第2款。
③ 参见《巴黎公约》第9条第4款。
④ 参见《巴黎公约》第10条第2款。
⑤ 参见 TRIPs 协定序言。

围中也并没有涉及"商号权"的具体内容，但并不表明 TRIPs 协定就不要求 WTO 成员方对商号权进行保护。原因在于，前述《巴黎公约》以及《伯尔尼公约》连同其他一些国际公约都以一体化的形式建立起了与 TRIPs 协定的联系。TRIPs 协定第 1 条"公约的性质和范围"中已经明确了这一问题，该条第 3 款对此明确规定："就有关的知识产权而言，其他成员的国民应理解为符合《巴黎公约》(1967)、《伯尔尼公约》(1971)、《罗马公约》和《华盛顿条约》规定的保护资格标准的自然人或法人，假设所有 WTO 成员均为这些公约的成员。"[①] 因此，《巴黎公约》的规定同样适用于 TRIPs 协定成员国，无论这些成员国是否加入《巴黎公约》，所有成员方均需遵守《巴黎公约》中关于商号权的相关规定。

4.《制止商品来源虚假或欺骗性标记马德里协定》

该协定是《巴黎公约》的专门协定之一，包括 6 条实质性条款和 7 条程序性条款。该协定要求各成员方对来源于其他成员方的带有有关来源伪造或欺骗性标记的商品在进口时予以没收或禁止其进口。各成员方还需要作出保证，禁止把欺骗公众的宣传性质的产品来源标记使用在招牌、广告、发货单、葡萄酒目录、商业公函及文件等上面。扣押须应海关当局提议进行。[②]

5.《班吉协定》[③]

《班吉协定》是非洲知识产权组织成员国范围内的法律文件。根据该协定及其附件的规定，在该组织成员国中应受到保护的知识产权包括：发明专利权、发明使用权、商标、工业设计和使用权、商用名称、区域名称、文化艺术版权和著作权。附件五首先对商号进行了定义，商事主体可以通过使用某商号继而获得其商号专有权，也可以通过注册某商号的途径取得商号专有权。[④]

---

① 参见 TRIPs 协定序言第 1 条第 3 款。

②《制止商品来源虚假或欺骗性标记马德里协定》，https://baike.so.com/doc/4228938-4430675. html，下载日期：2019 年 8 月 25 日。

③ 非洲知识产权组织 1999 年 2 月在班吉修改的《班吉协定》修订本及其 1 号至 8 号附件于 2002 年 2 月 28 日正式生效，http://www.mofcom.gov.cn/article/i/jyjl/k/200207/20020700029082.shtml，下载日期：2019 年 8 月 25 日。

④ 何华：《论商号权国际保护的现状及完善》，载《中国知识产权发展战略论坛论文集》(2005 年)。

第四节　地理标志风险识别与防控

一、地理标志的概念

"地理标志"这一术语最早被用在 WIPO 主办的国际谈判中，既包括货源标记，也包括原产地名称。对地理标志这一概念作出最新最有影响力的界定是 TRIPs 协定第 22 条第 1 款的规定。该条文规定："本协定的地理标志，系指下列标志：其标示出某商品来源于某成员方地域内，或来源于该地域中的某地区或某地方，该商品的特定质量、信誉或其他特征，主要与地理来源相关联。"

由于 WTO 在全球的巨大影响，随着地理标志这一概念的出现，过去曾使用的与商品地理来源标志有关的概念被地理标志所取代。根据 2019 年第四次修改后的我国《商标法》第 16 条第 2 款的规定，地理标志是指标示某商品来源于某地区，该商品的特定质量、信誉或者其他特征，主要由该地区的自然因素或者人文因素所决定的标志。

二、地理标志的特征

1. 地理标志是用于标示商品地理来源的标志。由于地理标志将来源于特定地域的商品与其他地区的同种商品区分开来，使得用户和消费者在购买商品时有了识别和选择商品的依据。

2. 地理标志中的地理名称可以是现实的地理名称，也可以是识别商品来源地的标记、符号或者非"直接的地理名称"。如"泰国香米"中的"泰国"、"帕尔玛火腿"中的"帕尔玛"、"苏格兰威士忌"中的"苏格兰"等都是用识别商品来源地的现实地理名称标示商品来源的。如果用埃菲尔铁塔图案表示法国货、用泰姬陵图案表示印度货、用自由女神图案表示美国货，就是用识别商品来源地的标记或符号标示商品来源的。

3. 地理标志是用于标示商品具有特定质量、信誉或者其他特征的标志。地理标志的商品的内在品质必须具有其自身的特有属性，不同于其他地域的同种商品。TRIPs协定第2条第1款并未要求商品的质量、信誉或者其他特征达到一定高度，协议所要求的只是该商品与其他商品之间存在差别，这种差别往往是由于不同的气候环境或者人文因素所带来的，差异本身就是该商品较于其他商品的优势。

4. 地理标志是表明商品的特定质量、信誉或其他特征与其地理来源具有关联性的标志。基于本地区特殊的气候条件和独特的人文因素的滋养，该地区出产的商品特性具有某种得天独厚的优势。地理标志就是将商品来源的这种优势加以标记的重要方式。消费者通过地理标志能够把良好的地理和人文特征所带来的优势与商品的质量和信誉相联系，易于提升消费者和市场对特定来源地商品质量的社会评价。

三、地理标志的国际保护

（一）《巴黎公约》

《巴黎公约》第1条第2款将货源标记和原产地名称纳入工业产权的保护对象，并在第10条中规定违约国有义务采取措施制止直接或间接使用虚伪商品原产地的行为。第9条、第10条规定了扣押使用虚伪货源标记的商品，第10条第2款规定了禁止利用货源标记进行不正当竞争，第10条第3款赋予联合会和社团向法庭或有关行政机关控告的权利。

（二）《马德里协定》

《马德里协定》是《巴黎公约》体系内第一个规制虚假或欺骗性商品产地标记的多边协定。其对商品产地标记的保护措施包括扣押或者禁止进口使用虚假或欺骗性商品产地标记的商品，赋予利害关系人向法院或有关行政机关请求救济的权利，对使用虚假或欺骗性商品产地标记行为的制裁，禁止在商业活动中使用可能使公众误认商品来源的任何标志。

（三）《里斯本协定》

《里斯本协定》是《巴黎公约》体系内专门规定原产地名称保护的国际公约。其主要内容为规定了原产地名称及其原属国的概念，禁止不正当使用原产地名称，原产地名称不能成为通用名称的条件，原产地名称的国际注册条件和程序以及有效期限。

（四）TRIPs 协定

TRIPs 协定中的地理标志既可以是地理名称，也可以是符号、徽记、非直接的地理名称等其他标志。地理标志所标示的商品来源地既可以是国家，也可以是地区或地区内的更小的地方。使用地理标志的商品的特定质量、信誉或其他特征主要与地理来源相关联，并不要求商品的特定质量、信誉或其他特征完全或主要取决于其地理环境。

1. 禁止不正当使用地理标志

（1）禁止使用虚假的或者引人误解的地理标志。在商品的称谓或表达上，明确或暗示有关商品来源于并非其真正来源地，足以使公众对该商品来源产生误认的，成员应提供法律措施以使利害关系人阻止上述行为。[①]

（2）禁止利用地理标志进行不正当竞争。根据 TRIPs 协定第 22 条第 2 款第（b）项的规定，构成属《巴黎公约》第 10 条之 2 范围内的不公平竞争行为的任何使用，各成员应向利害关系方提供法律手段以防止。

（3）禁止使用虚假的地理标志或者是误导公众的地理标志申请注册商标，已经注册的予以撤销。禁止把此类误导公众的地理标志作为商标使用。

2. 对葡萄酒和白酒地理标志的特殊保护

（1）TRIPs 协定在地理标志的保护方面专门强调对于葡萄酒和白酒的地理标志的适用问题。禁止使用虚假的葡萄酒和白酒地理标志。就这两类产品而言，通常受到独特气候条件和种植条件的影响，因而某些特殊地区出产的酒类产品具有特殊口感和品种，为世界各地消费者所青睐。这些地区因此而知名，

---

① 参见 TRIPs 协定第 22 条第 2 款。

该地区的葡萄酒和白酒也享誉国际社会。地理标志直接表征了产品的产地和来源地,并因此将产地与来源地和商品的高品质相联系。

（2）对于想要欺骗和误导公众以及消费者的商标申请严格禁止。即便有些商标已经获得注册,TRIPs 协定对此的态度也是并不姑息和听之任之,而是进行严格的纠错处理,即予以撤销。

（3）建议建立葡萄酒地理标志通告及注册的多边体系。为利于葡萄酒地理标志的保护,应在与贸易有关的知识产权理事会中进行谈判,以建立葡萄酒地理标志通告及注册的多边体系,使加入该体系的成员在保护地理标志方面可利用该体系。

3. 地理标志保护的例外

地理标志保护包括六大例外:一是在先使用或者在先善意使用的例外;二是在先善意申请商标注册或者在先善意取得商标注册、获得商标权的例外;三是通用名称的例外;四是禁止将受保护的地理标志作为商标使用或者申请商标注册的例外;五是在先名称权的例外及其限制;六是地理标志在来源国已不受保护、中止保护或已经废止使用的例外。

第五节　其他涉外知识产权诉讼经典案例评述

一、案例分析

集成电路布图设计专有权权属纠纷案 [①]

原告:南京日新科技有限公司（以下简称"日新公司"）

被告:无锡新硅微电子有限公司（以下简称"新硅公司"）

---

① 江苏省苏州市中级人民法院民事判决书（2017）苏 05 民初 1168 号。

（一）基本案情

新硅公司于 2015 年 10 月 22 日向国家知识产权局申请登记布图设计，经国家知识产权局初步审查合格，登记并公告，登记号为 BS.155508385，颁证日为 2016 年 1 月 20 日，布图设计名称为 WS3080。自 2017 年 3 月始，新硅公司在市场上发现日新公司销售的产品与新硅公司的高度相似。2017 年 9 月，新硅公司以日新公司侵害涉案布图设计专有权为由，向国家知识产权局集成电路布图设计行政执法委员会提出处理纠纷的请求，执法委员会于 2017 年 9 月 12 日立案。日新公司向苏州市中级人民法院提出诉讼请求：请求判决确认登记号为 BS.155508385、布图设计名称为 WS3080 的集成电路布图设计为日新公司和新硅公司共同所有。诉讼中，日新公司增加诉讼请求：请求判决日新公司享有登记号为 BS.155508385、布图设计名称为 WS3080 的布图设计的使用权。

（二）案件分析

本案所涉及的问题比较多，几乎涵盖布图设计侵权问题的所有争议点，如布图设计的载体、布图设计的独创性、布图设计专有权的保护范围等不一而足。

1.布图设计的载体。我国规定布图设计登记时应当提交布图设计的复制件或者图样，如布图设计已投入商业利用的，则还应当提交含有该布图设计的集成电路样品。[①] 就该条规定中所涉及的相关内容和不同要件，在委员会看来，是有主次关系的。登记时作为基础的载体应该是复制件或图样，样品则没有放在第一考虑。而对于投入商业利用的情况，规定中的"还"字表明不仅需要提交复制件或图样，另需提供集成电路样品。对于复制件或者图样，《集成电路布图设计保护条例实施细则》当中规定，复制件或者图样的纸件应当至少放大到用该布图设计生产的集成电路的 20 倍以上；申请人可以同时提供该复制件或者图样的电子版本；提交电子版本的复制件或者图样的，应当包含该布图设计的全部信息，并注明文件的数据格式。[②]

---

① 参见《集成电路布图设计保护条例》第 16 条。
② 参见《集成电路布图设计保护条例实施细则》第 14 条。

2.布图设计独创性认定。《集成电路布图设计保护条例》规定，受保护的布图设计应当具有独创性，即该布图设计是创作者自己的智力劳动成果，并且在其创作时该布图设计在布图设计创作者和集成电路制造者中不是公认的常规设计。受保护的由常规设计组成的布图设计，其组合作为整体应当符合独创性的条件。[①]另外，《集成电路布图设计保护条例》还强调，其所保护的布图设计，仅限于布图设计本身，而不会扩展至思想和数学概念的范畴。[②]

3.布图设计专有权保护范围的确定。关于保护范围，有权利和诉讼两个层面上的问题。首先，就布图设计权利人而言，在布图设计满足独创性要求的基础上，其可以根据自己的需求和实际情况对布图设计的相关部分或整体主张其专有权。其次，涉及具体纠纷时，同样涉及确定布图设计的保护范围的问题。解决问题的前提是明确载体，再根据载体所载明的布图设计进行分析，明确布图设计的独创性所在。另外，还需要根据案件当事人的主张来确定以何因素作为权利人相关权利主张的基础。

4.布图设计侵权认定。布图设计具有可复制性，实践中复制难度并不大。其他人如果对布图设计进行复制，而未获得权利人许可的，构成《集成电路布图设计保护条例》所规定的侵权。不仅如此，进口、销售或提供布图设计，或含有布图设计的集成电路或有关物品用于商业目的的，都有可能构成侵权。是否构成侵权很大程度上取决于布图设计权利人的许可与否。[③]侵权行为人必须立即停止侵权行为，并承担赔偿责任。由此可见，受保护的布图设计中任何具有独创性的部分均受法律保护，而不论其在整个布图设计中的大小或者所起的作用。但是，并非所有未经许可的复制或商业利用都构成侵权。技术领域鼓励创新和突破，因此对于那些完全依靠自己努力创作产生的布图设计，《集成电路布图设计保护条例》也给予充分认可和确认。即使该布图设计与权利人的布图设

---

① 参见《集成电路布图设计保护条例》第4条。
② 参见《集成电路布图设计保护条例》第5条。
③ 参见《集成电路布图设计保护条例》第30条。

计相同,该独立创作人对此布图设计进行复制或进行商业化操作也并不需要取得权利人许可,因为这是独立创作人自己的智力成果。[①]

（三）案件评析

1.法院认为认定布图设计合作者身份,涉及布图设计权利客体界定和合作创作法律关系两方面。创作布图设计,是指根据微电子技术电路所要实现的功能和其制造工艺的要求,对电路元器件的布置和元件间的互连进行的设计,其权利客体是元器件配置和连接关系的图形化表达内容。布图设计得到专有权保护的前提是其具有独创性,即创作者自行创作,且设计内容具有一定的创作高度,非公认的常规设计。合作创作行为,《集成电路布图设计保护条例》并未就其客观标准作出明确规定,鉴于其技术属性,法院认为可参照《专利法》上发明人或者设计人的认定标准。《中华人民共和国专利法实施细则》规定,《专利法》所称发明人或者设计人,是指对发明创造的实质性特点做出创造性贡献的人。在完成发明创造过程中,只负责组织工作的人、为物质技术条件的利用提供方便的人或者从事其他辅助工作的人,不是发明人或者设计人。[②]因此,布图设计的创作者应当是对集成电路布图设计独创性部分做出实质性贡献的人,仅提供辅助工作的人不应认定为创作者。

2.就涉案布图设计而言,法院认为其系依照《集成电路布图设计保护条例》及其实施细则规定,通过法定程序办理登记手续而获得授权并予以公告,系通过公开换得保护,故相较于技术秘密而言其在性质上更类似于专利,并不属于《合同法》（2020年5月28日,十三届全国人大三次会议表决通过了《中华人民共和国民法典》,自2021年1月1日起施行。《中华人民共和国合同法》同时废止）第341条规定的技术秘密,也不能依据该条判断其使用权的归属。进一步而言,我国《合同法》第341条规定中的使用、转让、收益等权利本质上是对技术秘密成果所有权利不同权项的规定,并非单独设定一种特定的使

---

① 参见《集成电路布图设计保护条例》第23条第3款。

② 参见《中华人民共和国专利法实施细则》第13条。

用权。日新公司依据该条主张使用权，本质上仍系基于对该技术成果享有所有权而主张，在所有权请求不能成立的情况下，其使用权请求亦不能成立。

二、相关典型案例

侵犯植物新品种权纠纷案 ①

原告：莱州市金海种业有限公司（以下简称"金海种业公司"）

被告：张掖市富凯农业科技有限责任公司（以下简称"富凯公司"）

（一）基本案情 ②

2003 年 1 月 1 日，经农业部核准，"金海 5 号"被授予中华人民共和国植物新品种权，品种号为 CNA20010074.2，品种权人为金海种业公司。2010 年 1 月 8 日，品种权人授权金海种业公司独家生产经营玉米杂交种"金海 5 号"，并授权金海种业公司对擅自生产销售该品种的侵权行为，可以以自己的名义独立提起诉讼。2011 年，富凯公司在张掖市甘州区沙井镇古城村八社、十一社进行玉米制种。金海种业公司以富凯公司的制种行为侵害其"金海 5 号"玉米植物新品种权为由向张掖市中级人民法院（以下简称"张掖中院"）提起诉讼。

（二）裁判要旨

张掖中院受理后，根据金海种业公司的申请，于 2011 年 9 月 13 日对沙井镇古城村八社、十一社种植的被控侵权玉米以活体玉米植株上随机提取玉米果穗，现场封存的方式进行证据保全，并委托北京市农科院玉米种子检测中心对被提取的样品与农业部植物新品种保护办公室植物新品种保藏中心保存的"金海 5 号"标准样品之间进行对比鉴定。该鉴定中心出具的检测报告结论为"无明显差异"。

张掖中院以构成侵权为由，判令富凯公司承担侵权责任。富凯公司不服，

① 张掖市中级人民法院以（2012）张中民初字第 28 号民事判决，甘肃省高级人民法院于 2014 年 9 月 17 日作出（2013）甘民三终字第 63 号民事判决。

② 该基本案情部分摘自最高人民法院第 17 批指导性案例中第 92 号案例。

向甘肃省高级人民法院（以下简称"甘肃高院"）提出上诉，甘肃高院审理后以原审判决认定事实不清，裁定发回张掖中院重审。案件发回重审后，张掖中院复函北京市农科院玉米种子检测中心，要求对"JA2011-098-006"号结论为"无明显差异"的检测报告给予补充鉴定或说明。该中心答复："待测样品与农业部品种保护的对照样品金海5号比较，在40个点位上，仅有1个差异位点，依据行业标准判定为近似，结论为待测样品与对照样品无明显差异。这一结论应解读为：依据DNA指纹检测标准，将差异至少两个位点作为判定两个样品不同的充分条件，而对差异位点在两个以下的，表明依据该标准判定两个样品不同的条件不充分，因此不能得出待测样品与对照样品不同的结论。"经质证，金海种业公司对该检测报告不持异议。富凯公司认为检验报告载明差异位点数为"1"，说明被告并未侵权，故该检测报告不能作为本案证据予以采信。张掖中院以（2012）张中民初字第28号民事判决，判令：驳回金海种业公司的诉讼请求。金海种业公司不服，提出上诉。甘肃高院于2014年9月17日作出（2013）甘民三终字第63号民事判决：撤销张掖中院（2012）张中民初字第28号民事判决。富凯公司立即停止侵犯金海种业公司植物新品种权的行为，并赔偿金海种业公司经济损失50万元。

（三）案件评析

本案的争议焦点在于富凯公司的玉米品种是否与金海种业公司的玉米无明显差异。首先可以明确的是未经品种权人许可，为商业目的生产或销售授权品种的繁殖材料的，是侵犯植物新品种权的行为。而确定行为人生产、销售的植物新品种的繁殖材料是不是授权品种的繁殖材料，核心在于应用该繁殖材料培育的植物新品种的特征、特性，是否与授权品种的特征、特性相同。①

本案中，经人民法院委托鉴定，北京市农科院玉米种子检测中心出具的鉴定意见表明待测样品与授权样品"无明显差异"，但在DNA指纹图谱检测对比

---

① 参见甘肃省高级人民法院于2014年9月17日作出的（2013）甘民三终字第63号民事判决。

的 40 个位点上,有 1 个位点的差异。[①] 法律上如何理解"无明显差异"的含义则成了本案判定被告是否侵权的核心问题。

依据中华人民共和国农业行业标准《玉米品种鉴定 DNA 指纹方法》所采用的 NY/T1432—2007 检测及判定标准,品种间差异位点数等于 1,判定为近似品种;品种间差异位点数大于等于 2,判定为不同品种。[②] 然而,植物新品种授权所依据的方式是 DUS 检测,而不是实验室的 DNA 指纹鉴定,DNA 检测与 DUS 田间观测检测没有位点的直接对应性。品种间差异位点数等于 1,不足以认定不是同一品种。对差异位点数在两个以下的,应当综合其他因素判定是否为不同品种,如可采取扩大检测位点进行加测,以及提交审定样品进行测定等,举证责任由被诉侵权一方承担。[③]

因此,富凯公司如能提交相反的证据证明其通过 DUS 检测,被诉侵权繁殖材料的特征、特性与授权品种的特征、特性不相同,则可以推翻前述结论。富凯公司经释明后仍未能提供相反证据,因此应认定富凯公司的行为构成侵权。

最高人民法院《关于审理侵犯植物新品种纠纷案件具体应用法律问题的若干规定》规定,对于侵犯植物新品种权案件涉及的专业性问题可以采取田间观察检测、基因指纹图谱检测等方法鉴定。[④]DNA 检测方式的好处在于经济、检测时间较短,对于追求时间效益的权利人来说优势突出。司法实践中,通常在当事人同意的情况下,由法院指定机构进行测试。植物新品种审批机关在对植物作 DUS 测试审查时主要依据的是田间种植测试方法。DNA 检测技术的灵敏度高,可以检测出细微的品种内的差别,而 DUS 测试中对于可预见的变异保持一定范围的容许。利用 DNA 指纹图谱中的特征引物扩增片段鉴定品种一致性标准可能较田间表现形态观测的一致性要低。DNA 指纹图谱信息的解释在

---

① 参见甘肃省高级人民法院于 2014 年 9 月 17 日作出的(2013)甘民三终字第 63 号民事判决。
② 最高人民法院第 17 批指导性案例中第 92 号案例裁判要点。
③ 最高人民法院第 17 批指导性案例中第 92 号案例裁判要点。
④ 参见 2007 年最高人民法院《关于审理侵犯植物新品种纠纷案件具体应用法律问题的若干规定》第 4 条。

很大程度上取决于凝胶的分辨率和谱带数目。DUS 测试中稳定性的判别要求观察植株数至少为 50 株,如果测试品种统一形状在两个相同生长季表现在同一代码内,或者第二次测试的变异度与第一次测试的变异度无显著变化,表示该品种在该性状上具有稳定性。一般具有一致性的品种视为具有稳定性,一般不对稳定性进行测试。审定品种时也以选育报告或试验报告等为基础,评价植物品种在田间种植观察测试中的性状和形态进行分析和认定。作为繁殖材料,其特征特性应当依据田间种植进行 DUS 测试所确定的性状特征为准。因此,DNA 鉴定意见为相同或高度近似时,可直接进行田间成对 DUS 测试比较,通过田间表型确定身份。当被诉侵权一方主张以田间种植 DUS 测试确定的特异性结论推翻 DNA 指纹鉴定意见时,应当由其提交证据予以证明。[①]

美国微芯公司告海尔集成电路侵权案

原告:美国"微芯"科技有限公司(以下简称"微芯科技")

被告:上海海尔集成电路有限公司(以下简称"海尔集成")

(一)基本案情

原告微芯科技诉称,其系国际知名的微控制器生产厂商,在美国创作、发行了 PIC16CXXX 中端微程序软件并将其安装和使用在生产的微控制器上;同时,原告还编制了 PIC16C 数据手册,根据有关规定,原告对上述软件与数据手册享有著作权。被告所属海尔集团是原告在中国的主要客户之一,原告向其及其下属企业提供了安装有 PIC16C 微程序软件的多种微控制器、微控制器数据手册和相关技术资料,因此,被告有充分机会接触到原告的 PIC16C 数据手册和微程序软件。经原告委托鉴定,原、被告的数据手册和微程序软件构成实质性相似,故被告的行为构成侵权。

---

① 山东登海先锋种业有限公司诉陕西农丰种业有限责任公司、山西大丰种业有限公司侵害植物新品种权纠纷案(最高人民法院审判委员会讨论通过 2018 年 12 月 19 日发布)。

原告虽以计算机软件著作权侵权起诉,但实际涉及微控制器中集成电路的核心技术。海尔集成辩称,其助记服务与微芯科技的完全不一样,谈不上指令集著作权的侵权。其指令比微芯的多,写法也不同,也强调其微控制器(MCU)并不完全兼容微芯的微控制器。对于数据手册,指出两者的参数、指标都不一样,谈不上版权侵犯,完全不存在侵权行为。

(二)争议焦点

对于微芯科技的微处理器的微码与数据手册这两项作品与海尔集成的是否一样,是判定该案的关键。如果海尔集成能够拿出充分的证据证明自己的作品与微芯科技的完全不同,就能成功地为其洗脱这个侵权的罪名。

1. 微码

在审理中,双方当事人确认微芯科技产品微程序中使用的指令为通用指令。同时,双方当事人还一致确认,海尔集成微控制器采用的是硬连线技术,使用的是 Verilog 硬件描述语言,而不是微芯科技所主张的 C 语言编写的微程序。法院委托上海市科技咨询服务中心所作的鉴定结论也证明海尔集成生产的微控制器中不存在微程序。法院认为,根据双方提交的证据,既不能证明海尔集成使用的 Verilog 硬件描述语言是对微芯科技 C 语言的复制,也不能证明两者经编译产生了相同的目标代码,又不能证明相同的代码(如果有的话)是除了通用指令之外的微芯科技独创的程序。据此,法院认定海尔集成并不构成对微芯科技计算机程序著作权的侵犯。

2. 数据手册

对于海尔集成是否侵犯微芯科技相关数据手册及指令集的著作权,上海第一中级人民法院认为,从微芯科技所主张的 40 余处相似之处来看,其中有部分表达不具有独创性,不能获得《著作权法》的保护。尽管微芯科技指出了双方数据手册的 40 余处表达具有相似性,但是并没有完全相同之处。法院认为科学类文字作品因受制于表达的有限性,出现某种程度的相似性是难以避免的。在有限表达的前提下,如果双方表达的相似程度并非完全相同,则不能认为是复制行为。

上海市高级人民法院认为，微芯科技提交的证据材料不足以证明海尔集成实施了侵犯其相关著作权的行为；上海市科技咨询服务中心出具的鉴定结论表明海尔集成的微控制器中不存在微程序结构，因此并不存在相应的微程序，也就不可能与微芯科技主张保护的微程序进行比对。微芯科技虽然对上述鉴定结论提出了异议，但其未能提供足以推翻上述鉴定结论的证据与理由。同时，法院认定海尔集成并未侵犯微芯科技主张保护的数据手册和指令集的著作权。上海市高级人民法院于 2013 年 5 月 13 日作出终审判决，判决驳回微芯科技的诉讼请求，维持原判。[①]

（三）案件评析

首先，双方微控制器中的相关指令都是行业通用指令，因此，指令本身已经进入公有领域，法律不会禁止人们利用通用指令去开发功能类似的竞争性产品。

其次，海尔集成认为涉案所有的 IC 产品都是采用正向设计方法，不存在抄袭问题。平时研发过程中如有详细实验、开会、讨论和研发记录留存，则可证明公司由最初提出构思到一次次的尝试、历经失败直至最终成功的所有研发过程真实存在。这些详细的研发过程记录也可作为指令集独立研发的有力证据。经过独立创作和研发的 IC 指令集即使与原告相同也不构成侵权。正如本案中法院所强调的那样，本案是一起著作权纠纷，《著作权法》保护的是作品的表达而不是思想，计算机程序作为作品类型之一，并不例外。就计算机程序而言，其所实现的功能显然已经进入技术领域，超出了著作权的保护范畴。即便是实现这些功能的方法和路径也只能归类于《著作权法》意义上的思想范畴。

最后，芯片行业是极具创新领域的行业，技术创新迭代非常快，因此对于不同的研发成果，应该选择最恰当的知识产权保护形式。集成电路作为一种工业

---

① "微芯科技公司（Microchip Technology Incorporated）与上海海尔集成电路有限公司著作权纠纷案"，上海市高级人民法院民事判决书（2013）沪高民三（知）终字第 8 号。

产品应当受到相关知识产权法的保护。第一，在专利法的框架下，对创造性产品的要求是该产品须具有显著的进步性，技术产品需在技术上具有实质性的突出特点。对于集成电路中的技术性改进成果就适宜寻求专利法的保护。第二，对于软件编程类的成果则可以通过著作权对作品保护的方式来对布图设计加以保护。只是，这样的保护方式远远不够。因为布图设计的价值，主要体现在其实用功能上，这已超出《著作权法》所保护的范围。《著作权法》对所保护的对象没有像专利法中新颖性和创造性的要求，这种保护模式不利于技术进步和创新。[1] 唯有通过技术上的实质突破和真正创新，才能推动国家和社会在相关行业的切实进步。集成电路领域包括集成芯片的研制和开发对于国家和社会的重要性是不言而喻的。任何一个技术上的突破都是很有难度的，因此强调对具有独创性的布图设计进行保护是很有必要的。而对于缺乏独创性的布图设计给予保护，类似于《著作权法》的方式，不但显得差强人意，更会阻碍技术的实质创新。第三，商标法领域，立法和市场关注的都是特定商标与特定产品之间所存在的特殊关系，这种关系能够在产品与其特定生产经营者的良好信誉之间架起桥梁。商标法的保护方式并不适用于布图设计。因为布图设计保护的核心关切的就是技术的进步，而商标法基本上不关注技术问题。第四，对于布图设计的专业环节，还是需要应用到专门的布图设计专有权方式的保护。

魔幻飞跃公司（Magic Leap）商号权案 [2]

上诉人：杭州金渔投资管理有限公司（以下简称"金渔公司"）

被上诉人：国家工商行政管理总局商标评审委员会（以下简称"商标评审委员会"）

原审第三人：魔幻飞跃公司

---

① 郭禾：《半导体集成电路知识产权的法律保护》，http://www.yadian.cc，下载日期：2019 年 9 月 5 日。

② 北京市高级人民法院行政判决书（2018）京行终 1421 号。

（一）基本案情

诉争商标系第 15618245 号"MAGIC LEAP"商标，由金渔公司于 2014 年 10 月 31 日向中华人民共和国国家工商行政管理总局商标局（以下简称"商标局"）提出注册申请，于 2015 年 12 月 21 日核准注册，核定使用在第 9 类时间记录装置、无线电设备、电子监控装置、光学器械和仪器、集成电路、报警器、动画片、计算机、计算机程序（可下载软件）、眼镜商品上，专用期限至 2025 年 12 月 20 日。2016 年 3 月 18 日，魔幻飞跃公司针对诉争商标向商标评审委员会提出无效宣告请求。2017 年 5 月 22 日，商标评审委员会经审查作出商评字（2017）第 58155 号关于第 15618245 号"MAGIC LEAP"商标无效宣告请求裁定。商标评审委员会依照《商标法》第 32 条的规定，裁定诉争商标在"计算机、计算机程序（可下载软件）、眼镜"商品上予以无效宣告，在其余商品上予以维持。

（二）裁判要旨

1. 商号在先权的确认

北京知识产权法院认为魔幻飞跃公司于 2011 年 5 月 5 日在美国成立，"MAGIC LEAP"为其英文商号，魔幻飞跃公司对此享有商号权。国内媒体自 2015 年 10 月 14 日起对其获谷歌融资一事进行大量密集报道。虽然至今其尚未有成熟产品投放市场，但不影响魔幻飞跃公司将"MAGIC LEAP"作为其企业商号进行宣传。在诉争商标注册申请日之前，"MAGIC LEAP"作为魔幻飞跃公司的英文商号，在其从事的计算机相关行业具有一定的知名度。北京市高级人民法院则认为外国公司在中国境内进行商业使用的企业名称在具有一定的市场知名度、为相关公众所知悉时可以获得商号权的保护。在中国没有进行企业注册也没有开展实际经营。魔幻飞跃公司在中国大陆使用其企业字号的行为均为媒体报道，且报道的内容主要集中在融资以及虚拟技术研发方面，加之前述报道在诉争商标申请之前尚不足 1 个月。现有证据尚不足以证明

"MAGIC LEAP"在诉争商标申请注册之前已经成为具有一定市场知名度的企业名称,能够获得商号权的保护。

2. 在先权的损害认定

北京知识产权法院认为诉争商标为"MAGIC LEAP",与第三人的英文商号"MAGIC LEAP"完全相同。诉争商标指定使用的"计算机、计算机程序(可下载软件)、眼镜"商品与魔幻飞跃公司从事的行业具有紧密联系,将诉争商标用于上述商品,容易使相关公众认为该商品为魔幻飞跃公司所提供,从而导致相关公众的混淆误认,损害魔幻飞跃公司利益。故诉争商标的注册申请损害了魔幻飞跃公司的在先商号权,违反了《商标法》第32条关于"不得损害他人现有的在先权利"的规定。北京市高级人民法院则基于前述对商号权的分析认定,对此问题未有涉及。

(三)案件评析

1. 在先权利

《商标法》规定,申请商标注册不得损害他人现有的在先权利。[①]其中"在先权利"包括商号权,指将与他人在先登记、使用并有一定知名度的商号相同或基本相同的文字注册为商标,容易导致相关公众混淆,致使该权利人利益受到损害的,不应予以核准注册。[②]由该条规定来看,在先权利不仅包括各种法定权利,也包括这种受到法律保护的民事权利,具有商业价值和经济利益的商号权自然也包含其中。对于在先权利,首先要求其在时间上具有在先优势,这种时间上的优势可以登记的方式体现,也可以实际使用的事实情况加以体现。除此之外,对于在先权利还要满足"一定知名度"条件的要求,实践中较多情形下都会对在先权利请求人的知名度予以考察。

2. "在先"权利的时间点

为避免在同一事物上同时存在两种不同的民事权利,立法者通过规则确立

---

① 参见《中华人民共和国商标法》第32条。
② 参见2005年12月商标局与商标评审委员会对外公布的《商标审查及审理标准》。

起对"在先"权利的认可,也是对"在先"权利人的经营事实和努力付出予以承认。根据我国《商标法》的有关规定,经营者在生产经营活动中,对其商品或者服务需要取得商标专用权的,应当向商标局申请商标注册。[①]商标权的产生依赖于商标的注册。那么对于被异议商标而言,如在"小肥羊"商号案中出现的情况而言,应以什么时间作为"在先"权利的时间点呢? 在"小肥羊"案中,北京市中级人民法院认为应该以注册日为准,而非以当事人所提出的申请日为准。因此北京市中级人民法院在"小肥羊"商号案中认为应以被异议商标的注册日,而非申请日,作为判断在先权利的时间点。而在与商标异议相关的行政诉讼中,则应该以案件判决作出之日作为"在先"权利的时间节点。

奥福格地理标志商标异议案[②]

异议人:法国国家产品原产地与质量管理局

被异议人:通滋国际贸易(上海)有限公司

(一)基本案情[③]

法国国家产品原产地与质量管理局于 2017 年 8 月 11 日对通滋国际贸易(上海)有限公司经初步审定公告的第 20390515 号奥福格商标提出异议申请。被异议商标指定使用于第 29 类"鱼罐头、腌制水果、腌制蔬菜、黄油、奶油(奶制品)、奶酪、牛奶、牛奶制品、食用油脂、加工过的坚果"等商品上。异议人认为:BLEU D'AUVERGNE(布勒·德·奥福格)是法国奶酪产品的原产地名称(地理标志),他人不得将其作为商标进行注册或使用。被异议商标包含该原产地名称(地理标志)中文名称的主要部分,会使消费者产生混淆和误认。

---

① 参见《中华人民共和国商标法》第 4 条。

② 参见 2018 年度国家知识产权局商标领域典型案例,http://www.gzlawyer.org/info/c8ab-65445ded4d4,下载日期:2018 年 4 月 26 日。

③ 该基本案情节选自 2018 年度国家知识产权局发布的商标领域典型案例。

BLEU D'AUVERGNE（布勒·德·奥福格）是公众知晓的法国地名，被异议商标包含该公众知晓的外国地名的主要部分，根据《商标法》第10条第2款的有关规定，被异议商标应不予注册并禁止使用。被异议人答辩称：异议人提交的关于"BLEU D'AUVERGNE"原产地冠名保护法令签署日期晚于被异议商标申请日期。奥福格并非AUVERGNE的中文翻译，其中文翻译为奥弗涅。AUVERGNE（奥弗涅大区）不属于公众知晓的外国地名，被异议商标的申请注册不存在恶意注册行为。

（二）争议焦点

被异议商标"奥福格"是否是外文AUVERGNE的中文翻译，被异议商标是否会对相关公众造成误导，是否会导致公众把异议商标产品与国外原产地之间进行联系是本案的关键问题。本案中异议人提交的证据表明，异议商标的确是外文原产地名称相对应的中文翻译，并且其中文表述也在商业使用中。被异议人所提出的其对应中文应为"奥弗涅"的说法难以获得认同。异议人提交的证据材料可以证明，BLEU D'AUVERGNE是法国奶酪产品的原产地名称，代表了该产区奶酪产品的特有品质，奥福格为AUVERGNE对应的中文翻译。被异议商标包含了原产地名称"BLEU D'AUVERGNE"对应中文名称的主要部分，而被异议人并非来源于该原产地名称所标示的地区，因此被异议商标在"奶酪"商品上的注册使用容易误导公众，违反了《商标法》第16条第1款的规定。被异议商标用于其他指定使用商品，易使相关公众对商品本身产生误认，或者易使相关公众对商品的原料成分、口味、品种、品质等产生误认，违反了《商标法》第10条第1款第7项的相关规定。依据《商标法》第10条第1款第7项、第16条第1款、第35条的规定，决定被异议商标不予注册。[①]

（三）案例评析

地理标志作为一种重要的工业产权，为多个国际知识产权领域的公约所关

---

① 2018年度国家知识产权局商标领域典型案例，http://www.gzlawyer.org/info/c8ab65445ded4d4，下载日期：2018年4月26日。

注和重视。地理标志的出现和形成不是一时一地的产物，相反是经过长期历史传统和人文熏陶及当地独特气候影响形成的。国际社会对于地理标志的确认实际是对某个区域这种气候和人文因素综合作用结果的一种积极评价。将地理标志用于工业领域标示产品来源地的做法就是将国际社会对该地区的正面评价转移到对该地商品之上的做法。由此赋予了标示地理标志的产品独特的市场优势。来源地以外的商品则无法享有这种优势。因此，非来源地商品经营者就有可能通过商标或其他方式将地理标志或与地理标志近似的表现形式纳入自己的产品宣传文案，意图在消费者之间营造一种其商品来源于该地理标志或与该地理标志有关的印象，从而也能够享受到来源地产品所受到的各种保护。

第七章

知识产品进出口贸易中的几个特殊问题

第一节　平行进口风险识别与防控

一、何为平行进口

"平行进口"在英文上的表述为"parallel import"或"parallel imports"，也有人将之翻译成"parallel importation"。"平行进口"这一术语一般是指未经相关知识产权权利人授权的进口商，将合法获得的知识产权产品在其他国家或者地区进行销售的行为。比如我们在日常生活中听到的"平行进口汽车"。有学者认为平行进口是指国际贸易中当某一知识产权人的知识产权获得两个以上国家的保护时，未经知识产权人或者独占许可证持有人的许可，第三人从外国知识产权人手中购得知识产权产品并输入本国进行销售的行为。[①] 我国著名知识产权法学者郑成思教授对"平行进口"的界定为：知识产权的权利人或独立被许可人有无权利禁止合法生产的产品从国外进口的问题。[②] 也有学者定义为：第三人未经进口国知识产权所有人或独占被许可人同意将其通过合法渠道获取的知识产权产品进口至该国并销售的行为。

---

　　① 杨芳、杨勇忠：《知识产权保护立法中的"灰色区域"——对平行进口合法性问题的探讨》，载《西安电子科技大学学报（社会科学版）》2002年第3期。

　　② 郑成思：《知识产权法：新世纪初的若干研究重点》，法律出版社2004年版，第109页。

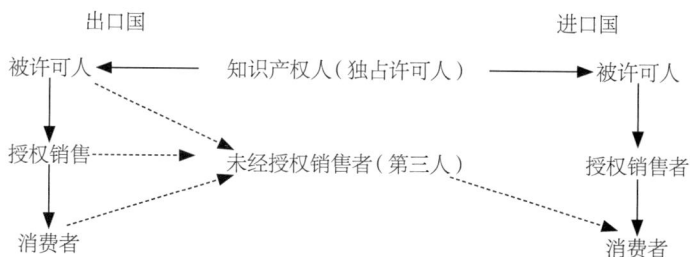

图 7-1　知识产权平行进口示意图

　　平行进口是一种国际贸易，它的对象是附载知识产权或者准确说是附载知识产权的产品，而不是知识产权的权利本身，这样的知识产权产品是未经授权的销售者从海外不同环节直接进口合法的货物进行商业零售。因此平行进口所针对的产品有：（1）在国外投放市场（出口国）；（2）经过知识产权人的许可而生产，受到商标、专利、版权保护；（3）具有与原品差不多的品质，但不总是完全一致；（4）从未经授权的经销商处购买，比如货物不是从进口国被授权的分销商（被许可的经销商或者代理商）处购买。①

　　通说认为我们所描述的"平行进口产品"是通过合法渠道获得的真品（genuine goods）而不是冒牌的产品，也不是经过走私等非法渠道所进口的产品。"总结在国际货物贸易实践中，平行进口行为通常表现为以下几类形式：其一，将由知识产权权利人或者经其授权的他人出口进入其他国家、地区的市场的低价产品，直接向其本人所在的国家、地区的市场反向销售的行为，即通常意义上所指的'返销'。其二，将由经知识产权权利人在其他国家、地区的子公司、分公司或者其他经其授权的他人，利用上述国家、地区相对廉价的劳动力进行生产制造，并在该国家、地区的市场予以销售的低价产品，向上述知识产权权利人本人所在的国家、地区市场进行进口的行为。其三，将由知识产权权利人或者经其授权的他人通过上述第二类形式所述的低成本方式生产制造的，并且同时在其本人所在的国家、地区以及其他国家、地区的市场进行销售的产品中

---

　　① Christopher Heath, Parallel Imports in Asia, *Kluwer Law International*, 2004, p.1.

售价较低的后者,向上述知识产权权利人所在的国家、地区的市场进行进口的行为。"[1]

平行进口产生的原因在于各国间关税以及政策而导致同一产品在不同市场中出现不同价格而出现的一种贸易行为,它是随着经济不断发展,国际贸易日益发达而出现的一个不可避免的问题,同时也是一个国家国际贸易战略能否顺利实施的重要影响因素。从法学的角度来看,平行进口主要涉及的问题就是商品流动,因产品享受知识产权保护,而知识产权涉及独家授权等情形而产生的知识产权保护问题和国际贸易法问题,其主要针对的是未经知识产权权利人授权,第三方(平行进口商)进口并出售包含、涉及或贴附该知识产权的商品,而这里所描述的商品皆为真品,而非冒牌、贴标或走私。"而其中当然会涉及知识产权中著作权、专利权、商标权、邻接权以及相对人利益的保护问题。"[2]在国际知识产权贸易中平行进口是一个普遍存在的问题,但真正专门研究平行进口问题的法律法规的相对较少。国外进行专门理论、系统的研究者皆寥寥。国内学者更是在这个问题上从不同的专业角度出发,形成了各自不同的观点意见,其大体的研究可以分为两类:"一类是对平行进口法律法规的不同方法进行专门探讨,主要对以知识产权法、合同法及反不正当竞争法为依据的法律规范原理及各国司法实践进行介绍与评述。"[3]"另一类是将国际知识产权贸易中的平行进口与其他类型的平行进口不加区分地看待,通过适用知识产权法中的权利穷竭原则对平行进口的法律规制进行阐述,最终得出应当禁止或者允许的结论。"[4]

---

[1]　蒋圣力:《自贸区背景下平行进口所涉及的知识产权保护》,载《南都学坛(人文社会科学学报)》2017年第1期。

[2]　韩磊:《权利国际用尽原则与平行进口的法律规制》,载《河北法学》2017年第10期。

[3]　参见严桂珍:《平行进口法律规制研究》,北京大学出版社2009年版;董桂文:《贸易自由化下的平行进口法律规制研究》,对外经贸大学2006年博士学位论文;徐飞:《知识产权平行进口的分类规制》,载陶鑫良主编:《上海知识产权论坛》(第2辑),知识产权出版社2004年版。

[4]　参见祝宁波:《平行进口法律制度研究》,华东政法大学2006年博士学位论文;储敏:《平行进口的法律性质分析》,载《现代法学》2001年第12期;余翔:《采用国际耗尽原则——中国商标权耗尽与平行进口法律经济分析》,载《国际贸易》2001年第8期。

（一）知识产权的地域性

地域性原则，即知识产权是在一个国家法律所管辖的地域范围内受到该国法律保护的权利。其包括了该项知识产权的取得方式、保护范围、保护期限。它是对知识产权保护的一种空间效力，不同国家因为不同的法律规定，对于同一知识产权的保护可能存在一定的差异。按照这样的原则，就会产生一个问题：一个国家法律规定知识产权人的权利因销售而穷竭的效力仅仅发生在该国的地域范围内，不能涉及全球其他国度。例如 B 国的未经授权的经销商通过合法渠道从 A 国将有知识产权的产品进口到 B 国。两个不同地域的法律是否允许这样的行为，就要由不同国家对知识产权的保护力度，以及其法律规范而决定。

当今的时代属于知识经济时代，科技的迅猛发展对每一个国家的发展而言是十分重要的，而国家科技力量的发展依赖于知识产权的发展以及对知识产权产品的研发与提升。由于各个国家的发展历史不同，经济发展速度不同，因此在知识产权发展的问题上由于社会观念、文化传统、经济发展、科技水平与产业政策等方面又存在着明显差异，"这些差异在应然与实然层面均可能反映到知识产权宏观政策与具体制度之中，进而影响到对某项具体的知识产权的审查、授权、救济与保护力度。根据国家主权原则，每个国家均享有独立自主且不容干涉的权利，以管理国家，处理内外事务，选择本国的政治、经济、文化与法律制度。而知识产权的地域性原则正是从国家主权原则出发，赋予了一国在符合相关国际条约所确定的最低保护水平的前提下，依本国国情而自主确立相应知识产权保护标准与程度、制定相应国内法规则、采取相应国内法措施的权能，以实现该国在知识产权保护与社会经济发展、公共利益维护之间的平衡"。[1]

知识产权的地域性使得某一个国或某一地区受到保护的知识产权的效力不会延伸至其他任何一国或地区。[2] 因为知识产权的保护对象是权利人的智力成

---

[1]　韩磊：《权利国际用尽原则与平行进口的法律规制》，载《河北法学》2017 年第 10 期。

[2]　王春燕：《平行进口法律规制的比较研究》，中国人民大学出版社 2012 年版，第 2 页。

果和商业信誉,这样的权利内容同时具有无形性的特征,因此保护起来也会出现超出权利人掌控的情形,因为这样的权利是看不见也摸不着的。同时随着科技的发展,交通工具的日益便捷,国际间的贸易往来也日益频繁,承载着知识产权的产品会随着国际贸易的开展而从一个国流动到另外一个国家甚至是多个国家。因此同一个产品或者技术在除本国得到知识产权保护外,在其他的国家或者地区得到该国或该地区的知识产权保护非常重要,这也充分体现了知识产权地域性的特点,同时也就不难看出知识产权会出现平行进口的情形了。

(二)平行进口产生的原因

导致平行进口发生的主要因素包括:(1)市场环境因素造成的不同市场的价格差;(2)厂商的差别定价或价格歧视;(3)"搭便车"行为。[1] 当然也有学者指出,对平行进口的研究多局限于成因和对策性分析,诸如低价批发、不同市场的价格之差、"搭便车"现象、汇率波动、纵向控制和产品的超量供应等。[2] 因此多方面地了解何为平行进口产生的原因才是本章所要详细介绍的内容。

平行进口产生的根源在于同一知识产权产品在不同国家存在较大的价格差异。例如苹果的平板电脑 iPad Pro 的中国官网最低售价是 6229 元人民币;美国官网的最低售价是 \$799,折合成人民币大约是 5645 元(以 7.065 的汇率计算);而同样是这款产品在法国官网的售价是 899€,折合成人民币大约是 7144元(以 7.9474 的汇率计算),对于这样一个小件的产品而言不同国家的价格就有 1000 元左右的差异,因而不难看出不同国家和地区同一知识产权产品的价格差异,那对于像汽车或者大型精密仪器这样的知识产权产品而言不同国家或者地区之间价格是有多大的差别呢? "当然差价固然可能是因为知识产权人基于其垄断性权利,而在不同国家施行差别定价乃至歧视性定价、人为划分市场,但我们更应当认识到,当商品流通的领域从一国扩展到全球范围时,这种价格差的存在是必然的,而其产生原因也是多方面的,主要包括:不同国家的经济发

---

① 公衍照:《平行进口的发生机制及经济效应的理论分析》,载《电子知识产权》2008 年第 12 期。

② 李长英:《平行进口产生的充分必要条件》,载《当代经济科学》2004 年第 2 期。

展程度、市场环境不同，消费者的购买力存在差异；同一种商品在不同国家的生产成本与销售成本不同；不同国家对于某种商品的市场需求存在差异；各国出于综合考虑，可能制定对某些商品价格产生影响的政策，如政府补贴、价格限制、税收优惠等；正如上面所举例的电脑产品一样由于多种原因，不同国家的货币汇率也往往会发生变化。在这些因素的共同作用下，同一种知识产权产品在不同国家的价值必然存在一定甚至较大差异，相关权利人据此以利润最大化为目的，而在不同国家实施不同的销售与定价策略、确定不同的销售价格，一般是没有什么问题的。由于同一知识产权产品上平行存在的知识产权在各自国家所对应的价值存在差异、有高有低，报酬理论在国际贸易的大背景下不一定能够成立，相关知识产权产品在低价国（往往是平行进口的出口国）的投放市场，并不必然意味着知识产权人在国际贸易领域中的充分获利，亦即不能当然导致知识产权人在高价国（往往是平行进口的进口国）所享有的平行知识产权价值的实现与用尽。"[①]

1.经济根源

对于同一知识产权产品在不同国家存在的价格水平参差不齐。1988年，英国经济学家 Chard 等人做过一项关于价格的调查，对欧共体各成员国市场上价格差异的原因进行了统计。根据这项调查，引起成员国之间价格差异的原因包括汇率波动、运输费用、促销策略、技术规格、制造成本、售后服务、国家税收水平、价格政策、进口关税、市场风险和市场竞争等。[②]总结我国学者普遍认为的几个关于导致价格差异的经济影响因素，归纳导致平行进口的经济原因主要包括：

（1）零售价格

依然通过苹果电脑的例子，我们不难看出，在不同国家和地区对于同一知

---

①　韩磊：《权利国际用尽原则与平行进口的法律规制》，载《河北法学》2017年第10期。

②　Chard et al. International Exhuastion of Intellectual Property Rights, 转载自 Warwick A. Rothnie, Parallel Imports, *Sweet & Maxwell*, pp.573-574.

识产权产品存在的价格差,但我们打开同一家公司对于同一款产品在不同市场的官方网站,页面上会有不同货币的标识来注明价格,如 ¥ 代表人民币、€ 代表欧元、$ 代表美元、C$ 代表加元,当然有的跨国企业为了更好地开展国际贸易往往会遵循国际标准在同样的一件商品上标注不同国家的价格或者尺码、型号等,这时候就需要购买者按照所在国家支付该产品对应的价格。因此在不同的地方购买同样的产品零售价格会有所不同,这就是我们所说的零售价格差异。

（2）营销成本的"搭便车"

"搭便车"行为主要是指平行进口商可能利用授权经销商前期的广告等投入,[1] 或为自己的商业目的,直接利用他人的商业成绩,不投入成本而直接获益。比如日常我们见到的平行进口汽车,一个汽车品牌的许可销售商或者 4S 店,为了更好地推广自己的品牌,往往需要花费高额的广告费用去维持该产品在消费者心中的位置,而平行进口商则在广告宣传上不需要花费大量的金钱去推广自己的产品,因为授权经销商已经为该品牌产品奠定了一定的消费者影响力,能够被大众所知悉。美国法中,"搭便车"行为主要包括商标淡化行为和盗取他人商业价值行为;而在法国法中,主要指不正当利用他人成果的行为,因此对于"搭便车"行为重要的在于"利用"。

（3）纵向价格控制

纵向价格控制指的是知识产权所有人对其被许可人进行一定程度的价格控制,不同批发商之间或者批发商与零售商之间也由此可能出现平行进口。比如汽车多出现平行进口现象,就是因为不同国家同一款车型的售价因生产商给到销售商的价格不同,如国产品牌五菱宏光汽车国内售价约为 5 万人民币,而海外版的售价则到了 10 万元起。

（4）国内价格管制

为了保护自己国家的经济发展,维护自主研发的知识产权,有的国家会在其地域范围内对处于自然垄断地位的企业价格实行管制。如医药行业的价格管

---

① 马乐:《国际知识产权贸易中平行进口法律规制研究》,吉林大学 2010 年博士论文。

制也可能造成不同国家或地区同一款药物价格的差异，如2018年非常火爆的电影《我不是药神》，虽然在电影里我们知道主角在印度购买的药品为仿制药，不属于我们探讨的通过合法手段的平行进口行为，但是我们通过电影就可以知道不同国家对一些专利药品，价格差异是极其巨大的。这就引发了一个问题，以进口产品与相关知识产权及其权利人具有关联性作为要件——如果进口产品是由与相关知识产权无关的人生产制造的，那么各国的知识产权权利人便均得以以排他性权利禁止该产品针对其本人国家、市场的进口。[1]

（5）汇率变化

汇率变化主要指由汇率变化所导致的价格差最终促成平行进口贸易，市场经济是不断变化着的，因为经济或者政治的影响，同一国家的货币汇率也会不断发生变化。在20世纪90年代后期，因为亚洲金融危机，亚洲很多国家货币贬值，同样的价格不再能买到之前相同的产品，而当时没有受到经济危机冲击的美国货币的汇率是相对稳定的，在这个时期就会大量出现从美国平行进口的现象。

（6）产品的超量供应

产品在出口国供过于求即产品的超量供应也是平行进口的一个原因。[2]"造成供过于求的因素包括：在消费者层面来看市场需求的不确定；在分销商层面来看对需求预见的不准确；在生产者层面上的生产定量；供应者层面的数量折扣。这些因素在分销商层面上共同使得所有行为用来增强库存商品过剩从而造成了平行进口的来源。"[3]

2.制度背景

作为一个与知识产权密切相关的国际贸易问题，大多学者都将产生平行进

---

①　蒋圣力：《自贸区背景下平行进口所涉及的知识产权保护》，载《南都学坛（人文社会科学学报）》2017年第1期。

②　马乐：《国际知识产权贸易中平行进口法律规制研究》，法律出版社2011年版。

③　Baiyan Yang, Managing a Multinational Supply China: The Impact of Parallel Imports, *Dissertation, University of California Los Angeles*, 1996, p.55.

口归结为经济原因,但是需要指出的是不同国家和地区的制度背景也是不可以忽略的,因此我们也需要从知识产权平行进口的制度背景角度对其进行分析。"产生平行进口的国际背景是随着知识产权国际保护的加强,尤其是几个知识产权公约的签订,使得知识产权人可以通过便利的途径在很多国家取得保护,再加上国际贸易的繁荣,平行进口就越来越突出。"① 从 GSTT 到 WTO,各个成员国为了加入这样一个贸易体制,签订了一系列双边或者多边的贸易条款,这就意味着为了适应规则制度的发展,各个国家都在不断地调整本国法律以达到成为世界贸易组织成员方的要求。这其中就有实质性的关税减让以及消除其贸易壁垒。经过乌拉圭的多回合谈判会,各个成员国之间大大地降低了产品的关税,更好地实现多边贸易体制。因此伴随着国际协议的签订与贸易的发展,制度的保障也为平行进口在内的相关贸易提供了便利的环境,促使平行进口迅速的发展,所以说平行进口是国际自由贸易发展的必然结果。当各个国家依然属于封闭和自我保护状态时是很难产生平行进口的。通过减少贸易壁垒,多边贸易体制为平行进口创造了制度性前提。在 WTO 的多边贸易体制框架下,随着贸易壁垒的进一步减少,关税的进一步削减,进出口贸易以更加强烈的态势发展,相应地,产品的平行进口也将随之增长。②

(三)平行进口的特征以及相关法律问题

基于以上对平行进口制度的探讨,我们可以归纳出平行进口的几个特征:第一,平行进口的对象是产品,这样产品不是知识产权权利本身,而是承载着知识产权权利的产品,如在瓶身上印有该品牌商标的饮料、拥有专利权的扫地机器人或著作权中规定的作品;第二,按照图 7-1 所示平行进口所针对的产品是经合法渠道获得的真品,不是仿冒产品或者非法渠道的走私产品,它是由知识产权权利人或者经过其授权的经销商出口到另一个国家的产品,又或者是直接从有权经销商处购得该知识产权产品的终端消费者然后将该产品再销售至另一

---

① 马乐:《国际知识产权贸易中平行进口法律规制研究》,法律出版社 2011 年版,第 46 页。
② 王春燕:《平行进口法律规制的比较研究》,中国人民大学出版社 2012 年版,第 11 页。

国家的，如第三人从价格稍低的 A 国购买具有知识产权的产品；第三，平行进口产品所承载的知识产权在进口国和出口国都受到法律保护；第四，多重的关系，首先是知识产权人和相对人，以及知识产权人和未经授权的经销商之间，如在进行平行进口产品的 B 国存在反对从 A 国合法渠道进口到 B 国产品的相关权利人；第五，平行进口的国际性，平行进口贸易只能发生在国家与国家之间，它是基于知识产品在不同国家保护的力度、方式的不同，因此这也是平行进口发生的必要条件，离开了国际贸易和知识产权保护，平行进口就无从谈起。

通过上述特点的归纳，判断是否构成平行进口的关键性要素为：在进口国与被进口国产品的来源都是合法的，且其是产生于不同国家的一种贸易行为。例如知识产权人或者其授权的权利人生产销售到市场中的产品，从 A 国的地域范围内通过正常的渠道销售到 B 国。而平行进口是否侵犯了知识产权人的权利成为法律界长期争议的问题，基于不同国家立法的不同，所以在这个问题上各国法律之规定也有所不同。现有的知识产权国际公约以及与知识产权相关的公约等均未对此作出明确的定论，因此大多数国家都因本国的法律传统和经济政策而决定本国的立法和司法实践。

如果仅从国际贸易的角度来分析，平行进口本身是有利于促进贸易自由化的发展，加快不同产品在各个国家间的流通。但以促进多边贸易体制和加大商品在世界范围内的自由流动为前提的平行进口，却也同时因为在出口国和进口国所平行存在的知识产权，而存在着出口国与进口国之间、平行进口商与进口国知识产权人之间的利益冲突。而平行进口的进口国往往是经济较为落后的发展中国家，其主张不在法律上对平行进口进行限制，主要是为了降低本国消费者对于相同产品的购买成本。而如美国在知识产权上有较高水平的发展的国家，其更注重的是保护本国的利益，以及知识产权权利人的利益，并尽量地向外输出知识产权，以获取最大的利润，故而在美国法中原则上禁止平行进口。[①] 因此，我们需要平衡如何在促进贸易自由化与知识产权保护之间的矛盾。从知识

①　郝凤霞：《知识产权平行进口的法律问题》，载《内蒙古电大学刊》2014 年第 6 期。

产权的角度出发，平行进口由于知识产权国际保护的发展，人们可以就不同的知识产权在不同的国家或地区申请其权利，这样会涉及知识产权的地域性和排他性这样本质属性的限制；从物权的角度出发，在平行进口的情形下，占据价格优势的平行进口商及经销商赚取了价格差，进口国的消费者也从中获益，而对于授权经销的权利人的利益则受到了一定的损失，所以平行进口商通过购买行为取得的物权与知识产权权利人对产品以法律所获得的知识产权是存在冲突的。

二、平行进口中的权利用尽

（一）内涵界定与理论基础

权利用尽原则（exhaustion of right）又称权利穷竭原则，是指经知识产权人或其授权人的许可而产生的知识产权产品，在第一次投放市场后，权利人即丧失了对它的控制权，其权利被认为用尽。合法取得该产品的人，只要不是将其用于侵犯知识产权权利人的专用权即可以自由使用、转卖、处置该知识产权产品。因为权利用尽与首次销售紧密相关，所以还被称之为"首次销售"（first sale）。[①] 我国著名学者郑成思先生在其 1982 年由国家出版局出版的《出版参考资料》中首次将其译为"权利穷竭"。这一术语后来被许多人沿用。1988 年，中国专利局在解释《专利法》时，将其译为"权利一次用尽"。[②] 权利用尽原则现今已是知识产权法中的一个重要原则，它在知识产权狭义分类的著作权、专利权和商标权三大领域均得到了广泛认可。

而权利用尽这一理论最早则源自判例法国家的判例，后来通过不断的实践发展获得了制定法的认可。理论界通说认为，最早提出权利用尽原则的是德国法学家 Josef Kohler，其在 1900 年发表的关于专利权的作品中指出产品的自由流通要求对专利进行一种内在的限制。这一理论在德国帝国最高法院的

---

① 杨芳、杨永忠：《基于知识产权保护的平行进口问题探讨》，载《研究与发展管理》2004 年第 1 期。

② 郑成思：《知识产权论》，法律出版社 2003 年版，第 72 页。

Kolnsich Wasser 案中采用"消耗"一语而确定下来。[①]

　　平行进口是与知识产权有关的国际贸易问题，其合法性问题产生的理论根源在于知识产权的权利用尽原则和地域性原则。同时权利用尽原则又是规制平行进口的一项基本原则，该原则的适用状况直接影响对平行进口的态度。在含有知识产权产品的贸易过程中，知识产权与物权的冲突影响商品的自由流通。[②]其是为了调节公共利益、物权与知识产权之间、知识产权人专有权产生的负效应而设置的，其目的是对知识产权人的权利加以一定程度的必要限制，以免产生过度的垄断，从而阻碍产品的自由流通。因此，但凡是涵盖了知识产权的产品首次销售是合法取得知识产权人的许可的，那么之后的一系列处置该产品的行为，将不再构成对知识产权人权利的侵犯。故而我们可以认为在权利用尽这个原则理论上知识产权的平行进口是合法的行为。

　　当然按照权利用尽原则解释，一旦知识产权产品由知识产权人或经其许可之人售出后，权利人无权就该产品的使用或转售进行控制，我们可以知道权利用尽中被用尽的是权利人售出的产品。权利用尽并非意味着相关权利的消灭或无效，它是对权利行使的一种知识产权法上的限制。例如 TRIPs 协定第 28 条第 1 款第（a）项规定，"如果专利所保护的是产品，则（专利所有人）有权制止第三方未经许可的下列行为：制造、使用、提供销售、销售，或为上诉目的而进口该产品"。也就是说，知识产权除了积极的使用权还有消极的使用权，比如禁止某些行为，所以权利用尽原则并非意味着专利权、著作权或商标权本身的用尽，而是指被首次销售、合法投放市场的特定知识产权产品上某项具体的与产品的进一步流通、销售、转售或使用有关的子项权利的用尽，如专利权中的销售权与使用权、著作权中的发行权、商标权中的使用权等。[③]

　　欧盟法院总法务官在对平行进口权利用尽问题发表的意见中指出涉案商标

　　①　Christopher Heath（ed），Parallel Imports in Asia，*Kluwer Law International*，2004. pp. 13-15.

　　②　王春燕：《平行进口法律规制的比较研究》，中国人民大学出版社 2012 年版，第 31 页。

　　③　王春燕：《贸易中知识产权与物权冲突之解决原则——权利穷竭的含义、基础理论及效力范围》，载《中国人民大学学报》2003 年第 1 期。

SCHWEPPES 由 Schweppes 国际有限公司（以下简称 "Schweppes 国际"）所有。Schweppes 公司是 Schweppes 国际在西班牙的排他被许可人。Red Paralela 公司从欧洲经济区的其他国家（主要是英国）进口 SCHWEPPES 饮料到西班牙出售。Schweppes 公司遂将 Red Paralela 公司诉至巴塞罗那第八商业法庭。而在英国，Coca-Cola，而不是 Schweppes 国际，才是 SCHWEPPES 商标的所有人。Schweppes 国际以及 Coca-Cola 虽然在不同欧盟国家分享有商标权利，但打出的是 "国际品牌" 的旗号，如果要制止他人平行进口或推广来自其不享有商标权利的成员国的，归第三方所有的相同商标的商品，是否适用《欧盟运行条约》第 36 条，以及《欧盟商标指令》（2008/95/EC）第 7.1 条［也即修改后（EU）2015/2436 第 15.1 条］有关权利用尽的规定。

2017 年 9 月 12 日，欧盟法院总法务官给出 C-291/16 号回复意见。商业法庭问题的核心就是平行进口情况下商标权利用尽的问题。对此，总法务官引用在先判例指出，平行进口情况下商标权利用尽的适用，要求进口国的商标权利人与出口国的商标权利人是同一个主体，或者是存在经济联系。所谓的经济联系是指两者是生产和销售的关系，或是许可与被许可的关系，或是两者都属于同一集团的关系。这种关系的判断是结果取向的判断，换言之，就是要看相应的商标是不是有统一的控制。即使两个完全独立的主体，如果联合控制一个商标，并为了共同的利益进行开发，也属于有经济联系。如果平行进口涉及的商标是从一个商标分化而来的，并且两者合作，联合掌控商标的使用，这种情况下，进口国对于该商标其实也会有直接或间接的控制，因此也应属于有经济联系的情形。①

我国长沙中级人民法院审理的 "米其林轮胎案" 一案中，被告由于进口了由日本工厂制造的米其林轮胎并在中国大陆出售，遭到了法国米其林集团的诉讼，理由是被告侵犯了法国米其林轮胎的商标专用权。法院认为，被告在销售

---

① 《欧盟法院总法务官对平行进口权利用尽问题发表意见》，载《中华商标》2017 年第 10 期。

轮胎的过程中改变原本的速度级别标识的行为构成侵害原告的注册商标专有权,因此应当承担停止侵权、赔偿损失的民事责任;但是,由于上述轮胎是原告或者原告的被许可人本人生产的,并且原告也已经在首次销售中因此获利,所以对于其提出的其他诉讼请求即不予支持 。[①]从判决结果中我们可以看出主审法官的观点是:原告已经在海外的首次销售中获得了利润,因此不能禁止通过合法渠道获得该产品的人向中国进口的行为,事实上是对"权利穷竭"的一种默认。

(二)权利用尽的分类

权利用尽原则最早是基于专利权提出的,而后将这个原则运用到著作权、商标权等领域。通过理论的实践,学术界通说将权利用尽以空间范围分成三种情形:

1. 国内权利用尽原则(domestic exhaustion)

国内权利用尽原则是指本国的知识产权人在本国所销售或者许可销售其所属的知识产权产品一经售出,知识产权人就在本国用尽了其权利,不得通过所属的知识产权来阻止第三人对这些产品的再销售行为。当然这样一种权利的用尽也包括知识产权人和被许可的经销商在内知识产权人以合法的方式销售或转让,主体对该特定知识产权产品的权利即告穷竭,无权禁止他人在市场上再行销售该产品或直接使用。在一定有效的国家地域范围内,权利用尽也意味着一旦受知识产权保护的产品由权利人或经其同意的经销商投放到国内市场,则任何第三方在国内市场对该产品的转售不构成侵权。

国内权利用尽实际上包含两个方面的意义:一方面,发生于国内市场的首次销售将导致知识产权人的相关权利穷竭。从权利用尽学说产生的历史以及许多国家有关现行立法规定和司法实践来看,对此已经达成共识。另一方面,发生在国外市场的首次销售不会导致国内知识产权人的相关权利用尽。从与国际权利用尽相比较的角度看,国内权利用尽就是第二个方面的意义。从这种意义

---

① 参见 (2009)长中民三初字第 0072 号民事判决书。

上来讲,各国以一个国家在不同的历史时期,甚至于同一国家的不同部门、不同法院,对于国内穷竭有不同的态度。[①]根据知识产权的国内权利用尽原则,因为对于未经其许可的平行进口的产品,国内的知识产权人或者其被许可人对于这些产品的权利是没有用尽的,或者说是依然存在的,由此就可以依据商标权禁止这些"灰色商品"的进口。

采用国内权利用尽原则的后果主要有三种:一是知识产权具有了与贸易壁垒相似的效果,国外的知识产权产品要进入国内必须要获得国内权利人同意,这样也就避免了国外产品对国内市场的冲击;二是使知识产权人拥有了分割国际市场的能力,权利人可以根据各国市场的不同情况实行不同的价格以及其他市场政策;三是平行进口会构成侵权,国内消费者对现有产品和价格的选择机会也会相应地被减少。总之,国内权利用尽原则有利于国内知识产权人,但是不利于国内平行进口市场的培育和国内消费者的即期利益。[②]

2. 国际权利用尽原则(international exhaustion)

国际权利用尽原则是指知识产权产品一旦由知识产权人或者经过其许可的经销商投放到市场上,不论在国内还是在国际上的任何一个地方,知识产权人都不得再通过行使知识产权限制产品的流动。国际权利用尽原则相对于其他原则而言比较符合自由贸易的目标,使得世界上任何国家的消费者都有平等的获得知识产权产品的机会,而无论这些产品的原产国在哪里。[③]

20世纪初期,Josef Kohler 提出权利用尽思想时,即指出一旦专利权人售出了专利产品,则表明其已经从该专利产品的销售中获得了应得之补偿,专利权人不可限制获得该专利产品的第三方对该产品进行任何形式的商业目的使用,包括转售、出租或者出口。[④]

---

① 王春燕:《平行进口法律规制的比较研究》,中国人民大学出版社 2012 年版,第 53 页。
② 尹锋林:《平行进口知识产权法律规则研究》,知识产权出版社 2012 年版,第 14 页。
③ 吴伟光:《商品平行进口问题法律分析》,载《环球法律评论》2006 年第 3 期。
④ Christopher Heath(ed.), Parallel Imports in Asia, 16(2004), *Kluwer Law Inter national*, 2004, pp. 13-15.

与国内权利用尽相比,国际权利用尽原则所具有的特点及影响主要有四:第一,国际用尽规则能导致权利用尽的产品范围要远远广于国内用尽规则。国内权利用尽原则仅适用于在国内合法投放市场的知识产权产品;而国际用尽规则则适用于在世界各国合法投放市场的产品。第二,平行进口通常不会构成侵权。当然,由于各国国际权利用尽原则的适用范围各不相同,因此,法律允许的平行进口的范围也有大有小。第三,国际权利用尽原则使权利人丧失了利用知识产权分割国际市场的能力,因此,权利人在颁发使用许可或向国际市场投放知识产权产品时,必须考虑到世界市场布局以及低价国市场对高价国市场的冲击等问题。第四,由于市场能够给消费者提供更多的平行进口产品,因此,销售者对现有产品和价格的选择机会也相应增多。①

日本最高法院在专利产品平行进口的首次判例"BBS 车轮"一案是日本非常典型的平行进口案例,在该案中,原告 BBS 汽车技术有限公司,为一德国汽车部件制造商,该公司在德国和日本皆获得其产品——铝制车轮的同一专利权。被告 1-Lacimex-Japan,为一日本汽车部件进口商,该公司至少在时至 1992 年 8 月前后,在德国合法地从 BBS 公司及其合法受让者——德国 LORINSER 公司分别购得该两公司制造的同一铝制车轮。然后,将该制品进口日本,销售给被告 2-Jap-AutoPoroducts,进行了上述产品的在日销售。后 BBS 公司通过其在日本的子公司——日本 BBS 公司,将其所生产的汽车铝制车轮进口日本进行销售;同时,在日本也给予其他汽车制造商以非独占性的通常实施权。从日本最高法院在此案的判决中我们可以了解到,日本最高法院虽然否定了权利国际用尽规则,但通过对默示许可理论的适用,同样是间接地肯定了该案中平行进口合法性的结论。

3.混合权利用尽原则

混合权利用尽原则即国内权利用尽原则和国际权利用尽原则的混合形式。美国就是采用这样一种制度的国家,在美国有两部法律与商标的平行进口有

---

① 尹锋林:《平行进口知识产权法律规则研究》,知识产权出版社 2012 年版,第 15 页。

关，一个是《1930 年关税法》以及与之相关的《海关规则》，另一个是美国商标法——《兰哈姆法》。《1930 年关税法》禁止一切第三方将标有美国商标的、在国外制造的商品进口到美国的，无论这些商品是否由该商标权人或者其他人第一次投放到国外的市场。这一规定表明美国对待平行进口采取了国内权利用尽原则。但是在《海关规则》中又在《1930 年关税法》的基础之上规定"共同控制"的例外，如果所涉及的商标是由美国的商标权人许可在国外使用的，或者由一个与美国的商标权人共同所有或者共同控制的企业来使用或者许可使用的，并且所涉及的商品与美国的商标权人所许可的进口到美国或者在美国销售的商品不具有实质上的区别，那么即使没有得到美国商标权人的许可，这些商品也应该被允许进口到美国市场与商标权人的商品进行竞争。[①] 这两个法案确立了美国平行进口的混合权利用尽原则。

采纳国际权利用尽原则就意味着平行进口是合法的，这似乎更加符合贸易自由化的要求，消费者可以得到更加便宜的商品。但是这一原则也面临着诸多的批评。首先，在其他国家或者地区选择国内权利用尽或者区域权利用尽原则来保护其国内企业的情况下，一个国家很难主动地首先选择国际权利用尽原则，因为这样会导致本国对外国的平行进口商品敞开大门，但是本国出口的商品在其他国家却没有得到相同的待遇。其次，虽然国际权利用尽原则为价格低的商品向价格高的国家进口提供了方便，但是这种进口只是为进口国（通常是发达国家）的消费者提供了利益，出口国的消费者却由于这种平行进口而失去了获得低价商品的机会。商品的价格差与很多因素有关，如运输费用、税费、制造成本等，国际权利用尽并不能消除这些价格差。再次，国际权利用尽原则使得对本国商标权人标识利益和投资利益的保护弱化，平行进口的商品完全可能被消费者误认为是来自本国商标权人，搭上本国商标权人的便车，利用本国商标权人在商标的广告、售后服务等方面所做的大量投资。最后，由于各个国家

---

① Kimberly Reed, Levi Strauss v. Tesco and E. U. Trademark Exhaustion: A Proposal for Change, 23 *Northwestern Journal of International Law & Business*, Fall, 2002, p. 139.

对于商品的安全标准、卫生标准、质量标准以及消费者的喜好不同,在不同国家销售的同样的商品也会有很大的不同,这种平行进口会对消费者造成误导。[①]

三、商标产品平行进口风险识别与防控

(一)商标产品平行进口产生的条件

商标产品的平行进口是指未经本国商标权人的同意,他人将在国外生产或者销售的、合法标有本国商标权人商标的商品进口到本国的行为。商标代表了产品的品质、质量、独特的工艺等特征,商标权人授权他人在不同的地域制造同一品牌的商品,而为了缩减产品运输和人工成本,很多公司在全球范围内找到合适的地域制造其产品,比如巴黎欧莱雅公司就会将其品牌旗下的产品放到泰国生产而满足亚洲消费人群的需要。这样的一种方式会因产品的原料、工艺、制作方法的不同而存在差异。但没有对商标产品产生实质性的质量变化,在产品的介绍中会严格标明生产产地因此不会造成消费者的误解,所以我们所说的平行进口商标产品是真品而不是假冒产品,或者说它是介于假冒商标的商品和经过本国商标权人合法授权进口的商品之间的"灰色商品"。因此有学者认为在原则上应当允许商标产品的平行进口。[②]

有学者从正面的角度提出"平行进口问题的产生有三个条件,形成了三种模式。对于商标平行进口的合法性问题,应该抛弃现在采用的国内权利用尽、国际权利用尽或者混合权利用尽解决方式,而以保护商标权人的标识利益和投资利益为基础,具体确定平行进口的合法性"[③]。

对于商标的平行进口各国态度不一,英国《商标法》第4条第(3)款规定,只要商标权人或其发出的许可证的注册人同意将带有其商标的商品投入市场,无论这种商品如何分销或转销,商标权人或其许可证持有人均无权干预。当然也有持反对意见的国家,比如美国《商标法》规定,若商标权利人或其国外商标

---

① 吴伟光:《平行进口问题法律分析》,载《环球法律评论》2006年第3期。

② 曲三强:《平行进口与我国知识产权保护》,载《法学》2002年第8期。

③ 吴伟光:《商标平行进口问题法律分析》,载《环球法律评论》2006年第3期。

许可人在国外销售的带有同样的商品销回国内,任何贴有美国公民或在美国建立、组织的公司所拥有的商标的外国商品进入美国市场,都是违法的,除非在进口登记时有美国商标持有人的同意。

随着我国加入 WTO,劳动力成本与生产成本相对提高,以及政策的相关变化,近年来平行进口的现象逐渐增多。比如在 1999 年由广州市中级人民法院审理的"联合利华香皂平行进口案"中,荷兰利华与上海利华签订了商标独占许可合同,允许上海利华在中国大陆使用荷兰利华已经注册的商标"LUX 力士",并且明确上海利华是该商标在中国大陆唯一有权从事相关产品的生产制造、销售和进口的权利人。然而此后,广州经济技术开发区商业进出口贸易公司进口了产地为泰国的相同商标的"LUX 力士"香皂,并由此与上海利华引发了争议。对此,广州市中级人民法院以《民法通则》、《商标法》(2013 年)以及《商标法实施细则》作为依据,基于上海利华是"LUX 力士"商标在中国大陆的独占许可使用人,其对上述商标的独占使用的权利应当受到法律保护的原因,判决广州经济技术开发区商业进出口贸易公司侵犯了其商标独占使用权。而由于我国立法并无有关商标的平行进口的明文规定,因此上述判决对于该案明显涉及的平行进口的相关事实未作任何提及。[①] 当然还有典型的 2000 年"AN'GE 牌服装案"、2009 年"米其林牌轮胎案"、2012 年"维多利亚的秘密案"等,都是由于我国在现有的法律中没有明确界定商品平行进口而产生的纠纷。

(二)商标产品平行进口的风险识别

对于商标而言,由于商标权属于标识性知识产权,这与专利权和著作权等创造性知识产权不同。商标权的目的主要是使公众对于标识进行熟悉和认同,从而维护公平交易。无论商标在哪一个国家使用,为了维护消费者对同一来源商品的认知,都不应该对商标进行改变。这与商标的地域性并不冲突。[②] 商标平行进口是否合法,应该根据商标对商标权人标识利益和投资利益的保护并结

---

① 参见(1999)穗中法知初字第 82 号民事判决书。

② 郑成思:《私权、知识产权与物权的权利限制》,载《法学》2004 年第 9 期。

合具体的案件事实进行判断。另外，即使平行进口没有对该法域内的商标权人的商业信誉造成损害，也没有使得消费者对该商品造成混淆，但是平行进口商对该法域内的商标权人构成了不正当竞争，那么这种平行进口也应该是非法的。对于这两种情况，我们作具体的分析：对本法域内商标权利人的标识利益的直接侵害。商标侵权的一个条件是侵权人所使用的标识使相关公众与商标权人的商标造成混淆，使得商标表彰商标权人的主体身份和商品或者服务的特征的功能受到损害。这一基本判断标准在商标的平行进口中同样适用。[①]

对商标平行进口争议的焦点，主要为以下几个方面：（1）平行进口是否侵害商标权；（2）平行进口权的合法性；（3）是否允许平行进口。如果平行进口商品与本法域内的商标所表彰的商品不构成上面的混淆，如所标识的是不同种类的商品，因此在相关公众中不会产生混淆，那么这种平行进口是否合法呢？这时还要考虑对商标权利人投资利益的保护。对商标权人投资利益的保护涉及不正当竞争问题，即使平行进口行为没有对商标权人的标识利益造成损害，但是因为"搭便车"而利用了商标权人对商标的投资，构成不正当竞争，这种平行进口也应该是非法的。

（三）商标产品平行进口的风险防控

虽然基于消费者的角度考虑，允许商标产品的平行进口有利于消费者利益，但商标权人在进行商业活动中需要花费大量的人力和物力，进行商标广告的宣传和建立销售渠道，对这些投资商标法应给予保护，禁止竞争者不正当地利用。因此即使平行进口的商品与商标权人所经营的商标完全不同，无论对消费者还是对商标权人都不会造成标识利益上的损害，但是如果这种平行进口损害了商标权人的投资利益，对商标权人构成了不正当竞争，它同样也是非法的。美国法中"共同控制"的例外规定反映的实际上就是这样的理念。在共同控制下，国内的企业与国外的企业是相互联系的企业，在利益上没有实质的冲突，这样的平行进口即使对国内的企业有"搭便车"的行为，因为利益的一致性，也不

[①]　吴伟光：《商标平行进口问题法律分析》，载《环球法律评论》2006 年第 3 期。

会构成不正当竞争。尽管如此,根据《兰哈姆法》,损害商标权人投资利益的这种属于"共同控制"例外的平行进口仍有可能构成非法。

若是进口商品与国内商品在质量上存在差异,就应当禁止该种平行进口。如日本法院在 MMC 公司诉 Schulyro 公司的派克钢笔案中所作的判决,日本法院从商标的功能角度去判断平行进口是否构成侵权,最终认定在不破坏商标指示功能和质量保证功能的情况下,平行进口是被允许的。①

当然对于商标产品的平行进口的允许不能是不加限制的,这些限制主要体现在实质性差异例外和独占许可人例外的问题上。实质性差异例外是指如果平行进口的商品与国内权利人销售的相同商标产品在某些方面存在一定的差异且这些差异达到一定程度时,商标权利人的权利将受到损害,而法律应当对该种行为予以限制。但是关于何种差异达到了实质性差异的程度,各国的实践有所不同,而认定标准也不一致。②

判断实质性差异的基本标准是该产品是否可能造成消费者的混淆或者在实质上给消费者带来不同的产品体验。这两个条件是从不同的角度来描述实质性差异的。造成消费者混淆是从主观体验的角度提出的,如果平行进口的商品会给消费者造成混淆,会使得商标的标识性受到损害从而影响国内商标权人的权利。在这种情况下,商标权人有权利禁止商品的平行进口。而实质上带给消费者不同的产品体验是从实质结果而言的,如果产品事实上有成分、气味和颜色等化学性质和物理性质的不同,或者说如果商品根据当地市场的环境和偏好而作了必要的改动时,也应当判断为有实质性差异。实质上带给消费者不同的产品体验还包括与国内权利人所提供的优质售后服务不同的售后体验。③

独占许可人例外是指如果国内权利人是独占许可人而且没有从平行进口商品的首次销售中获得直接或间接利益,那么在这种情况下,国内权利人可以

---

① 吴家敏:《我国商标平行进口法律规制研究》,华东政法大学 2014 年硕士论文。

② 蒋圣力:《自贸区背景下平行进口所涉及的知识产权保护》,载《南都学坛(人文社会科学学报)》2017 年第 1 期。

③ 蒋圣力:《自贸区背景下平行进口所涉及的知识产权保护》,载《南都学坛(人文社会科学学报)》2017 年第 1 期。

享有禁止平行进口的权利,这同样是来源于报酬理论。如果独占许可人没有获利,那么允许平行进口将在极大程度上损害独占许可人的利益,而这也有违市场公平的原则。而从《反不正当竞争法》的角度而言,如果平行进口商在国内出售产品时利用了国内权利人通过广告宣传、促销和优质售后服务而取得的商标信誉,那么平行进口商应当对此明示消费者,以防止消费者无法享受相同的售后服务。[①]

因此对于商标产品的平行进口许可,我们要加以限制地允许,考虑到上述的两个情况:第一,平行进口的商标权产品与国内权利人的产品存在实质性的差异应该禁止;第二,平行进口的商标权产品已经实现了其首次销售获利。而从实际出发,则是需要对知识产权权利人、平行进口商、消费者这三方相关当事人的利益进行平衡,以期在法律规制中实现对这三方的平等、均衡保护。

四、专利产品平行进口风险识别与防控

(一)专利产品平行进口的定义

专利产品的平行进口是指一国未经授权的进口商,通过合法渠道从国外取得的专利权人或者其被许可人制造或销售的专利产品,在该专利已经获得进口国法律保护的情况下,未经过专利权人许可将该专利产品进口到该国家的行为。

有学者将专利权的进口分成三种形式:第一种形式是专利权人本身就是进口商的身份——"返销",这是一种利用不同国家税收和成本不同而从其他国家进口同一产品到本国的行为。比如,A国专利权生产商生产了一辆成本为5万元的皮卡,在A国销售为10万元。此时B国经销商向A国订购了一批产品,因为B国属于低价国所以同样的皮卡在B国的售价为7万元,此时第三人以B国的价格购买了一批皮卡将其返销至A国以9万元的价值进行销售。第二种形式是第一种的"升级",同一专利权人因在不同国家的生产商生产的产品

---

① 李娟:《美国商标平行进口法律评述及对我国的启示》,载《学术界》2011年第12期。

由于人工或者原料价格的区别而存在价格的差异,此时第三人将低价格国家的产品,运往价格高的国家进行销售的行为。第三种形式是以上两种的结合版。专利权人许可另一组织或个人在别国制造其专利产品,被许可人在别国制造低成本的商品同时供应两国的市场,假设由权利人或由其授权的经销商进口的商品定价仍为 100 元,而供应别国市场的同类商品的定价较低,则平行进口商即可以较低价格从别国购得商品后进口至专利权人所在国,并以较低价格进行销售,从而与权利人或其被授权人竞争。①

平行进口产生后,专利权人能否主张自己的专有权利而阻止第三人的再次销售行为?专利权人是否会因在首次发行的国家销售就权利用尽?如果按照地域性原则,依一国或地区的法律产生的知识产权,只在该权利产生的地域内有效,在该国或地区以外不具有法律效力。那么权利用尽原则仅适用于一国境内,专利权人的所在国销售专利产品的行为并不影响他在 A 国的权利行使,专利权人仍有权禁止该产品在 A 国的销售;如果按照权利用尽原则,专利权人在 A 国的权利因本国的销售而用尽,第三人的再销售行为就是合法的。可见平行进口的合法性归根到底仍需取决于权利用尽原则是否受到专利权地域性特点的限制。②

我国《专利法》于 1984 年经第六届全国人民代表大会常务委员会第四次会议通过,1985 年正式实施,后经过了四次修改。在 2000 年的第二次修改中对专利的进口问题进行了相关的规定,因此在 2008 年的第三次修改保留了相关的规定"发明和实用新型专利被授予后,除本法另有规定的以外,任何单位或者个人未经专利权人许可,都不得实施其专利,即不得为生产经营目的制造、使用、许诺销售、销售、进口其专利产品,或者使用其专利方法以及使用、许诺销售、销售、进口依照该专利方法直接获得的产品。外观设计专利权被授予后,任

---

① 徐莹:《新专利法中平行进口权利用尽问题》,载《法治与社会》2010 年第 3 期。

② 张晓敏、李文祥:《试论我国专利保护中的权利用尽与平行进口》,载《河南师范大学学报(哲学社会科学版)》1998 年第 6 期。

何单位或者个人未经专利权人许可,都不得实施其专利,即不得为生产经营目的制造、许诺销售、销售、进口其外观设计专利产品"。

上述条款的规定有学者认为专利权人有权阻止他人未经其许可,为生产经营目的进口其专利产品或者进口依照其专利方法直接获得的产品,因而是我国对于专利平行进口的禁止。但也有学者认为,由于上述条文规定的实则是"独占进口权",即专利权人所享有的禁止他人未经本人许可而生产制造的产品的进口的权利,而作为平行进口的对象的进口产品则是专利权人或者其被许可人本人生产制造的,因此该条文规定所调整的并非专利的平行进口行为。①

我国1995年7月颁布实施的《知识产权海关保护条例》第3条规定:"侵犯受中华人民共和国法律、行政法规保护的知识产权人的货物,禁止进出口。"这一条例加大了中国海关对我国知识产权边境的保护,但并未明确规定平行进口是禁止的,因为法条中的首要条件是侵犯受中华人民共和国法律、行政法规保护的知识产权人的货物,我们所讨论的平行进口的专利产品,因其通过正规的渠道获取,且是合法的手续进口,所以没有违反此法规之规定。

而《中华人民共和国技术引进合同管理条例》规定的关于专利平行进口的问题,旨在保障第三国有关专利被许可人的权利,主要是进口权。该条例第9条将国外技术供方及专利权人的一定行为排除在限制条款之外,规定供方不得不合理地限制受方的销售渠道或出口市场,但应把一定情况排除,供方已经签订独家代理合同的国家和地区。

我国现有阶段并未在《专利法》中明确规定平行进口的相关问题,而是一种默许的态度。因为在《专利法》第75条中规定,有下列情形之一的,不视为侵犯专利权:"(一)专利产品或者依照专利方法直接获得的产品,由专利权人或者经其许可的单位、个人售出后,使用、许诺销售、销售、进口该产品的。"按照其规定,"专利产品合法售出后,进口该产品不视为侵犯专利权"。专利权人

---

① 叶京生:《论知识产权平行进口及对我国的立法建议》,载《国际商务研究》2004年第1期。

对其专利具有独占权，但其专利产品在合法售出（包括专利权人自己售出或者经专利权人许可的人售出）后，专利权权利即用尽，这就是对平行进口的一种默许。

平行进口与专利权权利用尽紧密相关。按照平行进口类型划分，专利平行进口同样可以分成三类，即国内用尽、地区用尽、国际用尽。国内用尽是指专利产品在被授予专利权的国家合法售出后，购买者对该专利产品在该国有自由处置的权利，英国在专利的平行进口中采用此做法。地区用尽是指专利产品在该区域被授予专利权的一个国家合法售出后，购买者对该专利产品在该区域内具有自由处置的权利，但是在区域之外合法售出的专利产品，未经专利权人许可而进口到区域之内的成员国，专利权人仍有权禁止，这一原则适用于欧盟地区。国际用尽是指专利产品在被授予专利权的一个国家合法售出的，购买者对该专利产品在任何国家具有自由处置的权利，德国明确采用了这种做法。根据国际用尽的原则，将合法售出的专利产品进口到专利权人取得专利权的其他国家，无须经过该专利权人的同意，这通常被称为允许平行进口（所谓"平行"是指他人的这种不需要经过专利权人同意的进口权，与专利权人的进口权并存）。我国《专利法》增加允许平行进口的规定，是符合我国的实际情况的。

（二）专利产品平行进口的风险识别

正是由于我国立法在专利平行进口的一种不确定性，产生了大量司法实践中纷繁复杂的案件，我国司法机关缺少得以据理定分止争的法律依据，并由此造成了案件审理的困难和判决结果的差强人意。[①]

对于专利产品进口之目的，我国《专利法》规定"为生产经营目的"的进口专属于专利权人。他人可以进行"非生产经营目的"如为个人使用目的的进口，如时下流行的"代购"。而根据我国台湾地区"专利法"，进口之目的包括"为制造、贩卖、使用"，也就是说，基于上述目的之进口专属于专利权人。

---

① 李娟：《美国商标平行进口法律评述及对我国的启示》，载《学术界》2011年第12期。

对于专利产品的平行进口是否准许，在学界没有统一的意见。有学者认为，要采用完全禁止的做法，虽然完全禁止专利产品的平行进口是一种保护外国专利权人权利的做法，但是可以鼓励外国技术拥有者对我国的转让或许可，因而是有利于我国的技术引进和发展的。但也有学者认为，赋予专利权人过强的保护对本国引进技术并非绝对有利，而如果允许平行进口可以降低专利产品在我国的售价从而使消费者受益。[①]

（三）专利产品平行进口的风险防控

在专利产品的平行进口制度设计中，是应该加以限制条件的一种允许。

我国现在处于并将长期处于社会主义初级发展阶段，在专利技术不断提升的过程中，尽管我国经济取得了迅速的发展，但与发达国家相比，在经济实力和技术水平上仍然存在着相当大的差别。我们还没有实现将专利技术都有效转化成专利产品，产业发展在相当程度上依赖于对国外技术的引进。技术的输出国往往会更加强调对专利权人的保护，这不仅体现在专利法保护的客体范围上，也体现在赋予专利权人的权利内容上。由于技术输出国有很强的研究开发能力，在这些国家取得专利权也多数是本国的公民或企业，因此，对专利权人赋予较强保护能有效地鼓励国民从事发明创造活动，并同时促进本国的产业进步。然而对于技术引进国来说，由于绝大多数的发明专利都掌握在外国人手中，因此，赋予专利权人过强的保护，虽然本国引进技术有利，但也存在隐患。[②]对于我国而言，由于技术相对落后，国家往往需要大量进口高技术产品，需要花费高额的技术许可使用费，因此这些产品到消费者手中则同样需要支出更高价的费用才能购买到。比如对于药品而言，本来是非常低廉的生产成本，但是由于本国技术达不到，需要从外国高价购买专利，那么到患者使用的时候就是非常昂贵的药物了，很多人为了看病倾家荡产。所以如果在制度设计上加以一定条件的许可专利产品的平行进口，可以刺激国内市场更加有效地转化知识产

---

① 严桂珍：《平行进口法律规制研究》，北京大学出版社 2009 年版，第 232 页。

② 严桂珍：《平行进口法律规制研究》，北京大学出版社 2009 年版，第 231 页。

权专利成为专利产品，提高专利的创新，也有利于消费者买到相对优惠的专利产品。

五、著作权产品平行进口风险识别与防控

（一）著作权产品的平行进口

著作权产品的平行进口仅与经济权利相关，如发行权、复制权等权利。其形式大概分为：独立许可或非独立许可两种方式。版权人通过许可合同转让部分权利是版权人处分权利的一种方式。这是因为《著作权法》规定的各项权利中，只有发行权和复制权是针对"作品的原件或复制件"的，而其他各项权利都针对"作品"本身。"原件或复制件"必须是一件有形的物，如图书、光盘等。[①]

我们往往根据首次销售就认为版权人对著作权产品的权利用尽，但对于可以无限次播放的光盘而言，如果购买者不是为了自己的消费需要，而是为了出租经营，那么对于著作权人而言则是不公平的。因为如果这样，出租者实际出租的次数，以及因出租而使著作权人蒙受的销售市场的损失，就不能通过首次购买的费用来体现和弥补，同时更不能确保著作权人分享到出租市场的合理份额。[②]

相较于商标权和专利权，著作权作品更容易产生平行进口的问题，这是因为国际版权公约和各国版权立法都对著作权采取国民待遇原则和自动保护原则。各国依法给予作品的版权保护是相互独立的，在这种情况下，则更容易出现未经版权权利人许可而平行进口的问题。同时版权平行进口有自己的特征：（1）著作权平行进口的标的有两种，一是著作权作品，二是带有著作权的普通商品，如饮料瓶的包装是一幅富有设计的作品。（2）由于著作权是自动保护原则，著作权人一般是将其作品在各国的发行权分别出售，所以，著作权平行进口较多。

德国《版权法》第 17 条第 2 款规定：作品原件或复印件，经权利人同意进入国内市场后，作品进一步销售无须征得作者的同意。通过以上规定，我们可

---

① 严桂珍：《平行进口法律规制研究》，北京大学出版社 2009 年版，第 238 页。
② 尹锋林：《平行进口知识产权法律规则研究》，知识产权出版社 2012 年版，第 231 页。

以知道德国是施行著作权平行进口权利穷竭原则的。但是美国和大部分欧盟国家则是持反对的态度,美国1976年《版权法》第602条规定:禁止一切未经版权人许可的进口活动。我国《著作权法》并没有对平行进口作规定,在新修改的《著作权法》中规定,著作权人享有的人身权和财产权中也未对进口权问题进行专门规定,因此在我国平行进口并不是一种侵犯著作人权利的行为。

随着自由贸易的发展,世界经济一体化浮现,消除利用知识产权等设置贸易壁垒的行为成为各国的一致呼声。有观点认为,和商标权的平行进口一样,允许版权的平行进口可以防止版权产品的市场垄断,从而使消费者受益。鉴于全球经济一体化的发展,平行进口降低消费者购买成本与促进版权产品流通效益的优势更加明显。

我们从传统的理论角度出发很难对现有的平行进口问题作合理的司法实践与解释。以美国新近判例为例,在 Kirtsaeng v. Wiley Publishing(2013)一案中,美国最高法院基于对美国版权法有关规定的解释,适用权利国际用尽理论而认可了版权平行进口的合法性,与此形成鲜明对比的是,在专利平行进口领域,美国的司法实践则一般对权利国际用尽和平行进口的合法性予以否定。[①]

(二)著作权产品平行进口的风险识别

与商标法和专利法不同,我国《著作权法》对著作权转让与许可的内容作了比较具体的规定。《著作权法》第26条规定,著作权使用许可合同的内容应该包括许可使用的地域范围;第27条还规定了著作权转让合同的内容及地域范围。但没有规定这个地域范围的界限。比如,一本书的著作权转让的地域范围仅限定在北京,那么在中国内地,这本书的著作权人就分为两个:一个是北京市的著作权人,另一个就是其他地区的著作权人。这样,如果第三人从其他地区购买了后者所合法制造的图书运送到北京销售,第三人的行为是否侵犯了北

---

① Shubha Ghosh, Incentives , Contracts, and Intellectual Property Exhaustion, *Research Handbook on Intellectual Property Exhaustion and Parallel Imports*, 2016, pp. 11-17.

京市著作权人的权利呢？①

同样对于国际的一个著作权平行进口也意味着著作权人将自己的发行权许可给不同国家的经销商，一旦价格上有所差异，那么就会导致矛盾与纠纷。比如美国的著作权人在美国出版的作品售价为 20 美元，但是其许可给澳大利亚的出版商出版同样一部作品，售价只需要 10 美元，这时候第三人从澳大利亚市场将这批经过授权的合法产品再进口到美国以 15 美元销售，那么对于美国的出版商而言其损害是必然的，其收入和市场占有率会大大的降低，所以这也是著作权平行进口带来的争议点。对于消费者而言，其可以买到物廉价美的著作权作品，但是对于著作权人以及被授权的出版者而言则是不利的，这样会降低其对出版的热情和兴趣，从而降低对作品的创新与创作。

（三）著作权产品平行进口的风险防控

对于著作权的平行进口不同类型的情况，应当分类别来处理。对于图书类版权作品而言，我国的图书产品成本低于其他国家，而允许平行进口对我国消费者来说并无弊端。对于音乐类版权作品则要谨慎，因为在 2002 年之前我国的音像市场局面十分混乱。这主要是因为进口音像制品的版权人将同一音像制品以不同载体授予不同的国内受让人，这也会形成平行进口。我国文化部及海关总署等部门随后发布相关文件，音像制品行业的进口乱象有所好转。音像制品的平行进口可能会造成权利人利益受损，因此不适宜完全放开。而对于计算机软件，我国尚未调整这一领域。因此，也应该将其分为投放类和许可类两类产品。对于自己和关联人投放类的著作权作品，我国应当有限度地允许其平行进口，而对于许可类产品，则应当不允许其平行进口以维护国内权利人还没有穷竭的权利。②

---

① 尹锋林：《平行进口知识产权法律规则研究》，知识产权出版社 2012 年版，第 337 页。
② 蒋圣力：《自贸区背景下平行进口所涉及的知识产权保护》，载《南都学坛（人文社会科学学报）》2017 年第 1 期。

第二节 涉外定牌加工风险识别与防控

一、涉外定牌加工概述

定牌加工（original equipment manufacture，简称 OEM），又称"贴牌加工""贴牌生产"，是指加工方根据约定，为定作方加工使用特定商标或者品牌的商品并将该商品交付给定作方，定作方根据约定向加工方支付加工费的贸易方式。[①] 定牌加工的贸易方式，包含国内定牌加工及涉外定牌加工两种。

涉外定牌加工，指的是国内的加工方接受境外定作方的委托，按照境外定作方的要求生产、加工带有定作方商标标识的产品，并将加工完成的产品全部交给境外的定作方，加工的产品不在加工方境内销售，[②] 其性质为加工承揽合同关系。涉外定牌加工行为具有以下特征：首先，境外的定作方与境内的加工方签署合同，委托加工方生产、加工产品；其次，加工方依据合同的要求为定作方加工生产产品并在产品上贴附指定的商标标识；最后，加工方依据约定将生产、加工的产品全部交付给定作方。

通常理解的涉外定牌加工民事主体为国内加工方和境外定作方。加工方即受委托加工的境内企业，其在劳动力、管理经验等方面具有优势，依定作方的要求生产产品并且贴附商标。定作方为境外商标注册人、商标权受让人或经授权使用商标的被许可人，具有品牌、技术、销售等优势，将生产环节交付给加工企业，可以把有限的资源集中于核心业务，提高其核心竞争力。[③] 由于各具优势，达成加工协议后，双方可以优势互补，形成良性互动，定作方可以降低生产成

[①] 浙江省高级人民法院课题组：《贴牌生产中商标侵权问题研究》，载《法律适用》2008 年第 4 期。

[②] 涉外定牌加工分为两种类型：（1）加工方为境外企业，定作方为境内企业；（2）加工方为境内企业，定作方为境外企业。我国是世界制造工厂，劳动密集型企业较多，在涉外定牌加工中主要以加工方的形式出现，因此，通常探讨的涉外定牌加工行为为第二种。

[③] 王娜：《我国涉外定牌加工中的商标问题及其防范》，载《学术探索》2014 年第 1 期。

本,提高利润,加工方则可以提升技术水平。

随着我国对外开放逐渐深入,经济全球化程度不断提高,外向型经济成为我国经济的重要组成部分,中国逐渐发展成为世界上规模最大的制造业大国。由于我国制造业卓越的技术优势、成熟的管理经验和相对低廉的人力成本,许多境外的商标权人选择与我国企业合作进行代工。与境外企业合作代工的定牌加工业务,契合我国劳动密集型的资源配置和国际分工合作的要求,逐渐成为我国许多出口型加工制造企业生存和发展的基础,对我国对外贸易的发展具有至关重要的积极作用。定牌加工已经成为我国经济对外开放的主要贸易方式,涉及服装业、家电业、通信业等多个行业。改革开放至今,我国的加工贸易出口规模持续扩大,尤其在加入世界贸易组织后,涉外定牌加工进入黄金增长期,1980—2012年,我国加工贸易进出口总额从25亿美元增长到13439.5亿美元,出口金额从11亿美元增长到8627.8亿美元。

二、涉外定牌加工的商标侵权纠纷

商标权具有地域性,依据一国商标法授予的商标专用权只能在该国领域内获得保护,不能超越一国边界,若不同国家的企业分别在其境内就同一商标获得注册时,就可能产生同一商标在多个国家同时存在的情形。由于涉外定牌加工行为的加工方和定作方分属不同地域,且定作方通常没有在国内获得注册商标专用权,当境外的定作方超越一国边界委托成本低廉国家的企业加工生产带有商标标识的产品时,该商标可能与该国境内注册商标专用权人核定使用商品上的商标相同或者类似,从而引发涉外定牌加工行为是否侵害国内注册商标专用权人商标权的问题,这种权利冲突是经济全球化和商标地域性矛盾的必然结果。

在该问题上,由于我国法律并没有明确规定,而TRIPs协定也只要求成员国在进口时对知识产权进行保护,并没有规定涉外定牌加工的产品出口行为是否构成商标侵权。我国法院在涉外定牌加工商标侵权裁判中呈现出理论不统

一、法律适用混乱的现象，以至于在涉外定牌加工行为是否为侵权问题上的探讨长达 20 年之久依旧没有定论，最高人民法院对该问题的裁判观点前后也呈现出截然不同的态度。[①] 如何对涉外定牌加工商标侵权问题进行准确的定性，平衡国内商标权人和涉外定牌加工主体的利益，依然是困扰理论和实务界的重要课题。

商标使用分为商标形成、商标维持、商标侵权以及侵权赔偿意义上的商标使用，[②] 其中商标侵权中的商标使用认定前提是商标使用，因此，在涉外定牌加工商标侵权案件中，是否构成侵权的前提是判定贴附商标的行为是否构成商标性使用。在这一点上，各地法院存在分歧。我国早期主流司法意见是只要国内注册商标在相同商品上与贴牌标识商标相同，一般推定存在混淆，认定构成侵权，代表的 NIKE 案[③]、RBI 案[④]。有些法院认为涉外定牌加工产品全部出口，未在中国市场实际销售，中国国内的消费者并不存在对该商品的来源发生混淆和误认的可能，不认为构成侵权，如 JoLida 案[⑤]，但仍为少数。

2010 年，最高人民法院办公厅在回复海关总署《关于对〈贴牌加工出口产品是否构成侵权问题〉的复函》中指出，由于贴牌加工的标识在我国境内不发挥识别商品来源的功能，不会产生混淆误认，因此不构成侵权。[⑥] 该文件为海关执法提供了指引。最高人民法院在 2015 年指导性案例 "PRETUL" 案中，认为加工方根据定作方的授权使用商标的行为，在中国境内仅属物理贴附行为，为定作方在其享有商标专用权的墨西哥国使用其商标提供了必要的技术性条件，在中国境内并不具有识别商品来源的功能，因此不认定为商品使用行为。[⑦]

---

① 通常认为涉外定牌加工第一案为美国耐克国际有限公司诉浙江省嘉兴市银兴制衣厂案等商标权侵权纠纷案，该案于 2001 年由深圳市中级人民法院审判，(2001) 深中法知产初字第 55 号。

② 刘铁光、吴玉宝：《商标使用的类型化及其构成标准的多元化》，载《知识产权》2015 年第 11 期。

③ 深圳市中级人民法院 (2001) 深中法知产初字第 55 号民事判决书。

④ 浙江省高级人民法院 (2005) 浙民三终字第 284 号民事判决。

⑤ 申达公司诉玖丽得公司侵犯注册商标专用权纠纷案，(2009) 沪高民三 (知) 终字第 65 号。

⑥ 最高人民法院办公厅：《关于对〈贴牌加工出口产品是否构成侵权问题〉的复函》，2010。

⑦ 浦江亚环锁业有限公司与莱斯防盗产品国际有限公司侵害商标权纠纷案，(2014) 民提字第 38 号再审判决书。

在 2016 年发布的指导性案例"东风"案中,虽然江苏省高级人民法院以"东风"商标为驰名商标,受托方未尽合理注意与避让义务为由,判定构成商标侵权。但最高人民法院认为,定牌加工是一种常见的、合法的国际贸易形式,除非有相反证据显示加工方接受委托未尽合理注意义务,其受托加工行为对第三方的商标权造成了实质性的损害,一般情况下不应认定其上述行为侵害了第三方的商标权。① 在最高人民法院指导案例出台后,地方人民法院也基本秉持涉外定牌加工行为不构成商标侵权的司法意见,如在上海第一中级人民法院审理的WORKSENSE 案中,法院认为涉案产品并未投入中国国内市场流通,因此贴附的商标并不会造成国内相关公众的混淆误认,不构成侵权。②

然而,最高人民法院在 2019 年的"HONDA"案 ③ 中,改变了司法实践中长期的观点,对今后案件的审理将发挥"风向标"的指导和借鉴意义。最高人民法院指出:"商标使用行为是一种客观行为,通常包括许多环节,如物理贴附、市场流通等等,是否构成商标法意义上'商标的使用'应当依据商标法作出整体一致的解释,不应该割裂一个行为而只看某个环节,要防止以单一环节遮蔽行为过程,要克服以单一侧面代替行为整体。在法律适用上,要维护商标法律制度的统一性,遵循商标法上商标侵权判断的基本规则,不能把涉外定牌加工这种贸易方式简单地固化为不侵犯商标权的除外情形。同时,对于没有在中国注册的商标,即使其在外国获得注册,在中国也不享有注册商标专用权,与之相应,中国境内的民事主体所获得的所谓'商标使用授权',也不属于我国商标法保护的商标合法权利,不能作为不侵犯商标权的抗辩事由。"最高人民法院的态度转变,与新形势下我国推动创新发展战略有关,司法逐渐趋向于有利于国内商标权人的保护。

---

① 江苏常佳金峰动力机械有限公司与上海柴油机股份有限公司侵犯商标权纠纷再审案,(2016)最高法民再 339 号。

② 汇新环球有限公司诉苏州顺戎服装有限公司侵害商标权纠纷案,(2013)沪一中民五(知)终字第 208 号。

③ 本田技研工业株式会社与重庆恒胜鑫泰贸易有限公司、重庆恒胜集团有限公司侵害商标权纠纷案,最高人民法院(2019)最高法民再 138 号民事判决书。

纵观历年来涉外定牌加工的商标侵权问题，主要集中在加工方的定牌加工行为是否为商标使用，是否会造成消费者的混淆以及商标权的地域性等问题上，该问题解决的核心在于如何界定商标使用行为以及定牌加工的行为是否构成商标使用，而认定商标使用的关键在于判断商标是否发挥了识别功能。就涉外定牌加工行为是否构成侵权的问题上，目前司法实践和学术界主要存在三种观点：

1.侵权论。该观点采用形式主义的方法理解商标使用行为，商标使用通常包括物理贴附、市场流通等，只要加工方在商品上以贴附的方式使用特定的商标标识，商标就具有了识别商品来源的功能，构成商标使用。这种观点强调加工方贴附商标的行为是一种生产过程中的客观行为，如果加工方在相同商品上贴附了国内注册商标相同的商标标识，我国法院则认定构成侵权，其目的和动机在所不论，也不以是否投放到市场为要件。如2014年斯皮度控股公司与温州路加贸易有限公司、科纳森光学产品贸易和代理有限公司等侵害商标权纠纷案，浙江省高级人民法院在二审民事判决书中认为："商标使用行为是一种客观行为，不应因为使用人的不同或处于不同的生产、流通环节而作不同的评价。在涉外贴牌加工行为中，作为生产环节的贴牌行为系典型的将商标用于商品上的行为，属于商标使用行为。"[①]最高人民法院在"HODNDA"案判决中明确指出："不能因为商品没有投入国内市场、国内消费者没有实际接触该商品，就否认存在商标法意义上的'商标使用'；且《商标法》规定'容易导致混淆'并不要求确实发生了混淆，而仅指如果接触到有可能发生混淆。"[②]因此，无论是生产还是市场环节，其本质上都属于商业活动中的商标使用行为。

2.非侵权论。该观点主要采用实质主义的方法理解商标使用行为，商标使用必须具有识别商品来源的功能和目的，这就要求商标使用人必须将附有商标

---

① 斯皮度控股公司与温州路加贸易有限公司、科纳森光学产品贸易和代理有限公司等侵害商标权纠纷二审民事判决书，浙江省高级人民法院（2014）浙知终字第25号。

② 本田技研工业株式会社与重庆恒胜鑫泰贸易有限公司、重庆恒胜集团有限公司侵害商标权纠纷案民事判决书，（2019）最高法民再138号。

的商品投入商业活动中，因为只有在境内市场中流通定牌加工的产品才有可能导致混淆。由于定作方仅具有物理上的贴附行为，贴附商标的产品全部转移给定作方销往国外，并没有在中国市场上进行流通，不会在中国境内发挥识别商品来源的功能，不能被称为商标使用行为，因而不构成侵权。最高人民法院在"PRETUL"再审案中，认为"是否破坏商标的识别功能，是判断是否构成侵害商标权的基础……贴牌商标标识仅在我国境内发挥物理作用，为委托方在国外使用商标提供了必要技术条件"①。仅仅在中国境内贴附商标的行为，只具有商标使用的形式，未必具有商标使用的实质。② TRIPs 协定第 16 条第 1 款也明确要求，商标侵权应该以造成混淆或者有造成混淆的可能性为要件。③ 涉外定牌加工的产品全部销往境外，与境内市场不存在任何竞争关系，消费者不会接触到这些产品，自然也不会产生混淆的可能，则商标的识别功能就不能实现，因此不构成侵权。

3. 折中论。该观点要求结合涉外定牌加工方的过错合理判定是否承担侵权责任，特别是加工方在与定作方签署合同时对境外定牌商标本身是否尽到了必要的审查注意义务。首先，审查境外定作人是否享有注册商标专用权或者取得合法授权许可。其次，如果国内的加工方明知或应知国内商标具有一定影响力或者为驰名商标，境外定作方涉嫌恶意抢注却仍接受委托，应认定加工方没有尽到合理注意义务而承担相应的民事侵权责任。在"东风"案中，最高人民法院认定"常佳公司接受印尼 PTADI 公司的订单生产加工的产品全部出口至印尼，可以认定其行为属于涉外定牌加工行为，但常佳公司系明知上柴公司涉案

---

① 浦江亚环锁业有限公司与莱斯防盗产品国际有限公司侵害商标权纠纷再审案民事判决书，该案为最高人民法院发布 2015 年中国法院 50 件典型知识产权案例，（2014）民提字第 38 号。

② 孔祥俊：《商标使用行为法律构造的实质主义——基于涉外贴牌加工商标侵权案展开》，载《中外法学》2020 年第 5 期。

③ TRIPs 协定第 16 条第 1 款：注册商标的所有权人享有专有权，以阻止所有第三方未经该所有权人同意在贸易过程中对与已注册商标的货物或服务的相同或类似货物或服务使用相同或类似标记，如此类使用会导致混淆的可能性。在对相同货物或服务使用相同标记的情况下，应推定存在混淆的可能性。上述权利不得损害任何现有的优先权，也不得影响各成员以使用为基础提供权利的可能性。

'东风'商标为驰名商标,仍然接受境外委托,在被控侵权产品柴油机及柴油机组件上使用与上柴公司'东风'商标相同的商标,未尽到合理注意与避让义务,实质性损害了上柴公司的利益,侵犯了上柴公司的注册商标专用权"[①]。

三、涉外定牌加工的风险识别

(一)涉外定牌加工海关查扣风险识别

当加工方将定作的加工产品经过生产加工环节转移至境外的定作方时,需要将产品进行报关出境。依据《中华人民共和国知识产权海关保护条例》第3条,国家禁止侵犯知识产权的货物进出口。海关有权在货物进出境时对涉嫌侵犯商标专用权货物进行扣留、调查和处罚。因此,涉外定牌加工的企业在将货物转移给定作方时就面临海关查扣的第一道风险。海关的知识产权保护通常包括依职权和依申请两种。前者指的是如果知识产权权利人已经向海关总署进行了知识产权备案,海关将根据备案的知识产权权属及商品信息、侵权人信息、侵权货物信息,依照职权主动中止涉嫌侵权货物的通关程序,通知有关知识产权权利人,并根据知识产权权利人的申请对涉嫌侵权货物实施扣留、调查,海关将依据调查情况作出侵权或者不侵权的决定。2020年全国海关开展"龙腾2020""篮网行动""净网行动"等保护知识产权专项行动,共扣留侵权嫌疑货物6.19万批,其中有许多是输往"一带一路"沿线国家的货物。江门海关通过风险分析布控,查获了一批以一般贸易方式向海关申报出口至土耳其,涉嫌侵犯在海关总署备案"JIALING"商标专用权的跨骑式摩托车387辆,案值153.2万元。商标所有人也可以在发现侵权货物即将进出口时,向海关提出申请,要求海关对涉嫌侵权的进出口货物进行查扣。但此种情况下由于知识产权权利人并未在海关总署进行知识产权备案,因此海关对依申请扣留的货物不进行调查,权利人可以向有管辖权的人民法院提起诉讼。

[①] 上海柴油机股份有限公司与江苏常佳金峰动力机械有限公司商标侵权纠纷上诉案民事判决书,(2015)苏知民终字第00036号。

由于我国当前理论和实务界在判定涉外定牌加工是否构成商标侵权的问题上存在很大争议，类似案件的认定结果大相径庭。而海关在行政执法过程中也必然要以是否构成商标侵权判定为前提，尤其是法院在涉外定牌加工的行政诉讼中的判决将直接影响海关对涉外定牌加工案件的行政执法标准，使得海关执法面临困扰，也使得涉外定牌加工的出口企业面临侵权风险。当企业的货物被海关依法扣留后，加工方不得不支付保证金以换取货物先行出口，资金压力较大，对于明显侵权的产品，加工方可能因海关长期扣留无法在约定的时间内交付货物承担合同违约的风险，甚至可能面临较大金额的行政处罚，企业将面临较大的经营损失，有些中小企业甚至可能面临破产。

（二）涉外定牌加工诉讼风险识别

商标权人在海关对定牌加工的货物依法扣押后，通常会向有管辖权的知识产权法院提起诉讼。如果涉外定牌加工行为被法院认定构成侵权时，加工方将可能面临严重的民事赔偿风险。定牌加工企业在与定作方签署合同时，由于法律意识淡薄，盲目接单，没有要求定作方提供合法的商标权证明，或者境外不诚信的定作方伪造了商标权证明，加工方却疏于审查，代其生产侵犯他人知识产权的商品。有学者根据知产宝数据统计出截至 2020 年全国审结的关于涉外定牌加工案件共有 139 件、民事案件共 117 件，其中不认定侵权的共 97 件，约占 82.9%；认定构成侵权的有 20 件，约占 17.1%。[①]

在某些情况下，涉外定牌加工企业如果违规生产销售可能构成刑事犯罪，我国刑法中商标犯罪的罪名共有三个，分别是假冒注册商标罪、销售假冒注册商标的商品罪以及非法制造、销售非法制造的注册商标标识罪。浙江省高级人民法院、浙江省人民检察院、浙江省公安厅在《关于办理涉外定牌加工等侵犯知识产权刑事案件有关法律适用问题的会议纪要》中认为，"对境内受托方超出涉外订单范围生产该注册商标的商品，且确有充足证据证实已在或将在境内销售的部分，由于已侵犯或势必会侵犯境内相关权利人的商标专用权，如符合入罪

---

① 华丹玫：《涉外定牌加工中的商标权问题》，载《中国应用法学》2020 年第 5 期。

标准,则可以假冒注册商标罪定罪处罚"。2014 年 1 月至 2015 年 11 月,上海市浦东新区检察院共办理与自贸经济活动相关的刑事案件 191 件,其中销售假冒注册商标的商品罪占 10%。[①]

(三)涉外定牌加工违约风险识别

当出口商品涉嫌侵权被海关依法查扣或者依法被提起诉讼后,由于涉外定牌商品长时间被扣留,合同的加工方将面临因合同无法按时履约造成的违约风险。首先,对于加工方而言,加工企业为了按时履约,不得不支付一笔较大金额的保证金。其次,如果因货物被扣押导致延期交付,合同加工方将依合同承担一笔违约金。最后,双方一般采用跟单信用证的方式支付款项,当货物被认定侵权遭到海关的没收,加工企业往往要承担因此导致的损失。

四、涉外定牌加工的风险防范

(一)增强法律意识,审核证明材料

定牌加工企业自身的法律意识淡薄是企业构成商标侵权的主要原因,而实践中商标侵权的形式可能是多样的。加工方要增强法律意识,关注涉外定牌加工商标侵权的执法和司法实践。法律保护的是识别商品来源意义上的商标,[②]在与境外定作方达成合作之前,加工方要明辨我国境内是否有在相同或者相类似的商品上注册了与定牌加工商标相同或者相类似的商标权人。首先,加工方要对定作方的主体资格和资信状况进行审核,要求境外的定作方提供商标权证书、商标许可证书或者商标转让证书,明确定作方是否为涉外定牌加工的商标专用权人或者是持有授权书的商标使用人,关注定作方的商标权状态,境外注册商标应为已经核准注册的有效商标,建议要求定作方对相关证明进行公证或者认证,要警惕不诚信的定作方伪造他人商标标识的行为。鉴于此,加

[①] 朱毅敏、严忠华、付红梅:《上海自贸试验区刑事检察工作情况调查》,载《人民检察》2016 年第 7 期。

[②] 孔祥俊:《商标使用行为法律构造的实质主义——基于涉外贴牌加工商标侵权案展开》,载《中外法学》2020 年第 5 期。

工方可以通过商标局的网站进行检索或者委托律师事务所、商标代理所等第三方专业机构进行商标审核。如果定作方不享有相关商标权,一旦签署合同,加工方将面临侵权的行政处罚和相关赔偿。其次,对于有较高知名度的商标,加工方在与定作方签署合同之前,要严格审查定作方是否存在违反诚实信用原则的行为,抢注我国国内具有一定影响的商标,同时要警惕定作方的商标是否与国内已知的商标具有混淆可能性,否则容易被认定为侵权。在2019年的"HONDA"再审案中,最高人民法院认定商标侵权的主要原因在于,国内加工方在使用商标时,突出增大"HONDA"的文字部分,缩小"KIT"的文字部分,同时将H字母和类似羽翼形状部分标以红色,与国内商标权人的"HONDA"商标构成近似商标,容易造成相关公众的混淆与误认。

(二)规范书面合同,明确权利义务

合同是规定双方权利义务的重要依据,也是减少法律风险的重要保障。由于国内许多定牌加工企业不重视合同的签署,合同条款中往往存在对知识产权责任承担约定不明的情况,甚至有些企业在未签署合同的前提下就盲目地接受订单加工生产产品,以至于在海关或者法院作出侵权认定时承担了商标侵权责任。因此,明确且规范的书面合同是定作方和加工方达成合作的前提,形式包括合同书、信件、数据电文(电报、电传、传真、电子数据交换和电子邮件)等。依据合同自由原则,为了避免因商标侵权纠纷带来的损失,加工方除了应该审慎审查合同的基本条款,如规定主体名称、住所、质量要求、承揽方式、合同履行的具体情况等条款,还应该对双方的侵权责任予以明确,预防可能出现的侵权风险。由于认定侵权时赔偿的金额往往大于双方约定的加工费,建议加工方应与境外的定作方在合同中事先约定发生侵权时的赔偿责任,避免定作方推卸责任,同时最大限度地降低自己的损失,或者在合同中增加不侵权担保条款,定作方应该担保其商标不会侵犯第三人的商标权,如因提交的是虚假或者过期的商标许可证明,或者定作方在国外恶意抢注国内具有一定知名度的商标等,存在侵犯第三人商标权时,定作方应承担所有的法律责任以及给第三人造成的损失。此外，加工方应该在签署合同后再进行生产加工，且生产加工应该严格在合同期限内依据合同约定进行，如果加工方生产加工的产品数量超过合同约定，超出部分极有可能具有流入市场造成混淆的可能性，从而被认定构成侵权。随着跨境电子商务的发展，国内的消费者可以通过互联网购买到世界各地的产品，加工产品即使出口后仍有可能回流到中国市场，因此，境外的定作方应该确保注册商标产品不会回流到中国市场。

（三）预防诉讼风险，完善抗辩思路

尽管目前司法审判实践大多对涉外定牌加工行为倾向于不侵权认定，但是由于国内理论和实务界均对涉外定牌加工行为没有一致认识，给从事涉外定牌加工的企业带来了极大的困扰。为了预防涉外定牌加工带来的诉讼风险，加工方应该及时咨询律师了解涉外定牌加工的相关案例。涉外定牌加工的商标侵权认定，实质是为了保护中国的商标权，基于商标权的地域性，定作方在境外拥有商标权并不能成为侵权抗辩的法定事由。如果严格遵循定作方的要求生产加工带有商标标识的产品并全部出口境外，2019年以前的司法实践通常都会认定为不构成侵权，但是由于2019年最高人民法院发布的指导性案例对涉外定牌加工商标侵权认定的态度发生转变，不能以没有投入国内市场、国内消费者没有实际接触产品，否认存在"商标性使用"，"容易导致混淆"也仅指如果接触到有可能产生混淆，这就要求加工方在涉外定牌加工的合作中加强风险防范，比如由定作方负责运输产品和自行报关。重点是对定牌加工的商标进行审核，看国内是否存在已经注册的相同商标或者相近似的商标，导致识别商品来源的商标性使用。若发生诉讼，应该遵循以下抗辩思路：首先，加工方已经尽合理注意义务对定作方的相关资质进行核查，确认其为涉外定牌加工商标合法有效的商标权人，且定作方不存在违法抢注、伪造商标等违反诚实信用的行为；其次，加工方严格依照合同约定的数量、规格对涉外定牌加工的产品进行生产加工，不存在相同商品上使用相同或者类似商标的使用行为，没有造成混淆的可能性；最后，生产加工产品全部转移给定作方，没有进入国内市场进行流通。

中国正在从一个制造业大国向创新型国家转变。但是相对于发达国家而言，我国知识产权的占有率仍然偏低，大量的出口企业依赖于国外先进的技术通过代工的方式参与国际竞争，执法和司法机关要灵活地运用法律实现多方利益的平衡，如果僵化地套用法律，将增加加工方诉讼风险，制约国内加工企业的发展。此外，我国企业也在提高价值链中的层级和位置，逐渐打造自己的品牌，当中国企业走出国门，赢得更多的海外市场份额，一定要注意实施"产品未动，商标先行"的战略，从而减少因商标使用引发的侵权风险。

第三节　经典案例评述

一、案例分析

江苏常佳金峰动力机械有限公司与上海柴油机股份有限公司侵犯商标权纠纷再审案

原告（二审上诉人、再审被申请人）：上海柴油机股份有限公司（以下简称"上柴公司"）

被告（二审被上诉人、再审申请人）：江苏常佳金峰动力机械有限公司（以下简称"常佳公司"）

案由：侵害商标权纠纷

一审：常州市知识产权法院［（2014）常知民初字第1号］

二审：江苏省高级人民法院［（2015）苏知民终字第00036号］

再审：最高人民法院［（2016)最高法民再339号］

（一）基本案情

上柴公司在柴油机等商品上注册了"东风"图文组合商标，2000年，上述商标被认定为驰名商标。

2013 年 10 月 1 日，常佳公司与印尼 PTADI 公司签订委托书，即 PTADI 公司以"DONGFENG"（东风）商标持有人的身份委托常佳公司以该商标生产柴油机及柴油机组件，出口后仅可以在印尼销售。

印尼 PTADI 公司是一家在印尼注册成立的公司，其于 1987 年 1 月在印尼注册"东风 DONGFENG"商标，核定于柴油发动机等商品上。

2013 年 10 月 8 日，常佳公司向常州海关申报出口柴油机配件，运抵国印尼，该批货物上的标识与上柴公司涉案商标相同，与印尼 PTADI 公司的商标亦相同。

上柴公司主张常佳公司未经其许可，在柴油机等同一种商品上使用与其注册商标相同的商标，构成商标侵权，遂向法院提起诉讼。

（二）争议焦点

本案争议焦点为：常佳公司的涉外定牌加工行为是否构成商标侵权。

一审法院认为，根据法律规定，未经商标注册人的许可，在同一种商品上使用与其注册商标相同的商标的，属侵犯注册商标专用权。适用该规定的前提是首先构成商标法意义上的商标使用行为，不属于商标使用情形的，不落入商标权的保护范围。本案中，上柴公司系我国柴油机商品上"东风"注册商标的商标权人，基于商标权的地域性，上柴公司在我国对涉案商标享有商标专用权。常佳公司主张其根据印度尼西亚商标权人的委托，依照委托人提供的印度尼西亚商标证书生产制造涉案柴油机配件且全部出口印度尼西亚，构成定牌加工，予以采信。在定牌加工过程中，全部用于境外销售、在我国境内不进入市场流通领域的附加商标行为，在我国境内不具有识别商品来源的功能，因而不构成商标法意义上的商标使用行为，故常佳公司的行为未落入上柴公司涉案商标权的保护范围，不构成侵权。上柴公司的诉讼请求不具有事实和法律依据，不予支持。

二审法院认为，首先，国内加工企业对境外委托人在境外是否享有注册商标专用权或者取得合法授权许可应当进行必要的审查，其未尽到审查或合理注意义务的，应当认定国内加工企业存在过错，其定牌加工行为构成商标侵权，应承担相应的民事责任。

其次，对于境外委托人委托贴牌的商标本身不具有正当性的，应当对国内加工企业施加更高的注意义务。如果境外企业或个人违反诚实信用原则，涉嫌在境外恶意抢注在我国具有一定影响的商标特别是驰名商标，并委托国内加工企业贴牌加工生产的，应当认定境外委托人的行为不具有正当性，实质性地损害了我国商标权人的合法利益。对此，国内加工企业作为同业经营者应当尽到更高的注意义务和合理的避让义务。虽然常佳公司接受印尼 PTADI 公司的订单生产加工的产品全部出口至印度尼西亚，可以认定其行为属于涉外定牌加工行为，但常佳公司系明知上柴公司涉案"东风"商标为驰名商标，仍然接受境外委托，在被控侵权产品柴油机及柴油机组件上使用与上柴公司"东风"商标相同的商标，未尽到合理注意与避让义务，实质性地损害了上柴公司的利益，侵犯了上柴公司的注册商标专用权。常佳公司作为接受印尼 PTADI 公司委托贴牌生产的国内加工商，应当知晓上柴公司涉案商标系驰名商标，也应当知晓上柴公司与印尼 PTADI 公司就"东风"商标在印度尼西亚长期存在纠纷，且其曾经承诺过不再侵权，但其仍受托印尼 PTADI 公司贴牌生产，未尽到合理注意与避让义务，故上柴公司关于常佳公司构成商标侵权，要求其承担民事责任的主张，予以支持。

最高人民法院再审认为，商标的本质属性是其识别性或指示性，其基本功能是用于区分商品或者服务的来源。一般来讲，不用于识别或区分来源的商标使用行为，不会对商品或服务的来源产生误导或引发混淆，以致影响商标发挥指示商品或服务来源的功能，不构成商标法意义上的侵权行为。根据原审法院查明的事实，常佳公司与印尼 PTADI 公司签订委托书接受该公司委托，依据印尼 PTADI 公司合法拥有的商标权生产柴油机及柴油机组件，并将产品完全出口至印度尼西亚销售。在常佳公司加工生产或出口过程中，相关标识指向的均是作为委托人的印尼 PTADI 公司，并未影响上柴公司涉案注册商标在国内市场上的正常识别区分功能，不会导致相关公众的混淆误认。考虑到定牌加工是一种常见的、合法的国际贸易形式，除非有相反证据显示常佳公司接受委托未尽合理注意义务，其受托加工行为对上柴公司的商标权造成了实质性的损害，一般情况下不应认定其上述行为侵害了上柴公司的商标权。就本案而言，常佳公司作为定牌加工合同中的受托人，在接受印尼 PTADI 公司的委托加工业务时，已经审查了相关权利证书资料，充分关注了委托方的商标权利状态。在印度尼西亚相关司法机构判决相关商标归属上柴公司期间，还就其时的定牌加工行为与上柴公司沟通并签订协议，支付了适当数额的补偿费用。可见，常佳公司接受委托从事定牌加工业务，对于相关商标权利状况已经适当履行了审慎适当的注意义务。二审法院认定常佳公司未尽合理注意避让义务，与事实不符。

常佳公司从事本案所涉贴牌加工业务之时，上柴公司与印尼 PTADI 公司之间的商标争议已经印度尼西亚最高法院生效判决处理，印尼 PTADI 公司作为商标权人的资格已经司法程序确认。上柴公司自行使用相同商标生产相关或同类相关产品，实际上已经无法合法出口至印度尼西亚销售。况且，根据再审查明及上柴公司提交的证据，自 2004—2007 年期间，上柴公司亦是受印度尼西亚被许可方的委托出口"东风及图"商标的相关产品。在此情况下，常佳公司根据印尼 PTADI 公司授权委托从事涉案定牌加工业务，对于上柴公司在印度尼西亚境内基于涉案商标争取竞争机会和市场利益，并不造成实质影响。虽然商标具有识别商品或服务来源的基本功能，但归根到底，相关公众需求的并非商品标识本身，而是其指示或承载的商品及其良好品质。即便综合国际贸易现实需要进行综合衡量，也没有足够理由认定常佳公司从事涉案定牌加工行为已对上柴公司造成实质损害，并进而有必要作为商标法意义上的侵权行为予以认定。

（三）案例评析

本案系商标侵权纠纷，有一个问题值得关注：常佳公司对涉案商标是否进行了商标性使用。商标使用是指将商标用于商品、商品包装或者容器以及商品交易文书上，或者将商标用于广告宣传、展览以及其他商业活动中，用于识别商品来源的行为。因此，不用于识别或区分来源的商标使用行为，不构成商标法意义上的侵权行为。常佳公司与印尼PTADI公司签订委托书接受该公司委托，依据印尼PTADI公司合法拥有的商标权生产产品并将完全出口至印度尼西亚销售，未在国内市场上流通，不会导致相关公众的混淆误认。且常佳公司在接受定牌加工的委托时，已经审查了定作方印尼PTADI公司的相关权利证书资料，尽了合理审查注意义务，且定作方也不存在抢注国内驰名商标的不正当情形，因此，常佳公司并不存在对涉案商标进行商标性使用的行为。

二、相关典型案例

重庆恒胜鑫泰贸易有限公司、重庆恒胜集团有限公司侵害商标权纠纷

原告（二审被上诉人、再审申请人）：本田技研工业株式会社（以下简称"本田株式会社"）

被告（二审上诉人、被申请人）：重庆恒胜鑫泰贸易有限公司（以下简称"恒胜鑫泰公司"）

被告（二审上诉人、被申请人）：重庆恒胜集团有限公司（以下简称"恒胜集团公司"）

案由：涉外定牌加工商标侵权纠纷

一审：云南省德宏傣族景颇族自治州中级人民法院〔（2016）云31民初52号〕

二审：云南省高级人民法院〔（2017）云民终800号〕

再审：最高人民法院〔（2019）最高法民再138号〕

（一）基本案情

原告本田株式会社是一家专业生产摩托车等产品的大型跨国企业，原告于

1988年5月30日经中国国家商标局核准注册,取得第314940号注册商标权,核定使用类别为第12类,核定使用商品包括飞机、船舶、车辆和其他运输工具等,该商标专用权期限经续展至2018年5月29日。于1998年8月14日经中国国家商标局核准注册,取得第1198975号注册商标权,核定使用商品类别为第12类,核定使用商品包括车辆、陆用机动运载器、空用机动运载器、水用机动运载器、汽车、摩托车等,该商标专用权期限经续展至2018年8月13日。于1988年12月17日经中国国家商标局核准注册,取得第503699号注册商标,核定使用商品类别为第12类,核定使用商品包括摩托车、拖拉机以及上述商品零部件等,该商标专用权期限经续展至2019年11月9日。

被告恒胜集团公司系1998年9月29日登记注册的有限责任公司,被告恒胜鑫泰公司系2001年6月19日登记注册的有限责任公司,两被告的法定代表人均为万迅,系总公司和子公司关系。2016年6月30日,昆明海关向原告发出《中华人民共和国昆明海关关于确认进出口货物知识产权状况的通知》(昆明海关知确字〔2016〕40号),告知原告2016年6月28日,昆明海关下属的瑞丽海关查获在申报出口的一批摩托车,商标标识为"HONDAKIT",数量为220辆,昆明海关认为该批货物可能涉嫌侵犯原告在海关总署备案的知识产权,要求原告于2016年7月3日前按照《中华人民共和国知识产权海关保护条例》第14条的规定,向昆明海关提出采取知识产权海关保护措施的书面申请,并提交担保金10万元。2016年8月22日,瑞丽海关向原告发出《瑞丽海关关于侵权嫌疑货物调查结果通知书》(瑞关知调字〔2016〕2-1号),告知原告由被告恒胜鑫泰公司委托瑞丽凌云货运代理有限公司向瑞丽海关申报出口的标有"HONDAKIT"标识的摩托车整车散件220辆,申报总价118360美元,目的地缅甸,瑞丽海关经原告申请于2016年7月12日扣留上述货物,经查该批货物系由缅甸MEIHUACOMPANYLIMITED公司授权委托恒胜集团公司加工生产。2016年9月13日,原告向一审法院提起诉讼。

（二）争议焦点

一审归纳的争议焦点是：（1）两被告的行为是否构成侵犯原告注册商标专用权，若构成，应否立即停止其侵权行为；（2）两被告应否连带赔偿原告经济损失300万元。

首先，关于恒胜鑫泰公司、恒胜集团公司的行为是否构成侵犯本田株式会社注册商标专用权，若构成，应否立即停止其侵权行为的问题。一审法院认为，本田株式会社于1998年分别取得核定使用在第12类商品上的涉案三商标，其权利依法应受保护。恒胜鑫泰公司、恒胜集团公司在其生产和销售的涉案摩托车头罩、发动机盖、左右两边的风挡、铭牌上使用"HONDAKIT"文字及图形，并且突出增大"HONDA"的文字部分，缩小"KIT"的文字部分。恒胜鑫泰公司、恒胜集团公司辩称其行为系受美华公司授权的定牌加工行为，但其提交的通过认证的证据不能形成完整的证据链条，无法确认其行为系受美华公司授权的定牌加工行为。从其提交的经认证的证据来看，美华公司的授权商标图样中的"HONDAKIT"文字及图形商标并未突出"HONDA"的文字部分，缩小"KIT"的文字部分，而是同一大小字体的文字及图形，恒胜鑫泰公司、恒胜集团公司所贴附的图样也与美华公司的授权不符。因此，依据《商标法》第57条之规定，恒胜鑫泰公司、恒胜集团公司在本田株式会社取得系列注册商标商标权的相同和类似的商品类别为第12类的摩托车上使用"HONDAKIT"文字及图形商标并突出"HONDA"的文字部分，缩小"KIT"的文字部分，其明显在突出和强调涉案商品中"HONDA"文字及图形的使用和视觉效果，构成在相同或者类似的商品上使用与其注册商标相同或者近似的商标，其行为已经构成侵犯本田株式会社注册商标专用权，依法应当立即停止其侵权行为。

其次，关于恒胜鑫泰公司、恒胜集团公司应否连带赔偿本田株式会社经济损失300万元的问题。恒胜鑫泰公司、恒胜集团公司的行为构成商标侵权，依法应当承担停止侵权、赔偿损失的民事责任，依据《商标法》第63条的规定，本案中，双方未能提交证据证明本田株式会社的损失和恒胜鑫泰公司、恒胜集团公司获得的利益，以及本田株式会社注册商标许可使用费的依据，故一审综合考虑本田株式会社注册商标的知名度，恒胜鑫泰公司、恒胜集团公司的主观过错、侵权情节、获利的可能性及本田株式会社为制止侵权行为所支出的合理开支等因素，酌定由恒胜鑫泰公司、恒胜集团公司连带赔偿本田株式会社经济损失人民币 30 万元。

二审法院归纳诉辩双方的观点，认为本案争议的焦点是：（1）恒胜鑫泰公司、恒胜集团公司所实施的行为是涉外定牌加工行为还是商品销售行为；（2）恒胜鑫泰公司、恒胜集团公司使用涉案图标的行为是否属于商标法意义上的商标使用行为；（3）恒胜鑫泰公司、恒胜集团公司的被诉行为是否构成商标侵权；（4）如果侵权成立，恒胜鑫泰公司、恒胜集团公司的赔偿数额应当如何确定。

关于第一个争议焦点，恒胜鑫泰公司、恒胜集团公司所实施的行为不是商品销售行为而是涉外定牌加工行为。第一，根据恒胜鑫泰公司、恒胜集团公司一审中提交的证据，恒胜鑫泰公司与美华公司于 2016 年 4 月 3 日签订的合同，名为《销售合同》，实为涉外定牌加工合同。第二，恒胜集团公司与恒胜鑫泰公司之间在涉案产品问题上并非销售关系，恒胜鑫泰公司系恒胜集团公司控股的子公司，负责为该批产品办理出口事宜，实际进行生产的是恒胜集团公司，作为法定代表人为同一人、住所地相同的关联公司，这样的安排属于恒胜集团内部的业务安排，美华公司明确知晓该情形，这从其给出的商标使用授权书中便可知悉。第三，涉案承揽加工的产品全部交付定作方，不进入中国市场，中国境内的相关公众不可能接触到该批产品。第四，缅甸公民 ×× 孟昂在缅甸享有涉案"HONDAKIT"注册商标权。一审中恒胜鑫泰公司、恒胜集团公司向法庭提交了缅甸公民 ×× 孟昂在缅甸获得的商标登记相关权属证书，即《商标注册声明合同》。第五，恒胜集团公司获得了缅甸公民 ×× 孟昂的商标使用授权。这些事实足以认定其作为涉案商标权利人要求将"HONDAKIT"注册商标贴附在合同项下的产品上，也足以认定恒胜集团公司生产涉外定牌加工涉案产品经过缅甸商标权利人合法授权。

关于第二个争议焦点，恒胜鑫泰公司、恒胜集团公司使用涉案图标的行为不属于商标法意义上的商标使用行为。商标法在保护商标使用问题上的本意，是保护商标在商业活动中的识别性。以此含义推知，如果某种标识的使用不是在商业活动中用于识别商品的来源，自然不能满足《商标法》第57条第2项关于"使用"的前提性要求。考察本案情形，恒胜鑫泰公司、恒胜集团公司办理出口的220套摩托车散件系全部出口至缅甸，不进入中国市场参与"商业活动"，中国境内的相关公众不可能接触到该产品，因而恒胜鑫泰公司、恒胜集团公司的这种使用行为不可能在中国境内起到识别商品来源的作用，因此这并非商标法意义上的商标使用行为。

关于第三个争议焦点，在本案中，恒胜鑫泰公司、恒胜集团公司的行为并不构成对本田株式会社涉案三商标的侵害。首先，商标法保护商标的根本目的，就在于确保商标识别功能的实现；判断商标侵权与否的关键，就在于审查商标使用行为是否容易导致相关公众对商品或服务的来源产生混淆。其次，在本案中，220套摩托车散件均全部出口至缅甸，不进入中国市场销售，中国境内的相关公众不可能接触到该产品，因此不存在让中国境内的相关公众产生混淆的问题，没有损害本田株式会社的实际利益，即不具备构成商标侵权的基础要件。最后，商标权具有地域性（法域性）特征，在此语境下，我国商标法只能保护在我国依法注册的商标权，保护范围不能延伸到我国领域之外。本案涉及的220套贴牌加工的产品，其流通市场不在中国而在缅甸，恒胜鑫泰公司、恒胜集团公司将"HONDAKIT"中的"HONDA"部分的文字突出使用，是否容易导致缅甸国内的相关公众对商品来源产生混淆，这个问题不在我国商标法可以评判的范围之内。

关于第四个争议焦点，由于恒胜鑫泰公司、恒胜集团公司的行为不构成侵权，就不存在赔偿损失问题。

最高人民法院认为，本案争议的焦点问题是关于恒胜鑫泰公司、恒胜集团公司的被诉侵权行为的性质认定问题，即（1）是否属于涉外定牌加工行为；（2）是否构成商标使用行为；（3）是否构成商标侵权。

恒胜鑫泰公司、恒胜集团公司的被诉侵权行为是否属于涉外定牌加工。根据一审、二审查明的事实，二审法院认定恒胜鑫泰公司、恒胜集团公司的被诉侵权行为属于涉外定牌加工，并进行了深入分析，认定事实清楚。

恒胜鑫泰公司、恒胜集团公司的被诉侵权行为是否构成商标使用行为。《商标法》第48条规定的"用于识别商品来源"指的是商标使用人的目的在于识别商品来源，包括可能起到识别商品来源的作用和实际起到识别商品来源的作用。

商标使用行为是一种客观行为，通常包括许多环节，如物理贴附、市场流通等，是否构成商标法意义上的"商标的使用"应当依据商标法作出整体一致的解释，不应该割裂一个行为而只看某个环节，要防止以单一环节遮蔽行为过程，要克服以单一侧面代替行为整体。商标使用意味着使某一个商标用于某一个商品，其可能符合商品提供者与商标权利人的共同意愿，也可能不符合商品提供者与商标权利人的共同意愿；某一个商标用于某一个商品以至于二者合为一体成为消费者识别商品及其来源的观察对象，既可能让消费者正确识别商品的来源，也可能让消费者错误识别商品的来源，甚至会出现一些消费者正确识别商品的来源，而另外一些消费者错误识别商品的来源这样错综复杂的情形。这些现象纷繁复杂，无不统摄于商标使用，这些利益反复博弈，无不统辖于商标法律。因此，在生产制造或加工的产品上以标注方式或其他方式使用了商标，只要具备了区别商品来源的可能性，就应当认定该使用状态属于商标法意义上的"商标的使用"。

《最高人民法院关于审理商标民事纠纷案件适用法律若干问题的解释》第8条规定："商标法所称相关公众，是指与商标所标识的某类商品或者服务有关的消费者和与前述商品或者服务的营销有密切关系的其他经营者。"本案中相关公众除被诉侵权商品的消费者外，还应该包括与被诉侵权商品的营销密切相关的经营者。本案中被诉侵权商品运输等环节的经营者即存在接触的可能性。随着电子商务和互联网的发展，即使被诉侵权商品出口至国外，亦存在回流国内市场的可能。同时，随着中国经济的不断发展，中国消费者出国旅游和消费的人数众多，对于"贴牌商品"也存在接触和混淆的可能性。二审法院认定，恒胜鑫泰公司、恒胜集团公司办理出口的 220 套摩托车散件系全部出口至缅甸，不进入中国市场参与"商业活动"，中国境内的相关公众不可能接触到该产品，因而恒胜鑫泰公司、恒胜集团公司的这种使用行为不可能在中国境内起到识别商品来源的作用，因此这并非商标法意义上的商标使用行为。二审认定事实及适用法律均有错误。

恒胜鑫泰公司、恒胜集团公司的被诉侵权行为是否构成商标侵权。《商标法》第 57 条第 2 项规定："有下列行为之一的，均属侵犯注册商标专用权……（二）未经商标注册人的许可，在同一种商品上使用与其注册商标近似的商标，或者在类似商品上使用与其注册商标相同或者近似的商标，容易导致混淆的。"商标的基本功能是区分商品或服务来源的识别功能，侵犯商标权本质上就是对商标识别功能的破坏，使得一般消费者对商品来源产生混淆、误认。从法律规定来看，商标侵权行为的归责原则应当属于无过错责任原则，且不以造成实际损害为侵权构成要件。前述商标法规定的"容易导致混淆的"一语，指的是如果相关公众接触到被诉侵权商品，有发生混淆的可能性，并不要求相关公众一定实际接触到被诉侵权商品，也并不要求混淆的事实确定发生。

处理涉外定牌加工案件，应当反映"司法主导、严格保护、分类施策、比例协调"的知识产权司法政策导向，营造良好的知识产权法治环境、市场环境和文化环境。改革开放以来，涉外定牌加工贸易方式在不断变化和深化，不能简单地把涉外定牌加工这类案件作为商标侵权的例外情形来看待，还应当按照商标侵权认定的一般规定和原则进行，将法律适用和司法政策结合起来。

本案中，恒胜鑫泰公司、恒胜集团公司在其生产、销售的被诉侵权的摩托车上使用"HONDAKIT"文字及图形，并且突出增大"HONDA"的文字部分，缩小"KIT"的文字部分,同时将H字母和类似羽翼形状部分标以红色,与本田株式会社请求保护的三个商标构成在相同或者类似商品上的近似商标。如前所述,被诉侵权行为构成商标的使用,亦具有造成相关公众混淆和误认的可能性,容易让相关公众混淆。

综上,恒胜鑫泰公司、恒胜集团公司的被诉侵权行为构成侵害本田株式会社请求保护的涉案三个商标的注册商标专用权,依法应当承担停止侵权、赔偿损失的民事责任。一审综合考虑本田株式会社涉案三商标的知名度,恒胜鑫泰公司、恒胜集团公司的主观过错、侵权情节、获利的可能性及本田株式会社为制止侵权行为所支出的合理开支等因素,酌定由恒胜鑫泰公司、恒胜集团公司连带赔偿本田株式会社经济损失人民币30万元,本田株式会社并未提起上诉亦未在申请再审中对此提出异议,予以维持。

(三)案例评析

本案对于涉外定牌加工商标侵权方面有以下几个问题值得注意:

1. 恒胜鑫泰公司、恒胜集团公司的被诉侵权行为是否属于涉外定牌加工行为

涉外定牌加工为国内生产商经国外合法商标权利人等合法授权进行生产,并将所生产的产品全部出口至该商标权人享有商标权的国家和地区的国际贸易模式,具有以下特征:首先,境外的委托人与境内的加工方签署合同,委托加工方生产、加工产品;其次,加工方依据合同的要求为委托方加工生产产品并在产品上贴附指定的商标标识;最后,加工方依据约定将生产加工的产品全部交付给委托方。本案中,虽然恒胜鑫泰公司与美华公司签署的是销售合同,但是定作方与加工方之间的合作满足涉外定牌加工的各个构成要件,该销售合同实质为涉外定牌加工合同,因此,该案侵权行为为典型的涉外定牌加工行为,判定构成何种法律关系时不能简单以销售合同认定双方的合同关系为买卖合同关系,而是要结合行为进行认定。

2.恒胜鑫泰公司、恒胜集团公司的被诉侵权行为是否构成商标侵权

《商标法》第48条中的"用于识别商品来源"的商标使用包括对商标的使用起到可能产生或者实际产生识别商品来源作用两种状态。商标的使用行为是客观行为，通常由多个环节共同构成。在认定商标性使用时，不能割裂整体环节，仅仅单独观察某个环节是否发挥识别商品来源的作用。本案中，虽然恒胜鑫泰公司、恒胜集团公司使用涉案图标生产的产品并没有直接进入市场中，但是恒胜集团公司在其经授权使用的商标在生产时并没有严格依照原有商标的"HONDAKIT"文字及图形形式规范使用，而是突出增大"HONDA"的文字部分，缩小"KIT"的文字部分，同时将H字母和类似羽翼形状部分标以红色，与本田株式会社请求保护的三个商标构成在相同或者类似商品上的近似商标，容易造成相关公众的混淆，从而被认定为侵权。运输等环节的经营者可能接触被诉侵权商品；被诉侵权商品可能通过互联网购物回流到国内，中国消费者出国旅游时可能接触，这些都是可能导致混淆的原因，但本案所涉行为与一般涉外定牌加工最重要的区别在于，国内加工方对境外委托定牌加工商标存在不规范使用行为，从而导致了构成商标侵权的认定。因此，涉外定牌加工的加工方一定要严格依照合同约定的数量、样式等对产品进行生产加工，确保一致。

福建泉州匹克体育用品有限公司与伊萨克莫里斯有限公司、无锡市振宇国际贸易有限公司侵害商标权纠纷

原告（反诉被告）：福建泉州匹克体育用品有限公司（以下简称"匹克公司"）

被告：伊萨克莫里斯有限公司（反诉原告）、无锡市振宇国际贸易有限公司（以下简称"振宇公司"）

案由：侵害商标权纠纷

一审：上海市浦东新区人民法院［（2014）浦民三（知）初字第1131号］

二审：上海知识产权法院［（2016）沪 73 民终 37 号］

（一）基本案情

原告匹克公司为"PEAK 及图"商标（核准注册时间：1994 年 2 月 7 日）、"PEAK"商标（核准注册时间：2009 年 9 月 28 日）的权利人，两商标的核定使用商品为第 25 类"鞋、服装"。2009 年 4 月，"PEAK 及图"商标被国家工商行政管理总局商标局认定为使用在运动鞋上的驰名商标。2014 年 8 月，上海外港海关查获了振宇公司报出口美国的针织男式 T 恤上标有"PEAK"标识，涉嫌侵犯匹克公司在海关总署备案的知识产权。同年 11 月，匹克公司向海关提出知识产权海关保护申请。

2014 年 11 月 21 日，匹克公司向上海市浦东新区人民法院提起诉讼。经查，涉案服装"PEAKSEASON"商标标识由上、中、下三部分构成，分别为 PEAK、SEASON 以及 BYISAACMORRISLTD，PEAK 字体较大。"PEAKSEASON"商标由美国专利与商标局核准于 2010 年 11 月 2 日，注册人为伊萨克莫里斯有限公司。海关查获的该批服装系伊萨克莫里斯有限公司委托振宇公司生产的，所有服装将全部销往美国。

伊萨克莫里斯有限公司认为本案系涉外定牌加工行为，不可能侵犯匹克公司在中国所拥有的商标专用权。由于匹克公司的诉讼，导致涉案服装长期被扣押，致使其无法履行与美国客户的合同，同时造成相应利润等可得利益损失以及公证、认证、律师费、违约责任等巨大损失，以上损失均应由上诉人承担，故提起反诉，要求泉州匹克公司赔偿损失。

（二）裁判要旨

一审法院认为，振宇公司受伊萨克莫里斯有限公司的委托进行生产，并在服装上贴附"PEAKSEASON"商标，所生产的服装的销售地域为美国，而非在国内市场。因此，即便该服装上标贴了"PEAKSEASON"标志，但该批服装亦不会投入国内市场，国内消费者并不会接触到该批服装。换言之，涉案服装并不会在国内市场起到标识商品来源的作用,因此涉案服装的标贴行为不属于商标法意义上的商标性使用。伊萨克莫里斯有限公司和振宇公司并未侵犯匹克公司的注册商标专用权。根据我国《民事诉讼法》第108条之规定,财产保全申请错误的,申请人应该赔偿被申请人因保全错误所遭受的损失。匹克公司申请扣押涉案货物存在过错,造成收货人伊萨克莫里斯有限公司的损失,应予赔偿。

匹克公司不服一审判决,提起上诉。二审法院的观点与一审法院截然相反,认定伊萨克莫里斯有限公司和振宇公司构成侵权,并承担连带责任。主要原因有三:其一,振宇公司生产并出口的服装上的标志虽与伊萨克莫里斯有限公司在美国注册的"PEAKSEASON"商标的文字完全相同,但是其排列方式及字体大小不同。涉案服装的贴标明显突出"PEAK",从视觉效果上易使相关公众产生混淆。其二,随着网上贸易的全球化,即便出口商品不在境内销售,国内消费者也可能通过各类电子商务平台接触到境外商品及其标识,存在造成国内相关公众混淆和误认的可能性。其三,"PEAK"品牌在全世界范围内具有知名度,伊萨克莫里斯有限公司在明知中国有"PEAK"品牌的存在以及该品牌在运动服装上的知名度的情况下,仍然将"PEAKSEASON"商标改变排列方式并突出"PEAK"所形成的标识,难以排除伊萨克莫里斯有限公司的主观故意。故判决伊萨克莫里斯有限公司赔偿匹克公司合理支出2万元,振宇公司承担连带责任。

(三)案件评析

本案涉及涉外定牌加工,有以下几个问题值得关注:

1. 本案中混淆可能性的判断

我国《商标法》第57条第2项规定:"未经商标注册人的许可,在同一种商品上使用与其注册商标近似的商标,或者在类似商品上使用与其注册商标相同或者近似的商标,容易导致混淆的。"混淆可能性的判断涉及空间的要素,涉外定牌加工不在境内销售,一般情况下不会造成境内消费者的混淆。本案的特殊情况在于,在互联网经济飞速发展的情况下,各类跨境电商日益增多,境内消费者可以十分便利地购买到境外商品。同时被告使用的商标特意突出了

"PEAK"标志,与原告商标在视觉上近似。综上,二审法院判定本案涉外定牌加工行为具有混淆可能性。

2. 商标的海关保护问题

TRIPs 协定第 51 条至第 60 条用 10 个条文对知识产权的海关保护问题进行了规定。其中第 51 条明确了海关可以对涉嫌侵犯知识产权的商品中止放行。[①]TRIPs 协定还规定,海关中止放行程序主要由权利人启动,权利人应当保持高度且主动地参与,主要表现如下:权利人应当主动提出申请,并提供足够的证据和说明;权利人可以被要求提供保证金或相应的担保;权利人应当在接到中止放行通知书 10 个工作日内就该案提起诉讼,否则海关当局有权决定放行;对于错误扣押造成的损失,权利人应当提供补偿。除因权利人申请提供保护外,在已获得初步证据表明有关商品侵犯知识产权时,海关也可以主动采取中止放行措施。

为了响应 TRIPs 协定的规定,我国《海关法》及《知识产权海关保护条例》明确了知识产权的海关保护,这是知识产权进出口环节保护的重要途径。

法国大酒库股份公司(LESGRANDCHAISDEFRANCES)与慕醍国际贸易(天津)有限公司侵害商标权纠纷

原告:法国大酒库股份公司(LESGRANDCHAISDEFRANCES. A.S.)(以下简称"大酒库公司")

被告:慕醍国际贸易(天津)有限公司(以下简称"天津慕醍公司")

案由:平行进口侵害商标权纠纷

一审:天津市第二中级人民法院[(2012)二中民三知初字第 422 号]

二审:天津市高级人民法院[(2013)津高民三终字第 0024 号]

---

① TRIPs 协定第 51 条规定:各成员应在符合以下规定的情况下,采取程序使在有正当理由怀疑假冒商标或盗版货物的进口有可能发生的权利持有人,能够向行政或司法主管机关提出书面申请,要求海关中止放行此类货物进入自由流通。各成员可针对涉及其他知识产权侵权行为的货物提出此种申请,只要符合本节的要求。各成员还可制定关于海关中止放行自其领土出口的侵权货物的相应程序。

（一）基本案情

大酒库公司是法国一家葡萄酒和烈酒生产商和贸易出口商，其旗下拥有的"J.P.CHENET"商标 1989 年在法国注册。为了进军中国市场，该商标于 2011 年经我国商标局核准注册，有效期限自 2011 年 2 月 7 日至 2021 年 2 月 6 日。同时，为了配合销售，大酒库公司授权"天津王朝葡萄酒酿酒有限公司"为中国境内独家经销商，独家销售"J.P.CHENET"品牌的葡萄酒。

天津慕醍公司成立于 2012 年，是一家进出口贸易公司。2012 年天津慕醍公司从英国进口了"J.P.CHENET"牌的白葡萄酒 1920 瓶、桃红葡萄酒 1920 瓶和红葡萄酒 5760 瓶，并向海关依法申报纳税。进口过程中，该批葡萄酒被法国大酒库公司提请涉嫌侵害其商标权，经海关查验后遭到扣留。

天津慕醍公司辩称，其所进口的葡萄酒系法国大酒库公司生产，是从英国 CASTILLON 公司处购得，而 CASTILLON 公司则是从大酒库公司在英国的经销商 AMPLEAWARD 公司购得，并为此提供了销售合同和贸易单证等证明文件。也就是说，大酒库公司在英国市场投放的"J.P.CHENET"牌葡萄酒，经英国国内经销商的分销后，出口到了中国市场，被天津慕醍公司进口，且依法履行了进口报关手续，不存在对其商标权的侵权行为。[①]

（二）争议焦点

1. 是否侵害"J.P.CHENET"商标权

由于大酒库公司提起的是侵害商标专用权之诉，因此我国法院主要依据我国《商标法》进行审理。审判的中心围绕着平行进口是否侵害商标专用权。根据《商标法》第 57 条的规定，未经商标注册人的许可，在同一种商品或者类似商品上使用与其注册商标相同或者近似的商标的，属于侵犯注册商标专用权的行为。

---

① 法国大酒库股份公司（LESGRANDCHAISDEFRANCES）与慕醍国际贸易（天津）有限公司侵害商标权纠纷上诉案，参见天津市高级人民法院民事判决书，(2013)津高民三终字第 0024 号。

大酒库公司的"J.P.CHENET"牌葡萄酒，同时在中国和英国两个国家的市场销售，在我国已授权王朝公司独家销售其生产的"J.P.CHENET"商标葡萄酒，并且获得对该商标权利的保护。在此情形下，天津慕醍公司未经大酒库公司授权进口其在英国市场销售的同类葡萄酒，是否侵害了大酒库公司在中国的商标权，基于以下两方面的考量：

首先，是否损害商标标识来源的功能。商标最基本的功能是识别商品及服务的来源，其"识别性"能使消费者与其他商品或者服务区别开来。天津慕醍公司从英国 CASTILLON 公司进口的"J.P.CHENET"系列造型特别，该酒瓶的设计是源于远古玻璃雕刻艺术大师杰作，起源于这样一个传说，人们在醉酒的时候通常把东西看成是歪的，所以香奈大师为此设计出"歪脖子"香奈。

一审中法院认定，天津慕醍公司从英国进口的香奈干红葡萄酒、香奈桃红葡萄酒、香奈干白葡萄酒三种葡萄酒，均为大酒库公司生产并销售给其英国经销商的产品，在视觉效果上与大酒库公司所称的"歪脖子"香奈造型相同，产品上所附着的商标也是来源于大酒库公司的商标，同时，天津慕醍公司在进口中对涉案三种葡萄酒未进行任何形式的重新包装或改动。我国消费者在购买"J.P.CHENET"商标葡萄酒时，不会对葡萄酒的来源产生混淆与误认，并未损害商标标示来源的功能，对此，二审法院也予以肯定。

其次，是否损害商标承载的信誉。大酒库公司认为天津慕醍公司的进口行为会造成对其商标及承载的信誉造成损害。理由如下：（1）大酒库公司指出，为了满足不同国家消费者偏好的不同需求，公司对国际市场有着严格的划分，其出口到中国和英国的葡萄酒在品质、价格、服务等方面存在差异。在出口到中国的葡萄酒中添加了适于长途运输的成分，原销往英国的葡萄酒如运至中国可能产生结晶现象。（2）销往中国的葡萄酒品质上乘，而天津慕醍公司从英国进口的葡萄酒档次较低，在质量等级和品质上存在"重大差异"。

针对第（1）点，如果结晶现象的存在的确与国内原销售的葡萄酒产生"实质性差异"（至于"实质性差异"的判定标准有待商榷），从而影响到该品牌在消费者心目中的形象,那么应当认定为该进口行为对中国商标权利人造成了伤害。但由于本案中大酒库公司无法提出足够的证据,因此该项主张不成立。针对第(2)点,大酒库公司虽主张其进入中国市场的产品走高端路线,但产品介绍表明其在中国销售的葡萄酒涵盖各种等级,大酒库公司也无法提供足够的证据,表明其在中国销售的均为品质上乘的中高端线产品,因此在二审判决中该主张也不成立。鉴于涉案的三种葡萄酒均属于大酒库公司所售产品的日常餐酒等级,消费者对带有"J.P.CHENET"商标葡萄酒产品的期待或依赖不会因上述产品的进口而被影响,故两者之间在质量等级和品质上,不存在大酒库公司所主张的"重大差别"。同时,等级、品质不同的产品改变不了其均为大酒库公司产品的事实,大酒库公司商标所承载的信誉既来源于其不同等级、品质的产品,也体现在不同等级、品质的产品之中,不能认为低档产品就会损害其商标的信誉。

2.关于进口权的问题

大酒库公司还提出,由于其与英国的经销商 AMPLEAWARD 公司在合同中已明确约定,"J.P.CHENET"牌葡萄酒只能在英国销售,禁止销售到其他国家。此主张也不成立,原因有三:

第一,大酒库公司主张涉案的酒瓶上有一个英国网站的网址,证明只能在英国销售,理由不充分,而且也未提交相关协议,举证不足,主张不成立。

第二,即使相关协议存在,签订的协议也只能约束合同的双方,是大酒库公司与 AMPLEAWARD 公司双方意思表示一致的产物,因此对第三方没有任何约束力。而本案中出口的是英国另外一家企业 CASTILLON 公司,是经销商 AMPLEAWARD 公司购得,AMPLEAWARD 公司销售给 CASTILLON 公司的行为在英国符合合同约定,但大酒库公司无法约束 CASTILLON 公司购买后对葡萄酒的处置,包括出口到中国。

第三,上升到知识产权保护权利用尽原则的层面,经知识产权人或其授权人许可的知识产权产品,在第一次投放市场后,权利人即丧失了对其的控制权,权利被视为用尽,任何人再次销售或合法使用该产品,权利人都无权阻止。本案中,载有"J.P.CHENET"商标的葡萄酒在经销商 AMPLEAWARD 公司第一次投放英国市场时,大酒库公司作为商标权人的权利即被视为用尽,因此无权阻止 CASTILLON 公司的出口行为。

3. 侵害国内独家经销商权益的问题

本案中大酒库公司提出,天津慕醍公司的进口行为对其中国独家经销商天津王朝葡萄酒公司的利益构成损害。这一点的确是平行进口案件中利益冲突的焦点,但无奈本案中天津王朝公司不是起诉人,该主张被法院以独家经销商不是本案当事人为由拒绝。那么如果独家经销商参与起诉,情况就会非常不同,我们首先从与权利穷尽原则对立的地域性原则说起。

地域性原则表明依据不同国家法律产生的知识产权是相互独立的,不依赖于其他国家法律。未经一国国内知识产权权利人或其许可人的允许,而进口与其具有"关联性"的知识产权产品,很有可能产生两方面的问题。

第一,商标权人很可能希望对其产品进行很小的改变以适应不同国家消费者的偏好,但仍然使用相同的商标。如果不能阻止平行进口,那么商标的信誉将因进口不适合该国的产品而受到损害。

第二,对于国内独家经销商而言,前期为了推广产品已投入大量的市场促销和广告费用,使其经销的产品取得了一定的市场知名度,此时平行进口商利用宣传好的商誉进行销售,显然属于"搭便车"行为,具有不公平竞争的性质。当然本案中天津慕醍公司表明其进口的目的并非用于商业销售,而是酬谢同行和好友的礼品,且进口在报关时即被扣押,没有发生实际的销售行为。尽管有不公平竞争的争议,但由于本案是以《商标法》为审理依据,不公平竞争不在审理范围内,这也是大酒库公司上诉中的一大失策。

对于我国而言,允许平行进口有利于对外贸易,在国内知识产权水平尚未达到国际高水平的情况下,一味地按保护知识产权权利人利益的原则,很有可能付出很大的国际贸易损失的代价,这对贸易大国的我们来说成本大于收益。

同时，在国际上提倡允许平行进口，间接上也有利于我国的平行出口，当然这是在我国目前的经济法律水平下，出于短期利益提出的主张，类似于李斯特的"幼稚产业保护"理念。

综合以上分析，二审法院判定：因天津慕醍公司进口的葡萄酒与大酒库公司在我国销售的葡萄酒之间不存在实质性差异，该进口行为不足以导致消费者混淆，大酒库公司的商誉未因此受到损害，故商标侵权主张不能成立。

（三）案例评析

实际上关于商标平行进口牵涉的各利益方关系的调整，在本案中并未得到充分的解决，这是由于双方打的是一场商标侵权官司，至于平行进口对商标权利人和其国内经销商带来的市场经营方面的损失，则不是商标法能够调整的范围。

商标平行进口现象在我国出现较少的原因是其一般发生在高价位的国家，同一产品由低价位国家出口到高价位国家下的利益驱动，是第三方经销商从国外进口到国内转售的动机，而我国目前属于低价位国家，因此这一现象不普遍，更缺少相关的法律规范。在我国的知识产权法中，只有新修改的《专利法》明确规定赋予专利权人对其专利产品的进口权，从而限制了专利产品的平行进口行为，而《商标法》和《著作权法》都没有禁止平行进口的规定。

是否允许平行进口关系双方的利益诉求，不仅关系知识产权权利人主体的利益保护，同时也关系一国的贸易利益。未来世界知识产权领域保护的新动向中也提高了对平行进口限制的要求，我国作为贸易大国，做到完全意义上的限制平行进口是不现实的，在允许平行进口的同时，法律应该完善对商标权利人和消费者的保护，有例外的允许是比较合理和可行的。